*Commercial Negotiations*

工业和信息化普通高等教育"十三五"规划教材立项项目

21世纪高等院校经济管理类规划教材

# 商务谈判

□ 李爽 主编
□ 刘萍 杨辉 副主编

人民邮电出版社

北 京

图书在版编目（CIP）数据

商务谈判 / 李爽主编. -- 北京：人民邮电出版社，
2017.3（2023.7重印）
　　21世纪高等院校经济管理类规划教材
　　ISBN 978-7-115-44794-4

　　Ⅰ．①商… Ⅱ．①李… Ⅲ．①商务谈判—高等学校—
教材 Ⅳ．①F715.4

中国版本图书馆CIP数据核字(2017)第026240号

## 内 容 提 要

　　全书共 11 章，分为商务谈判基础理论和商务谈判实务两篇。第一篇包括商务谈判概述、商务谈判准备、谈判者素质与谈判心理及商务谈判进程；第二篇包括商务谈判语言艺术、商务谈判策略、商务谈判中僵局的处理、商务谈判的礼仪与禁忌、国际商务谈判、商务谈判的风险与规避。

　　本书以基础理论为基本写作宗旨，注重实务性，突出实用性，以培养学生的应用性技能为主要指导思想，开篇是引导案例，在基础理论的阐述之后，增加了很多实际案例，使读者在读故事的轻松气氛中理解并领会枯燥的基本理论，语言通俗易懂、选材实用生动，可读性强。在结构安排上，以学习要点及目标、引导案例、正文、本章小结、自测题、案例分析和阅读资料为顺序，循序渐进，由浅入深，培养学生分析和解决问题的能力。

　　本书提供电子课件等教学辅助资源，索取方式参见书末的"配套资料索取示意图"。也可通过编辑 QQ602983359 获取。

　　本书既可作为高等院校本、专科相关专业"商务谈判"课程的教材，也可供从事商务谈判工作的商务人员参考阅读。

◆ 主　　编　李　爽
　　副主编　刘　萍　杨　辉
　　责任编辑　万国清
　　责任印制　杨林杰

◆ 人民邮电出版社出版发行　　北京市丰台区成寿寺路 11 号
　　邮编　100164　　电子邮件　315@ptpress.com.cn
　　网址　http://www.ptpress.com.cn
　　固安县铭成印刷有限公司印刷

◆ 开本：787×1092　1/16
　　印张：17.75　　　　　　　　　2017 年 3 月第 1 版
　　字数：438 千字　　　　　　　　2023 年 7 月河北第 12 次印刷

定价：49.80 元
读者服务热线：(010)81055256　印装质量热线：(010)81055316
反盗版热线：(010)81055315
广告经营许可证：京东市监广登字20170147号

# 前言

商务谈判既是一门科学，又是一门艺术，它带有很强的技巧性。商务谈判内容广泛，涉及心理学、社会学、逻辑学、行为科学、语言学、价格学、公共关系学、市场营销学、会计学、广告学、统计学等学科。

随着世界经济一体化进程的加快，以及我国加入世贸组织后与国际经济贸易的接轨，越来越多的企业与个人需要与国内或国外的商家打交道。任何一次商务活动都离不开谈判，任何一次商务谈判都离不开准备工作的落实，包括制订计划，谈判技巧、策略的运用，商务谈判心理活动，商务礼仪及合同的签订和履行。而且商务谈判知识的多少直接影响着经济利益的实现及谈判的结果，因而，掌握了商务谈判的基本理论、礼仪等知识，将使企业及个人受益无穷。由此可见，商务谈判这门课的重要性非同一般。

本书重点介绍了商务谈判的全过程及商务谈判语言技巧等内容。本书的体例风格和优点：按照突出理论基础知识及应用性的特点，通过大量的最新案例分析加深学生对理论知识的理解和体会，增加了学生的学习趣味性和可读性；在结构安排上，层次清晰，以学习要点及目标、引导案例、正文、本章小结、练习题、案例分析、阅读资料和扩展阅读为顺序，循序渐进，由浅入深，培养学生分析和解决问题的能力。

本书提供电子课件等教学辅助资源，索取方式参见书末的"配套资料索取示意图"。也可通过编辑邮箱 602983359@qq.com 获取。

本书由东北农业大学李爽教授担任主编，并负责全书的统稿；刘萍教授、杨辉老师担任副主编。具体分工如下：李爽编写第一、第二、第八、第九章，刘萍编写第三至六章，杨辉编写第七、第十、第十一章。

在本书的编写过程中，参阅了大量的资料和书籍，得到了人民邮电出版社万国清编辑的大力支持，在此表示衷心的感谢！

由于编者水平有限，加之时间仓促，书中难免存在疏漏和错误之处，恳请各位专家和广大读者给予批评指正。

编　者

# 目　　录

## 第一篇　商务谈判基础理论

# 第二篇 商务谈判实务

第一篇

# 商务谈判基础理论

# 第一章　商务谈判概述

通过本章的学习，明确谈判、商务谈判的概念以及学习商务谈判的意义和方法，掌握商务谈判的特征、类型、原则，了解商务谈判的作用、内容及学习的主要理论。

**引导案例**

### 基辛格说媒

基辛格堪称20世纪的谈判大师。一次，基辛格主动为一位穷老农的儿子说媒，想试试自己的折中之技。他对老农说："我已经为你物色了一位最好的儿媳。"老农回答道："我从来不干涉我儿子的事。"

基辛格说："可这姑娘是罗斯切尔德伯爵的女儿（罗斯切尔德是欧洲最有名望的银行家）。"老农说："噢，如果是这样的话……"

然后，基辛格找到罗斯切尔德伯爵说："我为你女儿找到了一个万里挑一的好丈夫。"罗斯切尔德婉言拒道："可我女儿太年轻。"

基辛格说："可这位年轻小伙子是世界银行的副行长。""噢，如果是这样……"

随后，基辛格又找到世界银行行长，说道："我给你找了位副行长。"世界银行行长说道"可我们现在不需要增加一位副行长。"基辛格说："可你知道吗，这位年轻人是罗斯切尔德伯爵的女婿。"

于是世界银行行长欣然同意。基辛格功德无量，促成了这桩美满的婚姻，让穷老农的穷儿子摇身一变，成了金融寡头的乘龙快婿。

【思考与启示】这则故事说明了什么？基辛格运用自己高超的谈判技巧，把看似不可能的事变成了可能，说明了谈判技巧运用领域的广泛性和谈判所产生力量的巨大性，说明谈判是由分歧到达成一致的过程。

如何从分歧到一致？基辛格很好地运用了满足对方的心理需求和交易条件相当这一基本的谈判策略，同时也运用了谈判对手信息的有限性来达到了谈判的目的。

学好谈判原理和技巧，不仅有助于未来职业生涯中的谈判业务，还可以让我们找到解决生活矛盾和困难的更多办法，获得更大成功。

# 第一节　谈判的概念和含义

## 一、怎样正确认识谈判

谈判是人类不可缺少的一种活动，自有人类社会以来，谈判就广泛地存在于人类活动的各个方面。它是人类交往行为中一种最广泛、最普遍的社会现象。大至国与国之间的政治、经济、军事、外交、科技、文化等的相互往来，小至企业之间、个人之间为寻求合作与支持，都离不开谈判活动。

谈判这种方式可以说是源远流长。自古以来，中国诸侯间、各地区政权间的政治、军事斗争都离不开谈判。例如，汉末诸葛亮在东吴"舌战群儒"导致孙刘联盟，是成功的军事外交谈判。现代社会，各种谈判更是数不胜数，如著名的"重庆谈判""朝鲜停战谈判""中美大使级会谈"，以及我国为恢复关贸总协定缔约国的地位、加入世界贸易组织长达十几年的双边和多边谈判等。无数事例说明，不论古今中外，不分经济、政治，谈判几乎是与人类文明社会的形成同时产生的。

谈判是一门横断科学。它是以协调各种社会关系而举行的会晤活动为研究对象的学问，其直接的理论基础是需求理论。这种需求成为一种动力，驱使人们产生会晤的愿望，以至产生谈判的行为。这种需求可能是物质的，也可能是精神上的。这种需求总是为维护、实现谈判者的某种利益，而利益则孕育出谈判的目标、谈判策略、谈判艺术和谈判心理。因此，谈判是社会学、行为学、心理学和众多的技术科学相互交叉的产物。以外交谈判为例，如果谈判者对本国的社会、经济、资源、地理和其他自然状况不了解，或对谈判国的风土人情、社会政治、经济甚至宗教习惯不了解，那么，他就不能进行有效的谈判。

## 二、谈判的含义

什么是谈判？说起来既简单又复杂。说它简单，是因为它并不陌生，几乎每天、每时都出现在我们的日常生活、工作中；说它复杂，是因为谈判的内容极为广泛，人们很难用一两句话准确、充分地表达出来。

"谈判"，按我国出版的工具书《辞海》中的解释，"谈"是"讲论、彼此对语"之意，"判"意为"评断"。据法国著名的拉罗斯（Larousse）词典解释，negotiation 意为"谈判"，如"使大宗交易得到良好结果的行为"或"政府间的对语"。据英国权威的牛津词典解释，negotiation 则含有"谈判、商议、商订、磋商"之意，或指"借商议来处理问题"。

**1. 关于谈判的含义，国外专家、学者的观点**

美国谈判学会会长杰勒德·I. 尼尔伦伯格认为：谈判的定义最为简单，而涉及的范围却最为广泛。每一个要求满足的欲望，每一个寻求满足的需要，至少都是诱发人们展开谈判的潜因。只要人们为了改变相互关系而交换观点，或者为了取得一致而磋商协议，他们就是在进行谈判。

美国著名的交易谈判专家威恩·巴罗和格莱思·艾森认为：谈判并不是什么新东西，它从古到今一直是人们生活中的一个组成部分。实质上，谈判是一种在双方都致力于说服对方接受其要求时所运用的一种交换意见的技能。其最终目的就是要达成一项对双方都有利的协议。

美国《哈佛谈判学》丛书主编罗杰·费希尔和副主编威廉·尤瑞认为：谈判是你从别人那里取得你所需要的东西的基本手段，你或许与对方有共同利益，或许遭到对方的反对，谈判是为达成某种协议而进行的交往。

**2. 关于谈判的含义，国内谈判专家的观点**

谈判是双方或多方为了消除分歧、改变关系而交换意见，为了取得一致、谋取共同利益和契合利益而磋商协议的社会交往活动。

谈判是指人们为了各自的利益或责任，通过交换意见，谋求一致的交往活动。

谈判就是具有利害关系的双方或多方谋求一致而进行协商洽谈的沟通协调活动。

谈判是指各方当事人在一定的条件下，为改变和建立新的社会关系，并使各方达到某种利益目标所采取的协调行为的过程。

以上各种说法，虽然有的存在着明显的缺点和不足，但它们都从不同的侧面反映了谈判的某些特点。通过对各种说法的分析，我们归纳谈判的含义至少包括以下几个方面的内容。

（1）谈判活动必须在两个或两个以上的参与者之间进行；谈判的各方之间必须有一定的利害关系；这种利害关系可以是现实的，也可以是潜在的。

（2）谈判是建立在人们需要的基础上的。人们的需要包括交换意见、改变关系和寻求同意。这些需要促使人们去谈判，并且人们的这些需要越强烈，谈判的动因就越明确。

（3）谈判的各方之间存在着某种观点、立场、利益等方面的分歧和冲突，他们试图通过谈判来缩小或消除分歧，缓和或解脱冲突，建立或改善关系，并就所争执的问题相互让步达成协议。

（4）谈判是各方当事人运用策略和技巧，相互磋商与协调，努力达成协议的过程或行为。

综上所述，可以概括出谈判的含义：谈判是具有利害关系的各方为了满足各自的需要，就所关心的问题进行磋商，就所争执的问题相互协调与让步，努力达成协议的过程和行为。

### 案例 1-1

一天晚上，一对夫妻在浏览杂志时，看到一幅广告中当作背景的老式时钟，把气氛衬托得十分优雅。妻子说："这座钟是不是你见过最漂亮的一个？把它放在我们的过道或客厅中，看起来一定不错吧？"丈夫回答道："的确不错！我也正想找个类似的钟挂在家里，不知道多少钱？广告上没有标明价格。"经过讨论后，他们决定去古董店中找寻那座钟，并且商定假如找到后只能出500元以内的价格。

经过3个月的搜寻，他们终于在一家古董展示会场的橱窗里看到那座钟，妻子兴奋地叫起来："就是这座钟！没错，就是这座钟。"丈夫说："记住，我们绝不能超出500元的预算。"他们走近那个展示摊位。"哦！"妻子说道，"时钟上的标价是750元，我们还是回家吧，我们说过只有500元的预算，记得吗？""我记得，"丈夫说，"不过还是试一试吧，我们已经找了那么久，不差这一会儿。"

夫妻私下商谈，由丈夫作为谈判者，争取用500元买下。随后，丈夫鼓起勇气，对那座钟的售货员说："我注意到你们有座钟要卖，定价就贴在钟座上，而且蒙了不少灰尘，显得的确很古老。"之后，又说："告诉你我的打算吧，我给你出个价，只出一次价买那座钟，就这么说定了。我估计你会吓一跳，你准备好了吗？"他停了一下以增加效果。"你听着——250元。"座钟的售货员连眼也没眨一下，说道："卖了，那座钟是你的了。"

那个丈夫的第一反应是什么？得意洋洋？"我真是棒透了，不但获得了优惠，而且又得到了我要的东西。"不！绝不！我们都曾经碰到过类似的情况。他的最初反应必然是："我真蠢！我应该出150元才对！"你也能想到他的第二个反应："这座钟应该很重才对，怎么那么轻呢？我敢说里面一定有些零件不见了。"然而，他仍然把那座钟放在家里的客厅中，看起来非常美丽，而且也似乎没什么毛病，但是他和太太却始终感到不安。那晚他们安歇之后，半夜曾三度起来。为什么？因为他们没有听到时钟的声响。这种情形持续了无数个不眠的夜晚，他们的健康迅速恶化，开始感到紧张过度并且都有了高血压的毛病。为什么？只因为那个售货员不经交涉就以250元把钟卖给了他们。

**案例 1-2**

贾先生想为他的女朋友买一枚戒指。他已经攒了大约800元，并且每星期还继续攒20元。一天，他在东方明珠珠宝店，一下子被一枚标价1 200元的戒指吸引住了。他认为这就是他想送给女朋友的礼物。但他买不起！该店老板说，你可以数星期后来买，但不能保证那时是否被人买去。贾先生很沮丧。随后，他偶然进入另一家珠宝店，见有一盘与前一店的那枚很相似的戒指，每枚标价800元。他想买，但仍惦记着东方明珠的那枚1 200元的戒指。数星期后，东方明珠的那枚仍未售出，还降价20%，减为960元。但贾先生的钱仍然不够。他把情况向老板讲了。老板很乐意帮助他，且向他提供了10%的特别优惠现金折扣，现付864元。贾先生当即付款，怀着喜悦的心情离开了。

其实两家店的戒指是完全相同的，都是从批发商那里以每枚700元进的货。东方明珠获纯利164元，而另一店标价虽低，却未能吸引贾先生。贾先生为自己聪明地等待了数星期后获得减价的好处而感到愉快，还为与老板讨价还价后又得到10%的特别优惠而高兴。这不是皆大欢喜吗？确实，获得优惠无论如何都会使人感到高兴！

# 第二节　商务谈判的概念和特征

## 一、商务谈判的概念

商务系指一切有形与无形资产的交换或买卖事宜。按照国际习惯的划分，商务行为可分为以下四种。

（1）直接的商品交易活动，如批发、零售商品业。

（2）直接为商品交易服务的活动，如运输、仓储、加工整理等。

（3）间接为商品交易服务的活动，如金融、保险、信托、租赁等。

（4）具有服务性质的活动，如饭店、商品信息、咨询、广告等服务。

所以，商务谈判是买卖双方为了促成交易而进行的活动，或是为了解决买卖双方的争端，并取得各自的经济利益的一种方法和手段。

商务谈判是在商品经济条件下产生和发展起来的，它已经成为现代社会经济生活必不可少的组成部分。可以说，没有商务谈判，经济活动便无法进行，小到生活中的购物还价，大到企业法人之间的合作、国家与国家之间的经济技术交流，都离不开商务谈判。

商务谈判的基本要素是指构成商务谈判活动的必要因素，它是从静态结构揭示经济谈判的内在基础。任何谈判都是谈判主体和谈判客体相互作用的过程。因此，商务谈判的基本要素应该包括谈判的主体、谈判的客体和谈判的目标。

### 1. 商务谈判的主体

商务谈判的主体是指参与谈判的当事人。在商务谈判活动中，谈判主体是主要因素，起着至关重要的作用。商务谈判活动的成效在很大程度上取决于谈判主体的主观能动性和创造性。谈判的主体可以是一个人，也可以是一个合理组成的群体。但不是什么人都可以成为主体，主体是指具有商务谈判科学知识和能力、拥有相应权力、从事谈判活动的人。

### 2. 商务谈判的客体

商务谈判的客体是进入谈判主体活动领域的人和议题。谈判活动的内容就是由谈判客体决定的。

人是商务谈判的第一类客体。商务谈判是基于人们的某种需求而产生的行为，谈判的进展或终止，谈判的要约和承诺都取决于人的动机和行为，只有说服了人，使对方理解和接受谈判主体的提议，才能达成一致的协议。第一类谈判客体的最大特点就是具有可说服性，这是它之所以成为谈判客体的主要标志。如果谈判对手是不可说服的，就不能进入谈判活动领域成为谈判对象。在商务谈判活动中，谈判主体是主导因素，在整个谈判中起着积极的、能动的作用。谈判客体是独立于谈判主体而存在的，它有着自身的利益和特性。谈判主体和谈判客体是相对而言的。在谈判中，双方都力争成为谈判的主体，去说服和影响对方，但谈判的互利性和协商性决定了谈判双方在不同的问题、不同的时间可能是谈判的主体，也可能成为谈判的客体。议题是商务谈判的第二类客体。所谓议题就是商务谈判涉及的具体问题，是各种物质要素结合而成的各种内容。谈判的任务就是要通过协商解决问题，没有需要解决的问题，就没有进行谈判的必要和可能。所以，议题是商务谈判必不可少的要素。议题的最大特点在于双方认识的一致性，也就是说，进行谈判的双方需要通过谈判获得的利益具有相关性，谈判的议题包含了双方的利益，双方愿意就此进行协商。如果失去了这一点，就无法形成谈判议题而构成谈判客体。商务谈判的议题可能涉及多方面的内容，它可以属于物质方面，也可以属于资金方面；可以属于技术合作方面，也可以属于行为方式方面。

### 3. 商务谈判的目标

商务谈判是人们的一种目标很明确的行为。概括地讲，商务谈判的直接目标就是最终达成协议。谈判双方各自的具体目标往往是不同的，甚至是对立的，但它们都统一于商务谈判活动的目标，只有商务谈判的直接目标实现了，最终达成了协议，谈判各方的目标才能够实现。没有目标的谈判，只能叫做双方有所接触，或叫作无目的的闲谈，而不是真正的谈判。没有目标的商务谈判就像没有目的地的航行，是无法完成的。商务谈判的目标与商务谈判相伴而生，它是谈判活动的有机组成部分，是商务谈判的基本要素之一。

## 二、商务谈判的特征

商务谈判是一门科学，又是综合运用多学科知识于商务活动的一门艺术。它作为经营者开展商务活动的开路先锋，与其他经营业务活动相比，具有以下特点。

### 1. 谈判对象的广泛性和不确定性

商务活动是跨地区、跨国界的。如购销谈判中的商品，从理论上讲，可以出售给任何一个人。作为卖者，其商品销售范围具有广泛性；作为买者，其采购可以在商品国各地甚至全世界。此外，为了使交易更加有利，也需要广泛接触交易对象。但是，不论是买者还是卖者，每一笔交易都是同具体的交易对象成交的，而具体的交易对象在竞争存在的情况下是不确定的。

谈判对象的广泛性和不确定性这一特点，要求谈判者不仅要充分了解市场行情，及时掌握价值规律和供求关系运动状况，而且要选择适当的广告媒体宣传自己，树立形象，经常与社会各方面保持联系，维持老客户，发展新客户。

## 2. 谈判双方的排斥性和合作性

在商品经济社会中，人们在生产、交换、分配等方面存在着各自不同的物质利益，而参与商务谈判的双方都希望对方能按己方的意愿行事，所以利益上的矛盾和冲突在所难免。

在购销谈判中，卖方希望把价格定得尽量高一些，而买方则希望尽量压低价格；供方希望交货期尽量长一些，而买方却要求尽快提货。借款谈判中借方总是希望借款期延长一些，利息低一些，而贷方则希望利息高一些，期限短一些。以上这些都反映了谈判双方行为上的排斥性。没有这种排斥，也就没有谈判的必要。相反，如果只有这种排斥性，没有协商合作性，谈判也不会进行下去。

在谈判活动中，谈判双方都要从对方那里得到满足，双方都是以对方的要求和策略为自己思考的起点，所以谈判又具有合作性。谈判的目的是达成协议，不是一方战胜另一方。在谈判中，双方要不断调整自己的行为和态度，做出必要的让步，而且能理解对方的要求，这样，谈判才可能取得成功，最终达成双方都较满意的协议。

## 3. 谈判的多变性和随机性

谈判的多变性和随机性是经济谈判中最常见、最富有挑战性的现象。经济运行处于激烈竞争和瞬息万变的市场中，作为经济活动重要组成部分的商务谈判，它的进展和变化又和谈判主体的思维和行为方式有密切的关系。因而，它不仅比一般经济活动变化更快、更丰富，而且也难以预料。由于谈判中的议题情况、格局、环境和策略的多变性，谈判会表现出各种各样的变化形式。

因势而变，即根据经济形势或谈判形势的发展变化而变化。对谈判双方来说，谈判形势是不断变化的，有时利于这一方，有时又利于另一方。双方应根据自己所处的优势、均势或劣势，采取不同的策略，以变应变；而变则是围绕谈判的目标进行的，一旦突破任何一方可接受的极限，谈判就会破裂。

因时而变，即随时间的变化而变化。不同的时间，谈判双方的位势可能不同，谈判主体的精神状态也会有很大变化。成功的谈判者往往把时间安排作为谈判策略的重要组成部分。

因机而变，"机"即机会、时机。在谈判中，当机会偶然出现时，谈判的一方应善于把握机会，当机立断，调整自己的谈判计划和策略，促成谈判状况的改变或改善。此时，谈判的一方如果仍按照常规行事就会失去机会，追悔莫及。

多变性促使偶发因素的出现，结果带来了许多随机性。谈判中，随机性越大，变量越多，可控性就显得越小，给谈判双方带来了更大的挑战，给谈判者提出了更高的要求。

## 4. 谈判的公平性与不平等性

商务谈判受当时国际、国内供求关系的影响，也受价格波动的影响。每一次谈判的具体结果，双方在需求满足问题上是具有不同得失的。也就是说，谈判的结果总是不平等的，即谈判双方可能一方需求满足的程度高一些，另一方可能差一些。导致谈判结果不平等的主要因素有两个：一是谈判双方各自拥有的实力，二是谈判双方各自所掌握的谈判技巧。但不论谈判的结果如何不平等，只要最终协议是双方共同达成的，并且谈判双方对谈判结果具有否决权，则说明双方在谈判中的权利和机会是均等的，谈判便是公平的。

# 第三节 商务谈判的基本形态及原则

## 一、商务谈判的基本形态

### 1．"赢–输"式谈判

"赢–输"式谈判是人们较为熟悉的一种谈判形态。如合作双方在分配红利时，由于分配的总数固定（假定为100%），则甲方取得比例较大时，乙方所取得的比例自然就小。如果进行谈判，双方的利害关系处于正面冲突状态。若甲方是赢家，乙方则为输家；反之，若乙方是赢家，则甲方必定为输家。

当然，赢与输是相对的，是双方可以接受的。因为，尽管谈判双方处于高度的利害冲突状态，谈判双方仍存在一定程度的合作关系。假如没有合作，则谈判不可能达成协议，甚至可以说，谈判将不会发生。

### 2．"赢–赢"式谈判

"赢–赢"式的谈判，是双方彼此通力合作各得其利；反之，彼此相互冲突则各受其害。例如，中外合资企业双方通力合作，相互谅解与支持，创造与分享成果，此时双方便都是赢家；反之，相互冲突互相牵掣，互不相让，则生产成果缩减，效益低下，双方都将成为输家。当然，对成果的占有率有可能双方维持相同的占有率，如各得50%；但在现实生活中，相同的占有率只不过是许多可能的安排中的一个。一般来说，双方除了协力创造更大的成果外，还要设法为己方争取较大的占有率。换言之，双方在合作过程中仍然处于相互冲突的状态中。至于哪一方能获得更大的占有率，则主要取决于双方的谈判实力与谈判技巧。

### 3．介于极端情况之间的形态

"赢–赢"式谈判和"赢–输"式谈判，只是谈判的两种极端情况。众多含有不同程度的冲突性或合作性的日常谈判则介乎这两种极端情况之间。决定谈判冲突或合作程度的因素很多，其中比较主要的因素有以下几个。

（1）谈判各方所希望取得的成果总和越是固定，则谈判越具有冲突性。

（2）单一的谈判主题要比多项谈判主题更具有冲突性。例如，交易双方只针对价格进行谈判，则冲突较高；但若双方同时针对价格、付款条件、交货条件、售后服务等主题进行谈判，则冲突性可随之减低。因为交易双方对某些主题产生的分歧，可借其他主题予以缓和，如当买方坚持削价时，卖方可要求付现汇等以提高谈判的合作性。

（3）谈判双方的依赖程度越高，则谈判越具有合作性。因为双方必须顾及长期的共同利益，故双方都不得不考虑对方的利益和意愿。

（4）谈判者个人的性格极易影响谈判的合作程度。巧取豪夺型的人物能使谈判富于冲突性，而理智型的谈判者则能使谈判具有合作性。

（5）谈判各方所能运用的时间越长，则越容易达成协议，此时谈判较具有合作性；反之，谈判各方所能运用的时间越短，则在时限的压力下，谈判将具有冲突性。

（6）谈判各方的实力相差悬殊时，实力较强者往往因以强凌弱的姿态进行谈判，致使谈判较具有冲突性；反之，当谈判各方势均力敌时，谈判较具有合作性。

## 二、商务谈判的原则

商务谈判的原则是指商务谈判中谈判各方应当遵循的指导思想和基本准则。

### 1. 自愿原则

商务谈判的自愿原则是指作为谈判当事各方，是出于自身利益目标的追求和互补互惠的意愿来参加谈判的，而非他人驱使或外界压力。自愿表明，谈判各方具有独立的行为能力，能够按照自己的意志在谈判中就有关权利义务做出决定。同时，只有自愿，谈判各方才会有诚意的合作，最终取得各方满意的谈判结果。如果一方是被迫的，被迫的一方势必带有抵触情绪，在于己不利的情况下退出谈判，谈判将不会有结果，或中途破裂。可以说，自愿原则是商务谈判的前提。

### 2. 平等原则

平等原则是指商务谈判中无论各方的经济实力强弱、组织规模大小，其地位是平等的。在商务谈判中，当事各方对于交易项目及其交易条件都拥有同样的否决权，协议只能通过协商取得一致意见达成，不能一方说了算或少数服从多数。这种同质的否决权和协商一致的要求，客观上赋予了各方平等的权利和地位。因此，谈判各方必须充分认识这种相互平等的权利和地位，自觉贯彻平等原则。贯彻平等原则，要求谈判各方互相尊重，以礼相待；任何一方都不能仗势欺人，以强凌弱，把自己的意志强加于人。

### 3. 互利原则

谈判各方都有自己的利益或"小算盘"，谁都想达到自己的目的，可以说都是"利己"的。但是，如果算盘打过对方的临界点，对方不一定认可，甚至由此退出谈判。为此，要使谈判成功，谈判各方应在追求自身利益的同时，考虑并尊重对方的利益追求，争取互惠互利。正是从这一原则出发，著名的美国谈判学学者尼尔伦伯格（Gerard Nierenberg）把谈判称为"合作的利己主义"。

### 4. 求同原则

求同原则是指谈判中面对利益分歧，从大局着眼，努力寻求共同利益。

谈判过程中，各方必然会就协议条款发生这样或那样的争议，存在利益分歧。要承认利益分歧，正是由于需求的差异和利益的不同，才可能产生需求的互补和利益的契合，才会形成共同利益。求同原则，要求谈判各方首先要立足于共同利益，要把谈判对方当作合作伙伴，而不仅视为谈判对手。贯彻求同原则，要求在商务谈判中要善于从大局出发，着眼于自身发展的整体利益和长远利益；同时，要善于运用灵活机动的谈判策略，根据不同的谈判对象、市场竞争情况，努力寻求协调利益冲突的各种方法，构建和增进共同利益；最后，要善于求同存异。

### 5. 合作原则

商务谈判是企业进行经营活动和参与市场竞争的重要手段。但是，参与谈判各方都是合作者，而非竞争者，更不是敌对者。

首先，人们谈判是为了满足需要，建立和改善关系，是一个协调行为的过程，这就要求参与谈判的双方进行合作和配合。如果没有双方的提议、谅解与让步，就不会达成最终的协议，双方的需要都不能得到满足，合作关系也无法建立。

其次，如果把谈判纯粹视为一场比赛或一场战斗，非要论个输赢，那么，双方都会站在各自的立场上，把对方视为对手、敌手，千方百计地想压倒对方、击败对方，以达到自己单方面的目的。这样做的最终结果往往是谈判破裂。虽然签订了协议，但达到目的的一方成了赢家，心情舒畅，而做出重大牺牲或让步的另一方却成了输家。因而这一协议缺乏牢固的基础，自认为失败的一方会寻找各种理由和机会，延缓合同的履行，挽回自己的损失。其结果往往是两败俱伤。

### 6. 合法原则

合法原则是指在谈判及合同签订的过程中，要遵守国家的法律、政策，国际商务谈判还应遵守国际法则和对方国家有关法规、贸易惯例。商务谈判的合法原则具体体现在以下三个方面：一是谈判主体合法，即谈判参与各方组织及其谈判人员具有合法资格。二是谈判议题合法，即谈判的内容、交易项目具有合法性。与法律、政策有抵触的，即使出于谈判双方自愿并且意见一致，也是不允许的，如贩卖人口、走私货物、买卖毒品等。三是谈判手段合法，即应通过公正、公平、公开的手段达到谈判目的，而不能采用行贿、受贿、暴力威胁等不正当手段。

总之，只有在商务谈判中遵守合法原则，谈判及其协议才具有法律效力，当事各方的权益才能受到法律保护。随着商品经济的发展，各方的交易活动将会在越来越广的范围内受到法律的保护和约束。离开经济法规，任何交易谈判将寸步难行。

# 第四节　商务谈判的类型和内容

## 一、商务谈判的类型

商务谈判的类型是研究商务谈判不可忽视的一个方面，它有助于我们更好地掌握商务谈判的内容和特点，以便在实际经济生活中加以灵活运用。本节在前一节概述商务谈判基本概念的基础上，主要介绍商务谈判的类型和内容。

按照不同的要求，商务谈判可以划分为不同的类型。

### （一）国内商务谈判和国际商务谈判

按照商务谈判的地区范围划分，可以分为国内商务谈判和国际商务谈判。

#### 1. 国内商务谈判

国内商务谈判是国内各种经济组织及个人之间所进行的商务谈判。包括国内的商品购销谈判、商品运输谈判、仓储保管谈判、联营谈判、经营承包谈判、借款谈判和财产保险谈判等。国内商务谈判的双方都处于相同的文化背景中，这就避免了由于文化背景的差异可能对谈判所产生的影响。由于双方语言相同，观念一致，所以谈判的主要问题在于怎样调整双方的不同利益，寻找更多的共同点。这就需要商务谈判人员充分利用谈判的策略与技巧，发挥谈判人员的能力和作用。

从我国的实际情况来看，人们比较重视国际商务谈判，而对国内商务谈判则缺乏应有的认识，比较突出的问题就是双方不太注意对合同条款的协商和履行。许多应该明确写入合同条款中的内容，双方却没有考虑到，或者认为理所当然就应该这么做。结果，当出现纠纷时，则无以为据。自然，也就难以追究违约一方的法律责任以及赔偿责任。还有许多企业签订合同之后，并不认真履行，甚至随意撕毁合同，单方中止合同。出现这种情况的原因，一是由于商务谈判人员的准备工作不充分、不细致，不清楚哪些问题应成为合同的条款，以及对方如不履约将给己方带来的损失。二是商务谈判人员法律观念淡薄，认为谈判只是把双方交易的内容明确一下，交易靠的是双方的关系、面子甚至交情，合同条款过于琐碎、细致，反倒伤了感情，失了面子。事实证明，这不仅不利于谈判双方关系的维系，还会使合同失去应有的效用，长此以往，会影响双方的合作。这是谈判人员应该坚决避免和克服的。

**2. 国际商务谈判**

国际商务谈判是指本国政府及各种经济组织与外国政府及各种经济组织之间所进行的商务谈判。包括国际产品贸易谈判、易货贸易谈判、补偿贸易谈判、各种加工和装配贸易谈判、现汇贸易谈判、技术贸易谈判、合资经营谈判、租赁业务谈判和劳务合作谈判等。不论从谈判形式还是谈判内容来讲，国际商务谈判远比国内商务谈判复杂得多。这是由于谈判人员来自不同的国家，其语言、信仰、生活习惯、价值观念、行为规范、道德标准乃至谈判的心理都有着极大的差别，而这些方面都是影响谈判进行的重要因素。

语言是谈判中双方沟通和交流的重要工具。在国际商务谈判中，语言是影响谈判顺利进行的首要障碍。由于语言上的差异，一方不能准确理解另一方表达的含义或内容，造成误会，产生分歧，从而影响谈判的顺利进展。因此，在国际商务谈判中，双方要明确的第一个问题就是使用哪一种语言作为谈判工具。实际上，在国际谈判活动中，英语已成为一种通用语言，但如果在双方国家谈判，也常使用东道主国家的语言。这里，优秀的翻译人员是必不可少的。如果谈判人员本身精通外语，则是最有利的条件。

在谈判中，个人的偏见和成见是难以避免的，文化之间的差异所形成的观念对谈判的影响则更为深远。例如，西方人注重时间观念，他们把时间看作金钱，因此，在谈判中不喜欢无故拖延、中断谈判、迟到早退。而中东地区国家的人则不注意时间，即使是内容明确，双方没有太大分歧的谈判也会持续很长时间，有的甚至会中断谈判，接待其他来访者。再比如，美国人看重个人能力，在谈判中努力表现个人的作用；而日本人则注重集体的力量和智慧，谈判中尽量不表现自己，十分注意维护集体的利益。

价值观念不同，还使得谈判人员对谈判结果有着不同的评价。有的人以获得对方更多让步为满足，认为是维护了自己的利益，而有的人则对获得对方的尊重和重视表示满意。所以，在国际商务谈判中，不能单凭己方的想法、意愿去推测对方的意图打算。这种一厢情愿的做法常常是造成沟通失败的主要原因。进行这类谈判，其准备工作是十分重要的。要尽可能利用一切资料、一切机会了解对方的行为特点、生活方式、谈判风格，做到胸中有数、临阵不乱。同时，在谈判中，努力克服不同文化所造成的偏见和成见，避免用自己所习惯的价值观念去衡量对方，应充分体谅、理解和尊重对方的行为，注意与对方的沟通、交流，增加彼此间的了解。

在国际商务谈判中，由于交易的货物在两个以上国家之间进行，因此谈判的内容相当广泛，双方不仅要对交易货物的数量、价格、质量、包装运输等方面进行磋商，还要讨论明确双边贸易中的有关问题，如所在国政府有关的贸易保护法案、禁运条款、进出口关税、许可证、输出国与输入国对产品技术性能的要求以及安装使用要求上的差别、国际贸易惯例等。

心理障碍也是国际商务谈判中一个不可忽视的问题。不同文化背景必将导致人们的行为差异而形成心理反射。许多在国内商务谈判中潇洒自如、从容不迫、临危不乱的谈判人员，在国际商务谈判中表现出拘谨呆板、犹豫不决的反常行为。所以在国际商务谈判中，还要克服谈判人员的心理障碍，重视和加强对谈判人员的心理训练，使其具备在各种压力下的心理承受能力。同时，注重实践锻炼，在谈判中有意识地控制自己，更好地发挥谈判人员的作用。

### （二）商品贸易谈判和非商品贸易谈判

根据商务谈判的内容不同，可分为商品贸易谈判和非商品贸易谈判。

#### 1. 商品贸易谈判

商品贸易谈判是指商品买卖双方就商品的买卖条件所进行的谈判。它包括农副产品的购销谈判和工矿产品购销谈判。

农副产品的购销谈判是以农副产品为谈判客体的明确当事人权利和义务关系的协商。农副产品的范围很广，瓜果、蔬菜、粮食、棉花、家禽等，都属于它的范围。这些商品不仅是人们生活的必需品，而且是某些工业生产不可缺少的原料。所以，这方面的谈判随处可见，在我国经济生活中占有重要地位。

工矿产品购销谈判是联系产、供、销各个环节，沟通全国各个部门，活跃经济的最基本形式。工矿产品购销谈判签订合同的基本要求有以下几个。

第一，坚持按需生产、质量第一、依托市场、适销对路的原则。按照国家的法律、规定和当前的方针政策进行谈判，签订合同。

第二，签订的合同必须采用书面形式，并由当事人的法定代表人或代理人签字，加盖单位公章或合同专用章。

第三，关于产品的技术标准问题，凡有国家标准的，按国家标准执行；没有国家标准的，按专业（部）标准执行；没有专业（部）标准的，按企业标准执行；没有上述标准或需方有特殊要求的，按双方商定的标准执行。

#### 2. 非商品贸易谈判

非商品贸易谈判是指除商品贸易之外的其他商务谈判，包括工程项目谈判、技术贸易谈判、资金谈判等。

工程项目谈判是指工程的使用单位与工程的承建单位之间的商务谈判。工程项目谈判十分复杂，这不仅仅是由于谈判的内容涉及广泛，还由于谈判常常是两方以上的人员参加，即使用一方、设计一方、承建一方等。

技术贸易谈判是指对技术有偿转让所进行的商务谈判。技术贸易谈判一般分为两个部分：技术谈判和商务谈判。技术谈判是供需双方就有关技术和设备的名称、型号、规格、技术性能、质量保证、培训、试生产、验收等问题进行的商谈。商务谈判是供需双方就有关价格、支付方式、税收、仲裁、索赔等条款进行商谈。

资金谈判是资金供需双方就资金借贷或投资内容所进行的谈判。资金谈判的主要内容有货币、利率、贷款、保证条件、还款、宽限期、违约责任等。

### （三）"一对一"谈判、小组谈判和大型谈判

根据谈判人员数量的多少，商务谈判可以分为"一对一"谈判、小组谈判和大型谈判。

### 1．“一对一”谈判

项目小的商务谈判往往是“一对一”式的。出席谈判的各方虽然只有一个人，但并不意味着谈判者不要做准备。“一对一”谈判往往是一种最困难的谈判类型，因为双方谈判者只能各自为战，得不到助手的及时帮助。因此，在安排参加这类谈判的人员时，一定要选择有主见、决断力、判断力强，善于单兵作战的人参加，性格脆弱、优柔寡断的人是不能胜任的。谈判人员多、规模大的谈判，有时根据需要，也可在首席代表之间安排“一对一”谈判，磋商某些关键问题或微妙敏感问题。

### 2．小组谈判

小组谈判是一种常见的谈判类型。一般适合较大的谈判项目，情况比较复杂，各方有几个人同时参加谈判，每位谈判人员之间有分工和协作，取长补短，各尽所能，可以大大缩短谈判时间，提高谈判效率。

### 3．大型谈判

国家级、省（市）级或重大项目的谈判，都必须采用大型谈判这种类型，由于关系重大，有的会影响国家的国际声望，有的可能关系到国计民生，有的将直接影响到地方乃至国家的经济发展速度、外汇平衡等，所以在谈判全过程中，必须准备充分、计划周详，不允许存在丝毫破绽、半点含糊。为此，就必须为谈判班子配备阵营强大的、拥有各种高级专家的顾问团或咨询团、智囊团。这种类型的谈判程序严密、时间较长，通常分成若干层次和阶段进行。

### （四）主座谈判、客座谈判和主客座轮流谈判

根据谈判地域不同，商务谈判可分为主座谈判、客座谈判和主客座轮流谈判。

### 1．主座谈判

主座谈判又称主场谈判，是在自己所在地组织的谈判。主座包括自己所居住的国家、城市或办公所在地。总之，主座谈判是不远离自己熟悉的工作和生活环境，是在自己做主人的情况下所组织的商务谈判。

主座谈判可给主方带来不少便利之处，如谈判时间表、各种谈判资料的准备和新问题的请示均比较方便，所以主座谈判人谈起来很自如，底气十足。作为东道主，必须懂得礼貌待客，包括邀请、迎送、接待、洽谈组织等。礼貌可换来信赖，它是主座谈判者谈判中的一张王牌，可促使谈判对手积极思考东道主谈判者的各种要求。

### 2．客座谈判

客座谈判也称客场谈判，是在谈判对手所在地组织的一种谈判。客座谈判对客方来说需要克服不少困难。到客场谈判时必须注意以下几点。

（1）要入境问俗、入国问禁。要了解各地、各国的不同风俗和国情、政情，以免做出会伤害对方感情但稍加注意即可防止的事情。

（2）要审时度势、争取主动。在客场谈判中，客居他乡的谈判者，受着各种条件的限制，如客居时间、上级授权的权限、信息沟通的困难等。面对顽强的对手可以施展的手段有限，除了市场的竞争条件外，就是让步或坚持到底。客场谈判人在这种处境中，要审时度势、灵活反应、争取主动，包括分析市场、主人的地位、心理变化等。有希望则坚持，

无希望成功则速决，对方有诚意就考虑可能给予的优惠条件，若无诚意则不必随便降低自己的条件。

（3）如果是在国外举行的国际商务谈判，遇到的首先是语言问题。要配备好的翻译、代理人，不能随便接受对方推荐的人员，以防泄露机密。

### 3. 主客轮流谈判

主客座轮流谈判是一种在商务交易中谈判地点互易的谈判。谈判可能开始在卖方，继续谈判在买方，结束在卖方也可能在买方。主客座轮流谈判的出现，说明交易是不寻常的，它可能是大宗商品买卖，也可能是成套项目的买卖，这些复杂的谈判拖的时间比较长。该种谈判应注意以下两个方面的问题。

（1）确定阶段利益目标，争取不同阶段获取最佳谈判效益。主客场轮流谈判说明交易的复杂性，每次更换谈判地必定有新的理由和目标。谈判人员在利用有利条件或寻找有利条件、创造有利条件时，应围绕阶段利益目标的实现可能性来考虑。犹如下棋，要看几步。在"让与争"中，以及成功与失败中掌握分寸、时机。没有阶段利益目标不能称其为优秀谈判者。"阶段利益目标"的谈判意识，是以"循序渐进，磋商解决"的方式为基础的，是以"生意人的钱袋扎得紧"为座右铭的。要像日本人所做的那样："笑着打开你的钱袋子。"

（2）坚持主谈人的连贯性，换座不换帅。在谈判交易中易人尤其是易主谈人是不利于谈判的，但在实际中这种情况仍经常发生。由于公司的调整、人员的变迁、时间安排等客观原因，或是出于谈判策略的考虑，如主谈人的上级认为其谈判结果不好或表现不够出色，为了下一阶段的利益目标而易帅。无论属于哪种情况，易帅都会在主客轮流谈判中带来不利影响，给对方带来损失和不快。而新的主谈人也不可能完全达到原定目标。因为谈判已经展开，原来的基础条件已定，过去的许多言论已有记载，对方不会因你易帅而改变立场。易帅是否可以争取到比以前更好的结果，也不尽然。避免主帅更迭的最好方法，是在主客场轮流谈判中配备好主帅和副帅，有两个主谈人就可以应付各种可能出现的情况，以确保谈判的连贯性。

### （五）传统式谈判和现代式谈判

根据谈判理论、评价标准的不同，商务谈判可分为传统式谈判（输赢式谈判）和现代式谈判（双赢式谈判）。这两种谈判类型可分别用图 1-1 和图 1-2 表示。

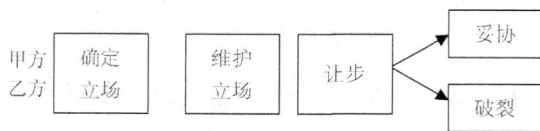

图 1-1　传统式谈判模式

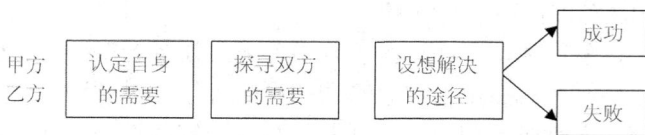

图 1-2　现代式谈判模式

西方某国曾向我国某一项目提供一笔数额较大的政府贷款。根据当时的有关规定，贷款合同一经生效，该贷款额就已经全部筹集好并存放在指定银行里，不得挪作他用，借款根据需要来提用。为了催促借方按期完成项目的进度，对未提用的部分则需支付承诺费。由于这笔贷款数额很大，而且计划用款时间相当长，前后经历6年，经计算，所需支付的承诺费的数额将十分可观。后来，经我方研究，有关支付承诺费的计算方法只是一种传统规定而已，不是原则问题。这是可以与外方进行谈判协商的。我们提出，把这笔贷款按年度分成六部分使用。根据工程用款计划，对方按年度将资金先后调拨到位。每一年的额度若没有用完，应按当年未用部分计算承诺费，而以后若干年的贷款额则不计算在内。经过谈判，双方认为这样做对彼此都有利。因为对对方来说，不仅可以避免支付一笔昂贵的承诺费，而且可以使贷款的实际使用额增加；而对外方来说，资金逐年到位将更经济。它也可以将其余资金投入其他方面取得效益，从而帮助贷款国降低成本。于是外方接受了我方的要求。这样我方就节约了几百万美元。由此可见，在谈判中对一些传统的规定是可以予以调整的，以达到"双赢"的效果。

### （六）公开谈判、半公开谈判和秘密谈判

根据谈判内容的透明度，可以分为公开谈判、半公开谈判和秘密谈判。

#### 1. 公开谈判

公开谈判是指有关谈判的全部内容和一切安排都不对外保密的谈判类型。在现代社会中，由于市场竞争不断加剧，商业机会相对也越来越少，所以，人们一般都不愿意过度地暴露自己的商业机密，公开谈判也很少被人们采用。不过，在有些情况下，公开式谈判可以吸引多个谈判对手并使他们之间展开竞争，从而在交易中获取最佳利益。例如，某些公司公开在电视节目中招聘人员，现场面试，马上选人。这样不仅挑选了优秀人才，还扩大了企业的知名度。

#### 2. 半公开谈判

半公开谈判是指有关谈判内容以及谈判安排在某一特定时间，部分地对外进行披露的谈判类型。在半公开谈判的条件下，谈判当事人一般根据自己的需要来选择对外公布的谈判信息及公布这些信息的时间。在有些情况下，部分地对外公布谈判信息有助于提高企业的形象。

#### 3. 秘密谈判

秘密谈判是指谈判各方对谈判的内容以及有关谈判的一切安排均不对外披露的谈判类型。这种谈判对谈判信息的保护效果比其他两种类型要好，可以减少企业商业机会的流失概率。不过，秘密谈判有时会影响公平竞争的原则，会受到法律的约束和限制。

从实际情况来看，公开式谈判和秘密谈判在现代商务谈判中所占的比例较小。目前，大部分的商务谈判都采取半公开式的谈判类型。

### （七）长桌谈判和圆桌谈判

根据谈判的桌型可分为长桌谈判和圆桌谈判。一般来说，由两方参加的对等谈判称为长桌谈判。如一般情况下的两方商品买卖的谈判。由多方参加的对等谈判称为圆桌谈判。如多方会谈。

### （八）马拉松式谈判和闪电式谈判

按照谈判的时间长短可分为马拉松式谈判和闪电式谈判。马拉松式谈判是指谈判的时间很长，有时要经过很多次商谈，几年或几十年。比如我国的入世谈判。闪电式谈判是指谈判的时间很短，就达成一致。

## 二、商务谈判的内容

商务谈判是商业事务的谈判，包括商品买卖、劳务买卖、工程承包、咨询服务、中介服务、技术转让、合资合作等方面的谈判。商务谈判的内容因商务谈判的类型不同而各有差异。但不论是哪一方面的商务谈判，一般都是包括合同之外的谈判和合同之内的谈判这两方面的内容。下面分别介绍这两种谈判，同时简单介绍商品贸易谈判、技术贸易谈判和劳务合作谈判这三种谈判。

### （一）合同之外的谈判

合同之外的谈判是指合同内容以外事项的谈判。它是谈判的一个重要组成部分，为谈判直接创造着条件，影响着合同本身的谈判效果，因此要加以重视。它主要包括以下几个部分。

#### 1. 谈判时间的谈判

它是关于谈判举行时间的谈判。谈判时间可能是一方决定的结果，也可能是双方协商的结果。谈判时间不同，对双方的影响是不同的，这是因为时间不同，双方的准备程度不同，外部环境的变化不同，双方的需求程度不同，进而谈判实力也不同。因此，谈判者要尽量争取于己方有利的时间。

#### 2. 谈判地点的谈判

它是关于谈判举行地点的谈判。一般来说，主场谈判比客场谈判更有利。谈判到底在哪一方举行，往往由谈判实力强的一方决定，但也是可以通过谈判策略争取的。

#### 3. 谈判议程的谈判

它是关于谈判的议题安排的谈判。先谈什么、后谈什么，该谈什么、不该谈什么，主要谈什么、次要谈什么等，对谈判结果的影响是显而易见的。谈判议程是谈判策略的重要组成部分，其确定往往是双方协商的结果。

#### 4. 其他事宜的谈判

它可以是谈判参加人员的确定、谈判活动的相关规定、谈判场所的布置等，往往也可以通过协商去争取于己方更有利的条件。

### （二）合同之内的谈判

#### 1. 价格（金额）的谈判

价格是商务谈判的核心，也是谈判中最敏感、最艰难的谈判，是商务谈判策略与技巧的集中体现。商务谈判的失败往往是价格谈判的失败。价格谈判包括了价格术语、价格计量、单价与总价、相关费用等方面的内容。

#### 2. 交易条件的谈判

它是指围绕价格为中心的相关构成条件的谈判，它们与价格相辅相成、相互影响，并可以通过价格体现出它们的状况，是谈判者利益的重要组成部分。这些交易条件主要包括标的、数量与质量、付款方式、服务内容、交货方式、保险等。

### 3. 合同条款的谈判

合同条款是构成一份完整、有效的合同所必不可少的部分，是价格和交易条件的补充与完善，是履行合同的保证。它主要包括双方的权责约定、违约责任、纠纷处理、合同期限、补充条款、合同附件等。

### （三）商品贸易谈判的内容

商品贸易谈判的内容是以商品为中心的。它主要包括商品的品质、数量、包装、运输、价格、货款结算支付方式、保险、商品检验及索赔、仲裁和不可抗力等条款。

### 1. 商品的品质

商品品质是指商品的内在质量和外观形态。它往往是交易双方最关心的问题，也是洽谈的主要问题。商品品质取决于商品本身的自然属性，其内在质量具体表现在商品的化学成分、生物学特征及其物理、机械性能等方面；其外在形态具体表现为商品的造型、结构、色泽、味觉等技术指标或特征，这些特征有多种多样的表示方法。常用的表示方法有以下几种。

（1）样品表示法。为了避免纠纷，一般样品要一式三份，由买卖双方各持一份，另一份送给合同规定的商检机构或其他公证机构保存，以备买卖双方发生争议时作为核对品质之用。在商品买卖实务中，一般在样品确认时，应再规定商品的某个或某几个方面的品质指标作为依据。

（2）规格表示法。商品规格是反映商品的成分、含量、纯度、大小、长度、粗细等品质的技术指标。由于各种商品的品质特征不同，所以规格也有差异。如果交易双方用规格表示商品的品质，并作为谈判条件，就叫做"凭规格买卖"。一般来说，凭规格买卖是比较准确的，在平时的商品交易活动中，大多采用这种方法。

（3）等级表示法。商品等级是对同类商品质量差异的分类，它是表示商品品质的方法之一。这种表示法以规格表示法为基础，同类商品由于厂家不同，有不同的规格，所以同一数码、文字、符号表示的等级的品质内涵不尽相同。买卖双方对商品品质的磋商，可以借助已经制定的商品等级来表示。

（4）标准表示法。商品品质标准是指经政府机关或有关团体统一制定并公布的规格或等级。不同的标准反映了商品品质的不同特征和差异。商品贸易中常见的有国际上各国公认的通用标准，即"国际标准"；我国有国家技术监督局制定的"国家标准"和国家有关部门制定的"部颁标准"；此外，还有供需双方洽商的"协议标准"。明确商品品质标准，以表达供需双方对商品品质提出的要求和认可。

（5）牌名或商标表示法。牌名是商品的名称，商标是商品的标记。有些商品由于品质上优质、稳定，知名度和美誉度都很高，在用户中享有盛名，为广大用户所熟悉和赞誉，在谈判中只要说明牌名或商标，双方就能明确商品品质情况。但磋商时要注意同一牌名或商标的商品是否来自不同的厂家，以及这些商品是否由于某些原因造成了损坏或变质，更要注意假冒商标的商品。

在实际交易中，上述表示商品品质的方法可以结合在一起运用。例如，有的交易既使用牌名，又使用规格；有的交易既使用规格，又参考样品。

## 2. 商品的数量

商品交易的数量是商务谈判的主要内容。

确定买卖商品的数量，首先要根据商品的性质，明确所采用的计量单位。商品的计量单位，表示重量单位的有吨、千克、磅等；表示个数单位的有件、双、套、打等；表示面积单位的有平方米、平方英尺；表示体积单位的有立方米、立方英尺。在国际贸易中，由于各国采用的度量衡制度不同，同一计量单位所代表的数量也各不相同，因而要掌握各种度量衡之间的换算关系，在谈判中明确规定使用哪一种度量衡制度，以免造成误会和争议。

## 3. 商品包装

在商品交易中，除了散装货、裸体货外，绝大多数商品都需要包装。包装具有宣传商品、保护商品、便于储运、方便消费的作用。作为商务谈判者，为了使双方满意，必须精通包装材料、包装形式、装潢设计、运装标志等问题。

## 4. 商品的运输

在商品交易中，卖方向买方收取货款是以交付货物为条件的。所以运输方式、运输费用以及交货地点依然是商务谈判的重要内容。

（1）运输方式。商品的运输方式是指将商品转移到目的地所采用的方法和形式。以运输工具进行划分，运输方式有公路运输、水路运输、铁路运输、航空运输和管道运输。以营运方式来划分，可分为自运、托运和联运等。目前，在国内贸易中主要采用铁路运输、公路运输、水路运输和自运、托运等。对外贸易中主要采用海运、航运、托运和租运等。

（2）运输费用。运输费用的计算标准有：按货物重量计算、按货物体积计算、按货物件数计算、按商品价格计算等。

（3）装运时间、地点和交货时间、地点。这些不仅直接影响买方能否按时收到货物，满足需求或投放市场，回收资金，还会因交货时空的变动引起价格的波动和可能造成经济效益的差异。谈判中应根据运输条件、市场需求、运输距离，运输工具、码头、车站、港口、机场等设施，以及货物的自然属性、气候条件作综合分析，明确装运、交货地点，装运、交货的具体截止日期。

## 5. 保险

货物保险的主要内容有：贸易双方的保险责任，具体明确办理保险手续和支付保险费用的承担者。

## 6. 商品检验

商品检验是对交易商品的品种、质量、数量、包装等项目按照合同规定的标准进行检查或鉴定。通过检验，由有关检验部门出具证明，作为买卖双方交接货物、支付货款和处理索赔的依据。商品检验主要包括商品检验权、检验机构、检验内容、检验证书、检验时间、检验地点、检验方法和检验标准。

## 7. 商品价格

商品价格是商务谈判中最重要的内容，它的高低直接影响着贸易双方的经济利益。商品价格是否合理是决定商务谈判成败的重要条件。

商品的价格是根据不同的定价依据、定价目标、定价方法和定价策略来制订的，商品价格的构成一般受商品成本、商品质量、成交数量、供求关系、竞争条件、运输方式和价格政策等多种因素的影响。谈判中只有深入了解市场情况，掌握实情，切实注意上述因素的变动情况，才能取得谈判的成功。

### 8. 货款结算支付方式

在商品贸易中，货款的结算与支付是一个重要问题，直接关系到交易双方的利益，影响双方的生存与发展。在商务谈判中应注意货款结算支付的方式、期限、地点等。

国内贸易货款结算方式分为现金结算和转账结算。现金结算，即一手交货，一手交钱，直接以现金支付货款的结算方式。转账结算是通过银行在双方账户上划拨的非现金结算。非现金结算的付款有两种方式：一种是先货后款，包括异地托收承付、异地委托收款、同城收款；另一种是先款后货，包括汇款、限额结算、信用证、支票结算等。根据国家规定，各单位之间的商品交易，除按照现金管理办法外，都必须通过银行办理转账结算。这种规定的目的是为了节约现金使用，有利于货币流通，加强经济核算，加速商品流通和加快资金周转。

转账结算可分为异地结算和同城结算。前者的主要方式有托收承付、信用证、汇兑等，后者的主要方式有支票、付款委托书、限额结算等。

### 9. 索赔、仲裁和不可抗力

在商品交易中，买卖双方常常会因彼此的权利和义务引起争议，并由此引起索赔、仲裁等情况的发生。

（1）索赔。索赔是一方认为对方未能全部或部分履行合同规定的责任时，向对方提出索取赔偿的要求。引起索赔的原因除了买卖一方违约外，还有由于合同条款规定不明确，一方对合同某些条款的理解与另一方不一致而认为对方违约。一般来讲，买卖双方在洽谈索赔问题时应洽谈索赔的依据、索赔期限和索赔金额的确定等内容。

（2）仲裁。仲裁是双方当事人在谈判中磋商约定，在本合同履行过程中发生争议，经协商或调解不成时，自愿把争议提交给双方约定的第三者（仲裁机构）进行裁决的行为。在仲裁谈判时应洽谈的内容有仲裁地点、仲裁机构、仲裁程序规则和裁决的效力等内容。

（3）不可抗力。不可抗力又称人力不可抗力，通常是指合同签订后，不是由于当事人的疏忽过失，而是由于当事人所不可预见，也无法事先采取预防措施的事故，如地震、水灾、旱灾等自然原因或战争、政府封锁、禁运、罢工等社会原因造成的不能履行或不能如期履行合同的全部或部分。

### （四）技术贸易谈判的基本内容

#### 1. 技术贸易的种类

技术商品是指那些通过在生产中的应用，能为应用者创造物质财富的具有独创性的用来交换的技术成果。技术贸易的种类主要有专利、专有技术、技术服务、工程服务、商标、专营权等。

#### 2. 技术贸易谈判的基本内容

技术贸易谈判包括技术服务、发明专利、工程服务、专有技术、商标和专营权的谈判。技术的引进和转让是同一过程的两个方面，有引进技术的接受方，就有供给技术的许可方。

引进和转让的过程是双方谈判的过程。技术贸易谈判一般包括以下基本内容：技术类别、名称和规格。即技术的标的。技术贸易谈判的最基本内容是磋商具有技术的供给方能提供哪些技术，引进技术的接受方想买进哪些技术。

### 3. 技术经济要求

因为技术贸易转让的技术或研究成果有些是无形的，难以保留样品以作为今后的验收标准，所以，谈判双方应对其技术经济参数采取慎重和负责的态度。技术转让方应如实地介绍情况，技术受让方应认真地调查核实。然后，把各种技术经济要求和指标详细地写在合同条款上。

### 4. 技术的转让期限

虽然科技协作的完成期限事先往往很难准确地预见，但规定一个较宽的期限还是很有必要的；否则，容易发生扯皮。

### 5. 技术商品交换的形式

这是双方权利和义务的重要内容，也是谈判不可避免的问题。技术商品交换的形式有两种：一种是所有权的转移，买者付清技术商品的全部价值并可转卖，卖者无权再出售或使用此技术。这种形式较少使用。另一种是不发生所有权的转移，买者只获得技术商品的使用权。

### 6. 技术贸易的计价、支付方式

技术商品的价格是技术贸易谈判中的关键问题。转让方为了更多地获取利润，报价总是偏高。引进方不会轻易地接受报价，往往通过反复谈判，进行价格对比分析，找出报价中的不合理成分，将报价压下来。价格对比一般是比较参加竞争的厂商在同等条件下的价格水平或相近技术商品的价格水平。价格水平的比较主要看两个方面，即商务条件和技术条件。商务条件主要是对技术贸易的计价方式、支付条件、使用货币和索赔等项进行比较。技术条件主要是对技术商品供货范围的大小、技术水平高低、技术服务的多少等项进行比较。

### 7. 责任和义务

技术贸易谈判技术转让方的主要义务是：按照合同规定的时间和进度，进行科学研究或试制工作，在限期内完成科研成果或样品，并将经过鉴定合格的科研成果报告、试制的样品及全部科技资料、鉴定证明等全部交付委托方验收。积极协助和指导技术受让方掌握科技成果，达到协议规定的技术经济指标，以收到预期的经济效益。

技术受让方的主要义务是：按协议规定的时间和要求，及时提供协作项目所必需的基础资料，拨付科研、试制经费，按照合同规定的协作方式提供科研、试制条件，并按接收技术成果支付酬金。

技术转让方如完全未履行义务，应向技术受让方退还全部委托费或转让费，并承担违约金。如部分履行义务，应根据情况退还部分委托费或转让费，并偿付违约金。延期完成协议的，除应承担因延期而增加的各种费用外，还应偿付违约金。所提供的技术服务，因质量缺陷给对方造成经济损失的，应负责赔偿。如由此引起重大事故，造成严重后果的，还应追究主要负责人的行政责任和刑事责任。

技术受让方不履行义务的，已拨付的委托费或转让费不得追回；同时，还应承担违约金。未按协议规定的时间和条件进行协议配合的，除应允许顺延完成外，还应承担违约金。如果给对方造成损失的，还应赔偿损失。因提供的基础资料或其他协作条件本身的问题造成技术服务质量不符合协议规定的，后果自负。

### （五）劳务合作谈判的基本内容

劳务合作谈判的基本内容是围绕着某一具体劳动力供给方所能提供的劳动者的情况和需求方所能提供给劳动者的有关生产环境条件和报酬、保障等实质性的条款。其基本内容有劳动力供求的层次、数量、素质、职业、工种、技术水平、劳动地点（国别、地区、场所）、时间、劳动条件、劳动保护、劳动工资、劳动保险和福利。

（1）层次。它是指劳动者由于学历、知识、技能、经验的差别，职业要求的差异，形成许多具体不同的水平级别。如科技人员、技术工人、勤杂工、保姆等。

（2）数量。劳动力是指人的劳动能力，通过劳动者人数来表现。

（3）素质。它是指劳动者智力、体力的总和。目前，只能从劳动者年龄、文化程度、技术水平上加以具体表现。劳动者的体力主要从年龄上来测定。我国规定的劳动力年龄是男16～60岁，女16～55岁。体力随着年龄的增大而衰退。一般将年龄分成四组，即16～25岁、26～35岁、36～50岁、50岁以上。劳务市场磋商时，一般对劳动者的体力采用目测认定其强壮还是弱小。文化程度是劳动者受教育的情况，作为表现智力的指标分为：大学以上（含大专）；高中（含中专）、职高、技校毕业生；初中；小学；半文盲、文盲。技术水平是劳动者社会劳动技能熟练程度和水准高低的体现，具体分为专业技术人员（高、中、低级职称，未评职称）、技术工作（3级以下，4～6级，7～8级，8级以上）和其他（含非专业技术干部和普通工人）。

（4）职业、工种。按国民经济行业目录划分有13个行业。职业工种在各行业部门中有许多不同的分类，如农民、教师、医生、工人等。机器制造业工人又分为铸工、锻工、车工、铣工、磨工、钳工等。职业、工种按劳动者层次、素质双向选择，特别是对高空、水下、井下和容易产生职业病的职业，工种的选择性更大。

（5）劳动地点、时间、条件。劳动地点对某一具体劳动力需求方来说一般是固定的，只有少数是流动的。劳动者主要考虑离家远近、交通状况，结合劳动时间、劳动条件和劳动报酬等选择工作。

（6）劳动报酬、工资福利和劳动保险。这是双方磋商的核心问题。它是发展劳务市场，推动劳动力在不同工作、地区、单位间转移的重要动力。

除此之外，劳务合作谈判应依据劳动法规规范，制订谈判内容与条件。

# 第五节　商务谈判的理论与方法

## 一、商务谈判的主要理论

概括地说，商务谈判是研究商品流通领域中的谈判行为并阐明它的规律。它是以协调各种社会关系而举行的会晤活动为研究对象的学问。商务谈判既是一门科学，又是一门艺术。

商务谈判作为一门科学，其主要根据有以下几个。

第一，商务谈判是一门综合性的边缘学科。商务谈判所研究的是在激烈的市场竞争中，对参与谈判的买卖双方，彼此相互制约、相互合作、相互竞争的方式并在特定方式下体现出相互的经济利益关系，以及由这种经济利益关系所决定的相应的谈判方针、原则、方式、策略与技巧。整个谈判活动，涉及专业知识，如贸易、金融、保险、企业管理、商法、市场营销等知识；同时又涉及社会学、心理学、语言学、公共关系学、运筹学、逻辑学等广泛的知识领域。之所以如此，其原因首先是由商务谈判的复杂性决定的。随着社会经济的发展和社会文明的进步，商务活动的范围和舞台不断扩展，流通的规模、结构、内容在不断发展与变化，使商务谈判的内容、范围、深度、广度也逐渐发生变化。特别是一些大型的商务谈判，涉及的资料和专业知识相当广泛，就一个人的能力而言，很难要求他是"全才"。正因为如此，一些大型商务谈判如技术设备和成套项目引进的谈判，是由各方面的专家协同配合的。其次是由商务谈判的应用性所决定。它与社会、经济的发展紧密相关，其理论来源于丰富的实践，是实践经验的总结与科学研究的成果。同时，这些理论又在实践中接受检验并不断修正和完善。

第二，商务谈判存在一般的规律性。这种规律性又通过谈判者的主观能动作用，在每一次具体的商务谈判中找出其特殊性，这是实事求是的辩证唯物论，也是其科学性的生动体现。

商务谈判既然是一门科学，就必须掌握它的理论、方法和技巧。美国谈判学会会长、纽约律师尼尔伦伯格认为，任何谈判都是在人与人之间发生的。他们之所以要进行谈判，都是为了满足人们的某一种或几种"需要"，这种"需要"就决定了谈判的发生、发展和结局。那么，针对不同的需要和不同的谈判场合，与不同的谈判方法相结合，也就产生了千变万化的谈判策略和技巧。

商务谈判作为一门艺术，可从以下几个方面表现出来。

（1）商务谈判是供求双方不断磋商，相互让步，解决争端，以求达成协议、签订合同的过程。就达成的协议而言，一般总是双方可以接受的，而且又是彼此受益的。一个最佳的谈判，是双方都认为满意的。双方受益，双方满意，这就体现了造诣很深的谈判艺术。

（2）商务谈判是涉及双方经济利益的谈判，有一个较量过程。可以说，没有哪一个谈判是双方一经接触就成功的；但是在双方的较量中你来我往，其中有激烈的讨价与还价，有僵硬的坚持与让步，这些现象常常使谈判陷入僵局，以至到了山穷水尽的地步。然而，经过相应的让步与双方的努力，可使僵局打破，出现柳暗花明，最终达成协议。原来在谈判桌上争吵得面红耳赤，气氛紧张，最终又握手言欢，乃至热烈拥抱，相互碰杯共祝成功。较量本身就有策略和技巧，体现了艺术。

（3）在实践中，人们常听到："与某某人谈判很愉快""很愿意与你再次合作"；或者，"与某人谈判心情很不舒畅""某某人令人生厌"等议论。在实践中，还可见到，有些谈判条件看来很难实现，而经过有些人一谈，就可能成功，这里面就与精通谈判艺术有很大的关系。

（4）谈判是由人参与的，谈判的主体是人。这就决定了谈判是人与人打交道。无论谈判的具体内容如何，首先要具备处理人际关系的技巧。为了达到预期的目的，在实施既定方案的过程中，谈判者应当注意将原则性与灵活性结合起来，既有理性，又有感情；以理服人，以情动人。所以，一个人仅掌握了谈判的理论和有关的知识，并不一定具备了谈判的能力；而恰当地运用谈判的理论知识再加以智慧的结合，则是至关重要的。因此，要求参加谈判的人员在掌握其理论知识、通晓其规律的同时，再经过谈判的实践与磨练，才能向炉火纯青的地步发展。

商务谈判的基本内容构架应包括：商务谈判的基本原理、原则与任务；商务谈判心理研究；商务谈判的组织与管理；谈判过程的描述与分析；商务谈判的战略决策及谈判策略与技巧；谈判协议的履约；商务交际等。

## 二、商务谈判的学习方法

对商务谈判理论的研究是从 20 世纪 80 年代改革开放以后逐渐热门起来的，这是商品经济发展的需要，也是对外改革开放的需要。我国在相当长的一段时间内，由于产品经济占统治地位，"谈判"的应用领域和应用范围大大受到限制。以物质生产部门为例，在产品经济条件下，企业仅仅是个生产单位。企业生产什么、生产多少、为谁生产，都需在国家计划控制之下。在这种体制下，企业所用的原材料由国家统一调拨，生产计划由国家统一下达，产品由国家统一分配。因此，企业无须与任何组织进行"谈判"，无须顾及外界环境，只管在企业内部埋头拉车，完成计划任务是最终目的。

当前，国家的经济体制由产品经济转向市场经济，情况就发生了变化。国家放权于企业，企业作为独立法人自主经营、自负盈亏，不仅要考虑国内的大市场、大流通，还要考虑跨出国门，进行国际间交易。因而企业面临的任务是相当艰巨的，考虑问题的覆盖面扩大了，如图 1-3 所示。

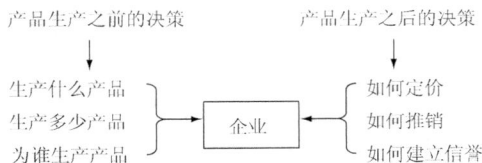

图 1-3　企业决策图

从图 1-3 中可看出，企业要决策的所有内容，哪一项都离不开与人交往，离不开与人洽谈、商谈、谈判。因而对谈判理论、谈判策略和技巧的研究便提到议事日程上来了。在各大专院校开设的经济贸易、市场营销、国际营销等专业中，商务谈判便成为一门主要专业课。

要学好商务谈判这门课，在注重思想、道德、法制的同时，在方法上必须强调应用性和实践性。学生能力的培养，必须在教学环节中体现，课堂理论教学要与模拟训练、模拟谈判相结合，对谈判中发生的争执、冲突、僵持、风险、投机、利用等应具有应变能力，以达到提高学生敏捷的思维能力、反应能力、分析问题的能力。在模拟训练中要注意培养学生正直、机智、热情、幽默、不卑不亢的品德，同时使其具有自己特有的气质与风度以及吸引人的个性和仪表。

## 本章小结

广义的谈判不仅指正式场合下的谈判，还包括协商、交涉、商量、磋商等。狭义的谈判仅指正式场合下的谈判。谈判总是以某种利益的满足为目标，是建立在人们需要的基础上的。谈判是两方以上的交际活动，只有一方则无法进行谈判活动。而且只有参与谈判的各方的需要有可能通过对方的行为而得到满足时，才会产生谈判。谈判是寻求建立或改善人们的社会关系的行为。谈判是一种协调行为的过程。任何一种谈判都选择在参与者认为合适的时间和地点举行。

商务谈判是买卖双方为了促成交易而进行的活动，或是为了解决买卖双方的争端，并取得各自的经济利益的一种方法和手段。商务谈判的基本要素包括谈判的主体、谈判的客体和谈判的目标。商务谈判的特征包括谈判对象的广泛性和不确定性、谈判双方的排斥性和合作性、谈判的多变性和随机性、谈判的公平性与不平等性、以经济利益为谈判的目的、以经济利益作为谈判的主要评价指标、以价格作为谈判的核心。

商务谈判具有自愿原则、平等原则、互利原则、求同原则、合作原则、合法原则。

商务谈判的类型可以分为国内商务谈判和国际商务谈判，商品贸易谈判和非商品贸易谈判，一对一谈判、小组谈判和大型谈判，主座谈判、客座谈判和主客座轮流谈判，传统式谈判和现代式谈判，公开谈判、半公开谈判和秘密谈判，长桌谈判和圆桌谈判，马拉松式谈判和"闪电"式谈判几种形式。

无论哪种谈判一般都包括合同之内的谈判和合同之外的谈判。商品贸易谈判的内容主要包括商品的品质、数量、包装、运输、保险、检验、价格、货款结算支付方式和索赔、仲裁、不可抗力等。

## 综合练习题

### 一、简答题

1. 你是怎样认识谈判的？ 谈判有哪些形式与特征？

2. 什么是商务谈判？它有哪些特征？

3. 进行商务谈判时应遵循哪些基本原则？

4. 商务谈判的类型有哪些？其内容是什么？

5. 为什么说商务谈判是一门艺术？

### 二、案例分析题

阅读下面的案例，分析买卖双方谈判的基础。

1970年前后，一位老艺术家在一个偏远乡村的集市上意外地发现了一把17世纪名贵的意大利小提琴。摆地摊的卖主要价10元，老艺术家因一时的庆幸和喜悦竟然连价都没还就爽快地答应买下。老艺术家的爽快使卖主心里犯嘀咕："摆了几年都没人问一问的旧琴，怎么这个人连价都不还就决定要？"于是，他试探着将价格提高了一倍。老艺术家也马上答应了。没想到，由此却引起了一连串的提价。价格一直升到了200元。这个价格在当时当地特别是对于一把旧琴来说可算得上是天文数字。最后，老艺术家还是决定买，但因当时手中没有那么多钱，所以，双方商定，过几天交钱取琴。当老艺术家凑足了钱来取琴时，万万没有想到，只几天工夫，小提琴被卖主漆得白白的挂在墙上。在老艺术家看来，这把被漆过的小提琴已经一文不值了，老艺术家只好十分惋惜地拒绝成交，而此时的卖主既感到莫名其妙又无可奈何。

### 三、模拟商务谈判实践

#### "联想以29.1亿美元从谷歌手中收购摩托罗拉移动业务"模拟谈判

联想集团2014年2月3日宣布，以29.1亿美元的价格从谷歌手中买下摩托罗拉移动业务，包括3500名员工、2000项专利、品牌和注册商标。收购价29.1亿美元包括：在收购时支付14.1亿美元，包括6.6亿美元现金和7.5亿美元的联想普通股股票，而剩下15亿美元则以三年期本票支付。

联想对摩托罗拉移动业务的青睐从摩托分拆开始。

发布会上，联想集团CEO杨元庆说，联想很早就有买下摩托罗拉的愿望。2011年，摩托罗拉"一拆为二"(分为摩托罗拉移动和摩托罗拉解决方案公司),杨元庆就和联想 CFO 黄伟明去过摩托罗拉总部,想联系摩托罗拉的 CEO。但杨元庆和黄伟明找错人了,找的是摩托罗拉的联席 CEO 格雷·布朗。而在摩托罗拉分拆后,格雷·布朗并不负责摩托罗拉的移动终端业务。因此,几人见面聊了后,还蒙在鼓里的杨元庆并没有收到下文。

而很快,杨元庆的团队就得到了谷歌以 120 亿美元收购摩托罗拉移动的消息。杨元庆说,就在谷歌宣布收购摩托罗拉移动后不久,他就邀请了谷歌董事长施密特到自己家里来吃饭。而施密特是谷歌收购摩托罗拉的推动性人物。在饭桌上,杨元庆除了介绍联想产品之外,还抛出了橄榄枝。杨元庆说,他那时就跟施密特说,如果谷歌想继续运营硬件业务就留着,如果哪天不想要这个业务了,可以找联想,让联想把这个业务接下来。

从他们的对话中,可看到杨元庆对摩托罗拉移动业务的高度青睐,也能看到杨元庆对谷歌收购摩托罗拉移动业务有一个较为准确的判断。那就是,杨元庆在当时就认为谷歌收购摩托罗拉移动业务可能并不在硬件,而是专利,或者谷歌并没有对收购一家硬件公司做好充足的考虑和准备。也能看到,一个高超的商务谈判者,即使在大门关闭的那一刻也绝不会给自己填死路,而是留着一扇窗。

杨元庆说,联想对摩托罗拉移动业务的收购很早就相中,但却是一场闪婚。

两个月前,杨元庆收到了施密特的邮件,但施密特在邮件中并没有透露意图,而是问杨元庆有没有时间进行交流。杨元庆马上拨通了与施密特的连线,施密特把出售摩托罗拉移动业务的意图表达了出来,问杨元庆有没有信心接手。而电话这端的杨元庆立即表示出了肯定的态度。

杨元庆说,整个谈判也就是从 2 个月前才刚刚开始,而主要的谈判功臣就是联想 CFO 黄伟明。负责联想移动业务的刘军也高度参与了此次谈判。

杨元庆回忆称,就在与施密特通的那个电话后,自己和黄伟明便马上启动了去硅谷的行程,见了很多摩托罗拉移动业务的管理层,询问了一些大的方向、战略的互补、可操作的点等。

但杨元庆并不需要为当初未能买下摩托罗拉而后悔。经过谷歌倒手、"瘦身"之后的摩托罗拉,比 2011 年摩托罗拉分拆的时候更有助于联想在目前收购后的内部整合。(为什么谷歌要转售?其收购之后经营得如何?是否亏损?亏损多少?请同学们自己查询相关资料。)

根据上述背景,个人或分组思考、讨论以下问题。

(1)站在杨元庆的角度考虑,联想是否有必要从谷歌收购摩托罗拉移动?如果收购,在商务谈判中应该遵循什么原则?

(2)谷歌既然准备转让摩托罗拉移动的业务,谈判中应主要关注什么?收购标的范围是多少?价格是多少?合作关系怎样?近期利益还是长远利益?

(3)如果双方组织谈判,这种谈判是哪种类型的谈判?可能会有什么特点?

注意事项:

(1)包括后续各章实践题目,推荐读者自行组织。

(2)调查、分析、讨论、谈判结果应形成书面记录,方便后续使用。

谷歌收购摩托罗拉后没有运营好,所以才亏损近 100 亿"甩卖",对于这个情况请同学们可自行查询相关新闻。

📖 阅读资料 ═══════════════════════════

我国某冶金公司欲向美国购买一套先进的冶炼组合炉,委派一位高级工程师与美商谈判,为了不负使命，这位高工做了充分的准备工作。他查找了大量有关冶炼组合炉的资料，花了很大的精力对国际市场上组合炉的行情及美国这家公司的历史和现状、经营情况等了解得一清二楚。谈判开始，美商一开口要价150万美元。中方工程师列举了各国成交价格，使美商目瞪口呆，终于以80万美元达成协议。当谈判购买冶炼自动设备时，美商报价230万美元，经过讨价还价压到130万美元，中方仍然不同意，坚持出价100万美元。美商表示不愿意继续谈下去了，把合同往中方工程师面前一扔，说："我们已经做了这么大的让步，贵公司仍不能合作，看来你们没有诚意，这笔生意就算了，明天我们回国了。"中方工程师闻言轻轻一笑，把手一伸，做了一个优雅的请的动作。美商真的走了。冶金公司的其他人有些着急，甚至埋怨工程师不该抠得这么紧。工程师说："放心吧，他们会回来的。同样的设备，去年他们卖给法国只有95万美元，国际市场上这种设备的价格100万美元是正常的。"果然不出他所料，一个星期后美方又回来继续谈判了。工程师向美商点明了他们与法国的成交价格，美商愣住了，没有想到眼前这位中国商人如此精明，于是不敢再虚高报价，只得说："现在物价上涨得厉害，比不了去年。"工程师说："每年物价上涨指数没有超过6%。一年时间，你们算算，该涨多少？"美商被问得哑口无言，在事实面前，不得不让步，最终以101万美元达成了这笔交易。

问题：分析中方在谈判中取得成功的原因及美方处于不利地位的原因。

参考阅读：

收购摩托罗拉，联想和谷歌
分别获得了什么？
http://tech.sina.com.cn/zl/post/detail/t/2014-02-03/pid_8441773.htm

联想29亿美元收购摩托罗拉移动
http://tech.sina.com.cn/z/lenovobuymoto/

# 第二章 商务谈判准备

通过本章的学习，使学生了解谈判班子的规模、谈判人员应具备的素质、谈判人员如何配备、谈判班子成员如何分工与合作；掌握谈判环境、谈判市场行情和信息的收集方法；掌握谈判方案的拟订；了解谈判物质条件的准备。

## 引导案例

### 冰山集团冷冻设备故障

假设你是一家商店的经理，该商店隶属冰山集团。冰山集团是个大品牌，专营冷冻食品，并且在全国都有分公司。周五早上8点，你进入商场，并开始为9点整的正式营业做准备。但就在这时，你发现整个商店的冷冻控制装置都发出了警报声。

经过检查，你吃惊地发现，陈列室和仓库的温度都超出了出售给公众食品的最高温度。这意味着这些食品既无法售出，也无法冷冻。它们必须被销毁或取代。安排好这一切需要时间，如果你不能很快地重新进货，你将失去至少一天的生意——通常周五的生意都很火，而且周六的生意也会受到影响。据你估计，这等于损失了3万元的进货，相当于5万元的销售总额。

员工们已经来上班了，为了使这场灾难不至于变成噩梦，你必须迅速采取行动。你需要安排人员清理解冻的食品，迅速打电话给飞扬冷冻设备公司告诉他们系统失灵，并让他们派修理队。当务之急是尽快让冷冻系统运转起来。

当你打电话给飞扬公司的时候，对方回复说目前整个工程团队都在开会，会议要一直持续到上午10:30，由于从飞扬公司到商店需要40分钟，所以在上午11点前，他们无法派任何人来商店。

听到这个消息后，你快要崩溃了。你要求他让工程师停止会议，并马上派人过来。你的商店一片混乱，你希望工程师在上午9:30之前到达商店。你摔下电话。10分钟后，你再打电话要求跟飞扬公司的总经理说话。他正在开会！你接通他的助手，粗暴地向她抱怨你的不满，她答应把你的紧急情况汇报给老板。

5分钟后你接到飞扬公司总经理的电话，他告诉你工程师将于半小时之内到达出事地点，而他也将在随后的10分钟内与设计总监一起到达那里亲自监督。他向你保证将尽快恢复系统，而且承认飞扬公司有责任找出问题的所在，纠正问题并确保问题不再发生。

你当然明白这是为什么——飞扬公司已经递交了投标书，希望能通过竞标向冰山公司出售并为其安装4套完整的冷冻系统，这些是冰山集团的下步扩展计划。此时此刻，冰山集团正在评估飞扬公司的标书。每家商店的合同价值都超过20万元。

你接下来要思考的就是，假如面对即将来临的谈判，需要准备什么呢？

【思考与启示】在一项有效的谈判之前，只有对所谈的项目有充分的了解和准备之后，才能做到心中有数，达到自己预期的目标。目前飞扬公司的设备存在严重的问题，冰山集团需要飞扬公司针对目前的冷冻控制故障进行迅速的合理回应，并且针对设备的性能给出合理和充分质量验证才能在即将进行的谈判中具有一定底气。

谈判科学之父尼尔伦伯格曾说过："事先有准备的谈判者，最有成功的把握"；"良好的开始是成功的一半"；我国古代先哲们早就提出"凡事预则立，不预则废"；迈克尔·唐纳逊认为："有些人认为（谈判）的力量来自身份、态度或神通广大，但要想增强自己的力量，你需要做的最简单也最有效的一件事就是准备。你可能会遇到世界上最了不起的谈判对手，但如果你有备而来，这样的对手也不在话下，相信你还会胜他一筹。"商务谈判能否取得成功，不仅取决于谈判桌上的唇枪舌剑、讨价还价，而且有赖于谈判前充分、细致的准备工作。可以说，任何一项成功的谈判都是建立在良好的准备工作的基础之上的。本节主要讲述商务谈判的人员准备、物质准备、情报准备及拟订谈判方案。

# 第一节　谈判人员准备

谈判的主体是人，因此，筹备谈判的第一项工作内容就是人员准备，也就是说组建谈判班子。谈判班子成员的素质及其内部协作与分工的协调对于谈判的成功是非常重要的。

## 一、谈判班子的规模

组建谈判班子首先碰到的就是规模问题，即谈判班子的规模多大才是最为合适的。

根据谈判的规模，可分为一对一的个体谈判和多人参加的集体谈判。个体谈判即参加谈判的双方各派出一名谈判人员完成谈判的过程。美国人常常采取此种方式进行谈判，他们喜欢单独或在谈判桌上只有极少数人的情况下谈判，并风趣地称为"孤独的守林人"。个体谈判的好处在于：在授权范围内，谈判者可以随时根据谈判桌上的风云变幻做出自己的判断，不失时机地做出决策以捕获转瞬即逝的机遇，而不必像集体谈判时那样，对某一问题的处理首先要在内部取得一致意见，然后再做出反应而常常延误战机，也不必担心对方向自己一方谈判成员中较弱的一人发动攻势以求个别突破，或利用计谋在己方谈判人员间制造意见分歧，从中渔利，一个人参加谈判独担责任，无所依赖和推诿，全力以赴，因此会产生较高的谈判效率。

个体谈判也有其缺点，它只能适用于谈判内容比较简单的情况。在现代社会里，谈判往往是比较复杂的，涉及面很广。从涉及的知识领域来讲，包括商业、贸易、金融、运输、保险、海关、法律等多方面的，谈判中所要运用收集的资料也是非常之多，这些绝非个人的精力、知识、能力所能胜任的，何况还有"智者千虑，必有一失"之说。

在通常情况下，谈判班子的人数在一人以上。在由多个人组成谈判班子的情况下，可以满足谈判多学科、多专业的知识需要，谈判人员之间取得知识结构上的互补，发挥综合的整体优势。其次，谈判人员分工合作、集思广益、群策群力，形成集体的进取与抵抗的力量，常言说得好，"三个臭皮匠，顶过一个诸葛亮"，"一个人是一条虫，齐心协力一条龙"。因此，成功的谈判有赖于谈判人员集体智慧的发挥。研究日本问题的专家指出，日本人就像一群小鱼在鱼王的率领下在大海中游行。如果遇到危险的信号，不是四处逃散，而是随鱼王迅速调转方向集体脱险，这可以说是日本民族精神的形象描绘，从中也可悟出日本为什么会成为东方民族经商的代表。

谈判班子人数的多少没有统一的标准，谈判的具体内容、性质、规模以及谈判人员的知识、经验、能力不同，谈判班子和规模也不同。实践表明，直接上谈判桌的人不宜过多。如果谈判涉及的内容较广泛、复杂，需要由各方面的专家参加，则可以把谈判人员分为两部分：一部分主要从事背景材料的准备，人数可适当多一些；另一部分直接上谈判桌，这部分人数与对方相当为宜。在谈判中应注意避免对方出场人数很少，而我方人数很多的情况。

## 二、谈判人员应具备的素质

人是谈判的行为主体，谈判人员的素质是筹备和策划谈判谋略的决定性主观因素，它直接影响整个谈判过程的发展，影响谈判的成功与失败，最终影响谈判双方的利益分割。可以说，谈判人员的素质是事关谈判成败的关键。

那么，一个优秀的谈判人员应具备怎样的素质呢？

在心理学中素质是指人的神经系统和感觉器官的先天的特点。然而从广义上理解，人的素质不仅有生理、心理两个方面的基本特点，而且也包含了一个人的知识修养和实际能力方面的内容。人的素质可以在实践中得到逐步发展与提高。

一个优秀的谈判人员应该具备怎样的素质？弗雷斯·查尔斯·艾克尔在《国家如何进行谈判》一书中曾提出："根据17世纪、18世纪的外交规范，一个完美无缺的谈判家，应该心智机敏，而且有无限的耐心。能巧言掩饰，但不欺诈行骗；能取信于人，而不轻信于人；能谦恭节制，但又刚毅果敢；能施展魅力，而不为他人所惑；能拥有巨富，藏娇妻，而不为钱财和女色所动。"当然，对于谈判人员的素质，古今中外向来是仁者见仁，智者见智。但是，一些基本的要求却是共同的，并历来为许多谈判者所遵奉。一个商务谈判人员应该在自身素质培养方面做好哪些准备？这个问题就如同一个运动员必须取得何种资格条件方能参加重大国际比赛一样重要。一般来讲，商务谈判人员必须具备下述几方面的素质条件。

### 1. 知识素质

通晓相关知识是任何一个以商务活动为职业的人员开展工作的基础，对于一个谈判人员来讲也不能例外。通常，除了国际贸易、国际金融、国际市场营销这些必备的专业知识以外，谈判人员还要把握心理学、经济学、管理学、法学、财务会计、历史学等方面的知识。谈判是一个人与人之间、团体与团体之间的利益关系协调磋商过程。这种协调需要谈判者有较强的洞悉与体察对方心理状态及其变化的能力，并能借以做出针对性的反应。这种协调不仅反映为谈判一方与对手之间的外部的相互适应过程，还更多地反映为谈判一方内部的观点、意见、立场的统一过程，以及对谈判策略、谈判方式及谈判进程的选择与控制等。因此，对谈判队伍的组织协调与控制必须借助于科学的方法来指导。

谈判既然是对现存利益的分割或对未来共同创造利益的分享，那么资金的筹措与利用的效率，包括价格、利率的变动就成了直接影响谈判双方利益的敏感因素，所以懂得一些经济学、金融学理论及其操作技巧是谈判者能够统揽全局，进而做到知己知彼，进退自如的前提。

政治学、经济学、商法方面的知识也是商务谈判人员的知识结构中十分重要的组成部分。政治与经济是不可分离的。经济是基础，政治又反作用于经济，这是由社会存在与社会意识对立统一的关系所决定的，无论是发达国家还是发展中国家都是如此。在国际经济活动中实行的普惠制、最惠国待遇，以及有些发达国家出于某种政治目的，对发展中国家的经济制裁都是政治与经济相结合的表现。各个国家在对外贸易中也存在着国别政策。所以，具有政治方面的知识不仅是必要的，而且对于搞清商务活动背后种种非经济因素的影响，并因势利导地去实现其可能给商务交易所带来的潜在利益将起到积极的作用。

除了上述几方面的知识以外，掌握宏观经济学的知识还有助于培养与提高谈判人员对经济形势的观察力和判断力，从而使谈判者更好地把具体的商务洽谈放在整个经济发展的格局中去考虑。放眼宜远，量物宜长，由此而争取短期利益与长期利益的同步增长。同时，各个国家有自己的国情，各国都是依据本国的利益制定各种相应的经济政策的。从另一个国家的角度去看待这些政策往往会感到难以理解与适从，然而，对于这些国家来说，出于对国家利益的考虑，则非这样做不可。因此，在国际经济合作中必须重视对对方国家特殊政策的了解与研究。

商务谈判，特别是国际商务谈判必然会涉及许多法律问题，不仅在讨论合同条款时要尽可能做到仔细、详尽，而且要注意合同引起争议时有关适用法律的规定。因此，谈判者不仅要有较强的法律意识，也要尽可能熟练地掌握本国经济法规以及国际经济法的有关规定。

学习与掌握有关工程技术知识对于一个商务谈判者来说则是必不可少的，否则合同中有关的技术标准、验收标准等条款的确定就会变得相当困难。包括在合同的实施过程中也会不断出现类似的争议与纠纷。这些问题的解决虽然可以由工程技术专家协助处理，然而，一般而言，在发展中国家中很少有既是技术专家同时也是国际商务活动专家的谈判人员。因此，如果商务谈判者本人缺乏必要的工程科学知识，那么无论是内部沟通还是与合作方沟通都会缺乏必要的基础。所以，许多国家在培养工商管理硕士（MBA）时，比较倾向于招收那些具有理工科背景的学生，而后使他们进一步接受系统的商务知识教育。

在一些涉及面较广的商务谈判中，我们经常可以发现，来自发达国家的谈判人员常常只有几个人出场，而发展中国家却会以数倍于对方的人员坐到谈判桌上去。这反映了发展中国家相对于发达国家而言，既懂技术又懂商务的复合型人才比较缺乏，说明了掌握上述各种知识的必要性和迫切性。

在知识结构上，商务谈判者还要了解有关国家和地区的社会历史、风俗习惯以及宗教等状况，否则就会闹笑话。比如有的谈判者向来自热带地区国家的商人大谈要用"滚雪球"的方式积累资金，使对方百思不得其解。此外，还要了解对方谈判人员在其特有的文化背景下所形成的谈判作风与谈判方式。比如，对有些商务谈判人员由于长期生活习惯所形成的迟到、散漫等现象要能给予宽容。更多地了解对方的情况，可以避免在与其交往过程中的失礼。更重要的是可以避免在谈判中判断失误，沟通中断，以至于不能有效地作出必要的反应。如果我们对对方的情况比较了解，对其文化背景比较熟悉，注意我们的表达方式要符合对方的习惯，那么我们的想法和观点也就比较容易被人接受了。

### 案例 2-1

在1954年，周恩来总理出席日内瓦会议，准备放映新拍摄的戏剧电影《梁山伯与祝英台》招待与会的外国官员和新闻记者。出于帮助外国观众看懂这部电影的目的，有关人员将剧情介绍与主要唱段用英文写成长达16页的说明书，剧名也相应地改为《梁与祝的悲剧》。有关人员拿着说明书样本向总理汇报，满以为会受到表扬，不料却受到了总理的批评。总理认为这样的说明书是不看对象，是"对牛弹琴"。周总理当场设计了一份请柬，请柬上只有一句话："请您欣赏一部彩色歌剧影片《中国的罗米欧与朱丽叶》。"收到这份请柬的外国官员和记者兴趣大增，纷纷应邀出席，电影招待会取得了成功。

知识的增长主要靠自己有心积累，要仔细观察，多考虑一些问题，在平时多听、多学、多分析、多实践。天长日久，日积月累，知识就会丰富起来，就能得心应手地驾驭谈判的过程。

不言而喻，熟练掌握一门外语在国际谈判中具有十分积极的意义。在国际谈判中，商务合同可能会用外语写成。作为国际商务谈判者懂得外语，不仅便于沟通，而且更能准确地在合同中表述出双方所达成的一致意见。当然，这并不是排斥国际商务活动中翻译人员的作用，谈判人员懂得外语与充分发挥翻译的作用不仅不是矛盾的，而且在商谈过程中，翻译人员的翻译过程可以为谈判者赢得一个更长的思考时间。不少国际商务谈判者往往很善于利用这种技巧来获得对问题的深思熟虑的时机，这一点是值得我们学习和借鉴的。

全面的知识结构不仅构筑了一个谈判者的自信与成功的背景，而且在谈判实践中，当他碰到某些复杂的专业问题时，这种背景也能帮助他很快地找到通往成功之路的钥匙，至少他会知道该向谁请教什么问题。

一个商务谈判人员必须善于与别人讨论，向别人学习。要敢于启齿说自己不懂，然后才能诚恳向别人请教，这才是聪明的谈判者。一个优秀的谈判人员即使有了较为广博的知识，也不可能涵盖各项谈判中所需要的全部知识。如与外商交往中需要了解和尊重对方的宗教习俗问题，谈判项目涉及的某些具体技术标准、法律条文、金融财务手段的运用等专业问题。如果采取得过且过、甚至不懂装懂的态度，那么一定会破坏和谐的谈判气氛，最终损害自身的利益。其实，这也是一种对工作不负责任的态度。对于一个谈判者而言，十分重要的是要善于了解谈判可能涉及的各方面的问题，而后及时去研究乃至向别人讨教。可怕的是对于一些重要问题，谈判者根本就不能意识到其存在，忽略其影响。当这些问题导致不能挽救的后果时才幡然悔悟，然而已为时过晚。

谈判人员应该谦虚好学，善于从各方面专家那里吸取所需要的知识。提倡这种良好的学习作风还有利于增强谈判小组中各方面专家的互补合作，增强团体合作精神以及谈判实力。谦虚好学不仅是指谈判一方内部的相互学习，取长补短，它还体现在向有经验的外商虚心求教。特别是像我国这种发展中国家在同发达国家进行商务合作时，更要善于向他们学习。在国际商务谈判中，发达国家在处理技术、项目管理、国际惯例、支付方式等问题方面积累了丰富的经验。认真听取、分析外方提出的意见、建议，或者由我方提出一些具体设想，请外方加以充实完善，或许不仅给外方带来方便，而且也会为我方节约大笔的资金。这种学习对象可以是曾经与我们友好合作过的国外厂商、国际金融机构、商务咨询公司、会计师事务所，也可以是现实的谈判对手。

一个人不可能事事精通，但只要充分认识到"三人行，必有吾师焉""十步之内，必有芳草"的道理，就能克服盲目自信的障碍，从而避免给工作造成不必要的损失，博采众长，最终比较完美地完成任务。可以说，谦虚好学是任何一个商务谈判者成长的必要途径。

### 2. 心理素质

耐心、毅力是一个谈判人员应该具备的基本素质。有时谈判是一项马拉松式的工作，在长时间的谈判中始终如一地保持镇静、信心与机敏不是一件容易的事情。周恩来总理是一位举世公认的谈判高手。他虽然经常夜以继日地工作，但只要一到谈判场合，就会精神抖擞。在谈判中，人们有时发现女服务员会不时地递上一块热毛巾，这时，他身边的同志就会明白总理一定是连续几夜不眠了，他宁愿以热毛巾擦脸醒脑，也不愿中断谈判休息片刻，这种精神实在让人钦佩。

在商务谈判中，有些对手也会以拖延时间来试图消磨我方的意志，以求获取更好的谈判条件，对付这种伎俩没有坚忍的毅力是不行的。

这种意志力、忍耐力还表现在一个谈判人员无论在谈判的高潮阶段还是低潮阶段，都能心平如镜。特别是当胜利在望或陷入僵局时，更要善于控制自己的情感，喜形于色或愤愤不平不仅有失风度，而且也会给对手抓住弱点与疏忽，造成可乘之机。

顽强的意志品质也是与一个谈判人员对工作一丝不苟、认真负责的态度和坚持原则的精神联系在一起的。谈判人员经常会面临四面受压的局面，压力既有来自谈判对手一方的，也有来自自己一方的。当谈判陷入争执不下、久拖未果的境地时，这种压力还会呈几何级数增长。来自内部的压力往往是由于某些领导者不了解实际情况，急于求成，以主观臆断代替客观分析，以行政命令干预谈判具体工作所造成的。然而领导者的决策正确与否，与具体工作人员的工作水平、工作作风关系密切。在具体的项目谈判中，谈判人员一定要坚持实事求是的原则，不管谁说了什么，不管周围的压力有多大，都应该据实测算分析，如实反映报告，这样才能使领导心中有数，保证决策的正确性，为项目合作争取有利的条件。

谈判的压力也常常来自谈判对手的"沙文主义"立场。有些厂商总是以自己的优势地位来强迫对方接受他们提出的不平等条件。例如，在有些发达国家提供政府贷款的项目谈判中，某些厂商总是希望从他们国家提供的具有捐助成分的款项中尽可能多地提高报价，联手报价，并不断地施加压力。对此，我们要明确告诉外商"政府贷款是两国之间友好关系的象征，它同具体厂商无关"。我们要坚持使用客观标准来进行商务谈判，坚持平等、互利、公平、合理的合作准则，坚持把达成协议的基础建立在相互合作的原则上，而不是屈服于压力。

能否在谈判中顶住来自内部和外部的压力，不但是对谈判人员耐心与毅力的考验，也是对谈判人员能否坚持原则的考验。谈判者应该从工作实际出发，严格按商务谈判的客观规律办事，善于顶住来自各方面的压力，有效维护国家利益，争取项目的最大效益。

### 3. 仪态素质

不卑不亢、有理有节始终是商务谈判人员应该坚持的谈判态度，从另一个角度看，这也是谈判双方把谈判引向成功的基础。这句话看起来简单，但要准确地把握分寸却是很不容易的。如何表现强硬？如何表现灵活？如何表现妥协？这些技巧的掌握来自平时不断地积累经验。有的人认为对谈判对手要客气些，甚至于认为对方讲的都是对的，这样会连对方都瞧不起你。但也有些人有莫名其妙的优越感，虚狂孤傲，在实际谈判中表现粗鲁，常常将不平等的条件强加于人。如在有些发展中国家，某些人在与发达国家的商人交往过程中常常表现出既相当自卑、盲目崇洋，又过分骄傲、妄自菲薄的矛盾心理。所有这些都是不正确的态度。当然，如果个别商人企图欺骗我们，向我们推销劣质产品，那我们就要识破并制止他们的行为，予以必要的反击。同时，我们也不能因为自己手上有些筹码而自鸣得意，摆出一副高高在上的架势，趁机向外商提出一些过分和无理的要求，动辄以最后通牒方式向对方压价，即使对方报价相当合理也无动于衷。又如当项目管理中出现问题时，又常常不顾实际情况推诿责任。自卑会受人欺辱，而莫名其妙的傲慢与拒绝妥协也不是理智的反应。在商务谈判中我们应该始终遵循周恩来总理曾经说过的"不卑不亢，有理有节，互相尊重，友好协商"的方针。

在与对手的谈判中，要表现出应有的诚意，要树立一种认真负责的形象，及时答复对方提出的问题，严格履行曾经允诺过的东西。如对方给你一个电传，你要及时回复。对方有些做法不对，你要适时指正。我们自己做法不妥，要敢于承认。同时，不轻易向对方承诺，而一旦承诺就要尽力履行。这样对方就会认为你是可靠的。寻求有效的合作有时需要营造竞争的局面。然而，有时我们准备招标一个项目，便随随便便向一些商家发出邀请洽谈的函电，这是不妥当的。对方会以为这只是我们的摸底与试探，因而就不予以重视。结果来洽谈的商人就会十分有限，竞争也就无从谈起。所以在商务交往中，态度一定要诚恳，要通过适当的渠道让有关厂商充分了解我们的意图，让他们感到合作的条件已经具备，接下去的谈判将不是一个旷日持久、漫无边际的过程，于是就会众商汇集。这样就能广泛地选择合作伙伴，在公平竞争中占有优势地位。事实上，在商务谈判中，认真、诚恳的态度也是不卑不亢的作风的自然延伸。

### 4. 谈判技能素质

知识广博是一个谈判人员素质构成中的基本因素，而技能则是知识的外在表现与具体应用。

（1）一个谈判人员应该有必要的运筹、计划能力。谈判的进程如何把握？谈判在什么时候、什么情况下可以由准备阶段进入到接触阶段、实质阶段，进而达到协议阶段？在谈判的不同阶段要注意重点的转移，采取何种技巧、策略？对此，谈判者都要进行精心设计与统筹安排。当然，这种计划离不开对谈判对手背景、需要、可能采用的策略的调查了解与充分评估，由此才能做到知己知彼、成竹在胸。

（2）要懂得所谓谈判就是靠"交谈"来消除双方观点的分歧，达成彼此观点一致的过程，因此语言驾驭能力就是谈判者的基本素质之一。这就要求谈判者能够善于表达自己的见解，叙述条理清晰，用词准确明白。即使对于某些专业术语，也能以简明易懂的语言加以解释；同时谈判者还要善于说服对方接受自己的观点与条件，以及通过辩论来批驳对方的立场，维护自己的利益。谈判者驾驭语言方面的不足不仅容易引起交流中的误解，造成沟通障碍，而且会使自己的合理要求在谈判结果中得不到有效表达和保障。当然我们强调提高语言驾驭能力并不是提倡在谈判中泛泛而谈，虚张声势，这种做法会伤害谈判气氛，使对方产生不满。如有的谈判者在解释自己的观点时常常辞不达意，漫无边际。我们强调语言驾驭能力是因为谈判的过程是双方表达、辩论与说服的过程，谈判也只有在这种多层次、全方位的沟通过程中才能达成逐渐趋向一致的结果。

（3）对谈判进程的把握，谈判中语言技巧的运用，都离不开对谈判对手的了解与认识。而这种了解与认识的依据不能仅仅从对对手的背景调查中得到，面对面的谈判为了解与认识谈判对手提供了直接的机会和丰富的信息。这就需要依赖于谈判者的观察能力，对对手在口头语言、动作语言、书面语言等各方面表述中所体现的心理状态极其细微变化的体察能力，而且还要求谈判者捕捉到信息后能作出迅速的判断与有效的反应。理论与实践的结合，是提高这种观察力的重要途径。

（4）创造力与灵活性是谈判人员素质中"天然"的组成部分，与谈判人员意志力的坚忍、顽强互为补充、相得益彰，并在谈判中具体表现为既不轻易退让，又能善于妥协的谈判能力。如果一个人在谈判中只是表现出单纯的"原则性"和百折不挠的精神，那往往会使对方陷入争执，这时候坚持强硬的立场常常使僵持局面得不到化解。在这种情况下，谈判人员发挥应有的创造力、想象力，并在制订与选择方案上表现出灵活性，对于推动谈判的发展具有关键性的作用。1972年《中美上海联合公报》中美国方面对台湾问题的立场表述，1978年埃以戴维营和谈中关于把西奈半岛划分为非军事区的做法都是典型的例证。所罗门说过，"没有幻想的人只有毁灭"，这一点在谈判者身上的表现尤为重要。

（5）商务谈判人员应该有较强的人际交往能力，特别是要注意积累各方面的关系。同政府官员、金融机构、工商企业等各界朋友建立广泛的联系，这样在谈判时，就可能获得一个方便的信息通道或若干义务咨询顾问。这对了解谈判对手，确定谈判方案，突破谈判僵局都大有益处。

### 5．礼仪素质

礼仪是一种知识、修养与文明程度的综合表现，它在人际交往的许多细小环节中都体现了出来。如赴约要遵守时间，既不要早到，也不要晚到。宴会时要注意主人对餐桌次序的安排，在正式场合要注意穿戴合适。

在礼仪上我们还要保持冷静的头脑。对方有时夸奖你年轻精干，你别太当真，那是人家在恭维你，取悦于你。当称赞你英语很好，你也别太得意，那很可能因为你是中国人，你说的英语作为外国人还过得去。有时候，我们在宴请中总是介绍中国菜如何"美味"，外国客人会不住地点头称是，可能对方只是出于礼貌而敷衍。曾有一位美国公司的总裁访问中国香港，中国香港分公司的部下请他吃中国菜。在宴会上，总裁先生赞叹不已。可当宴会一结束，这位总裁掉头就问助手："哪儿能买到三明治？"由此可见，一个人的习惯不是一下子就能改变的。

礼仪是一个人修养的反映，在商务谈判中也是影响谈判气氛与进程的一个重要因素。在和高层商务人员交往时，不注意细节，对方会觉得不受尊重，或者认为差距太大不值得交往。因此项目谈判人员要十分注意社交的规范性，尊重对方的文化背景和风俗习惯。这对于赢得对方的尊重和信任，推动谈判的顺利进行十分有利。特别是在关键场合，同关键人物谈判时往往能起到积极的作用。

注重礼仪的内容还包括谈判人员在谈判破裂时能给对方留住面子，不伤人感情并为以后的合作与交往留下余地，做到"生意不成友情在"。这样就会有越来越多的客商愿意与你发展合作关系。

### 6．精力充沛

商务谈判往往是一项牵涉面广、经历时间长、节奏紧张、压力大、耗费谈判人员体力和精力的工作。如果赴国外谈判还要遭受旅途颠簸、生活不适之苦。如果接待客商来访，则要尽地主之谊，承受迎送接待、安排活动之累。所有这些都要求谈判人员必须具备良好的身体素质，同时也是谈判人员保持顽强意志力与敏捷思维的物质基础。撒切尔夫人的铁腕风范不仅表现在她的政治手腕与处世态度上，也反映在她可以在十几小时内完成对几个国家的旋风式的访问中。这些政界、商界谈判高手的成就显然离不开他们强健体魄的支持。

对商务谈判人员的素质要求很高，但这并不等于要求一个人只有全面具备了各项素质后，才能够坐到谈判桌上。这就像要求一个初上赛场的短跑运动员非要有打破世界纪录的能力才准许站到百米起跑线上一样不切实际。滴水穿石，非一日之功。一个谈判高手的成长也要经历实践的磨炼与摔打。所以，我们提出的各项素质要求应成为一个谈判人员毕生追求的目标，在商务谈判生涯中时时处处都需要提醒自己注意积累。谈判人员必须热爱自己的工作，由此才能志向远大，眼界开阔，而后才能不断努力进取，自觉地培养与提高自己的谈判素质。没有工作热情和献身精神，一个商务谈判人员也不可能成为一个谈判场上的高素质人员。对工作热忱投入，可以说是一个谈判高手成长的起点，也构成了一个谈判人员最基本的素质内涵。

## 三、谈判人员的配备

谈判者个体不但要有良好的政治、心理、业务等方面的素质，而且要恰如其分地发挥各自的优势，互相配合，以整体的力量征服谈判对手。谈判人员的配备直接关系着谈判的成功，是谈判谋略中技术性很强的学问。

在一般的商务谈判中，所需的知识大体上可以概括为以下几个方面。

第一，有关技术方面的知识。

第二，有关价格、交货、支付条件等商务方面的知识。

第三，有关合同法律方面的知识。

第四，语言翻译方面的知识。

根据谈判对知识方面的要求，谈判班子应配备相应的人员：①业务熟练的经济人员；②技术精湛的专业人员；③精通经济法的法律人员；④熟悉业务的翻译人员。

从实际出发，谈判班子还应配备一名有身份、有地位的负责人组织协调整个谈判班子的工作，一般由单位副职领导兼任，称首席代表，另外还应配备一名记录人员。

这样，由不同类型和专业的人员就组成了一个分工协作、各负其责的谈判组织群体，其群体结构如图 2-1 所示。

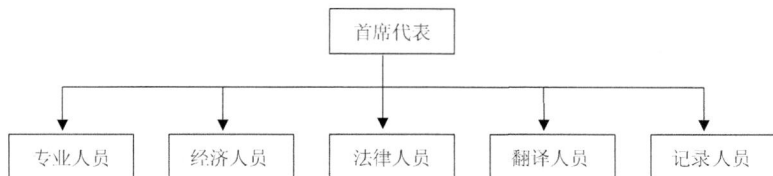

图 2-1　谈判组织群体模型

在这个群体内部，每位成员都有自己分工明确的职责。

### 1. 首席代表

首席代表指那些对谈判负领导责任的高层次谈判人员，他们在谈判中的主要任务是领导谈判组织的工作，这就决定了他们除具备一般谈判人员必要的素养外，还应阅历丰富、目光远大，具有审时度势、随机应变、当机立断的能力，以及善于控制与协调谈判小组成员的能力。因此，无论从什么角度来认识他们，都应该是富有经验的谈判高手。其主要职责是：

（1）监督谈判程序；

（2）掌握谈判进程；

（3）听取专业人员的建议、说明；

（4）协调谈判班子成员的意见；

（5）决定谈判过程中的重要事项；

（6）代表单位签约；

（7）汇报谈判工作。

### 2. 专业人员

专业人员是谈判组织的主要成员之一。其基本职责是：

（1）阐明己方参加谈判的愿望、条件；

（2）弄清对方的意图、条件；

（3）找出双方的分歧或差距；.

（4）同对方进行专业细节方面的磋商；

（5）修改草拟谈判文书的有关条款；

（6）向首席代表提出解决专业问题的建议；

（7）为最后决策提供专业方面的论证。

### 3．经济人员

经济人员又称商务人员，是谈判组织中的重要成员。其具体职责是：

（1）掌握该项谈判总的财务情况；

（2）了解谈判对手在项目利益方面的期望的指标；

（3）分析、计算修改中的谈判方案所带来的收益变动；

（4）为首席代表提供财务方面的意见、建议；

（5）在正式签约前提供合同或协议的财务分析表。

### 4．法律人员

法律人员是一个重要谈判项目的必然成员，如果谈判小组中有一位精通法律的专家，将会非常有利于谈判所涉及的法律问题的顺利解决。其主要职责是：

（1）确认谈判对方经济组织的法人地位；

（2）监督谈判在法律许可范围内进行；

（3）检查法律文件的准确性和完整性。

### 5．翻译人员

翻译人员在谈判中占有特殊的地位，他们常常是谈判双方进行沟通的桥梁。翻译的职责在于准确地传递谈判双方的意见、立场和态度。一个出色的翻译人员不仅能起到语言沟通的作用，而且必须能够洞察对方的心理和发言的实质，既能改变谈判气氛，又能挽救谈判失误，增进谈判双方的了解、合作和友谊，因此，对翻译人员有很高的素质要求。

在谈判双方都具有运用对方语言进行交流能力的情况下，是否还需配备翻译人员呢？现实谈判中往往是配备的。因为利用翻译提供的重复机会，可争取更多的思考时间。谈判中使用翻译人员，可利用翻译复述谈判内容的时间，密切观察对方的反应，迅速捕捉信息，考虑对付对方的战术。

### 6．记录人员

记录人员在谈判中也是必不可少的，一份完整的谈判记录既是一份重要的资料，也是进一步谈判的依据。为了出色地完成谈判的记录工作，要求记录人员要有熟练的文字记录能力，并具有一定的专业基础知识。其具体职责是准确、完整、及时地记录谈判内容。

## 四、谈判班子成员的分工与合作

一场成功的谈判往往可以归结为谈判人员所具有的良好个人素质，然而单凭个别人高超的谈判技巧并不能保证谈判获得预期的结果，还需谈判班子人员的功能互补与合作。就好像一场高水准的交响音乐会，之所以最终赢得观众雷鸣般的掌声无法离开每位演奏家的精湛技艺与和谐配合。

如何才能使谈判班子成员分工合理、配合默契呢？

具体来讲，就是要确定不同情况下的主谈人与辅谈人、他们的位置与职责以及他们之间的配合关系。

所谓主谈人，是指在谈判的某一阶段或针对某一个或几个方面的议题，由谁为主进行发言，阐述己方的立场和观点。这时其他人处于辅助的位置，称为辅谈人。一般来讲，谈判班子中应有一名技术主谈，一名商务主谈。

主谈人作为谈判班子的灵魂，应具有上下沟通的能力，有较强的判断、归纳和决断能力，必须能够把握谈判方向和进程，设计规避风险的方法，必须能领导下属齐心合作，群策群力，突破僵局，达到既定的目标。

确定主谈人和辅谈人，以及他们之间的配合是很重要的。主谈人一旦确定，那么，本方的意见、观点都由他来表达，从一个口子对外，避免各吹各的调。在主谈人发言时，自始至终都应得到本方其他人员的支持。比如，口头上的附和"正确""没错""正是这样"等。有时在姿态上也可以做出赞同的姿势，如眼睛看着本方主谈人不住地点头等，辅谈人的这种附和对主谈人的发言是一个有力的支持，会大大加强他说话的力量和可信程度，如己方主谈人在讲话时，其他成员东张西望、心不在焉，或者坐立不安、交头接耳，就会削弱己方主谈人在对方心目中的分量，影响对方的理解。

有配合就有分工，合理的分工也是很重要的。

### 1. 洽谈技术条款时的分工

在洽谈合同技术条款时，专业技术人员处于主谈的地位，相应的经济人员、法律人员则处于辅谈人的地位。技术主谈人要对合同技术条款的完整性、准确性负责，在谈判时，对技术主谈人来讲，除了要把主要的注意力和精力放在有关技术方面的问题上外，还必须放眼谈判的全局，从全局的角度来考虑技术问题，要尽可能地为后面的商务条款和法律条款的谈判创造条件。对商务人员和法律人员来讲，他们的主要任务是从商务和法律的角度向技术主谈人提供咨询意见，并适时地回答对方涉及商务和法律方面的问题，支持技术主谈人的意见和观点。

### 2. 洽谈商务条款时的分工

很显然，在洽谈合同商务条款时，商务人员、经济人员应处于主谈人的地位，而技术人员与法律人员则处于辅谈人的地位。

合同的商务条款在许多方面是以技术条款为基础的，或者是与之紧密联系的。因此在谈判时，需要技术人员给予密切配合，从技术角度给予商务人员有力的支持。比如，在设备买卖谈判中，商务人员提出了某个报价，这个报价是否能够站得住脚，首先取决于该设备的技术水平。对卖方来讲，如果卖方的技术人员能以充分的证据证明该设备在技术上是先进的、一流水平的，即使报价比较高，也是顺理成章、理所应当的。而对买方来讲，如果买方的技术人员能提出该设备与其他厂商的设备相比在技术方面存在的不足，就会动摇卖方报价的基础，从而为本方谈判人员的还价提供依据。

### 3. 洽谈合同法律条款时的分工

事实上，合同中的任何一项条款都具有法律意义，不过在某些条款上法律的规定性更强一些。在涉及合同中某些专业性的法律条款的谈判时，法律人员也以主谈人的身份出现，对合同条款的合法性和完整性负主要责任。由于合同条款法律意义的普遍性，因而法律人员应参加谈判的全部过程。只有这样，才能对各项问题的发展过程了解得比较清楚，从而为谈判法律问题提供充分的依据。

# 第二节　谈判所需知识的积累和信息的收集

随着科学技术的飞速发展，我们已进入了信息爆炸的时代。了解信息，掌握知识，已成为人们成功地进行各种活动的保证。谈判则是人们运用信息获取所需事物的一种活动，所以，谁掌握了信息，谁就掌握了谈判的主动权，有了赢得谈判成功的基本保证。国际著名谈判大师基辛格说过："谈判的秘诀在于知道一切、回答一切。"

## 一、了解谈判环境

英国谈判专家戴维·马什在《合同谈判手册》中，把谈判环境因素概括为以下几类：政治环境、宗教信仰、法律制度、商业惯例、社会习俗、财政金融状况、基础设施与后勤供应系统、气候条件。他同时指出环境对谈判的结果形成"有莫大的影响力"。如同人类生存先需要适应环境一样，谈判前对环境的了解也是谈判准备工作的第一步。谈判的环境因素包括政治与法律环境和社会文化环境。

### （一）政治与法律环境

任何国家的经济活动都离不开政府的调节控制。社会经济活动都是在国家的宏观计划调节下进行的，政府的各项方针、政策为经济发展指明了方向，创造了宽松的市场环境，从而保证了经济活动的顺利进行。企业的各种经济活动也是在这些方针指导下进行的。这就要求谈判人员必须了解党和政府的有关方针、政策，以及与此相适应的各种措施、规定，以保证交易的内容、方式符合政府的有关规定，以及合同协议的有效性和合法性。

同时，及时地了解党和政府方针、政策的调整也是十分重要的。进入新的世纪，中国已经加入了世界贸易组织，对外交往的不断扩大，使得中国的改革开放进程进一步加快。21世纪被称为中国经济腾飞的世纪，中国经济的高速发展为中国对外交往的扩大、贸易的发展创造了极为有利的条件。随着中国计划经济体制向市场经济体制的转轨，政府的各项方针、政策也会有较大的变化，甚至是重大变化，这些都需要企业及时了解掌握。

对于国际间的贸易往来，谈判人员还要了解、掌握有关国际贸易的各种法规条例，了解对方国家政府的关税政策、贸易法规、进出口管理制度，对我国是否实行禁运或限制进出口的种类范围，以利于我方制定正确的谈判方针、计划，避免谈判中出现不必要的分歧、误会，促使谈判顺利进行。例如，各国都有贸易出口管制措施，但是，各国间出口管制的内容及商品品种却有很大差别。某种商品在某国可能是国内紧缺物资，限量出口，但在另一国可能是剩余商品，大量出口。了解这些信息，有利于我们选择谈判对手，制订正确的谈判目标，确定在谈判中的基本策略。

### （二）社会文化环境

在国际贸易谈判中，了解不同文化背景下的消费习俗、消费心理和购买行为也是十分必要的。这是因为所交易的产品从设计、命名、商标、包装、运输以至交货日期都可能在不同程度上与消费习俗、购买心理有一定的联系，影响买方的经营与销售。

不同的社会文化背景就会形成不同的价值观念与行为取向，正所谓"一方水土养一方人"。

### 1. 宗教信仰

据了解，宗教信仰者占全球人口总数的近 15%，这是一个需要商务工作者引起重视的数字，所有的宗教信仰者都有着一定的工作、生活及社交规范，只有了解了这些规范，你才有可能为对方所接纳，才谈得上能一起"坐下来，好商量"。否则，很可能会因为冒犯而被视为"敌人"。

传统的宗教信仰包括信仰佛教、道教、伊斯兰教以及基督教等，不同宗教及教派都有着不同的行为礼仪及价值取向，也只有了解并遵守这些教规才能保证商务活动的正常进行。

### 2. 社会习俗

相比南方人的清丽、典雅，北方居民则更显得淳朴、豪爽，这点从歌声中也能听得出来，越剧、沪剧的吴侬细语和黄土高坡的信天游、东北二人转形成了鲜明的对比，与此相对应的是我国各地的民俗风情也明显不同。

社会习俗的具体内容繁多，概括起来主要有以下几方面：
（1）符合当地礼仪规范的衣着、饮食与称呼礼仪；
（2）工作与娱乐、休息的关系；
（3）赠礼的礼仪及回赠的礼仪；
（4）对荣誉、名声、面子的不同理解；
（5）朋友的标准；
（6）基本价值观；
（7）时间的价值与效率；
（8）友情与金钱的取舍等。

**案例 2-2**

杰西卡是某医药网站的广告文案撰稿人，她觉得自己得到的报酬过低。她在公司工作了5年，得到了几次提升，职位头衔是副编辑，而事实上她所做的工作与文案撰稿人（级别更高些）的工作是一样的。杰西卡每年的薪水是4.2万美元，她怀疑这份薪水要比其他职责相同的人所领到的薪水少得多。于是她决定作些调查。她上网看了一下，找了一些网站，将自己的报酬与工作头衔和自己差不多的人进行了一番比较。结果不出所料，在就业市场中，与她职位相似的人每年能赚5万～6万美元。所以，她决定和经理谈一谈。在谈判中，杰西卡向经理详细阐述了自己所搜集到的职场薪资情况。结果她不仅得到了自己期望的职位头衔，而且她的老板还在她所提议的薪资范围内给她加薪了。"如果我没有准备任何信息就谈判的话，那么也许只能这样说了：'我觉得自己赚的钱不够。'"

**【案例思考】**由于杰西卡通过调查同行的工作水平，掌握了详细的数据资料，因此在与经理的谈判中获得了期望的工资。

## 二、掌握市场行情

随着现代社会生活节奏的不断加快，企业间的竞争也更加激烈，市场行情瞬息万变，这一切促使人们十分重视信息的收集与掌握。在谈判中，必须及时、准确地了解与标的对象有关的市场行情，预测分析其变化动态，以掌握谈判的主动权。这里所讲的市场行情是广义的，不仅仅局限于对价格变化的了解，还应包括市场同类商品的供求状况，相关产品与替代产品的供求状况，产品技术发展趋势，主要竞争厂家的生产能力、经营状况、市场占有率，市场价格变动比例趋势，在关产品的零配、供应，以及影响供求变化显现与潜在的各种因素。

掌握市场行情，并不是要把所有市场信息都收集起来，不分轻重、主次、真假，一概加以考虑研究。为保证信息、情报的准确、可靠，必须对所收集的市场信息进行反复筛选、过滤、加工、整理，使原始的情报信息变成对谈判交易活动有用的市场情报。鉴别和筛选情报、信息主要应从客观性、及时性、全面性、典型性、适应性几方面加以考虑。

1. 供求状况

一般而言，在买方市场条件下，卖方居劣势；反之亦同理。但不同地区、不同时间的市场供求也会发生某种变化，简单地说，甲地的滞销商品在乙地并非肯定滞销，特别是时尚品，它与消费地域密切相关，不可一概而论。

2. 供求动态

即市场供求变化的提前量。有些新产品、新时尚在市场投入期往往不被人看好，但一旦被消费者知晓，就会形成消费热潮，对此商务人员要做好充分论证。

案例 2-3

一家法国电子产品集团在芝加哥收购了一家公司，投资生产军用电子设备。直到收购结束后公司才知道美国有一项法令叫《购买美国货法》，该法令规定美国政府只能购买外国公司生产的军事设备的零部件，禁止购买外国公司生产的成套军事设备，而该公司计划生产的恰恰主要是整套军事设备，并且以美国政府为主要潜在买家。这项法令意味着该公司生产的产品将无人问津，因此这家法国电子集团不得不从美国撤销该公司，遭受了巨大的损失。

3. 相关产品（或服务）分析

相关产品包括替代品、补充品及前续产品与后续产品等。

替代品：包括功能相近的不同品牌的产品、功能上升级换代的产品等多种类型。往往替代品的快速发展会导致主项产品的价格下降，甚至被挤出市场。

补充品：人们在消费主项产品时，必须附带消费的产品。如汽车与汽油、闲暇时间与娱乐、电脑与网络。补充品的快速发展（或低价位）可以为主项产品本身的发展创造条件。

前续产品：生产主项产品必需的原材料或初级加工产品（服务）。如汽车与钢材价格及进口关税、酒类与粮食供应价格。前续产品的充裕有助于主项产品（服务）的供应量增加和成本下降。

后续产品：因主项产品（服务）而派生的为主项产品提供直接服务的产品或行业。如汽车与维修、美容。与前续产品一样，它也能促进主项产品的社会需求。

## 三、摸清对方情况

古语曰："知己知彼，百战不殆。"只有了解和掌握了谈判对手的情况，才能有针对性地制定我方的谈判策略。收集谈判对手的情况，可以从已收集的市场信息中加以筛选，但这类情报具有较强的目的性、特殊性，还要采用其他的信息收集方法，以掌握更多的信息。

（1）案头调查法。当双方成为谈判对手，准备进行贸易洽商时，为了便于对方了解本企业或产品的情况，常常相互间提供一些资料，如商品目录、报价单、企业情况简介、产品说明书等。有些企业为了招揽客户，还专门把印有企业生产经营所有产品的一览表、小册子赠送给可能成为交易对象的客户。所以，谈判人员应首先把这些资料收集、整理起来，进行分析研究。这种调研方法投资少、见效快，简便易行。

（2）直接调查法。这是由谈判人员通过直接、间接地接触获取有关情况和资料的方法。例如，谈判人员可以向本企业那些曾和对方有过交往的人员进行了解，也可以通过函电方式直接与对方联系，而对较重要的谈判，双方则可能安排非正式的初步洽商。这种预备性接触好处很多，不仅可以使我们有机会正面观察对方的意图以及立场、态度，而且也可以使对方对我们的诚意、观点有所了解，以此促进双方在平等互利、互谅互让的基础上通力合作。

**案例 2-4**

我国某厂与美国某公司谈判设备购买生意时，美商报价218万美元，我方不同意，美方降至128万美元，我方仍不同意。美方诈怒，扬言再降10万美元，118万美元不成交就回国。我方谈判代表因为掌握了美商交易的历史情报，所以不为美方的威胁所动，坚持再降。第二天，美商果真回国，我方毫不吃惊。果然，几天后美方代表又回到中国继续谈判。我方代表亮出在国外获取的情报——美方在两年前以98万美元将同样设备卖给了匈牙利客商。情报出示后，美方以物价上涨等理由狡辩了一番后将价格降至合理。

**【案例思考】** 我方代表为什么能不为美方的威胁所动，并且还能以期望的价格成交？

（3）购买法。当交易规模、数量较大时，有时采取先小批量购买的方式直接了解对方产品情况。在收集、掌握对方资料的基础上，要对谈判对方进行认真的分析与研究，以便进一步明确谈判对手的意图、目的，从而推测出双方在哪些方面能够取得一致意见，在哪些方面可能出现问题、分歧，会谈会有怎样的成果，据此制定调整我方的谈判方针、策略，使目标制订得更加切合实际。

分析的内容还可以拓展到对方的公司或企业属于保守型还是开放型？处于不断扩大生产经营规模的成长中的企业，还是已占有足够市场份额的大型企业？它们与其他客户是怎样交易的？有着什么样的声誉？我方与对手的实力对比如何？双方的优劣势各是什么？只有在认真分析研究的基础上，才能把众多杂乱的信息归纳为切实可用的情报，使之发挥出奇制胜的作用。

最后，了解对手还包括了解对方参加谈判人员的个人情况，尽可能了解和掌握谈判对手的性格、爱好、兴趣、专长，了解他们的职业、经历以及处理问题的风格、方式等。特别是在一对一的谈判中，掌握对手的兴趣、爱好，投其所好，会使你取得意想不到的成功。

## 四、谈判信息资料的收集

为了更好地了解谈判对手，可通过多方面的调查研究，搜集谈判对手的信息资料，为正式洽谈工作的开始做好准备。怎样才能获得有关谈判对手的信息资料呢？通常情况下，有以下几个途径。

**1. 从国内的有关单位或部门收集资料**

这些可能提供的信息资料的单位有：

（1）商务部。

（2）中国对外经济贸易促进委员会及其各地的分支机构。

（3）中国人民银行的咨询机构及有关的其他咨询公司。

（4）与该谈判对手有过业务往来的国内企业和单位。

（5）国内有关的报刊、杂志、新闻广播等。

**2. 从国内在国外的机构及与本单位有联系的当地单位收集资料**

这些可能提供信息资料的单位有：

（1）我国驻当地的使馆、领事馆、商务代办处。

（2）中国人民银行及国内其他金融机构在当地的分支机构。

（3）本行业集团或本企业在当地开设的营业分支机构。

（4）当地的报纸、杂志；国外的许多大银行，比如巴克利银行、劳埃德银行、大通银行等，都发行自己的期刊，这些期刊往往有最完善的报道，而且一经获取就可得知许多信息。

（5）本公司或单位在当地的代理人。

（6）当地的商会组织等。

**3. 从公共机构提供的已出版和未出版的资料中获取信息**

这些公共机构可能是官方的，也可能是私营的，它们提供资料的目的，有的是作为政府的一项工作，有的则是为了盈利，也有的是为了自身的长远利益需要，因此我们作为企业或单位的业务洽谈人员，应该熟悉一些公共机构，甚至要熟悉这些机构里的工作人员，同时还要熟悉他们提供资料的种类及发行途径。现列举几种资料来源。

（1）国家统计机关公布的统计资料。比如工业普查资料、统计资料汇编、商业地图等。

（2）行业协会发布的行业资料。这些资料是同行企业资料的宝贵来源。

（3）图书馆里保存的大量商情资料。比如贸易统计数字、有关市场的基本经济资料、各种产品交易情况统计资料，以及各类买卖机构的翔实资料等。

（4）出版社提供的书籍、文献、报纸、杂志等。比如出版社出版的工商企业名录、商业评论、统计丛书、产业研究等。目前，许多报刊为了吸引读者，也常常刊登一些市场行情及其分析报道。

**案例 2-5**

1987年6月，济南市第一机床厂厂长在美国洛杉矶同美国卡尔曼公司进行推销机床的谈判。双方在价格问题上陷入了僵持状态。这时我方获得情报：卡尔曼公司原与台商签订的合同不能实现，因为美国对日、韩、台提高了关税的政策使得台商迟迟不肯发货。而卡尔曼公司又与自己的客户签订了供货合同，对方要货甚急，卡尔曼公司陷入了被动的境地。我方根据这个情报，在接下来的谈判中沉着应对，卡尔曼公司终于沉不住气，订购了150台中国机床。

**【案例思考】**我方谈判代表为何能够在谈判中坚持不让步？他们把握了什么底线？原因是什么？

（5）专业组织提供的调查报告。随着经济的发展，出现了许多专业性组织，比如消费者组织质量监督机构、股票交易所等专业组织，也会发表有关统计资料和分析报告。

（6）研究机构提供的调查报告。许多研究所和从事商业调研的组织，除了为单独委托人完成工作以外，为了提高自身的知名度还经常发表市场报告和行业研究论文等，这些都是我们收集信息的很好途径。

**4. 本企业或单位直接派人员到对方国家或地区进行考察，收集资料**

如果派人员出国考察，在出国之前应尽量收集对方的有关资料，从已有资料中分析出真实、不真实、可能还有新增内容、尚需进一步考察等几个部分，以便带着明确的目的和问题去考察。在日程安排上，应多留些时间供自己支配，切不可让对方牵着鼻子走，并且要善于捕捉和利用各种机会，扩大调查的深度和广度，以便更多地获取第一手资料。

## 五、谈判资料的整理与分析

在通过各种渠道收集到资料以后，必须对收集来的资料进行整理和分析。整理和分析谈判资料的意图有以下两个。

（1）鉴别资料的真实性与可靠性，即去伪存真。在实际情况下，由于各种各样的原因，在所收集的资料中某些资料可能比较片面、不完全，有的甚至是虚假的、伪造的，因而必须进行整理和分析。比如，某些人可能另有所图，于是提供了大量有利于谈判的信息，而将不利于谈判的信息或是掩盖或是扭曲，以达到吸引对方的目的；有些人可能没有识别真伪的能力，而将道听途说的信息十分"真实"地提供出来。经过资料的整理与分析，才能做到去粗取精、去伪存真，为我方谈判所用。

（2）在资料具备真实性、可靠性的基础上，结合谈判项目的具体内容，分析各种因素与该谈判项目的关系，并根据它们对谈判的重要性和影响程度进行排队。通过分析，制订出具体的谈判方案与对策。

信息资料的整理一般分为四个阶段。

**1. 对资料的评价**

对资料的评价是指对已收集资料的重要程度加以确认，认真区分资料的有用性。无论现在还是将来，都不会有任何用途的资料，应该毫不犹豫地舍弃。如果现在可以立即利用的资料，应直接让谈判人员获知。将来有可能用上的资料，应妥善保存，以备不时之需。

**2. 对资料的筛选**

在资料中对于不要的或用处极小的资料，应及时丢弃。如果保存，就会浪费大量的空间与费用。因此，应不断地对收集的资料进行清理。资料的筛选方法大体如下：

（1）查重法。是指对于重复出现的，完全相似的资料首先剔除重复部分。而对于重复出现，但并不完全相同的资料可以保留一部分。

（2）时序法。即逐一分析按时间顺序排列的资料，在同一时期内，取较新的，舍弃较旧的，这样可以使信息资料在时效上更有价值。

（3）类比法。是指将信息资料按产品、业务、空间或地区，分类对比，接近实质的保留，其余的舍弃。

（4）评估法。是指由专业人员或资深人员对资料进行评估后，再决定资料的取舍。

### 3. 对资料的分类

在资料整理阶段，对筛选出来的资料认真地进行分类，是最耗费时间的一项工作，但也是极其重要的环节。分类的方法大致有以下三种。

（1）项目分类法。是指在分类过程中，可以根据资料的使用目的、资料的内容、资料的性质等依据，对现有的资料进行分类，以备不同的谈判项目所需。

（2）从大到小分类法。即从设定大的分类项目开始，大项目最好不超过10项，经过实践后，若觉得有必要再细分时，可以把大项目再进行细分，但不要分得太细，以免出现重复。

（3）ABC分类法。按不同的资料对谈判项目的重要性不同，分为不同资料。如果该资料对谈判项目有着重要的作用，在谈判时肯定会用上的，那么我们将它定为A级，进行重点整理与保存；如果资料对谈判可能有作用的，那么我们就将它定为B级，要较重点地进行整理与保存；如果资料谈判作用不大，但有一定价值，我们目前不会使用的，定为C级，进行一般的处理即可。

### 4. 对资料的保存

把分好类的资料妥善地保存起来，即使经常使用的资料也不能随便放，要分门别类地放到专门的资料架或卡片箱中，以便随时查找该类资料或加放同类资料。

# 第三节 拟订谈判方案

方案是人们在行动前预先拟订的具体内容和行动步骤的框架，制订周密、细致的谈判方案是保证谈判顺利进行的必要条件。所以，拟订谈判方案是谈判准备工作的核心。拟订谈判方案应包括以下几方面的内容。

## 一、选择谈判对手

由于谈判至少是两方以上发生的行为，因此要进行谈判，必须确定谈判对手。但谈判又是双方自愿的行为，还要考虑对方能否成为我方的贸易伙伴。双方在谈判中的实力和地位如何，对我们应在谈判中采用的风格和策略影响很大。如果谈判双方有可能存在经常性的贸易行为，就必须对对方企业乃至个人情况进行详细的调查研究，并估计谈判双方的实力，寻找那些可能增进双方友谊、促进双方感情交流的机会。如西方一些大企业之间经常安排球队互访比赛，召开各种形式的联谊会，其目的都是增强双方的友谊，融洽双方关系，以利于双方洽谈。

如果没有可能或不必要与对方建立长期的贸易关系，其战略战术应有所变化，至少在谈判中不能给对方以过多的让步，不必花费过多的精力维系双方的友谊与交往。

此外，如果进行经常性的贸易，应注意与具有良好信誉的客户建立联系并大力维护双方关系。在选择谈判对手时，一般应确定在三四家以内。

如果谈判内容广泛，交易比较复杂，可将对手确定在两家以内。否则，对手过多，会分散我方注意力，难以处理和控制复杂的谈判过程。谈判另一方也会因竞争对手较多而失去谈判的信心，反而不利于谈判进行。

然而，如果只选择一家企业作为谈判对手，而无法进行比较和鉴别，对方也可能利用这一局面，向我方提出苛刻的要求，迫使我方做出较大让步。所以，至少应考虑两家以上的企业作为谈判对手。

对一次性买卖，谈判对手的数目则不必受到限制。如果是大项目，企业可以采取招标的方式，在对方递价的基础上，确定谈判对手。

## 二、制订谈判目标

目标是人们行动预期达到的成果或结果，也是考核或检查人们行动效率的标准。

谈判目标就是检验谈判效率和成果的依据和标准，也是谈判思想、方针、策略的具体化和数量化。目标制订得正确与否，以及能否达到目标，意味着谈判活动的成败与效率的高低，因而正确地制订与实现谈判目标，对于整个谈判具有决定性的意义。

由于谈判是一个持续发展的过程，因此，谈判目标也要有阶段性目标或分目标。从战略角度来讲，目标可以分为以下三个层次：企业总目标、谈判目标、谈判某一阶段的具体目标。

### （一）企业总目标

任何企业的生产经营活动都离不开目标体系，如企业发展的长期目标、中短期目标及企业总体目标、部门目标等。目标在企业的生产经营活动中具有重要意义，决定着企业在一定时期内的生产经营方向和奋斗目标。它是企业目的和任务的转化、分解。企业主要是根据各个不同的具体目标进行生产经营活动。

谈判内容是企业生产经营活动的一部分，必须服从和维护企业的总体目标，这就要求在制定谈判目标时以企业的总目标为标准。如为了保证企业在 2000 年开工率达 100%，要确保得到总数为 500 万元的订单，这里，得到总数为 500 万元的订单并不是一次谈判所要达到的目标，但是，每次谈判都要考虑到这一总体目标，总体目标的实现依赖于每个分目标的完成。500 万元的订单，如果需要五次交易实现的话，那么，每次谈判至少要实现 100 万元的分目标，所以，总目标是制订分目标的依据和标准。总目标确定后，谈判人员就可以明确在每次谈判中的目标和责任，明确自己所处的地位及谈判成功的意义，从而采取相应的谈判策略与技巧，以保证实现企业的总目标。

### （二）谈判目标

谈判目标是指每次谈判所要达到的目标。它是谈判活动的总目标，对企业生产经营活动来讲，它又是分目标、具体目标。分目标的实现对完成总目标有极其重要的意义，也是谈判成功的标志。

谈判目标，即分目标的制定，既要考虑企业的总体目标，也要考虑企业的实际状况、谈判对手的实力、双方力量对比以及市场供求变化因素。例如，企业 2000 年的总目标是确保得到 500 万元的订单，在市场供需稳定的情况下，谈判的对方又是老客户，关系较好，而企业目前又迫切需要得到订单，以保证生产的连续性。这样在第一季度中，就可以把谈判的总目标定为 150 万元。必要时，可以在其他方面给对方一定的让步或优惠，如提前交货等，以确保目标的实现。

谈判目标的制定极为重要，它关系到企业总体目标的实现，又决定了在谈判中每一阶段具体目标的制定以及在谈判中所采取的策略。因此，在制定谈判目标时需要十分慎重，要在综合多方信息、资料的基础上，反复研究确定。确定谈判目标一般考虑以下几个要素：交易额、价格、支付方式、交货条件、运输、产品规格、质量、服务标准等。

但是，仅仅列出单一的谈判目标还是不够的，它只是具体的指标，还要从总体上综合考虑谈判可能出现的结果，并制订相应的目标，这就是谈判的最优期望目标、可接受目标和最低限度目标。因为在实际谈判中，谈判的双方都会遇到这样的问题：我方应该首先报价吗？如果首先报价，开价多少？如果是对方首先报价，我方应还价多少？倘若双方就价格争执不下，那么，在什么条件下我方可接受对方的条件？在什么情况下，我方必须坚守最后防线？要更好地解决这些问题，就必须认真研究、制订谈判的最优期望目标、可接受目标和最低限度目标。

### 1. 最优期望目标

最优期望目标是指在谈判桌上，对谈判者最有利的一种理想目标。它在满足某方实际需求利益之外，还有一个"额外的增加值"。谈判实践中这一目标往往很难实现，因此，真正较为老练的谈判者在必要时可以放弃这一目标。但这并不是说这种最优期望目标在谈判桌上没有积极意义，它往往是谈判进程开始时的话题。

美国著名的谈判专家卡洛斯对两千多名谈判人员进行的实际调查表明，一个良好的谈判者必须坚持"喊价要狠"的准则。这个"狠"的尺度往往接近喊价者的最优期望目标。在讨价还价的磋商过程中，倘若卖主喊价较高，则往往能以较高的价格成交；倘若买主出价较低，则往往也能以较低的价格成交。因此，在谈判桌上，卖方喊价高或买方还价低的时候，都会带来对自己较为有利的谈判结果。

比如：在资金供求谈判中，需方可能实际只想得到200万元，但谈判一开始，需方可能报价250万元。这250万元就是需方的最优期望目标。这个数字比它实际需要的200万元多50万元。用一简式表达就是：

$$E = Y + \Delta Y$$

式中：$Y$——需方的实际需求资金数额；

$\Delta Y$——报价增量；

$E$——需方的最优目标。

但是，供方绝不会做提供250万元资金的慷慨之事。根据供方了解的信息（如偿还能力、经济效益高低和利率等情况），他明知对方实际只需要200万元，为了使谈判深入下去，使主动权掌握在自己手中，就故意压低对方的报价，只同意提供150万元。如此这般，几经交锋，双方列举各种理由予以论证，谈判结果既不是250万元也不是150万元，可能是略低于或者高于200万元。

如果一开始需方不提出250万元，或供方不提出150万元，谈判就无法进行。为什么在谈判中会形成这种习惯？其原因极为复杂，涉及心理、信誉、利益乃至历史成见等诸多因素。需要说明的是，最优期望目标不是绝对达不到的。一个信誉极高的企业和一家资金雄厚、信誉良好的银行之间的谈判，达到最优期望目标是完全可能的。

### 2. 最低限度目标

最低限度目标是指在谈判中对某一方而言，毫无讨价还价余地，必须达到的目标。换言之，最低限度目标即对某一方而言，宁愿离开谈判桌，放弃合作项目，也不愿接受比这更少的结果。最低限度的确定主要考虑到以下几个因素。

1）价格水平

价格水平的高低是谈判双方最敏感的一个问题，是双方磋商的焦点。它直接关系到获利的多少或谈判的成败。影响价格的因素有主观与客观之分。主观因素包括营销的策略、谈判的技巧等可以由谈判方决定或受谈判方影响的因素，而影响价格的客观因素主要有以下几种。

（1）成本因素。这里的成本主要是指"市场成本"，一般是指产品从生产到交货的一切费用。具体来说，它包括生产该产品所需的原材料、劳动和管理费用以及为购销该商品所耗费的调研、运输、广告费和关税、保险费、中间商的佣金等费用。

（2）需求因素。需求因素对价格水平的影响主要通过需求弹性加以体现。根据需求弹性与市场的供需情况，同类产品的市场价格等因素，合理确定价格策略。

（3）竞争因素。决定价格下限的是商品成本，决定价格上限的则是顾客的需求程度。在上限与下限之间所订的价格的高低，则由竞争来决定。也就是说，价格的确定不以个别成本为依据，而是取决于既定需求条件下同类商品的竞争状态，取决于由竞争形成的社会平均成本和平均利润。一方面，主要是注意竞争者的多少，竞争者越多，说明竞争越激烈，价格的变化也就越大。另一方面，要注意竞争的激烈程度，不同市场下，竞争的程度也就有所不同，在谈判中就要充分利用这一点。

（4）产品因素。对于不同性质和特征的产品，买方的购买习惯也有所不同。一般来说，消费品价格的灵活性大，而工业品的价格灵活性小。此外，人们对于不同产品的利润率存在不同的期望，也就导致谈判者的不同价格目标。

（5）环境因素。环境是指天时、地利、人和三者的统一体。当环境对谈判某一方有利时，其希望通过价格得到的利益也就更大些，买方可能会进一步要求降价，而卖方则可能会要求提价。因此，我们应善于把握机会，使环境向有利自己一方的方向发展。

2）支付方式

不同的支付方式通过价格对谈判的预期利润会造成较大影响。如现款交易与赊款交易就会存在不同的风险：如果直接付款可以在价格上进行适当的优惠，但如果赊款的话，就不能在价格上有所退让，而只能力争将由于时间带来的资金损失降到最小，而且赊款带来的债务人不付款或扣款的现象也普遍存在。

特别是在进出口贸易中卖方常常会遇到不利的支付条件。在国际贸易中跟单托收支付方式、付款交单和承兑交单对出口方的影响大不相同，除了收汇风险不同之外，还间接影响交易商品的单位价格。例如，同一售价为100万美元的商品，若采用付款交单方式，售价为100万美元；若采取承兑交单支付方式，售价为102万美元。即便如此，对卖方来说前者也是更为有利的货款支付方式。因为表面看，前者比后者少收2万美元，但由于后者付款时间靠后，卖方会承受利息损失，并且在买方承兑交单后卖方就须交单，卖方承担的风险更大，因此，实际上承兑交单这种付款方式对卖方是不利的。

3）交货及罚金

在货物买卖中，交货的期限对双方都有利害关系。在商务合同中，交货期限作为根本条款或是重要条款有明确的规定，一方若未按时交货就要赔偿对方的经济损失。一般情况下，卖方总是希望迟交货，而买方总是希望卖方能早交货。按照国际惯例，卖方报价中的交货期一般为签约后两个月。若买方提出要在签约后一个月交货，否则卖方就需交纳迟交罚金，卖方就要根据买方提出的要求，对各方面因素进行综合考虑后，提出交货条件方面的最低可接受限度为：如果不增加额外罚金的话，可以同意对方提出的提前交货要求。

4）保证期的长短

保证期是卖方将货物卖出后的担保期限。担保的范围主要包括货物的品质和适用性等。关于保证期限的长短，从来都是商务谈判中双方据理力争的焦点问题之一。一般卖方会尽力缩短保证期，因为保证期越长，卖方承担的风险越大，可能花费的成本也就越大；而买方总是希望保证期越长越好，因为保证期越长，买方获得的保障程度就越高。但是，由于保证期的长短事关卖方信誉及竞争能力，以及交易能否做成和怎样做成的问题，因此在通常情况下卖方是会仔细考虑保证期问题的。那么卖方根据出现的情况，确定了关于保证期的最低可接受条件：如果能保证在保证期内风险不大的话，可以答应对方延长保证期的要求。

### 3. 可接受目标

可接受目标是谈判人员根据各种主客观因素，通过考察种种情况，经过科学论证、预测和核算之后所确定的谈判目标。可接受目标是介于最优期望目标与最低限度目标之间的目标。在谈判桌上，一开始往往要价很高，提出自己的最优目标。实际上这是一种谈判策略，其目的是为了保护最低目标或可接受目标。这样做的实际效果往往超出了谈判者的最低限度要求，通过双方讨价还价，最终选择一个最低与最高之间的中间值，即可接受目标。

实际上业务谈判中，双方最后成交值往往是某一方的可接受目标。可接受目标能够满足谈判一方的某部分需求，实现部分利益目的。可接受目标往往是谈判者秘而不宣的内部机密，一般只在谈判过程的某个微妙阶段挑明，因而是谈判者死守的最后防线。如果达不到这一可接受目标，谈判就可能陷入僵局或暂时休会。

可接受目标的实现，往往意味着谈判的胜利。在谈判桌上，为了达到各自的可接受目标，双方会各自施展技巧，运用各种策略。

### （三）谈判某一阶段的具体目标

具体目标又是对谈判目标的分解，有些谈判，特别是交易复杂、规模较大的谈判，制订阶段目标十分必要，它可以使谈判人员随时检查和调整谈判进程以及谈判成果。

谈判具体目标的制定要相对灵活，可根据谈判内容、预计的谈判期限、谈判的规模而定。如谈判初始阶段是了解对手报价，提出我方条件；第二阶段，就交易主要内容进行协商，进一步讨论产品规格、价格、质量、交货期限、运输等条款，确定双方存在争议的有关问题；收尾阶段，审议合同条款，复查协商的所有内容，商谈履行合同事宜。

综上所述，谈判目标是使谈判顺利、有效进行的保证。在划分目标的同时，一定要注意相互之间的衔接与连贯，企业总目标是制订谈判目标的依据，阶段目标又是实现谈判目标的保证，三者缺一不可。

## 三、谈判方案的基本要求

谈判方案是谈判人员在谈判前预先对谈判目标等具体内容和步骤所作的安排，是谈判者行动的指针和方向。有了谈判方案，就会使参加谈判的人员做到心中有数，明确努力方向，打有准备之仗。谈判方案应对各个阶段的谈判人员、议程和进度作出较周密的设想，对谈判工作进行有效的组织和控制，使其既有方向，又能灵活地左右错综复杂的谈判局势，使谈判沿着预定的方向前进。

从形式上看，谈判方案应是书面的。文字可长可短，可以是长达几十页的正式文件，也可以是短至一页的备忘录。一般来说，一个成功的谈判方案应该注意以下几方面的基本要求。

### 1. 谈判方案要简明扼要

所谓简明扼要就是要尽量使谈判人员能容易地记住其主要内容与基本原则，在谈判中能随时根据方案要求与对方周旋。谈判的方案越是简单明了，谈判人员照此执行的可能性就越大。谈判是一项十分复杂的业务工作，参加谈判的人员必须清晰地记住谈判的主题方向和方案的主要内容，这样在与对手交锋时才能按照既定目标，自如地应付错综复杂而多变的谈判局面，驾驭谈判局势的发展。因此，制订谈判方案时要用简单明了、高度概括的文字加以表述，以便在每一个谈判人员的头脑中留下深刻印象。

### 2. 谈判方案要具体

谈判方案的简明扼要不是目的，它还要与谈判的具体内容相结合，以谈判的具体内容为基础；如果没有具体内容，就很难对它进一步概括，简明扼要地予以表达。谈判方案的内容虽要求具体，但不等于把有关谈判的细节都包括在内。如果事无巨细、样样俱全，执行起来必然十分困难。

### 3. 谈判方案要灵活

由于谈判过程千变万化，方案只是谈判前某一方的主观设想或各方简单磋商的产物，不可能将影响谈判过程的各种随机因素都估计在内，所以，谈判方案还必须具有灵活性，要考虑到一些意外事件的影响，使谈判人员能在谈判过程中根据具体情况灵活运用。例如，对可控因素和常规事宜应安排细些，对无规律可循的事项可安排粗些。

# 第四节　物质条件的准备

物质条件的准备工作包括两个方面：谈判场所的选择及谈判人员的食宿安排。从表面上看，这同谈判内容本身关系不大，但事实上，不仅联系密切，甚至关系到整个谈判的发展前途。

## 一、谈判场所的选择

谈判专家对于谈判地点的选择有两种意见：一种意见认为谈判地点不论设在哪一方都各有利弊。如果谈判地点设在我方办公室或会议室，其优点是：①可避免由于环境生疏带来的心理上的障碍，而这些障碍很可能会影响谈判的结果。②获得额外的收获。我方可借"天时、地利、人和"的有利条件，向对方展开攻势，以求让步。③可以处理谈判以外的其他事情。④便于谈判人员请示、汇报、沟通联系。⑤节省旅途的时间和费用。综合上述优势，谈判地点争取在己方的最有利之处在于己方自由可发挥，就像体育比赛一样，在己方场地举行，获胜的可能性就会更大。一些谈判学家所做的研究也证明了这一点。美国专家泰勒尔的实验表明：多数人在自己家的客厅与人谈话，比在别人的客厅里更能说服对方。这是因为人们一种常见的心理状态，就是在自己的所属领域里，能更好地释放能量与本领，所以，行为成功的概率就高。这种情况也适用于谈判。

如果谈判地点设在对方，也有其优越性：①可以排除多种干扰，全心全意地进行谈判；②在某些情况下，可以借口资料不在身边，拒绝提供不便泄露的情报；③可以越级与对方的上级洽谈，获得意外收获；④对方需要负担起准备场所和其他服务的责任。

正是由于上述原因，在多轮谈判中，谈判场所往往是交替更换，这已是不成文的惯例。当然，谈判地点在哪一方还取决于许多其他客观因素，如考察生产过程、施工基地、投资所在地的地理环境等。有时，中立地点也是谈判的合适地点。如果预料到谈判会紧张、激烈、分歧较大，或外界干扰太大，选择中立地点就是上策。

但是，不论哪一方做东道主，都不应忽视对谈判地点的选择和谈判场所的布置。在某种程度上，它直接影响谈判人员的情绪及会谈的效果。

首先，谈判场所不要过于嘈杂，场所的光线、温度也要适宜。当然，从谈判战术的角度讲，就更有艺术性。日本老资格政治家河野一郎在他的回忆录中清晰地描述了20世纪50年代他与前苏联领导人布尔加宁的一次谈判，就是利用环境的优势轻取对手。当他来到谈判会议室准备就坐时，苏联人按惯例让他先行选择，河野环视了一下，就近选了一把椅子说："我就坐在这儿吧。"布尔加宁说了声："好"，便在河野对面坐了下来。事后，河野讲，他选的椅子在方向上是背光线的，谈判中他很容易看到对方的表情，甚至布尔加宁流露出的倦容。河野曾宣称这是他多年外交谈判的一个秘诀。

## 二、通信设施的完备

谈判人员能够很方便地发电传、电报及打电话，要具备良好的灯光、通风和隔音条件。在举行会谈的会谈室旁边，最好备有一两个小房间，以利谈判人员协商机密事情。主要谈判场所也可以配备一些专门的设施，供谈判人员挂些图表或进行计算。除双方都同意，否则不要配备录音设备。经验证明，录音设备有时对双方会起到副作用，使人难以畅所欲言。

## 三、谈判房间的布置

谈判房间的布置也很重要，如选择什么形状的谈判桌，怎样安排谈判人员的座位等。一般来讲，比较大型、重要的谈判，可选择长方形谈判桌，双方代表各居一面。但如果谈判规模较小，或双方人员比较熟悉，则可以选择圆形谈判桌，这样可以消除长形桌那种正规、不太活泼的感觉。双方团团坐定，会形成一个双方关系融洽、共同合作的印象，而且彼此交谈容易，气氛随便。有时，出于需要，还可以采用任意排位方法就坐，它适合于小规模的、双方都比较熟悉的谈判，或是比较特殊的谈判。例如，以色列和中东国家的和平谈判，由于双方的立场极为对立，要有中间调节人，即第三方出席谈判，为此，专门发明了一种T型谈判桌。有些谈判，还可以不设谈判桌，但要事先确定一种有效的信号控制方法，以便随时根据情况发出指令，控制局面。

与谈判桌相配的是椅子，椅子要舒适，不舒适使人坐不住；但也不能过于舒适，太舒适使人易产生睡意，精神不振。此外，会议所需的其他设备和服务也应周到，如烟缸、纸篓、笔、记事本、文件夹、各种饮料等。

## 四、食宿安排

由于谈判是耗费体力、精力的一种交际活动，因此，用膳、住宿安排也是会谈的内容。东道国一方对来访人员的食宿安排应周到细致、方便舒适，但不一定要豪华、阔气，按照国内或当地的标准条件招待即可。要根据谈判人员的饮食习惯，尽量安排可口的饭菜。许多外国商人，特别是发达国家的客商，十分讲究时间、效率，反而不喜欢烦琐冗长的招待仪式，但适当组织客人参观游览、参加文体娱乐活动也是十分有益的。它不仅能很好地调节客人的旅行生活，也是增进双方私下接触、融洽双方关系的有利形式，有助于谈判的进行。

## 本章小结

谈判人员准备就是组建谈判班子，包括谈判班子的规模、谈判人员应具备的素质、谈判人员的配备和谈判班子成员的分工与合作等内容。优秀的谈判人员应具有坚强的政治思想素质、健全的心理素质和合理的学识结构。根据谈判对知识方面的要求，谈判班子应配备相应的人员：专业熟练的经济人员，技术精湛的专业人员，精通经济法的法律人员，熟悉业务的翻译人员。

谈判所需知识的积累主要包括了解谈判环境（包括政治与法律环境、社会文化环境）、掌握市场行情及摸清对方情况。信息的收集应从公开的资料和未公开的资料中分析获取，也可以由人员实地调查了解，并对资料进行整理与分析。

拟定谈判方案，应当从选择谈判对手，制定谈判目标和谈判某一阶段的具体目标进行设计。物质条件的准备包括谈判场所的选择、通信设备的完备、谈判房间的布置和食宿安排。

## 综合练习题

### 一、简答题

1. 优秀的谈判人员应具备什么样的素质？
2. 怎样进行谈判人员的配备？
3. 影响谈判的环境因素有哪些？
4. 如何拟定谈判方案？
5. 谈判的物质条件准备包括哪些内容？

### 二、案例分析题

#### 案例一

中国某工程承包公司在加蓬承包了一项工程。当工程主体建筑完工之后，中方由于不需要大量的劳动力，便将从当地雇用的大批临时工解雇，谁知此举导致了被解雇工人持续40天的大罢工。中方不得不同当地工人举行了艰苦的谈判，被解雇的工人代表提出让中方按照当地的法律赔偿被解雇工人一大笔损失费，此时中方人员才意识到他们对加蓬的法律太不了解了。根据加蓬的劳动法，一个临时工如果持续工作一周以上而未被解雇则自动转为长期工，作为一个长期工，他有权获得足够维持两个妻子和三个孩子的工资，此外，还有交通费和失业补贴等费用。一个非熟练工人如果连续工作一个月以上则自动转为熟练工，如果连续工作 3 个月以上则提升为技术工人。工人的工资也应随着技术的提升而提高。而我国公司的管理人员却按照国内形成的对临时工、长期工、非熟练工、熟练工以及技工的理解来处理加蓬的情况，结果为自己招来了如此大的麻烦。谈判结果可想而知，公司不得不向被解雇的工人支付一大笔失业补贴，总数相当于已向工人支付的工资数额，而且这笔费用属于意外支出，并未包括在工程的预算中，全部损失由公司自行承担。

问题：通过上例，你认为在商务活动中应该吸取什么教训？

### 案例二

苏州某公司听说南非是一个诱人的市场，便希望自己的产品打进南非市场。为了摸清合作伙伴的情况，公司决定组团到南非进行实地考察。到达南非后，对方立即安排他们与南非公司的总经理会面，会面地点被安排在一个富丽堂皇的大饭店里。在电梯门口考察团遇到一位满面笑容的招待员，她将考察团引入到一个装修豪华、设施现代化的房间。坐在皮椅上的总经理身材肥胖，手中夹着雪茄，脸上一副自信的表情，谈话时充满了激情。他侃侃而谈公司的情况、经营方略以及公司未来的打算。总经理的介绍和他周围所有的一切都深深打动了考察团，他们深信这是一个可靠的、财力雄厚的合作伙伴。考察团回国后，马上发去了第一批价值100多万美元的货物。然而，该批货物再也没有了音信。公司只好再派人去调查，此时才发现他们掉进了一个精心设计的圈套里。那位肥胖的"总经理"原来是当地的一个演员，在电梯门口招呼他们的女招待才是真正的总经理，而陈设精良的接待室不过是临时租来的房间。待真相大白之后再寻找这家公司才知道它已宣告破产。

问题：通过该案例，你认为谈判人员在谈判之前应该做好哪些工作？

### 三、模拟商务谈判实践

接前一章模拟商务谈判实践，杨元庆和黄伟明到访硅谷，会见摩托罗拉移动业务的管理层。在完成第二章学习之前，完成以下实训任务。

（1）自行组建商务谈判团队（每组 3～5 人）。注意班级全体成员均应参加，队伍数目应是偶数，自行确定谈判对手队，与对手协商确认甲乙方（即何方为摩托罗拉移动，何方为联想）。

（2）团队内自行协商人员角色分工。

（3）团队成员分工采集己方和对方 2014 年之前的各种信息（推荐用百度搜索联想、摩托罗拉的新闻报道）并汇总信息，以备后期使用。

（4）团队内自行制订谈判方案和其他事宜。（注意所收集的信息、谈判方案应保密，特别是不能让谈判对手了解）

（5）和谈判对手团队协商确定模拟谈判时间、地点，主方做好谈判场地布置（或规划）。

（6）对手组共同准备摄影器材。（建议全程录像，以备分析讨论时回放）

### 阅读资料

有位美国谈判专家想在家中建一个游泳池，建筑设计的要求非常简单：长 30 英尺，宽 15 英尺，有水过滤设备，并且在 6 月 1 日前完工。谈判专家对游泳池的造价及建筑质量方面是个外行，但这难不倒他。在极短的时间内，他不仅使自己从外行变成了内行，而且还找到了质量好、价格便宜的建造者。

谈判专家先在报纸上登了个想要建造游泳池的广告，具体写明了建造要求，结果有 A、B、C 三位承包商来投标，他们都递交了承包标单，其中有各项工程的费用及总费用。谈判专家仔细地看了这 3 张标单，发现所提供的温水设备、过滤网、抽水设备、设计和付款条件都不同，总费用也有差距。接下来的事情是约这 3 位承包商来他家里商谈：第一个约好早上 9 点，第二个约好早上 9 点 15

分，第三个约好早上 9 点 30 分。第二天，3 位承包商如约而来，他们都没有被主人马上接见，因此只得坐在客厅里彼此交谈着等候。10 点钟的时候，主人出来请第一个承包商 A 先生到书房去商谈。A 先生一进门就宣称他的游泳池一向是造得最好的，好的游泳池的设计标准和建造要求他都符合，顺便还告诉主人 B 先生通常使用陈旧的过滤网，而 C 先生曾丢下许多未完的工程，而且他现在正处于破产的边缘。接着主人同 B 先生进行谈话，从他那里了解到其他人提供的水管都是塑胶管，他所提供的才是真正的铜管。C 先生告诉主人的是，其他人使用的过滤网都是品质低劣的，并且不能彻底做完，拿到钱以后就不管了，而他则绝对保质保量。谈判专家通过静静的倾听和旁敲侧击的提问，基本弄清了游泳池的建筑设计要求及 3 位承包商的基本情况，发现 C 先生的价格最低，而 B 先生的建筑设计质量最好，最后他选中了 B 先生建游泳池，而只给 C 先生提供的价钱。经过一番讨价还价之后，谈判终于达成了一致。

**推荐阅读：**

浅谈商务谈判的准备，张霓，《中国商贸》，2011（24）.

浅谈如何准备企业并购重组谈判，叶金林，《中国注册会计师》，2012（12）.

| 中国律师网 | 中国营销传播网 | 世界服装鞋帽网 | 天霸商场网 |
|---|---|---|---|
| 律师参与商务谈判的九大注意事项 http://www.acla.org.cn/html/industry/20151202/23714.html | 谈判前应该准备什么？ http://www.emkt.com.cn/article/552/55274.html | 商务谈判礼仪的准备、座位安排、签字仪式 http://www.sjfzxm.com/news/shangren/20120820/307311.html | 商务谈判信息资料的准备 http://www.tbshops.com/sj/Html/news/90/44624.html |

# 第三章　商务谈判进程

通过本章的学习，掌握商务谈判活动的基本流程，明确每一阶段工作的主要内容和注意事项；了解各阶段的谈判原则和应考虑的因素；熟悉各阶段的谈判技巧，并能正确地使用这些谈判技巧。

## 引导案例

### 营造开局谈判氛围

郭为作为神州数码最大的个人股东、CEO兼执行董事，他将联想汉卡已经评下来的国家科技进步二等奖通过复议变成了中国计算机领域第一个国家科技进步一等奖，在这个过程中，他就特别善于营造有利于自己的谈判氛围。

当时，联想高层认为联想汉卡应该被评为一等奖，于是决定启动复议，通过谈判打动和说服评委们。这项重任就落在了郭为的身上。但是，评委们都是各个领域里一流的专家，无论如何也不会轻易被郭为他们的意见所左右。在50位评委中获得10位评委支持都很难，要获得2/3的专家同意更是难上加难。而且国家科技奖励办公室的一位主任干脆让手下的工作人员传来一句话："我们还没干过把二等奖改为一等奖的事。"在这种情况下，很多专家也有顾虑，甚至直接表示怕产生不必要的"麻烦"，根本不愿意见郭为。

怎样才能完成领导交给的重任呢？郭为首先开始营造有利于自己的谈判氛围。他精心策划了媒体攻势，首先几家有影响的重量级的报纸，开始连篇累牍地宣传联想汉卡。这些大报的观点和呼声都是为联想汉卡第二"鸣冤叫屈"。读者也对评委的意见纷纷发出质疑。几周的攻势下来，专家们也有些疑惑："是不是我原来看得有点问题？"在媒体的声势见效之后，郭为一家家去拜访专家。他压根不谈改判的事情，恭敬地对他们说："我只是请您到我们公司来，再一次给您展示联想汉卡。"就这样，郭为把专家们一个个请过来。自然，先前的媒体宣传已经在他们的头脑中先入为主了。在友好沟通的氛围中，联想汉卡最终拿下了国家科技进步一等奖。

**【思考与启示】**在谈判开始之前，需要做好各方面的准备，为开局作准备。这样才能使我们在谈判的过程中随机应变地调整谈判策略，充分利用各种资源，掌握谈判的主动权并最终获得成功。

谈判双方在做了各种准备工作之后，就要开始面对面地进行谈判工作。谈判过程可能是多轮次的，也可能要经过多次的反复。一般来说，不论谈判过程时间长短，谈判双方都要各自提出自己的交易条件和意愿，然后就各自希望实现的目标和相互间的分歧进行磋商，最后消除分歧达成一致。商务谈判是一个两方合作或者多方合作的活动，为了使这种复杂活动的结果更加有利于己方，必须遵循一定的程序。谈判程序的科学有序，直接关系到谈判的效果。

关于商务谈判的程序，不论是国际还是国内的专业人士，持有的观点多种多样，如谈判准备阶段、正式谈判阶段和谈判妥协阶段；谈判探询阶段、谈判准备阶段、正式谈判阶段、谈判小结阶段和谈判妥协阶段；谈判准备、制定战略、谈判开局、相互了解、讨价还价和谈判收尾等各种观点。

为了更简洁、实用地勾画商务谈判的活动框架，在此将谈判过程依次分为始谈阶段、摸底阶段、僵持阶段、让步阶段和促成阶段等五个阶段。完成每一个环节的任务，顺利实现双方满意的结果，是谈判过程的重要任务。

# 第一节　始　谈　阶　段

始谈阶段也称为开局阶段，是指谈判双方见面后，在进入具体实质性交易内容讨论之前，相互介绍、寒暄以及就谈判内容以外的话题进行交谈的过程。始谈阶段对整个谈判过程起着至关重要的作用，它往往显示双方谈判的诚意和积极性，关系到谈判的格调和发展趋势，一个良好的开局将为谈判成功奠定基础。这一阶段的目标主要是对谈判程序和相关问题达成共识；双方人员互相交流，创造友好合作的谈判气氛，为以后的谈判阶段打下基础。

## 一、营造良好的谈判气氛

商务谈判多是以口头形式进行，而且多数谈判的目的就是为了达成某种协议，因此，需要在谈判之初营造一种融洽、合作的气氛。因为人在轻松和谐的气氛中，更容易听取不同意见。高明的谈判者往往都是从中心议题之外开始，逐步引入正题的。双方把紧绷的神经放松下来，在轻松和谐的谈判气氛中，拉近彼此的距离，这样切入正题之后就容易找到共同语言，化解双方的分歧。

### （一）谈判气氛的类型及特点

谈判气氛就是谈判双方进入谈判场所的方式、目光、姿态、动作、谈话等一系列有声和无声的信号，在双方谈判人员大脑中迅速得到的反映。大致可以分为四类。

1. 冷淡、对立及紧张的谈判气氛

在这种气氛中，谈判双方人员的关系并不融洽，见面不热情、目光不相遇、交谈时语带双关，甚至带讥讽口吻，互相表现出的不是信任与合作，而是抱着寸土不让、寸利必争、尽可能签订一个使自己的利益最大化的协议的态度来参加谈判，使谈判变成一场没有硝烟的战争。

2. 松松散散、旷日持久的谈判气氛

这是指谈判人员在谈判中表现出精神不振、漫不经心的态度，在谈判中出现东张西望、私下闲聊、打瞌睡、吃东西等现象，使谈判进展缓慢，效率低下，会谈变成一件磨炼意志和耐心的事情。

3. 热烈的、积极的和友好的谈判气氛

在这种气氛中，谈判双方互相信任、互相谅解、精诚合作，谈判人员心情愉快，交谈融洽，效率高，抱着通过共同努力签订一个使双方需要都得到满足的协议的态度来参加谈判，使谈判变成一件轻松愉快的事情。

### 4. 平静的、严肃的、谨慎的以及认真的谈判气氛

意义重大、内容重要的谈判，双方态度都极为认真严肃，有时甚至拘谨。每一方讲话、表态都思考再三，决不盲从，会谈有秩序、有效率，双方抱着公事公办、通过自身努力签订一个使本方需要得到满足、对方利益也适当考虑的协议的态度来参加谈判。

很显然，上述四种谈判气氛中，热烈的、积极的和友好的谈判气氛是最受谈判者欢迎的，实践证明其谈判效果也是较理想的。实际商务谈判中，更多的谈判气氛介于上述四种谈判气氛之间：热烈当中包含着紧张；对立当中存在着友好；严肃当中存在着积极。

### （二）谈判气氛的影响因素

谈判是一项互惠的活动，一般情况下，谈判双方都会谋求一致，所以谈判的气氛也应该是真诚的、合作的、认真的和轻松的。要想获得这样的谈判气氛，需要在一定的时间内，利用各种因素，协调双方的思想和行动。

#### 1. 气质与风度

气质与风度的表现，影响着谈判人员的内在形象。气质与风度是人们稳定的个性特征。良好的气质是以人的文化素养、文明程度、思想品质和生活态度为基础的。风度则包含精神状态、谈吐礼节、表情动作等。在谈判中，谈判对手的气质和风度是通过他的态度、言语和行为表现出来的。良好的气质与风度，既能向谈判对手表现出礼貌和尊重的态度，又能够展现出我方高昂的精神面貌，使对手肃然起敬，从而营造出理想谈判气氛。

#### 2. 谈判者的仪态

谈判者的言谈举止、姿态、表情、服饰等有声语言和无声语言，影响着谈判人员的外部形象。服装的款式与色调、配件的搭配和衣服的清洁状况，可以间接地反映出谈判人员的心理特征、审美观点和参加谈判的态度。而人的行为举止、姿态和表情作为无声语言的一种表现形式，同有声语言一样，具有强烈的感染力，反映出的是内心的自信和精力。一般来说，谈判人员的装束应该整洁、美观和大方，但由于服饰属于文化习俗的范畴，所以在不同的文化背景下，会有不同的要求，应视情况而定。

#### 3. 双方企业之间的关系

主要是看双方企业过去是否有业务往来，以及相互之间关系的融洽程度。如果双方企业曾经有过长期合作并有很好的业务关系，那么自然会形成一种热烈的、友好的、轻松愉快的开局气氛；如果双方企业曾经有过业务往来，但关系一般，则可以营造一种友好、和谐、合作的气氛；如果双方企业过去的合作效果不佳或关系紧张，则可以营造一种亲切而不亲密、有距离而不疏远的气氛；如果双方企业是初次接触，在开局阶段，真诚就显得尤为重要。

#### 4. 双方人员之间的关系

如果谈判人员与对方人员在过去有过交往接触，并且结下了深厚的友谊，那么在开局阶段就可以畅谈友谊。同时，也可以回忆过去交往的情景或叙述离别后的经历，以增进双方的个人感情。

#### 5. 会场布置与座位安排

谈判中对谈判场地设施的布置和对谈判双方座位的安排，都会影响到谈判的心理状态，从而影响到谈判的气氛，包括谈判桌的大小形状、座位的顺光或逆光、双方座位的顺序、通

信设施的准备和茶点冷饮的供应等。

### （三）营造洽谈气氛的技巧

一般来说，营造恰当的谈判气氛，可以有以下三种方法。

#### 1. 情感法

通过一些特殊事件来引发人们心中感情的共鸣，使这种感情迸发出来，从而达到营造良好的谈判气氛的目的。运用感情攻击法的前提是尽可能了解对方参加谈判的人员的个人情况，掌握谈判对手的性格、习惯、嗜好、兴趣、专长、职业、经历以及处理问题的风格、方式等，投其所好以取得意想不到的效果。

**案例 3-1**

#### 飞机推销商拉堤埃

飞机推销商拉堤埃到新德里，想在印度航空市场上占有一席之地。没想到，当他打电话给拥有决策权的拉尔将军时，对方反应十分冷淡，根本不愿会面。最后，在拉堤埃的要求下，才勉强答应给他10分钟的会面时间。尽管成功的机会不大，但拉堤埃也不能轻易放过这个难得的机会，他要利用这有限的10分钟扭转乾坤。当他跨进将军的办公室时，满面春风地说："将军阁下，我衷心地向你表示感谢，因为你使我得到了一个十分幸运的机会，在我过生日的这一天，又回到了出生地。"

"什么，先生，你出生在印度吗？"将军半信半疑地问。

"是的！"拉堤埃借机打开了话匣子。"我出生在贵国的名城加尔各答，那时，我的父亲是法国密歇尔公司驻印度的代表。我们全家得到了好客的印度人民的照顾。当我过3岁生日时，邻居的一位印度老大妈还送给我一件可爱的小玩具，我和印度小朋友骑在象背上度过了有生以来最愉快的一天。"

10分钟过去了，将军丝毫没有结束谈话的意思，他被拉堤埃绘声绘色的讲述深深吸引住了，反而向拉堤埃发出了邀请："你能来印度过生日太好了，我想请你共进午餐，表示对你生日的祝贺。"

在汽车驶往餐馆的路上，拉堤埃打开公文包，取出一张颜色已经泛黄的合影照片，双手捧着，恭恭敬敬地请将军看。

"这不是圣雄甘地吗？"将军惊讶地问。

"是呀，您再仔细看一下那个小孩，那就是我。4岁时，我和父亲一道回国，在途中曾经十分幸运地和圣雄甘地同乘一条轮船，这张合影照片就是那次在船上父亲为我们拍摄的。我父亲一直把它当作最珍贵的礼物珍藏着，这次因为我要去拜谒圣雄甘地的陵墓，父亲才……"

"我非常感谢您对圣雄甘地和印度人民的友好感情。"将军紧紧地拉住拉堤埃的手。

午餐自然是在无比亲切融洽的气氛中进行，拉堤埃和将军俨然像一对久别重逢的老朋友。两人越说越投机，当拉堤埃告别将军时，不用说，这宗本来希望渺茫的大买卖已经拍板成交了。

**【案例思考】**拉堤埃是如何在与将军的谈判中扭转乾坤的？

#### 2. 赞美法

在谈判开局阶段，双方谈判人员还不熟悉，必然带来相互之间的自我防卫意识。通过称赞对方的优点，可以削弱对方的心理防线，从而调动对方谈判的积极情绪，激发谈判热情，营造热烈的谈判气氛。人们都有虚荣心，渴望得到别人的肯定和称赞。当一个人受到真诚的称赞时，就会产生亲和力，对你产生好感，并乐意接受你的请求，满足你的需要。因此发自肺腑的赞美，总是能产生意想不到的效果。人一旦被认可其价值，总是喜不自胜。

### 善于观察和得体的称赞使菲德尔费电气公司韦普先生成功了

菲德尔费电气公司的推销员韦普先生去宾夕法尼亚州推销电器。当他看到一所富有而整洁的农舍后，便前去叩门。敲门声过后，门打开了一条小缝，户主布朗前·布拉德老太太从门内向外探出头来，问来客有什么事情。当他得知韦普先生是电气公司的推销员后，"砰"的一声把门关上了。韦普先生只好再次敲门。敲了很久，布拉德老太太才又将门打开，仅仅是勉强开了一条小缝，而且还没等韦普先生说话，就毫不客气地破口大骂。怎么办呢？韦普先生并没有气馁，他决定换种方式碰碰运气。当他再次敲开门后，改变了口气，说："很对不起，打扰您了。我来的目的不是为了电气公司的事，而是想向您买一点鸡蛋。"听到这句话，老太太的态度稍微温和了一些，门也开大了一点。韦普先生接着说："您家的鸡长得真好，看它们的羽毛多漂亮，这些鸡大概是多明尼克种吧？能不能卖给我一些鸡蛋？"这时，门开得更大了。老太太问韦普："你怎么知道这些鸡是多明尼克种呢？"韦普先生知道自己的话打动了老太太，便接着说："我家也养了一些鸡，可是，没您养的这么好，我还没见过这么好的鸡呢！而且，我养的来亨鸡只会生蛋。夫人，您知道吗，做蛋糕时，用黄褐色的蛋比白色的好。我太太今天要做蛋糕，所以让我特意跑您这里来了……"老太太一听这话，顿时高兴起来，由屋里跑到门廊上。韦普则利用这短暂的时间，瞄了一下四周的环境，发现他们还养了奶牛，便接着说："夫人，我敢打赌，您养鸡赚的钱一定比你家先生养乳牛赚的钱还要多。"这句话说得老太太心花怒放，因为长期以来，她丈夫虽不承认这件事，而她总想把自己得意的事告诉别人。于是，她把韦普先生当作了知己，带他参观鸡舍。在参观时，韦普先生不时对所见之物发出由衷的赞美。他们还交流养鸡方面的知识和经验。就这样，他们彼此之间的关系变得很亲切，话也很投机，几乎无话不谈。最后，布拉德太太在韦普的赞美声中向他请教了用电器养鸡的好处。韦普先生实事求是地向他介绍了用电器养鸡的优越性。两个星期后，韦普收到了老太太购买电器的订单。一时间，顽固的布拉德太太都用上了电器来养鸡，这一消息迅速传播开来。之后，电气公司便源源不断地收到这个村子其他用户的订单。

**【案例思考】**韦普先生是如何得体地称赞布拉德太太的农舍的？

### 3. 幽默法

幽默是人类思想学识、智慧和灵感在语言运用中的结晶，它诙谐、生动，富于感染力，能引起听众的强烈共鸣，是一种高级的情感活动。幽默是用一种愉悦的方式让谈判双方获得精神上的快感，从而润滑人际关系，去除忧虑、紧张，促使谈判双方积极地参与到谈判中来，从而营造高调的谈判开局氛围。同时，幽默也可以展现自信的心理状态，从某种意义上说，也是个人优势的体现。

### 邱吉尔的幽默回答

第二次世界大战时期，英国首相邱吉尔到美国会见美国前总统罗斯福，要求共同打击德国法西斯。一天，美国前总统罗斯福去看他，事先未通报，总统进入内室，正逢邱吉尔一丝不挂地在洗澡。罗斯福大感困窘，进退两难。邱吉尔见状，咧嘴一笑，拍着肚皮说："总统先生，您瞧，帝国在阁下面前可什么也没隐瞒啊！"一句话说得罗斯福也乐了。后来双方的谈判很成功，英国得到了美国的援助。邱吉尔正是借助幽默，既摆脱了窘境，又乘机暗示了英国对美国的态度，一语双关。

## 二、如何营造良好的谈判气氛

要营造良好的谈判气氛需要做到以下几点。

（1）用充分的时间，使双方在思想观念、行为方面协调一致。谈判者可以在开局时选择一些友好、轻松、中性、非业务性的话题。

（2）谈判者注意自己的仪态，努力做到语言上热情洋溢，姿态上自由、放松、高雅，态度友好，举止得当。

（3）建立起轻松而富有高效的谈判速度。开局时谈判速度既不能太慢，也不能太快。太慢会导致出现冷场和停顿，减缓随后的谈判速度；太快会使谈判者滔滔不绝，慌慌张张，影响谈判的效果。

（4）用预计谈判时间的5%作为"破题"阶段（"破冰期"）。该阶段是指谈判开始前的一段时间的沉默，目的在于调整与对方的关系。

（5）始谈阶段，双方最好站着寒暄和交流。如果人数太多，就以混合的形式分成较小的小组进行交流。

## 三、破题

破题是指双方由寒暄转入正式议题的过程，其时间一般根据谈判的性质和谈判时间的长短来确定。开局气氛的营造实际上已经为开场破题做好了准备。前一阶段，双方多是站着寒暄，从而使社交活动更为便利，同时也利于双方调整接触角度。一旦双方坐定下来，彼此的阵容及个人的地位也就明确下来，并且会自然而然地从一般性的交谈转入正式的业务谈判，精力也就随即集中起来。

一般来说，破题期应控制在谈判总时间的2%～5%为宜。例如将要进行2个小时的洽谈，破题期大约控制在6分钟以内较为合适；如果谈判是在异地进行的大型会谈，那么可用整天时间组织观光，沟通感情、增进了解，为正式谈判创造良好的气氛。

"破题"期是走向正式谈判的桥梁。如何掌握好"破题"期的"火候"，是谈判者的一种艺术，成功的谈判者总是能处理好"破题"期。"破题"期的选择，既不能降低谈判效率，增大成本的投入，又不能使谈判者感到生硬、仓促，谈判起来，没有"水到渠成"的感觉，达不到创造良好开端的目的。至于"破题"期究竟进行到何种状态才算适宜，这不仅要考虑时间的长度，更重要的是要靠谈判双方的直觉来感应。

## 四、开局方式的选择

在营造了谈判气氛并经历了破题期后，谈判就可以进入正式的开局阶段了。

开局是影响整个谈判格局和未来发展的重要阶段。首先，开局阶段，谈判者的精力是最为充沛的，注意力也较为集中，容易从双方的交谈中理解谈话的内容和获得最多的信息；其次，谈判格局就是在谈判开局后的几分钟内形成的，一经确定就难以改变，而格局对谈判后面要解决的问题有着直接影响；再次，开局是双方阐明各自立场的阶段，也是各自重要观点的首次亮相；最后，谈判双方阵容中的个人地位及所承担的角色也是在开局阶段完全暴露出来的，所以这一阶段也利于双方了解各自的谈判阵容。

有经验的谈判人员都能在这一阶段中采取各种有效措施，充分发挥其应有的作用，使谈判向着健康的方向发展。一般来说，谈判的开局方式有以下几种。

### 1. 提出书面条件，不作口头补充

这是一种局限性较大的开局方式。该方式适用于两种情况：一是本部门在谈判规则的束缚下不能选择其他方式；二是本部门准备把所提交的最初的书面交易条件作为最后的交易条件。这时对文字材料的要求是：各项交易条款必须写得准确无误，让对方一目了然，只需回答"是"或"不是"，无须再作解释。如果是对对方提出的交易条件进行还盘，还盘的交易条件也必须是终局的，要求对方无保留地接受。

### 2. 提出书面条件并作口头补充

在会谈前把书面条件交给对方，由于书面说明完整清晰，能把复杂的条件用文字的形式明确地表述出来，对方也可以一读再读，全面了解，因此可为谈判的后续工作奠定基础。但由于书面的形式死板固定，不如口头表达灵活，也不如口语热情，精细的差别表达也不如口语，特别是在多语种谈判中，就更有局限性，所以，谈判者应将书面条件和口头补充二者结合起来使用。但在提出书面条件之后，需努力做到以下几点：让对方充分发言，不可多回答对方提出的问题；尽量试探出对方反对的坚定程度，即如果不作任何相应的让步，对方能否顺从；不要只注意眼前利益，而要注意目前的合同与其他合同的内在联系；无论心里感觉怎样，都要表现得泰然自若；要随时纠正对方的某些概念性错误，不要只在对本企业不利时才纠正等。

### 3. 面谈时提出交易条件

谈判双方事先不提交任何书面材料，只在会谈时提出交易条件。这种方式的优点在于：可以见机行事，灵活多变，先磋商后承担义务；可以充分利用感情因素，建立个人关系，缓解谈判的紧张氛围。当然，这种方式也有一定的局限性：容易受到对方的反击；语言不同可能会产生误会；阐述复杂的统计数字和图表等相当困难。

## 五、形成良好开局结构的原则

总的来说，开局阶段的工作，一是吸引对方的注意力和兴趣，二是完成建设性的基础工作，包括初步设定谈判内容、制订谈判程序、初步掌握对方谈判人员的谈判模式。所以，有效合理的开局，是顺利进行谈判的前提条件。

开局结构主要是指谈判双方发言的次序安排、发言的时间分配以及议事日程的确定等问题。形成良好的开局结构，应该遵循的原则为：提供或享受均等发言机会，即双方都应该获得均等的发言机会和倾听时间；讲话要尽量简洁、轻松，切忌滔滔不绝，拖延时间；应进行充分的合作，积极提出双方意见趋同的建议和问题，同时给对方足够的时间和机会提出不同意见和设想；乐于接受对方的意见，只要对方的建议合理，就应该尽量、积极地接受。

## 六、始谈阶段应注意的问题

始谈阶段应注意如下几个问题。

（1）开局时切忌直接进入谈判主题，也忌过分闲聊，离题太远。

（2）开局时双方应该寻找一些容易达成一致意见、形成共识的话题。

（3）无论遇到什么样的对手，都要把握好自己的感情，保持适当的气氛。

（4）在任何情况下，都要保持友好态度，耐心认真地对待对方。

（5）谈判者要始终保持头脑清醒，尽量避免一开局就陷入僵局。

（6）谈判者要正确估计自己的能力，既不要低估自己，被对方提出的原则、规则、数字、先例、无理要求及身份地位所吓倒，也不要过于自信，认为已经掌握了对方的要求而过早地暴露实力，应始终保持谨慎的态度。

# 第二节　摸底阶段

摸底就是指谈判双方通过交流设法探查对方成交的兴趣。而妥协就是根据探查到的对方信息来把自己的底牌摆到一个使对方能够接受的位置上。摸底是妥协的前提，妥协是摸底的结果。没有摸底就谈不上妥协，不准备妥协也就不需要摸底。事实上，不经过摸底也就不存在妥协，摸底与妥协是相互紧密地联系在一起的。

在摸底阶段，谈判双方要清楚摆明各自的立场和观点，同时要尽量使对方明白和理解本方立场和观点。谈判者要允许对方从各个角度提出问题，以便给本方充分的时间和机会去搞清楚本方的真正意图，即本方想通过谈判究竟要达到什么目的。在这一阶段，谈判者要做的工作主要有四项：开场陈述、积极倡议、重新审定自己的谈判方针、明确各自的意图。

## 一、开场陈述

开场陈述是指在摸底阶段双方就当次谈判的内容，陈述各自的立场、观点及其建议。其任务是：让双方能把当次谈判所要涉及的内容全部提出来，同时，使双方彼此了解对方对当次谈判内容所持的立场与观点，并在此基础上，就一些分歧分别发表建设性意见或倡议。

### 1. 开场陈述的内容

我方对问题的理解，即本方本次会谈应涉及的主要问题，以及对这些问题的看法或建议或想法等；我方可以向对方做出的让步；我方的立场，即己方希望通过谈判应取得的利益，其中哪些又是至关重要的；己方可以采取何种方式为双方共同获得利益作出贡献；今后双方合作中可能会出现的成效或障碍；己方希望当次谈判应遵循的方针；对对方各项建议的反应，即如果对方开始陈述或者对方对己方的陈述提出了某些建议，那么己方就必须对其建议或陈述作出应有的反应。

### 2. 开场陈述的方式

在陈述自己的观点时，应该简明扼要，以诚挚的态度表达，不必转弯抹角绕大弯子。具体方式为：由一方提出书面方案发表意见；另一种是会晤时双方口头陈述。在开场陈述时，到底采用哪一种方式，不能一概而论，应根据具体的谈判环境而定。但有一点是非常明确的，即陈述是正式的，其语言应简短、易懂、易理解，应以轻松愉快的方式表达出来，要让对方明白本方的意图，而不是向对方提出挑战。

### 3. 开场陈述的特点

开场陈述的特点是：双方分别进行开场陈述；谈判双方的注意力应集中在自己的利益上，不要猜测对方的立场；开场陈述不是具体的，而是原则性的；开场陈述应简明扼要，恰如其分地把意图、感情倾向表示出来；陈述的时间要尽量平分秋色，切忌出现独霸会场的局面；陈述的结束语需特别斟酌，表明己方陈述只是为了使对方明白己方的意图，而不是向对方挑战或强加给对方。

陈述完毕，要留出一定时间让对方发表一下意见，把对方视为"回音壁"，注意对方对自己的陈述有何反应，并寻找出对方在目的和动机上与己方的差别。

对于对方的陈述，己方一是要集中精力倾听，而不是想方设法地寻找对策，否则会遗漏大量有用的信息或者造成断章取义的局面；二是要搞懂对方陈述的内容，如果有不清楚的地方，可以向对方提问；三是分析归纳，要从对方提供的分散、凌乱的信息中得到我方所需要的信息，从而抓住对方的核心问题。

## 二、倡议

在倡议阶段，双方要提出各种设想和解决问题的方案，然后针对这些设想和方案以及现实的商业标准，寻找双方都可以接受的设想和方案，为最终的成交打下基础。双方需要判断哪些设想、方案更具有现实性和可行性。提出倡议的目的在于发现共同的获利机会。因此，谈判者应该充分利用倡议的机会了解对方，同时也让对手了解本方。

### 1. 开阔思路，提出各种建议

在倡议阶段，谈判者要开阔思路、集思广益，用垂直方式互提建议，并把每一种想法和建议都一一列出，而不对其进行详细讨论，以提出思路和解决问题的框架为主。

### 2. 根据实际情况，分析方案的可行性

谈判双方应根据谈判的实际情况，分析上述各种方案的可行性。将可能被接受的建议保留下来，并加以详细讨论；将不可能被接受的建议列明理由，在讨论的基础上进行删除处理。

### 3. 倡议时应注意的问题

在提出建议或方案时不要过早地导入报价阶段；不要为自己的建议和方案进行辩护；不要反对他人的建议和方案，而是以公正平和的心态来看待他人的建议和想法。

## 三、重新审定自己的谈判方针

### 1. 通过摸底，了解对方意图

商务谈判所涉及的内容十分广泛，除产品的价格，还有商品数量、品质、规格、售后服务、交货期、运输、支付方式等问题。此外还会涉及装卸速度问题、重量增减问题及船只的提供、货物的装船问题等。由于买卖双方所站的角度不同，对同一问题或事物就会有不同的观点和看法，所以，只有通过摸底，才能真正了解对方的谈判意图，才能使本方提出的观点和建议更客观、更接近实际。

### 2. 评估谈判形势

根据谈判准备阶段我方所掌握的信息以及始谈阶段对对方的初步印象，对谈判的形势重新进行评估。此时谈判者应重点考虑以下三个问题：这次谈判是准备采取"赢-赢"式还是"赢-输"式的谈判方式？对方的谈判实力应该体现在哪里？对方是采取"谋求一致""皆大欢喜"还是"以战取胜"的谈判方针？

### 3. 评价对方的谈判行为

谈判者可从以下几个方面来评价谈判对手的行为，以便确定本方的既定谈判方针是否改

变。①自开始谈判以来，对手表现如何？②到目前为止，我们可以得出哪些基本判断？③在开局阶段，对方与我们合作诚意如何？是否开诚布公？④在我们作开局陈述时，对方是否极力攻击我们？⑤对手提出设想和采纳设想比例是多少？

## 四、明确各自的意图

在摸底阶段，谈判者要清楚摆明各自立场、观点，尽量使对方明白和理解自己的立场和观点，要允许对方从各个角度提出问题，以便对方有充足的机会去弄清自己的意图。谈判者要尽量给对方充分表现自己的机会，只有双方把对方的底子摸清楚了，才能通过双方的妥协而达成满意的交易。谈判者在陈述观点立场时应该简明扼要，以诚挚的态度去表达，不要拐弯抹角。

听对方陈述时要诚心诚意，认真仔细，尽量搞清楚对方的态度，不要似是而非，更不要主观臆断。

**案例 3-4**

### 服装采购谈判

某供销公司想从某服装厂购买一批服装，供给所属的销售网点，想要个合理价，但对该服装厂的生产成本、生产能力、最低价格等情况不清楚。

如果直接问厂方，得到的答复肯定是较高的报价和一大堆关于生产成本、生产能力方面的虚假数据。怎么办？一位供销人员到了工厂，不说明自己要购买的数量和最高价格，而是要求厂方分别就200件、20 000件、10 000件服装进行估价。厂方不知道来者要购买的数量，只好如实按"多购从优"的原则，分别按买方要求的批量估价。

供销人员拿到标价单后，通过仔细的分析和推敲，较为准确地估算出该厂的生产成本、设备费用的分摊情形，以及生产能力和价格策略等情况，从而掌握了谈判的主动权，以理想的价格购买了2 000件服装。

**【案例思考】** 结合实例，谈谈明确各自意图的重要性。

# 第三节　僵持阶段

在摸底阶段，如果谈判双方已经表现出了良好的合作意愿，就可以针对双方共同认定的一些重要议题加以阐述，进而进行价格的谈判。

僵持阶段是实质性的谈判阶段，是谈判双方就交易条件进行反复磋商和争辩的阶段，它是关系到谈判的成败和效益的盈亏的重要阶段。本阶段又可细分为报价阶段和价格磋商阶段。在实际谈判中这两个阶段往往没有明确的界限，有时还相互交织在一起。

报价是指谈判一方向另一方提出自己的交易条件，并愿意按照这些条件签订交易合同的一种意思表示过程，如商品的数量、质量、包装、价格、装运、保险、支付、商检、索赔、仲裁等交易条件。

价格磋商是指谈判双方在原先报价的基础上面对面讨论、说理及论战，甚至发展为争吵的行为过程，是实质性的协调或较量阶段。

在经历了谈判双方最初的接触、摸底，并对所了解和掌握的信息进行相应的处理之后，商务谈判往往由横向铺开转向纵向深入，即从广泛性洽谈转向对一个个议题的磋商。在每一个议题的磋商之初，往往由一方当事人报价，另一方当事人还价，这种报价和还价的过程就是报价阶段。不过这里的"价"不仅仅指价格，而是包括价格在内的一系列交易条件。故此报价与还价，就是双方当事人所报出的交易条件。在本阶段中，对报价者来说，他需要考虑的问题主要是如何确定和提出开盘价；而对于还价者来说，他需要考虑的问题则是如何确定和提出还盘价。谈判开始时，双方都在试探对方的实力，只有到了实质性磋商阶段，双方才开始真正地根据对方在谈判中的行为，尽量准确地判断出对方所能接受的条件范围，对自己的谈判策略进行调整，并决定自己的接受程度及对交易条件的要求。所以，价格磋商阶段是商务谈判的核心环节，磋商的过程及结果将直接关系到谈判双方所获利益的大小，决定着双方各自需要的满足程度。在本阶段谈判者需要明确对方报价的原因、判断谈判的形势、对谈判施加影响、采取有效措施打破僵局。

## 一、报价的原则

为了能够更有利地向对方提出自己的交易条件，报价需要遵循以下几个基本原则。

### 1. 开盘价为"最高"或"最低"价

对于卖方来说，开盘价必须是"最高"价；与此相反，对于买方来说，开盘价必须是"最低"价。这是报价的首要原则。

### 2. 报价应该合情合理

即报价应该合乎情理，讲得出道理，提出的条件应该与谈判的目的和内容相一致，也应该符合谈判双方的能力。

### 3. 报价应综合考虑双方情况

即报价时，不仅要考虑按照自己的报价所能获得的利益，还需要综合考虑该报价能否被对方所接受，是否有议价的可能，即报价成功的概率问题。

### 4. 报价的艺术性原则

报价也是一门艺术。首先，报价方应该充满自信，态度要坚决、果断，毫无保留、毫不犹豫地提出交易条件，以给对方留下我方认真而诚实的好印象。同时，报价应该简洁、明确、清晰和完整，所用的概念、术语和提出的条件务必严谨、准确、无懈可击，以便对方能够准确了解我方的期望。

当然，报价的时候不必作过多的解释、说明和辩解，因为谈判对方不管我方报价水分的多少，肯定会对相关内容提出质疑。如果对方还没有提出问题，我方就主动说明，会引起对方的注意，甚至会暴露我方最关心的核心问题，而这有可能是对方尚未考虑过的。因此，有时过多的说明和解释，会使对方从中找到我方的破绽或突破口。

虽然报价时应该遵循上述原则，但是我们也应该考虑当时的谈判环境和与谈判对手的关系状况，做到具体问题具体分析。

## 二、报价的方式

报价时既可以采用书面的方式，也可以采用口头的方式。

书面报价比较正式、规范，但白纸黑字，一定程度上限制了企业的条件变化，不利于及时做出更正和改善。口头报价则具有很大的灵活性，使谈判方可以见机行事，没有约束感。为了使报价获得期望的效果，应该综合利用两种不同的报价方式，一般来说，应以书面报价为主，口头报价作为补充。

下面介绍两种应用较广的报价方式：欧式报价和日式报价。

### 1. 欧式报价

欧式报价又称吊筑高台，是指卖方提出一个高于本方实际要求的谈判起点来与对手讨价还价，最后再做出让步达成协议的谈判策略。具体做法是：卖方首先提出留有较大虚头的价格，然后根据谈判双方的实力和该项交易的外部竞争状况，通过给予各种优惠，如数量折扣、价格折扣、佣金和支付条件方面的优惠（延长支付期限、提供优惠信贷等）来逐步接近买方的条件，建立起共同的立场，最终达到成交的目的。只要能稳住买方，使之就各项条件与卖方进行磋商，最后的结果往往对卖方是比较有利的。

这种报价方式可以树立强硬的价格形象，对于不太了解行情的对手，也许在获得本方的一两次让步后，就不会再进取，从而使本方获得较丰厚的利益；在价格议题的多次退让，可为本方在其他议题的索取赢得筹码；留出让步的足够空间，可保证本方价格目标利益不至于过损；本方的适度让步，或给予一定的优惠待遇，可使对方获得成就感、获胜感或是双赢感，从而软化其在其他议题（尤其是本方的原则议题）上的立场。

**案例 3-5**

#### 高价带来的成功

1984年，美国洛杉矶成功地举办了第23届夏季奥运会，并盈利1.5亿美元，创造了奥运史上的一个奇迹。这里除了其组织者著名青年企业家尤伯罗斯具有出色的组织才能和超群的管理才能外，更重要的是得益于他卓越的谈判艺术。第23届夏季奥运会的巨额资金，可以说基本上是尤伯罗斯谈出来的。

当时，尤伯罗斯一开始就对经济赞助商们提出了很高的条件，其中包括每位赞助商的赞助款项不得少于400万美元。著名的柯达胶卷公司开始自恃牌子老，只愿出赞助费100万美元和一大批胶卷。尤伯罗斯毫不让步，并断然把赞助权让给了日本的富士公司。后来柯达公司虽经多方努力，但其影响远远不及获得赞助权的富士公司。

很高的要价并未吓跑赞助商，由于奥运会的特殊地位和作用，其他各方面的赞助商纷至沓来，并且相互之间展开了激烈的竞争。最后，尤伯罗斯从众多赞助商竞争者中挑选了30家，终于宽松地解决了所需的全部资金，并使第23届洛杉矶奥运会成为奥运历史上第一次赢利的奥运会，从而提高了奥运会的身价，也增强了奥运会承办者的信心。

【案例思考】尤伯罗斯为什么能成功地在谈判中使用欧式报价方式？

### 2. 日式报价

日式报价又称抛放低球，是指先提出一个低于本方实际要求的谈判起点，以让利来吸引对方，试图首先去击败参与竞争的同类对手，然后与被引诱上钩的卖方进行真正的谈判，迫使其让步达到自己的目的。具体做法是：首先以最低价唤起对方的兴趣，而这种低价一般是以对报价方最有利的结算条件为前提，并且与此低价相对应的其他各项条件又很难全部满足对方的要求。只要对方提出改变有关的交易条件，报价方就可以随之相应提高价格。因此，买卖双方最终成交的价格，往往高于报价方最初的要价。

在这种报价方式中，报价方报出最低价格，并列出对报价方最有利的结算条件。如果对方要求改变有关条件，则报价方就会相应提高价格。这种报价方式的主要目的在于用最低价引起对方的兴趣，排斥竞争对手。当其他竞争对手纷纷放弃时，买方市场的优势就不复存在了，买方想要达到一定的需求，只好任报价方一点一点地把价格抬高才能实现。

### 案例 3-6

#### 系山英太郎购地

系山英太郎是日本有名的富翁。他想兴办一座高尔夫球场来作为他事业的另一个开端。几经努力，他终于选中了一块场地，这块场地按市价值2亿日元，可是竞争者很多。如果相互加价，价格就会相应抬高。怎样才能得到这块场地，而且使价格不至于提高呢？

于是，他找到了地主的经纪人，表明了自己想购买这块场地的意愿。

经纪人知道系山是个有钱的主儿，便想狠狠地敲他一笔，说："这块场地的优越性是无可比拟的，建造高尔夫球场保证赚钱，要买的人很多，如果系山先生肯出5亿日元的话，我将优先给予考虑。"

"5亿日元吗？"系山表现出对地价行情一无所知的样子，"不贵，不贵，我愿意购买。"经纪人喜滋滋地将这个情况向地主做了报告，地主也大喜过望，他们都觉得5亿日元的价格已高得过头了，所以回绝了其他的竞争者，所有想购买这块场地的人听说自己的竞争对手是大富翁系山，也就知趣地纷纷退出了竞争。

可是后来系山再也没有来找经纪人，经纪人却多次找上门去。他不是避而不见，就是找借口说是有事，说买地之事尚需斟酌，这可难坏了经纪人，不得不磨破嘴皮，希望系山将买地之事赶快定下来。

系山还是不予理睬，最后才说："场地我当然要买的，不过价钱怎么算呢？"

"不是您答应过出价5亿日元吗？"经纪人赶紧提醒道。

"这是你开的价钱，事实上地价最多也只值2亿日元，你难道没听出我说'不贵，不贵'的讥讽意味吗？你怎么把一句玩笑话当真了呢？"

经纪人这才发现上当了，中了系山的圈套，就照实说："地价确实只值2亿日元，系山先生就按这个数目付款如何？"

系山回答道："真是笑话，如果按这个价格付款，我就不需要犹豫了。"

经纪人进退维谷，由于其他人已退出竞争，如果系山不买就无人来购买了，最后只好以1.5亿日元成交。

**【案例思考】**系山英太郎使用了什么报价方式？他是如何以低于地价的价格成功购买场地的？

## 三、报价的技巧

谈判双方经过摸底之后，就要进行报价。报价的形式有两种：一是本方先报价；二是对方先报价，我方还价。谈判中究竟是选择"先声夺人"还是选择"后发制人"，要根据本方的条件和两种报价的利弊来灵活处理。对于应当由哪一方先报价的问题，目前还存在很多的争议。

本方先报价的有利之处在于：一方面可对谈判对手施加比较大的影响，因为它给对手规定了谈判框架或基准线，谈判的最终协议将在这个范围内达成；另一方面报价有可能出乎对方的预料和设想，这样可以打乱对方原有的部署，甚至动摇对方原来的期望值，使其失去信心。总之，先报价在整个谈判中都会持续地起作用，因此，先报价具有比较明显的优势。

先报价也存在不利之处：当对方听了我方的报价后，很可能对他们自己的想法进行最后的调整，由于对我方的价格起点已经有所了解，他们就可以修改自己的报价，获得本来得不到的好处；对方会试图在磋商过程中迫使我方按照他们的套路谈下去，也就是说，对方会集中力量对我方的报价发起进攻，逼迫我方一步一步地降价，而不泄露他们究竟打算出多高的价格。当然，这种情况是我们必须坚决拒绝的，我们应该让对方报价、还价，绝不能使谈判转变为一场围绕我方报价的防御战。

报价的先后顺序，应视具体情况而定。按照商业惯例，在货物买卖谈判中，一般是由发起谈判的一方先报价；在冲突程度较高的商务谈判中，根据谈判的冲突程度，先报价比后报价更为合适；如果谈判双方的实力不相当，可以由实力较强的一方先报价；如果双方的谈判经验不相当，则由经验较丰富的一方先报价；如果双方的行内经验不相当，则由较为内行的一方先报价。

### 案例 3-7

**爱迪生的专利谈判**

美国著名发明家爱迪生在某公司当电气技师时，他的一项发明获得了专利。公司经理向他表示愿意购买这项专利权，并问他要多少钱。当时，爱迪生想：只要能卖到 5 000 美元就很不错了，但他没有说出来，只是督促经理说："您一定知道我的这项发明专利权对公司的价值了，所以，价钱还是请您自己说一说吧！"经理报价道："40万美元，怎么样？"还能怎么样呢？谈判当然是没费周折就顺利结束了。爱迪生因此而获得了意想不到的巨款，为日后的发明创造提供了资金。

【案例思考】如果爱迪生先报价结果会是什么？

## 四、确定报价起点

对于报价者来说，报价阶段需要考虑的问题是如何有利地确定报价的起点，即确定开盘价。要报价，首先要确定报价目标，报价目标一定要与组织的谈判目标结合起来，先明确己方的最低价格标准，以便确定在什么情况下放弃谈判，什么情况下力争最好的结果。其次，要采取高报价（卖方）和低报价的方式（买方）。

实际谈判过程中的最初报价称为开盘价。开盘价应根据国际市场价、国际经济行情的状况及发展趋势、国际市场供求状况及发展趋势、有关商品的生产和库存变化、主要地区的安全稳定状态和报价策略等确定一个符合情理的可行价。

从理论上说，开盘价应该是最高的可行价格。通常有两种形式：一种是以最高价格报出的期望价，由卖方提出；另一种是以不能突破的最低底盘价报出的期望价，由买方提出。买卖双方如何报出期望价要根据具体情况具体定夺。实践证明，如果卖主开价较高，则往往在较高的价格上成交；相反，如果买主还价很低，则往往在较低的价格上成交。大多数的最终协议结果往往在这两个价格的中间，或者接近中间的价格上成交。谈判专家认为，"开价要高，出价要低"的报价，足以震惊对方，被称为"空城计"。

这种"开价要高，出价要低"的报价具有以下几个作用：①卖方的高开价，往往为买方提供了一个评价卖方商品的价值尺度。②这种报价给本方的要价定了一个最高限制，往往开盘价一报，自己就不能再提出另一更高的价格了，对方也绝不会再接受另一个更高的价格。③这种报价中包含的策略性虚报部分，能为下一步双方的价格磋商提供充分的回旋余地。④对最终议定成交价格和双方最终获得的利益具有不可忽视的影响。⑤可以有效地改变对方的盈余要求，即当卖方的报价较高并振振有词时，买方往往会重新估算卖方的保留价格，从而价格谈判的合理范围会发生有利于卖方的变化；同样当买方的报价较低并有理有据时，卖方往往也会重新估算买方的保留价，从而价格谈判的合理范围便会发生有利于买方的变化。

案例3-8

### 铁娘子的报高价策略

1975年12月，在柏林召开的欧洲共同体各国首脑会谈上，进行了削减英国支付共同体经费的谈判。各国首脑们原来以为英国政府可能希望削减3亿英镑，从谈判的惯例出发，撒切尔夫人会提出削减3.5亿英镑，所以他们就在谈判中，提议可以考虑同意削减2.5亿英镑。这样讨论还价谈判下来，会在3亿英镑左右的数目上达成协议。可是，完全出乎各国首脑们的意料，撒切尔夫人狮子大开口，报出了10亿英镑的高价，使首脑们瞠目结舌，一致加以坚决反对。可撒切尔夫人坚持己见，在谈判桌上始终表现出不与他国妥协的姿态，共同体各国首脑——这些绅士们，简直拿这位女士——铁娘子没有任何办法，不得不迁就撒切尔夫人。结果不是在3.5亿英镑，也不是在2.5亿和10亿英镑的中间数——6.25亿英镑，而是在8亿英镑的数目上达成协议，即同意英国对欧洲共同体每年负担的经费削减8亿英镑。撒切尔夫人用报高价的手法获得了谈判的巨大成功。

【案例思考】报高价策略的优缺点是什么？

但是，在实际谈判中，报价并不仅仅是卖方或买方单方面的事情。买卖双方的报价既要寻求实现本方的最高利益，同时又要兼顾对方的利益，这样的报价才有接受的可能性。脱离对方可能接受的最高报价，只能是一厢情愿的甜蜜美梦。

而且卖方在报价阶段还可以用"抬价"的方式获得额外利益。很多人常常在双方已商定好的基础上，又反悔变卦，抬高价格，而且往往能如愿以偿。抬高价往往会有令人意想不到的收获，而又能较好地遏制对方的进一步要求，从而更好地维护己方的利益。

## 五、还价

在对方报价的过程中，要认真倾听并尽力完整、准确、清楚地把握对方的报价内容。对模糊不清的，要求对方解答说明。同时，应尽可能将本方对对方报价的理解进行归纳和总结，并力争加以复述，以便对方确认自己的理解是正确的。在商务谈判中，还价既是对对方的尊重，也是推进谈判的重要步骤。几乎所有的谈判高手对还价都持缜密的态度。

还价也称为还盘、回价，是指受要约人对要约做出了更改，或者受要约人对要约人的报价作出的反应性报价，或者受要约人超过了要约规定的有效期限才做出承诺的行为。在面对面谈判中，还价一般是指谈判一方在认真听取对方的报价说明以后，对对方的报价做出适当的反应，而向对方提出自己要求的交易条件。

在对方报价之后，比较合适的做法是：不急于还价，而是要求对方将其价格构成、报价依据、计算基础以及方式方法等做出合理解释，即价格解释。这样我方可以了解对手的报价实质、态势、意图及其诚意，并结合我方所掌握的各种信息、资料，对报价内容进行全面的分析，从中找出报价中的薄弱环节和突破口，以作为己方还价的筹码。在此基础上认真估算卖方的保留和对己方的期望值，制订出己方还价方案的起点、理想价格和底线等重要的目标。最后根据己方的谈判目标，从还价方式、还价技法等各方面设计出不同的备选方案，以保证己方在谈判中的主动性和灵活性。

当然，还价的目的绝不是仅仅提供与对方报价的差异，而应力求给对方造成较大的压力以影响或改变对方的期望。同时，又要着眼于使对方有接受的可能，并愿意向双方互利性的协议靠拢。

商务谈判中，谈判者若要确保自己的利益和主动地位，就应善于根据交易内容、所报价格以及讨价方式而采用不同的还价方式。

（1）根据谈判中还价的项目，可以采取整体还价、分组还价、逐项还价的方式。当然，还价的方式应该灵活掌握：应根据交易物的具体特征确定还价方式，切不可生搬硬套。商务谈判的实践证明，究竟是整体还价在先，还是分组或逐项还价在先，并不存在硬性的规定，可以灵活选择。

（2）根据谈判中还价的依据，可以采用按可比价还价和按成本价还价。可比价还价是指己方无法准确掌握所谈商品的价值，而只能以相近的同类商品的价格或竞争者商品的价格作参照进行还价，关键是所选择的参照商品的可比性及价格的合理性。成本价还价是指己方能计算出所谈商品的成本，然后以此为基础再加上一定比率的利润作为依据进行还价，关键是所计算成本的准确性。

在商务谈判中，还价方还应注意以下几个问题：还价前，要准确了解对方的报价内容；提出符合情理的还价起点；还价所涉及的提问过程，是为了弄清他们的报价，而不是在要求对方解释如此报价的原因。这样做不仅仅是对对方的尊重，而且对谈判双方都有好处。

## 六、明确双方的报价

### 1. 对方的报价

对方报价时，谈判者应该检查对方所报项目的价格，询问如此报价的原因，询问该项目的重要性、灵活性；解析对方价格的构成；提出对方在陈述时有意回避的问题；提问时不要穷追猛打，点到为止即可；提问后注意倾听对方的解释和答复，千万不要主观臆测对方的观点和动机，更不要代人讲话；检查对方回避问题的多少，分析其回避的原因；对方回答时，要注意记下对方的答复，但不要妄加评论。

### 2. 我方的报价

我方报价时，谈判者应该详细记下对方所提的每一个问题，从中找到对方的本质意图；对对方的提问，回答内容限制在最小范围，不要展开，越简单越好；只告诉对方最基本的东西，不必多加解释和说明；千万不要随意发挥，而要讲对方根本没有想到或没有提到的问题。

## 七、判断谈判形势

### 1. 判断双方的分歧

谈判时卖方报价后，对方通常不会全盘接受，也不至会完全推翻，而是伴随价格评论向卖方讨价；卖方对对方的讨价，通常也不会轻易允诺，但也不会断然拒绝，为了促成交易，往往会伴随进一步的价格解释而对报价作出改善。这样，在经过一个回合的报价和讨价之后，为了达成交易，买方就要根据估算的卖方保留价格和己方的理想价格及策略性虚报部分，并按照既定策略与技巧，提出自己的反应性报价。双方的报价必然会存在一定的分歧，作为谈判者，首先要搞清楚分歧的类型，然后针对不同的分歧类型采取不同的措施。

谈判双方存在的分歧类型有想象中的分歧、人为分歧及谈判僵局。想象中的分歧是由于一方没有能够很好地理解对方的要求而产生的，其根源是相互间缺乏有效的沟通。解决的办法是，掌握好有效沟通的技巧。人为分歧是由于一方因谈判的需要而人为制造的，而使本方能在谈判中有较多的让步余地的一种分歧。解决办法是拥有较多的时间用于磋商，使谈判进行下去，以逐步降低对方的要求，而修正自己的报价。谈判僵局（真正分歧）是由于双方原则性的根本利益的不同而产生的分歧，它的解决需要运用打破僵局的办法。

### 2. 分析对方的利益所在

谈判者可以根据谈判对手在摸底阶段和报价阶段所展示的信息，以及我方在准备阶段掌握的资料，分析对方的利益所在，但一定要谨慎行事。在分析对方的利益点时，应注重以下内容：哪些交易条件对方可以接受；哪些交易条件对方不可能接受；在不同的议题上对方的优势是什么；劣势是什么；具有哪些讨价还价的能力；最后可能的成交范围。

### 3. 作出我方的决定

通过对谈判双方分歧的判断及对对方利益点的分析，结合我方的谈判实力，可以对谈判的进程作出决定：一是我方可以接受对方的交易条件；二是我方因超越了谈判目标的底线而必须拒绝接受对方的交易要求；三是谈判双方的目标虽有一定的差异，但是在可谈的范围内，可以继续谈判下去。

## 八、对谈判施加影响

对商务谈判施加影响可以从以下两个方面进行。

### 1. 对谈判人员施加影响

谈判虽然是由谈判小组的成员完成的，但是企业领导及相关人员也会对谈判产生一定的影响，而且不同的人员对谈判的影响力是不同的。因此，聪明的、经验丰富的谈判人员在谈判时不是想着怎样去战胜对方，而是考虑怎样去影响对方。

### 2. 对谈判形势施加影响

谈判时，如果出现意见分歧或者僵局，作为谈判者就要想方设法地引导对方向预期成交的方向努力，此时可以通过提出新建议或新的方案来影响谈判的局势。新建议可从以下几个方面去努力：提出一个不同的交易方案；提出一个相似但对对方更为有利的交易方案；提供更优惠的交易条件；对贸易采取不同的评价方式；采取不同的计划和成交方式；提出新议题、变换交易形式、实行新的优惠政策等。

**案例 3-9**

#### 总经理驾驭谈判僵局

北京某进口公司（以下称中方）某部门经理T先生与法国TA公司（以下称法方）的比尔先生谈判计算机的技术转让交易。T先生对法方的条件做了全面深入的分析，认为在技术内容及设备的配置上存在较为严重的问题，并针对这些问题做了详细的谈判预案，在谈判中严格地按预案谈判。

由于预案包括了双方的理由与条件，以及互让的前提，加之T先生的谨慎与比尔先生的顽强，谈判时时陷入僵局。作为客座谈判的法方心中很是焦急，其驻华使馆商务处向其主管汇报。恰好，驻华使馆商务处也正关注该项目的谈判，听到比尔先生的汇报后，认为中方主谈有问题，决定干预。

商务处与中方联系，称："我国商务参赞希望拜会中方公司总经理。"出于礼节，中方自然会安排。在法方商务参赞会见中方总经理的过程中，除了寒暄之外，主要还是谈对正在谈判中的交易的关注，重点谈了法方谈判人员面临的问题。参赞先生坦率地表示："贵方的主谈T先生太尽职，尽职到让人难以接受的地步。按他目前的表现，我怀疑他是否有能力将谈判主持好。为了对双方的合作负责，请总经理先生关注该谈判，若有可能，请派更能干的人员替换T先生。"中方总经听后说："谈判中双方主谈有争议是正常的事。参赞先生讲的话我听明白了，但请等我了解情况之后再决定怎么办。请放心，我也会很关注该项交易谈判的。"参赞表示感谢总经理的帮助，随即离去。

会见之后，总经理叫来T先生，问及谈判中发生了什么事。这时T先生才知道法方安排商务参赞的拜访是干预谈判并告了自己一状。于是把法方的谈判态度与条件和自己的表现详细地说了一遍，言下之意，法方主谈也不怎么样，自己的态度是一种回应。听了T先生的解释，总经理笑着说："谈判不是赌气，是要解决问题，推动谈判进展。法方这么做说明他们重视该交易，想成交，应该是个好的信息，切不可意气用事！"随之，总经理让T先生把目前双方的条件、态势讲了讲，再看了看T先生做的谈判预案，又笑了。这一笑，让T先生很不好意思，因为总经理讲："嘿！你手上还有这么多可以用的条件，形势不错嘛！不必过于紧逼，适当让一让，推动谈判，然后再紧一紧。该让时一定要让，否则就僵了。"次日再恢复谈判时，法方人员看到中方总经理到场，一时不知所措，全体成员都很受感动。开场白由总经理做，他主要介绍了法方商务参赞的关注态度与希望，也讲了自己同样的态度，然后进入正题，他说："到今天为止双方都在坚持自己的立场，这样不行，不符合参赞先生的愿望。我提个建议，看贵方能不能接受。"总经理从T先生的方案中挑了三个不同的交易内容细目，一个取A档价，一个取B档价，一个取C档价，作为还价条件，请法方主谈表态。因为，T先生将各细目均分成了三个价格档次，A档为最佳成交价，B档为理想价，C档为可以接受价。此前之所以僵持，是因为T先生在A、B两档价格上争。总经理这么一组合，总的是在进，但也有退，虽说交易总量不大，但也是法方期盼的妥协。所以当总经理提出该建议征求比尔先生的意见时，比尔先生没有过多犹豫就同意了。比尔先生的同意也很重要，他一说同意，就等于双方达成了一个"协议"，破了一个僵局。这对相持已久、身心疲惫的双方谈判人员无疑是一种鼓舞，会场气氛一下子就轻松了。

这时，总经理说："我看你们（指比尔先生与T先生）很有能力，手中也有条件，可以完成各自领导交给的谈判任务。我再呆在这儿该影响你们工作了。"说着站起来要走。比尔先生赶紧挽留："您在，对我们是极大的鼓舞与帮助，希望您继续留下。"总经理微笑地应道："我本来就有会要主持，只是为了传达一下我与参赞先生对会谈的关注才把会议推迟了一个小时。我该去开会了。我的意见已向T先生讲了，相信他会考虑我的意见的。祝你们谈判成功。"

总经理走后，T先生与比尔先生重新开始谈判。双方在条件的坚持与退让的节奏上都做了调整，谈判进展明显加快，最终成交了。签字仪式后是宴请。安排座位时，双方主谈、公司总经理、商务参赞与大使及工业部领导同一桌。席间，参赞先生对中方工业部领导及总经理讲："这次交易谈判成功与双方主谈的努力分不开。尤其是T先生态度很强硬，为双方争取了不少好条件，十分聪明能干。"他的话令T先生感到很意外，总经理接过话题道："这次谈判使馆给予很多支持与关注，我表示感谢。"于是，大家为政府官员和一线工作人员干杯，气氛很融洽，为日后顺利执行合同打下了良好基础。

**【案例思考】**

1. 听了T先生的陈述，总经理是如何开导T先生的？
2. 恢复谈判后，总经理是如何打破谈判僵局的？

## 九、谈判僵局的突破

不论是国内还是国际实际商务谈判，人们都有这样一个感觉，即谈判十分顺畅的时候很少，多数谈判到了磋商阶段，就会出现进退两难的局面，也就是谈判陷入了僵局。

僵局之所以经常产生，究其原因就在于不同企业的谈判者，各自都有自己的利益出发点。当谈判进展到价格磋商阶段时，这种对利益的期望或对某一问题的立场和观点确实很难形成共识，甚至相去甚远，而又不愿作进一步的让步，就形成了僵局。

不论是谈判中哪种僵局，其形成都是有一定原因的。只要我们能够对这些原因准确地加以判断和适度地把握，突破僵局也就有的放矢了。僵局的成因不外乎以下几个方面：立场观点的争执、有意无意的强迫、人员素质的低下、信息沟通的障碍、合理要求的差距等。

当僵局出现以后，必须进行迅速的处理，否则就会对谈判的顺利进行产生影响。突破僵局就要想方设法找出并解决造成僵局的关键问题，它既可能影响谈判人员的面子，也可能影响到企业的利益。突破僵局的措施有：从客观的角度来关注双方利益；从不同的方案中寻找替代；从对方的无理要求中据理力争；站在对方的角度看问题；从对方的漏洞中借题发挥；暂停谈判；改变谈判的气氛；有效地退让。

**案例 3-10**

### 避免激烈的价格谈判

日本A公司与中国B公司在北京就某家电用器件生产线的交易条件进行谈判。由于是成套项目交易，作为卖方的日本A公司做了全面报价，含生产设备、备件、技术、培训、技术指导、试车试生产原材料等的价格。总合起来交易总价就显得不低了。买家分析了卖方报价，认为报价内容全是对生产线建设有利，但价格水分太多，于是决定先挤卖方报价水分，然后再讨论供货分工的问题。

谈判中，买方重点揭示卖方的价格水分。卖方时而解释，时而故作姿态地做点微调，这点"微调"不足以满足买方需要。卖方看买方穷追不舍，就改变了谈判手法。他们不正面回答买方的批评，而是说："贵方嫌贵，我理解。但让我一方做努力也不公平。况且这是一条生产线，我方必须保证其正常运行。价格是难以分成一台设备或一台仪器地评估。若贵方觉得我们的报价贵，可以告诉我方贵方的预算，我方可按预算做方案。"买方说："贵方先调价，合理后再谈预算问题。"卖方："这么谈太花时间，若贵方诚心合作，我们可以根据贵方预算重做方案。"买方："重做方案降低技术水平是不允许的！"卖方："我们不会降低器件技术水平，但生产线自动化水平会有所改变。"买方："生产线的完整性和保证会不会降低？"卖方："不会，我们这么做也是为了降低总价。"买方："降低价格不在预算高低，而是贵方报价水平。"卖方："贵方的意见很明确，我也很理解，在贵方告诉我方预算后，我方会兼顾贵方的要求。"买方沉吟了。卖方又进而说道："贵方的目标是要生产符合家用电器用的器件，我们把这作为共同目标。若能按贵方预算建成一条能满足该目标的生产线，对贵方来讲岂不更好？贵方告诉我方预算也是为了贵方好，对于我方来讲，还是省不了要做新方案，也免不了贵方的评头论足。我们这么要求实则站在贵方立场上为贵方着想。"

一席话让买方没有推却的余地，于是买方报出了预算总额。卖方知道该数后，试着按其预算，把该笔款用于购买关键设备。钱不够的部分，均让买方自己从国内采购。这个方案确实在技术上保证了买方生产线需要，但在供货上充分利用了买方外汇预算。结果，卖方赢得了合同，避免了与买方激烈的价格谈判，在可能的限度内也赚了钱。

**【案例思考】** 卖方是如何避免激烈的价格谈判的？

# 第四节　让　步　阶　段

让步阶段也就是讨价还价阶段，是对先前所持有并公开陈述的立场、观点等进行的修正，以便不断地推进谈判进程的发展；是双方斗智斗勇，就谈判实力、经验和智力等诸多方面展开具体较量的过程。讨价还价的过程就是谈判中的相互妥协、相互让步的过程，也是理智取舍的过程，没有妥协让步就没有谈判，就不可能达成最终的协议。谈判时，让步，无可厚非，也不可避免，但如何让步却很有讲究。有经验的谈判高手往往能以很小的让步来换取对方较大的让步，而且还会使对方感到心满意足。而有些谈判人员在谈判中即使做出了较大的让步，也不能让对方满意。如何使谈判中的让步达到预期的目的和效果，关键是把握好让步的尺度和时机。

何时进入讨价还价阶段，直接影响该阶段的谈判效果和效益。如果进入过早，前阶段谈判不够充分，有理的一方将凭空失去战机，放弃权利，可能还会导致谈判难度的加大；如果进入太晚，也会加大谈判成本，造成不必要的谈判风险。所以适时进入讨价还价阶段是非常必要的。

## 一、让步的一般原则

妥协让步固然是必要的，但在让步之前，作为谈判者，应该反复考虑：现在是否应该让步，应该如何让步，让步能给本方带来什么利益。

### 1. 不要轻易提出让步

即使是优秀的谈判者，在谈判中也有不得不让步的时候。但是高明的谈判者不会轻易提出让步，因为首先做出让步会坚定对方的信心，强化其立场，从而使我方丧失谈判的主动权。而且盲目的让步会影响双方的实力对比，让对方占有某种优势。

### 2. 让步是有条件的

在面临不得不做出让步决定之前，要对让步附加某些条件，以有换有。从追求自身经济利益最大化的角度出发，只要有可能，就应该对每一次让步寻求一定的回报，即换取对方的让步。

### 3. 让步是有效的

商务谈判实践表明，在让步时应考虑做到有效的让步，使我方的让步不至于使得对方得寸进尺，同时也迫使对方不得不让步。

### 4. 让步要恰到好处

让步要让在刀刃上，让得恰到好处。能使己方以较小的让步，获得对方较大的满意。这是因为人的心理：如果耗费大量资源和时间成本得到的东西，就会格外珍惜和欣赏。

### 5. 让步应有明确的利益目标

让步应体现对己方有利的宗旨，无谓的让步会被对手视为无能。当然让步不是目的，而只是实现目的的手段，任何偏离目标的让步都是浪费。"没有交换，决不让步"，这是一个谈判者首先应该遵循的原则。

### 6. 让步应以小换大

不要向对方承诺做同等程度的让步。因为这种让步所达成的协议仅是双方机械妥协的结果，不是理想的协议。谈判中在需要让步时应该做到每次让步或是以牺牲眼前利益，换取长远利益，或是以己方让步，换取对方更大的让步和优惠。

#### 7. 让步要区分轻重缓急

对谈判的条目进行分析，急需让步的问题才能进行让步。一般不先在原则问题、重大问题或对方尚未迫切需求的事项上作出让步。在己方认为重要的问题上力求使对方先让步，而在较为次要的问题上，根据需要，己方可以考虑先作让步，但要尽量让对方提出，并表明其要求。许多情况下，你会发现对方的要求其实没有你想象的那么高。

#### 8. 让步要使对方感到是艰难的

千万别让对手轻而易举地得到己方的让步。因为按照心理学的观点，人们对不劳而获、轻易得到的东西通常都不加重视和珍惜。

#### 9. 严格控制让步的次数、节奏和幅度

让步次数不宜过多，一般3～4次。过多不仅意味着损失大，而且影响谈判信誉、诚意和效率；节奏不可过快，过快容易鼓舞对方的斗志和士气；让步幅度也不可太大，太大说明己方条件水分大，会使对方进攻欲望更强，程度更猛烈。

#### 10. 让步要避免失误

一旦发现承诺的让步欠妥时，在协议尚未正式签订以前，要采取措施及早收回，不要犹豫，更不要以沉默或"忘记"来掩饰。

#### 11. 接受让步要心安理得

在接受对方让步时要心安理得，不要有负疚感，更不要考虑及时做出一定的让步给予回报；如果这样，你争取到的让步就没有意义了。

### 二、让步的步骤和表现形式

商务谈判中的让步是一项技术性很强的工作，做好了可以加快谈判的进程，给组织带来可观的经济效益。但如何做好让步却没有固定的公式和程序去遵循，只能凭借谈判者的经验、直觉和智慧来处理。虽然无法从科学的角度去认识、把握和运筹，但作为谈判者也不能随心所欲，而应该从让步的步骤和让步的表现形式等方面去寻找规律。

让步应遵循一定的步骤：弄清楚谈判中存在的分歧，把所有谈判的一揽子问题列出清单；通过前几个阶段的交流与了解，估计对方的谈判方针；分析所有存在的问题，决定哪些是必须坚持的，哪些是可以适当让步的；制订我方的让步策略；确定让步节奏及让步的幅度；在每轮会谈结束前，提出本次会谈中悬而未决的问题。

让步表现形式有以下几种：以价格的增减换取原则条款的保留；以某些次要条款或要求的取舍换取价格的效益；以某些次要条款换取主要条款的保留。

### 三、让步的时机

谈判是双方不断地让步最终达到价值交换的一个过程。在商务谈判的过程中，在准确理解对方利益的前提下，努力寻求双方各种互利的解决方案是一种正常渠道达成协议的方式，但在解决一些棘手的利益冲突问题时，恰当地运用让步是非常有效的工作方式。谈判中如果我方不得不让步，需要把握好让步的时机，即在适当的时机和场合做出适当适时的让步，使谈判中让步的作用发挥到极致。虽然让步的正确时机和不正确时机说起来容易，但在谈判的实际过程中，时机是非常难以把握的。

让步是谈判中最重要的策略或技巧，因此，要很好地处理让步问题，既要确立让步的指导思想和战略目标，注重让步中的具体关系，又要知道在什么时候做大的让步，什么时候做小的让步。有些情况下，你可能做了较大的让步，甚至看起来很不划算，但是它却有可能让你在其他方面有所回报。

## 四、让步的方式

价格让步是让步策略中最重要的内容。谈判过程中让步是客观存在的，也是不可避免的，让步是谈判成功的保障，没有让步就没有成功的谈判。让步的方式、幅度直接关系到让步的利益。在商务谈判实践中，人们总结出九种不同的让步方式。

不同的让步方式传递不同的信息，而如何选择让步方式主要取决于以下几个因素：本方所处的谈判地位；谈判对手的谈判经验；谈判各方的谈判实力；本方准备使用什么样的谈判方针和谈判策略；本方让步后期望对方什么样的反应等。

从心理学的角度看，人们对经过艰苦努力而得到的成果总是倍加珍惜，而对轻易获得的东西不加重视。因此，在谈判中，对于某一项让步，谈判各方会做出何种反应，不仅取决于让步绝对值的大小，还取决于让步的方式。

这里，我们以卖方的让步方式为例进行说明。假设谈判一方在价格上让步的总幅度是100，分四次进行让步，可采取的让步方式有以下九种（表3-1）。

表3-1　　　　　　　　　　　　　九种理想的让步方式

| 让步方式 | 第一次让步 | 第二次让步 | 第三次让步 | 第四次让步 |
|---|---|---|---|---|
| 1. 诚恳式让步 | 100 | 0 | 0 | 0 |
| 2. 冒险式让步 | 0 | 0 | 0 | 100 |
| 3. 快速式让步 | 90 | 0 | 0 | 10 |
| 4. 均等式让步 | 50 | 50 | 0 | 0 |
| 5. 均衡式让步 | 25 | 25 | 25 | 25 |
| 6. 有限式让步 | 55 | 25 | 15 | 5 |
| 7. 满足式让步 | 50 | 30 | 25 | −5 |
| 8. 递增式让步 | 10 | 20 | 30 | 40 |
| 9. 递减式让步 | 40 | 30 | 20 | 10 |

诚恳式让步，即一开始就亮出底牌，拿出全部可让利益，以达到以诚制胜的目的。特点是态度诚恳、务实、坚定、坦率、高效、以诚制胜。但这种让步操之过急，谈判一开始就把自己能做的让步和盘托出，会断送自己讨价还价的资本，以后的谈判因没有退让的余地，可能会导致谈判的僵局。这种让步方式适用于谈判中处于劣势的一方或者双方关系比较友好。

冒险式让步，即在开始时寸步不让，态度十分强硬，到了最后则一次让出全部可让利益，促成和局。特点是既强硬，又出手大方，使对手特别珍惜到手的利益。使用这种让步策略时，如果对方比较软弱，有可能得到很大利益，但更大的可能是导致谈判的破裂，具有较大的风险性，应慎用。一般适用于谈判中处于优势的一方。

快速式让步，是开始大幅度递减，但又出现反弹的让步方式。特点是表现求和的精神，显示已方的诚意，给人诚实的感觉，但也藏有留利的动机，成功率较高。由于这种方式后几次的让步幅度剧减，表示出强烈的拒绝态度，也会让对方感觉到让步已到位；而最后一次再让出微小利益，也会让对方有满足感，而促成和局。当然，这种忽冷忽热的让步也可能会让对方困惑，有诚心不足的嫌疑。适用于在谈判中处于劣势又急于求成的谈判。

均等式让步，即分两次做均等让步，而且让步幅度较大的让步方式。特点是：一是让对方感觉到我方的让步是大概的，而不是精确的；二是对方如果还想要求继续让步，我方又拒不让步了，会使对方感到缺乏诚意。在谈判中这种让步方式通常是不可取的。

均衡式让步，是等额地让出可让利益的一种让步方式。特点是等额、定额增减、态度谨慎、步子稳健、赋有商人气息。但这种让步易使人产生疲劳厌倦之感，而且会刺激对方要求继续让步的欲望，如果我方一旦停止让步，又很难说服对方，甚至导致谈判的终止或破裂。适用于本方实力弱，或谈判经验缺乏，或对谈判领域比较陌生的谈判。

有限式让步，是一种先高后低，让步幅度急剧减小的让步方式。特点是先作一次很大的让步，从而向对方表示一种强烈的妥协姿态，表明自己的成交欲望，但也容易给强硬对手造成我方软弱可欺的不良印象，使对手进攻欲望增强。继而让步幅度急剧减小，也让对方明白，己方已尽了最大的让步努力，再作进一步的妥协根本不可能。适用于谈判实力较弱或者以合作为主的谈判。

满足式让步，是指起始两次让出绝大部分利益，第三次赔利相让，第四次再讨回赔利相让部分的利益的一种让步方式。特点是谈判风格果断诡诈、谈判过程戏剧冒险、高风险。但这种作法会造成过头之嫌，让步到最后又加价，会使对方感到不理解，弄不好还会产生怀疑和不信任。适用于具有较高谈判技巧和经验丰富的谈判人员，或者谈判陷于僵局，或者危难性的谈判，一般情况切不可使用。

递增式让步，是一种等额递增的让步方式。特点是每次让步都比前面的幅度大，这会让对方坚信，让步会越来越大，从而诱发对方的幻想，造成我方的损失，是谈判中最忌讳的让步方式。一般只用于陷入僵局或危难性的谈判中。

递减式让步，是一种由大到小、渐次下降的让步方式。特点是自然坦率，符合商务活动中讨价还价的规律，容易被对方所接受；让步幅度的逐次递减，也可以防止对方的进攻，往往给人以和谐、均匀、顺理成章的感觉，效果较好，是谈判中最普遍采用的让步方式。

以上九种让步方式各有特点和适用范围，谈判人员应根据自己的实际需要和谈判双方的实力对比在谈判的让步阶段恰当地进行选择。在实际谈判中，如果谈判人员对让步方式理解较深，并能够做到恰当地选择，就可以从对方的让步中获得一定的谈判信息，进而强化本方的讨价还价能力。

### 案例 3-11

#### 关于金盾大厦建筑设计方案的谈判

一天，中外合资企业重庆某房地产开发有限公司总经理张先生获悉澳大利亚著名建筑设计师尼克·博榭先生将在上海作短暂的停留。张总经理认为，澳大利亚的建筑汇聚了世界建筑的经典，何况尼克·博榭是当代著名的、有许多杰作的建筑设计师！为了把正在建设中的金盾大厦建设成豪华、气派，既方便商务办公，又适于家居生活的现代化综合商住楼，必须使之设计科学、合理，不落后于时代潮流。具有长远发展眼光的张总经理委派高级工程师蒋先生、副总经理丁女士作为全权代表飞赴上海，与尼克·博榭先生洽谈。既向这位澳洲著名设计师咨询，又请他帮助公司为金盾大厦设计一套最新方案。

丁女士一行肩负重担，风尘仆仆地赶到上海。一下飞机，便马上与尼克·博榭先生的秘书联系，确定当天晚上在银星假日饭店的会议室见面会谈。

下午5点，双方代表准时赴约，并在宾馆门口巧遇，双方互致问候，彬彬有礼地进入大楼的会议室。

根据张总经理的指示精神，丁女士一行介绍了金盾大厦的现状，她说："金盾大厦建设方案是在七八年前设计的，其外形、外观、立面等方面有些不合时宜，与跨世纪建筑的设计要求存在很大差距。我们慕名远道而来，恳请贵公司的合作与支持。"丁女士一边介绍，一边将事先准备好的有关资料，如施工现场的相片、图纸，国内有关单位的原设计方案、修正资料等，提供给尼克·博榭一行。

尼克·博榭在我国注册了"博榭联合建筑设计有限公司"。该公司是多次获得大奖的国际甲级建筑设计公司，声名显赫。在上海注册后，尼克·博榭很快赢得了上海建筑设计市场。但内地市场还没有深入进来，该公司希望早日在内地的建筑设计市场上占有一席之地。由于有这样一个良好的机会，所以尼克·博榭一行对该公司的这一项目很感兴趣，他们同意接受委托，设计金盾大厦8楼以上的方案。

可以说双方都愿意合作。然而，根据重庆某公司的委托要求，博榭联合建筑设计有限公司报价40万元人民币。这一报价令人难以接受。博榭公司的理由是：该公司是一家讲求质量、注重信誉，在世界上有名气的公司，报价稍高是理所当然的。而且，鉴于重庆地区的工程造价以及内地的实际情况，这一价格已是最优惠的了。

据重庆方面的谈判代表了解，博榭联合建筑设计有限公司在上海的设计价格为6.5美元/平方米。若按此价格计算，重庆金盾大厦2.5万平方米的设计费应为16.26万美元；根据当天的外汇牌价，应折合人民币136.95万元。的确，40万元人民币的报价算是优惠的了！"40万元人民币，是充分考虑了内地情况，按每平方米设计费人民币16元计算的。"尼克·博榭说道。但是，考虑到公司的利益，丁女士还价："20万元（人民币）。"对方感到吃惊。丁女士解释道："在来上海之前，总经理授权我们10万元人民币左右的签约权限，我们出价20万元，已经超出了我们的权力范围，如果再增加，必须请示正在重庆的总经理。"双方僵持不下，谈判暂时结束。

第二天晚上，双方又重新坐到谈判桌前，探讨对建筑方案的设想、构思，接着又谈到价格。这次博榭联合建筑设计有限公司主动降价，由40万元降为35万元；并一再声称："这是最优惠的价格了。"

重庆方面的代表坚持说："太高了，我们无法接受！经过请示，公司同意支付20万元，不能再高了！请贵公司再考虑考虑。"对方谈判代表嘀咕了几句，说："鉴于你们的实际情况和贵公司的条件，我们再降5万元，30万元好了。低于这个价，我们就不搞了。"重庆方面的代表分析，对方舍不得丢掉这次与本公司的合作机会，对方有可能还会降价，重庆方面仍然坚持出价20万元。过了一会儿，博榭公司代表收拾笔记本等用具，根本不说话，准备退场。眼看谈判陷入僵局，这时重庆某公司的蒋工程师急忙说："请贵公司的代小姐与我公司总经理通话，待我公司总经理决定并给我们指示后再谈，贵公司看这样好不好？"由于这样提议，紧张的气氛才缓和下来。次日，代小姐等人打了很多次电话，与重庆某公司张总经理联系。在此之前，丁女士已与张总经理通话，向张总经理详细汇报了谈判的情况及对谈判的分析和看法。张总经理要求丁女士一行："不卑不亢！保持好心理平衡！"所以当代小姐与张总经理通话后，张总经理作出了具体指示。

在双方报价与还价的基础上，二一添作五。重庆某公司出价25万元。博榭公司基本同意，但提出两星期后才能交付图纸，比原计划延期两周左右。经过协商，当天晚上草签了协议。第二天签订正式协议。

【案例思考】结合案例阐述文中采用了哪种报价方式。

# 第五节　促　成　阶　段

在商务谈判活动中，随着双方对所商讨问题的不断深入，成交的机会会随时出现，而认为只有磋商到最后，才是成交的最佳时机是错误的，这就要求谈判人员谙熟成交的迹象，以促成谈判的成功。

促成阶段是谈判双方最终确立交易条件，缔结协议的阶段，同时也是谈判各方各自利益得以最终确立的过程，是谈判的终结与缔约阶段。它是谈判人员运用高超的谈判技巧和恰当的谈判策略促成谈判成功的关键阶段。作为谈判者，我们所有的付出和努力，都是为了双方顺利地达成协议。到了这一阶段，即使谈判双方的预期已经相当一致，但是谈判的进程仍然会因为各种主客观因素的影响而受到阻碍，缔结协议未必就是顺理成章的。

促成阶段谈判的主要目标有：保证本方已经取得的谈判成果不要丧失；最后一次报价或还价，以争取获得最后的利益；向对方发出信号，力求尽快达成交易。

## 一、谙熟成交的迹象

谈判实践表明，谈判双方就某些问题的交流与沟通进入到一定程度时，会在谈判过程中有意或无意地向对方发出希望促成交易的信号。那么如何判断这些交易信号或迹象呢？主要表现在以下几方面。

### 1. 谈判中的语言表达

一是对手由对一般问题的探讨延伸到对细节问题的探讨；二是当对方对你的介绍和商品的使用功能随声附和，甚至接过话头讲得比你还要具体时；三是谈判者用最少的言辞、坚定的语气、平稳的语调，不卑不亢地阐明自己的立场，没有任何紧张、犹疑或不安，而且很少谈论据，不解释原因，表达出一定的承诺，表明没有折中的余地等有意无意的信号；四是谈判者所提出的建议是完整的，绝对没有遗漏或不明确之处；五是开始打听交货时间或使用、保养问题，询问价格优惠条件，对小问题提出具体要求，用假定口吻谈及购买等；六是一再向对方保证现在结束对对方最有利，告诉对方一些好的理由。

### 2. 谈判中的非语言信号

一是当谈判小组成员由开始的紧张转向松弛，略带笑意，相互间会意地点头、眼睛发光、精神振奋，情感由冷漠、怀疑、深沉变为自然、大方、随和、亲切时，也是你要求成交的好时机，可以将话题向这方面引，即使是不能马上成交，也会加速成交进程；二是坐直身体，双臂交叉，文件放在一边，动手触摸、操作产品，多次翻看产品说明书，甚至按照说明书的指示与实物一一对照；三是身体由原来前倾转为后仰或由一个角度到多个角度观察产品；四是出现摸口袋等签字倾向的动作；五是提出变换洽谈环境与地点，并向对方介绍有关参与决策过程的其他人员；六是主动提出安排对方人员的食宿；七是主要领导人或决策人出场等。

谈判一方向对方发出这些信号，目的在于推动谈判对手快速进入状态，设法使对方行动起来，而达成一个承诺。在促成阶段策略和技巧的运用应灵活多变，不能生搬硬套，要因时、因地、因人而异。

## 二、促成谈判成功的因素

### 1. 谈判过程中努力消除消极因素

谈判过程中会受到许多积极因素和消极因素的影响。积极因素是谋求一致的因素，而消极因素是扩大分歧的因素。商务谈判是买卖双方相互妥协、调和矛盾的过程，是要缩小并消除分歧，努力排除各种各样的消极因素，积累和扩大积极因素，甚至求同存异，进而达成协议。对于买卖双方在判断中的分歧，任何一方都不能也不应该采取断然肯定或否定的态度。在分歧面前，双方都要尽可能详细地收集各种有关资料，提出充分的依据，进行恰当的说明。商务谈判的实践表明，为了促使谈判获得成功，谈判各方应在非原则性的问题上适当地做出让步，以换取原则问题上的成功。

### 2. 谈判过程中要坚持合作，寻求双赢

在商务谈判中，为了使谈判取得成功，谈判者要有合作精神和双赢的理念。合作意味着谈判者要给对方足够的机会发表不同的意见和观点，提出不同的方案或设想，并对这些意见、观点、方案、设想进行论证、分析，以取得共同的看法。作为一个聪明的、经验丰富的谈判者，要乐于倾听对方的意见。对对方提出的合理、可行的意见或要求，要给予充分的考虑，在此基础上寻求各方"双赢"或"多赢"的方案，这样才能促成谈判的成功。

### 3. 谈判过程中要给自己留有余地

商务谈判是买卖双方为解决某个问题或达成某项协议而进行的面对面的磋商行为。谈判时买卖双方代表着各自的不同利益，因此在谈判过程中出现冲突或分歧是正常的。谈判中对某些复杂的事情或意料之外的事情，不可能一下子就做出准确的判断时，可以运用模糊语言来避其锋芒，以争取时间作必要的研究和制订对策，还能够使我们避开直接的压力而带来谈判主动。因此谈判时，提出意见或观点不要绝对化，既可以使自己进退都留有余地，又可以避免过早地暴露己方的意愿和实力。回旋余地越大，越能掌握谈判的主动权；回旋余地小，甚至没有回旋余地，就无法掌握谈判的控制权。当然，谈判的回旋余地不能太大，否则就可能成为成功路上的绊脚石，使我们失去积极进取的精神。所以，谈判过程中不论是说话还是作决策，都要掌握好"度"，使自己进可攻、退可守。

## 三、谈判终结的方式

谈判的终结方式是指结束谈判的形式与要求，不同的终结形式有不同的谈判原则要求。总的来说，结束谈判有三种基本的形式：成交、破裂和中止。不管是以何种方式结束谈判，都要求我们在谈判中摆事实讲道理，不要攻击对方，而要以理服人、以情感人、以礼待人，以体现谈判者良好的修养和风度，为双方的进一步合作建立良好的关系，这也是一种成功的谈判。

### 1. 成交

成交即谈判双方达成协议，交易得以实现而结束谈判。成交的前提是双方对交易条件经过多次磋商达成共识，对全部或绝大部分问题没有实质上的分歧，即成交有可能按原询价与报价内容及相关条件全都达成一致，也可能经过协商仅对原询价或报价中的部分内容及相关条件达成一致，不过两种情况均视为成交，只在交易内容和规模上有量的变化。成交方式是双方签订具有高度约束力和可操作性的协议书，为双方的商务交易活动提供操作

原则和方式。

## 2. 破裂

破裂是指谈判双方因严重的分歧虽经双方最后的努力仍然不能达成共识和签订协议而导致交易失败或结束谈判。前提是双方经过多次努力之后，没有任何磋商的余地，至少在谈判范围内的交易已无任何希望，谈判再进行下去已无任何意义。在谈判实践中，谈判破裂与谈判成交相比是居多的。由于交易成败并不等于谈判成败，所以在重视交易成败的同时，还应考虑如何使谈判成功。从谈判成功的角度看破裂的交易，可分为友好破裂结束谈判和愤然破裂结束谈判。前者因为双方态度始终是友好的，能充分理解对方的立场和原则，能理智地承认双方在客观利益上的分歧，对谈判破裂抱着遗憾的态度，为成功的谈判、失败的交易；后者因为对方态度恶劣，情绪激愤，或不注重交易实质性内容，或采用高压方式强迫对方，或双方条件差距很大，或互相指责对方没有诚意，难以沟通和理解等，为失败的谈判、失败的交易。

## 3. 中止

中止是指谈判双方由于某种原因未能就交易内容或条件达成全部或部分协议即结束谈判全过程的做法。中止可以由双方共同商定，也可由单方提出要求。对中止的谈判，双方可以约定恢复谈判的时间，即有约期中止；也可能因为双方对中止的原因无法控制而不进行约定，即无约期中止。不同的情况又会产生不同的中止与恢复谈判的要求。

在谈判终结时，谈判各方要认真总结前期谈判的情况：谈判中各自取得的成果，谈判策略、技巧的运用好坏，谈判方案、计划的执行状况，同时找出谈判中存在的问题，并对谈判最后阶段存在的问题做出决策。

# 四、成交与签约

谈判双方的期望已经非常接近时，就会按磋商所达成的交易条件进行成交。对于取得成交结果的谈判，谈判双方的分歧已经逐步消除，意见趋于一致，一般都要签订以符合各国法律规定的形式确定双方之间的权利和义务关系的书面文件即合同文本，经双方法人代表或被授权人签字盖章后，成为约束双方的法律性文件。签约又称合同的签订，是指当事人按照要约和承诺的程序达成协议的行为和过程。合同中确定的各项条款，双方都必须遵守和执行。任何一方违反相关条款的规定，都必须承担法律责任。达成协议意味着谈判获得成功和基本结束，同时也标志着双方新的合作和交易工作的开始。因此，协议的签订是一项十分重要的工作，任何疏忽都可能造成重大的损失。一般来说，签订书面协议，必须注意以下几个问题。

## 1. 明确当事人的签约资格

合同是具有法律效力的法律文件，因此，要求签订合同的双方都必须具有签约资格。否则，即使签订合同，也是无效的合同。在签约时，要调查对方的信资情况，应该要求当事人相互提供有关法律文件，证明其合法资格。审查对方当事人的签约资格，一定要严肃认真，切不能草率从事。

## 2. 书面确认谈判成果

随着谈判进入成交阶段，双方有必要进行最后的回顾和总结，明确是否所有内容都已谈妥，提炼出整个谈判过程中所谈判的主要问题，对特殊的问题加以确认，概括一下最后决定，明确结果是否已达己方期望的谈判目标，查看对方对目前所有决定是否满意。通过最后小结和书面确认，起草一份协定备忘录。为了确保充分理解所达成协议的各项条款，谈判者必须整理谈判记录。对已经取得共识的条款形成原则性文本，以备忘录的形式由双方签订确认，作为下一步正式签订合同或协议的重要依据。

### 3. 规范合同文字及用语

对于协议或合同中的各项条款所使用的词语必须准确无误，不能用含糊不清甚至使对方产生歧义的词语来表述，同时还要求使用规范的文字、专用的或专门的术语进行表达。在双方确认无误后，由双方谈判代表或法人代表正式签字生效。

### 4. 细化合同条款

合同条款应该详细具体，不能太笼统，否则不利于合同的履行。同时也应注意合同中的条款不能重复，更不能前后矛盾，而要协调一致，以免被谈判对手钻空子。

### 5. 落实合同并与对方保持联系

在签订合同之前，需要以备忘录为基础草拟合同，并就达成的产品数量、交易价格、支付方式、服务条件、运输方式、品质等交易条款进行严格审阅。协议或合同签订生效后，就必须严格履行。因为一项协议或合同如果不能得到切实落实，也不能算是谈判成功。因此，应在谈判协议中写入合同的落实条款，有时会单独在补充协议中表述，以便保证合同或协议的有效落实。而且谈判双方必须对已签字的合同条款熟记在心，在合同执行的有效期内，保持经常性的联络沟通，进行必要的交涉和提醒，以便保证合同的有效履行。当然，如果发生了违背合同的行为，就需要通过新一轮的谈判进行纠正或制止，严重的情况还要进行索赔谈判。

### 6. 明确双方的责任和义务

很多合同只规定了双方交易的主要条款，却忽略了双方各自应尽的责任和义务，特别是违约应承担的责任。这样，无形中就等于为双方解除了应负的责任，架空了合同或削减了合同的约束力。

### 7. 争取合同的缔约地或签字仪式

比较重要的谈判在双方达成协议后，就要举行合同的缔约或签字仪式，这时我方谈判代表要尽量争取在我方举行。因为签约地点往往决定了采用哪国法律来解决合同中的纠纷问题。根据国际法的一般原则，如果合同中对出现纠纷采用哪国法律未作具体规定，一旦发生争执，法院或仲裁庭就可以根据合同缔约地的法律来做出判决和仲裁，而不同国家的法律对判决和仲裁有很大的影响。

不论谈判成功或失败，都需要对谈判进行总结。审视己方谈判工作的准备、制订的程序与进度、小组的权力和责任的划分、成员的工作作风、成员的工作能力和效率、有无进一步培训和增加小组成员的必要性、谈判目标的实现和策略与技巧的运用情况；分析总结谈判对手的工作作风、小组整体的工作效率、各成员的工作效率及其他特点、所采用的策略与技巧等，从中获得经验。总结既有利于履行谈判的合同条款，也便于督促对方执行合同，同时还有助于反思谈判过程中的得失、经验和教训，提高自身的谈判能力。

## 本章小结

常言道，万事开头难。商务谈判活动中，从谈判双方见面商议开始到最后签约或成交为止，整个过程往往呈现出一定的阶段性，并具有很强的阶段性特点。

始谈阶段也称为开局阶段，是谈判双方见面后，在进入具体实质性交易内容讨论之前，相互介绍、寒暄以及就谈判内容以外的话题进行交谈的过程。对整个谈判过程起着至关重要的作用，它往往显示双方谈判的诚意和积极性，关系到谈判的格调和发展趋势。

摸底就是指谈判双方通过交流设法探查对方成交的兴趣。而妥协就是根据探查到的对方信息来把自己的底牌摆到一个使对方能够接受的位置上。摸底是妥协的前提，妥协是摸底的结果。没有摸底就谈不上妥协，不准备妥协也就不需要摸底。

僵持阶段是实质性的谈判阶段，是谈判双方就交易条件进行反复磋商和争辩的阶段，它是关系到谈判的成败和效益的盈亏的重要阶段。

让步阶段也就是讨价还价阶段，是对先前所持有并公开陈述的立场、观点等进行的修正，以便不断地推进谈判进程的发展。它是谈判的核心环节，也是最困难、最紧张的阶段。在讨价还价中，让步是一种必然的、普遍的现象。如果谈判双方都坚守各自的边界，互不让步，那么，协议将永远无法达成，双方追求的经济利益也就无从实现。讨价还价的过程就是谈判中的相互妥协、相互让步的过程，也是理智取舍的过程，没有妥协让步就没有谈判，就不可能达成最终的协议。没有让步，谈判就会失去意义和存在的可能。

促成阶段是谈判双方最终确立交易条件，缔结协议的阶段，同时也是谈判各方各自利益得以最终确立的过程，是谈判的终结与缔约阶段。它是谈判人员运用高超的谈判技巧和恰当的谈判策略促成谈判成功的关键阶段。

## 综合练习题

**一、简答题**

1. 举例说明谈判开局需要考虑哪些因素。

2. 摸底阶段应该做好哪些工作？

3. 如何确定报价的起点？

4. 谈判时为何要让步？让步的方式有哪几种？分析每种方式的优缺点。

5. 如何判定谈判是否终结？谈判终结的方式有哪些？谈判终结后还需要做哪些工作？

**二、案例分析题**

### 案例一：以静制动打开谈判局面

D 品牌出自浙江义乌，是个相对成熟的皮具品牌。2013 年秋，D 牌男装正式启动上市。李某当时恰在 D 牌休闲男装任区域经理一职，负责横贯东西七省的业务。在市场调研以后的三个月里，李某始终没有出差，只是礼节性地电话回访和寄邀请函，力图获得以静制动的效果。其实在市场调研过程中，李某已经拜访过了各地比较好的服饰代理商，并建立了初步友谊。2013 年 11 月 23 日，品牌发布会暨招商会正式召开。公司将会议搞得很隆重，请中央级官员来现场指导，请咨询师上课，请形象代言人，还请了广东一家文化传播公司负责服饰秀。会议地点安排在邻近 Y 市的一家度假山庄。会议当天晚上是欢迎酒会，为意向客户接风。酒会上，很多区域经理都特意将同一个市场的意向客户座位分开，严格保密。李某则相反，有意无意将同一个区的意向客户安排在一起，并逐一介绍。表面上看，这顿饭吃得有些尴尬，但效果却出奇的好，因为第二天下午就有几位客户要与李某谈。第二天，品牌研讨，政策说明，参观公司，答谢晚宴，时间非常紧张。晚饭刚过，山东的 Z 先生与陕西的 L 先生就已经站在李某的商务房门前。这两个客户是李某非常看好的。山东的 Z 先生是个天生的商人，他与 L 一见面，就如胶似漆地跟着，用他的话说，L 先生做 D 牌，他就做 D 牌。到底该以什么样的方式与他俩谈判呢？李某心里也没个底，只是不断思忖，希望找到良策。索性先拖延一下时间。泡好茶，寒暄几句，说："我先去和其他客户打个招呼，然后我们再详谈好不好？"征得同意后，李某就去了几个重要客户那里，对每个人都说晚上有点忙，过半小时后来详谈。大约 40 分钟后，李某回到商务房，他们二位已经等急了。谈判很快就开始了。首先李某抛出自己的想法："我只是一个区域经理，真正有权签约者是营销副总 C，我们今天只是谈谈，山东与陕西来的客户比较多，公司还是要有所选择的……当然，在我个人心目中，你们二位是最优秀的。你们做不好的市场，别人也不可能做得好。"山东 Z 先生说："以我们的市场经验，我们做不好的市场，恐怕别人也很难操作。今天我们也看了 D 牌产品，说实话，产品缺陷还是比较大的，时尚的太前卫，常规的太保守，价格又高，而且你们的政策一点都不优惠……不过，既然我们来了，而且和您也很投机，所以如果条件宽松，还是可以考虑做一下的。"陕西 L 先生马上附和，并举了两个福建品牌的例子，大致是条件多优惠。对于 D 牌，这次产品组合得确实不是很成功，但这些都已经是不能更改的。顺着他们的话题谈下去，势必会把自己逼进死胡同。于是李某岔开话题："你们认为加盟一个品牌，是一季产品重要、优惠政策重要，还是品牌的可持续发展重要？"他们没有话说……，最后达成了对我方有利的合同。

【案例思考】结合案例，分析如何营造谈判开局气氛。从这个案例中你得到了什么启示？

## 案例二：关于日本寻找美国代理商合作的谈判

日本一家著名汽车公司刚刚在美国"登陆"，急需找一个美国代理商来为其推销产品，以弥补他们不了解美国市场的缺陷。当日本公司准备同一家美国公司谈判时，谈判代表因为堵车迟到了，美国谈判代表抓住这件事紧紧不放，想以此为手段获取更多的优惠条件，日本代表发现无路可退，于是站起来说："我们十分抱歉耽误了您的时间，但是这绝非我们的本意，我们对美国的交通状况了解不足，导致了这个不愉快的结果。我希望我们不要再因为这个无所谓的问题耽误宝贵的时间了，如果因为这件事怀疑我们合作的诚意，那么我们只好结束这次谈判。我估计，我们所提出的优惠条件在美国一定能找到合作伙伴的。"日本代表一席话让美国代表哑口无言，美国人也不想失去一次赚钱的机会，于是谈判顺利进行下去了。

【案例思考】

1. 美国公司的谈判代表在谈判开始时试图营造何种开局气氛？

2. 日本公司谈判代表采取了哪一种谈判开局策略？

3. 如果你是美方谈判代表，应该如何扳回劣势？

### 三、模拟商务谈判实践

接前一章模拟商务谈判实践，在完成第三章学习之前，完成以下实训任务：

该谈判的进程是如何开展的？试划分该谈判的各阶段。

## 商务谈判阶段的工作内容

（1）充分准备，成功的谈判不应该产生失败者与成功者，应力图让双方都取得满意的结果，要么以双赢为结局，要么双方没有达成任何协议，互惠互利是谈判的基础。为了使谈判双方都有所收获，谈判者必须充分准备，要思维敏捷，善于变通。

（2）商务谈判内容，包括合同部分、工程实施、第三方产品部分，如：产品配置、合同总价、增值税、海关税、货物进口和运输、合同工作范围、客户需求、集成服务内容、工作说明书、知识产权约定、付款方式、违约、罚则、法律、仲裁、未尽事宜解决、项目实施细则、技术方案、项目管理、各阶段验收标准约定、培训、维护和保修等服务性条款等。

（3）成立谈判小组，根据项目大小、双方重视程度等因素，确定商务谈判的人员组成，包括组长、技术负责人、项目经理、大客户经理（商务人员）、技术工程师等，明确分工，并与客户明确商务谈判的时间安排和计划。

（4）制订谈判策略和计划，充分准备，满怀信心。如产品策略、总价和分价格策略、价格折让策略、价格底限、项目经理及成员安排、付款方式、项目实施计划、工作说明书、产品海关进口及运输、合同样本等准备工作。

（5）注重公司形象，维护好客户关系。做好充分的心理准备，沉着冷静，不过分承诺，不给公司带来损失。不欺诈客户，不该退让的条件坚决不让，以理服人，坚持实事求是和科学的原则。如果是多家公司的竞争性谈判，一定要了解对手的各种信息，做出及时准确的判断，最好制订出主动的具有竞争力的谈判策略。

（6）与客户方保持多渠道的信息沟通，充分利用合作公司和支持我方的客户方人员。

（7）充分分析客户的信息，如价格底限、着急的方面、对我方不利的方面。在满足客户的需求、达到项目的规定的目标定义要求、做好项目的前提下，充分发挥公司的品牌优势和公司信誉，求得最好的利益。

（8）遇到困难，主动向公司领导汇报谈判的过程和出现的问题、客户的理由和观点。在征得公司意见后，处理遗留问题和双方没有达成共识的条款。遵循公司获得最大利益的原则，减少可能的风险和损失。

（9）若商务谈判过程中，和预期相比，合同总额、利润会发生很大改变，应以口头或书面形式请示本部领导，进行磋商，得到意见后继续谈判。

参考阅读：

AT&T时代华纳854亿美元收购案背后的大变局
http://tech.sina.com.cn/zl/post/detail/it/2016-10-24/pid_8508779.htm

并购Nervana：错失移动的英特尔不想错过AI
http://tech.sina.com.cn/zl/post/detail/it/2016-08-15/pid_8508241.htm

# 第四章  谈判者素质与谈判心理

通过本章的学习，使学生理解需要层次理论在商务谈判中的应用，认识谈判中需要的存在及发现，掌握商务谈判中的心理挫折及成功谈判者的心理素质要求，了解商务谈判中的心理禁忌。

引导案例

刘某想在出国定居前将私房出售，经过几次磋商，他终于同从外地到本城经商的张某达成意向：20万元，一次付清。后来，张某看到了刘不小心从皮包中落出来的护照等文件，他突然改变了态度，一会儿说房子的结构不理想，一会儿说他的计划还没有最后确定，总之，他不太想买房了，除非刘愿意在价格上作大的让步。刘某看穿了对方的心思，不肯就范。双方相持不下。当时，刘的行期日益逼近，另寻买主已不太可能，刘不动声色。当对方再一次上门试探时，刘说："我们的差距实在太大，一时难以成交，我过几天就要出国了，现在没有心思跟你讨价还价，过半年再说吧。如果那时你还想要这房子，再来找我。"说着还拿出了自己的飞机票给对方看。张某沉不住气了，当场拿出了他准备好的20万元现金。其实，刘某也是最后一搏了，他做了最坏的准备：以15万元成交。

张某一而再地改变态度，是因为他从刘某不小心掉出来的护照上了解到刘某近期要出国的情况，他想利用刘某行期紧迫，急于出国和需要金钱的心理迫使刘某在价格上做出大的让步。刘某不急于成交是看穿了对方的心思，让对方了解到自己近期要出国的消息，显然对自己是不利的，而刘某用将计就计的做法为自己争取了主动。刘某拿出飞机票让张某看，并说如仍想要房过半年再说，是在了解张某不能久等的实情和心理的情况下发出的最后通牒，这种欲擒故纵的做法，既很好地掩饰了自己，又不得不迫使对方立即作出成交的决定，从而让刘某取得了谈判的胜利。

【思考与启示】以上事例告诉我们，商务谈判与人的心理密切相关。因此，学习与研究商务谈判心理，既有助于培养自身的心理素质，又有助于揣摩对手的心理，实施心理策略，促成交易。

# 第一节  马斯洛需求层次理论

## 一、需要的含义

需要是人对客观事物的某种欲望，它同人的活动相联系，是人的行为活动的内在驱动力。

人的活动总是为某种需要所驱使，而行动的目的又总是反映某种需要。所以，我们认为，谈判活动也是建立在人们需要的基础上。产品贸易洽商，卖方想要出售自己的产品，买方想要购买所需的产品，这样促使交易双方坐下来，磋商具体条款。需要是谈判行为活动的动力基础，谈判是满足各方需要的过程。无论任何个人、组织、团体、企业甚至国家，采取什么样的洽商形式，都是建立在产生需要并满足需要的基础上的。

要研究需要对人行为的支配作用，有必要了解需要的一般特点。

（1）需要具有对象性。对象性是指需要总是包含具体的内容，如想要购买一批价格适宜、性能良好的计算机；以市场价出售一批配件等。

（2）需要具有选择性。人们形成的需要是多种多样的，已经获得满足需要的经验，使人们能够对需要的内容进行选择。如要购买上述设备，既可以通过函电洽商，也可以通过采购人员面谈洽商；既可以把销售者请到企业来，也可以走出去上门购买。当然要购买哪一家的产品，可供选择的对象就更多了。

（3）需要具有连续性。这是指人的需要不断地出现，满足，再出现，再满足，周而复始，不断上升。如交易双方出于合作的需要，坐到谈判桌边，准备洽商合作的事宜。而反复磋商的结果，达成了双方都满意的协议。当合同顺利执行后，双方可能还要产生合作的欲望，也许交易的规模更大了。

（4）需要具有相对满足性。这是指人的需要在某一具体情况下所达到的满足标准。人的行为活动要达到一定的目的，但目标的满足只是相对的。例如，一个产品滞销的企业在一次交易中能签约售出数百件，可能是值得庆贺的事；但若是对于一个产品畅销的企业来讲，很可能是微不足道的。

（5）需要具有发展性。人的需要出现与满足，再出现，不是简单的重复，而是不断发展、不断上升。这一方面表现为标准的不断提高，另一方面表现为需要的内容不断变化。

## 二、需求层次理论

人的需求是多种多样、不断发展的，所以，从需求的种类上讲，需求是无穷无尽的。这正是推动人类不断进化的根源。但是，人的需求的产生又是有层次的，研究需求的层次性，可以从根本上揭示需求对人行为的支配作用。对人的需求，人们有过许多研究和大量论述。在众多的需求理论研究中，得到最广泛认可与应用的是美国著名社会心理学家、人格理论和比较心理学家马斯洛的需求层次论。马斯洛（Abraham H. Maslow，1908—1970）在1954年发表的代表作《动机与个性》中提出了人类的需求层次理论，指出人的需求是有层次的，全部发展的一个最简单的原则就是满足各层次的需要。他把人类的需要分为七个层次，认为人类动机的发展和需要的满足有着密切的关系，需求的层次有高低的不同，并由低级向高级发展，低层次需求的满足或基本满足有助于高层次动机的出现。

### 1. 生理的需求

人的需求首先是生理需求。人要维持生存，就会对食物、空气、活动、睡眠产生需求，而且必须得到满足。这是人最基本的需求。现代各种类型的交易洽商活动，无论怎样紧张、激烈，参加谈判的人员都要保证这种生理上需要的满足，以恢复体力。许多事例证明，在洽商活动中，像就餐、住宿休息、娱乐等事宜安排得越好、越周到，谈判活动的效率也就越高，成效也越显著。相反，当人的这方面需要不能得到很好满足时，会直接影响谈判效果。

### 2. 安全的需求

在生理需要满足以后，生物体接着考虑安全需要。和挨饿的人一样，一个寻求安全保障的人对生活的全部看法因缺乏安全感而受到影响。在他看来，任何事物都不如求得安全那么合乎需要。在战争年代，家破国亡，却仍不能阻止人们求生的本能。

### 3. 爱与归属的需求

在生理与安全的需要得到合理满足以后，追求爱与友情的需要就占据了主导地位。这种对朋友、爱人和家庭的渴望，可以完全支配一个孤独的人。在忍饥挨饿、凶险临头的时候，他只想获得食物和保护。一旦这些需要得到满足，他对爱的向往便超乎人世间一切事物之上了。他渴望同人们建立起一种充满友情的关系，渴望成为某个群体中的一员，渴望交流感情，渴望关怀与爱护。

### 4. 获得尊重的需求

这是人类希望实现自己的潜在能力，取得成就，对社会有较大贡献，能够得到别人尊重的欲求。实际上，这是一个多种需要的集合，包括自尊、自重、威信和成功，具体表现为希望自己有能力，有成就，能胜任工作，渴望得到别人的赏识和高度评价，得到名誉和荣耀。这种心理需要在谈判活动中最典型的表现就是有人喜欢显示自己的身份、地位、权威，有的人特别要面子，有的人喜欢听别人的恭维话，也有的人喜欢排场、阔气与豪华。人们在谈判时可能会为了维护面子与尊严愤而退出谈判，放弃他原打算进行的交易，也可能为了取得令人钦佩的谈判业绩，废寝忘食、夜以继日地工作。

### 5. 自我实现的需求

当上述种种需要都已得到充分的满足之后，人们需要的层次又会上升，这就是自我实现的欲望，即每个人都处在最适合于他的工作岗位，充分发挥每个人的能力。所以，人们也称这一层次的需求为创造性的需求。就拿谈判活动来讲，有项目负责人、专业人员、辅助人员，每个人所具备的能力与应发挥的作用是不一样的。领导者不但要把谈判小组中每个成员协调在一起，充分发挥集体的智慧，还要使谈判小组的成员明确各自承担的具体工作，使其各司其责，使谈判活动取得理想的结果。

### 6. 求知与理解的需求

这是人类希望不断增添学识与智能、充分探究未知世界的欲求。在一个正常人身上，存在着一种寻求、探索和理解有关自己周围环境知识的基本动力。一种活跃的好奇心策动着每个人，激励着人们去尝试，使人们为神秘与未知所吸引，探索和解释未知的需要是人类行为的一个基本要素。求知与理解的需要必须以自由和安全为先决条件，只有在自由和安全的条件下，这种好奇心才可能得到发挥。

### 7. 美的需求

这是人类行为的最高动机，是人类追求美好事物、寻求美的感受的欲求。人类的行为被某种所谓美的需要的渴望所驱策。处在丑的环境里，有些人甚至卧床不起；换一个美的环境，他又会重新站起来。当然，这种对美的渴求在艺术家中最为激烈。对于丑的东西，有些艺术家是无法容忍的，马斯洛把一个人"情不自禁地要把墙上的画挂正"的行为也归结为对美的需求。

总之，人的一生就是一场为满足需要而拼搏的持久斗争，行为动机是生物体为减轻需要的压力而作出的反应。马斯洛的需要层次理论为我们进行论证和辩论提供了广泛的选择余地，使我们能从双方需要的不同侧面、不同角度进行解释和评论。了解了每一种需要的相应动力和作用，我们就能对症下药，选择最佳方法。在每一个场合下，采用的方法所针对的需要越是基本，就越可能获得成功。我们的目的就是运用这些关于人类需要的基本知识去进行合作谈判。

## 三、需求层次理论在商务谈判中的应用

谈判活动是建立在人们需要的基础上的，正是因为有了需要，才使谈判的各方坐下来进行磋商，最后达成满足彼此需要的目的。我们研究需要与谈判，是要研究是哪一层次的需要支配着人的活动，是显现的需要还是潜在的需要，在什么条件下人的需要会发生转化，从而更好地探究人的行为变化的内因。

潜在需要是人们的一种下意识的欲望，它没有被明确地表示出来，但在某种情况下，更能影响谈判者的思维活动。买卖交易谈判双方能够坐下来洽商，彼此都清楚有合作的要求，经过初步的洽商，卖方的具体条件、买方的要求也都摊牌了。但是谈判的结果却可能是多样的：可能谈判非常成功，各方都十分满意；也可能谈判只获得了一方的赞许；也可能是双方都不满意；还有可能是谈判破裂，没有达成协议。之所以会出现多种谈判结果，一个最重要的原因就是需要的满足。

我们知道，人的需要是可以变动的，是受许多因素影响的，另外满足需要的方式也是多种多样的。尽管我们所研究谈判活动的需要是集体的需要，是理性的需要，但是，它是由代表企业的人来实现的，它的满足与否是由人来评价的。这就难免会带有个人感情的因素，受个人需要的影响。经常会有这样的场面：在谈判中，由于一方语言或行为的不慎，使另一方感到受到了不公正的待遇和丢了面子，即使他的目的达到了，他也会感到不满意，甚至还可能出现为维护面子愤而反击，中止谈判的行为。也有这样的情况，双方在最初的洽商时，都感到各方的要求差异很大，很难协调。但随着谈判的进展、关系的融洽、感情的加深，居然达成了双方都十分满意的协议。原因很简单，就是谈判双方都感到了他们的要求被满足。

应该指出的是，这里需要的满足，不一定就是达到企业原有的既定目标，而是谈判者认为需要的满足。谈判所签订的协议条款，很可能与企业原计划相差较大，这可能是在双方的洽商中制订计划的一方认为原有的标准过高，不符合实际情况，或者情况发生了变化，或许他认为，不管怎么说，签订这个协议是值得的。这就是需要对谈判的影响。如果我们细心观察现实生活中的各种谈判，情形大抵如此。一名企业员工感到他在企业的贡献与所得报酬不相等，他会向经理要求增加工资或奖金。但是在他与经理谈话之后，却改变了这种想法，企业处于艰难时期，他是企业核心岗位的员工，理应为企业振兴作出贡献，而不是考虑个人的得失。那么，我们认为，谈判之后，他的增加劳动报酬的需要（生理需要）没有得到满足，而他的自尊需要却得到了满足。可见，满足不同层次的需要是取得理想谈判结果的关键因素，同时，也是解开或缓和谈判僵局的症结所在。它有利于谈判人员采取灵活变通的办法，取得双方满意的结果。

### 案例 4-1

大部分人相信在《独立宣言》上面签字的美国开国元勋们都是凭借着满腔的爱国热情，主动自愿地签下自己的大名的。而事实如何呢？托马斯·杰斐逊在暮年写给朋友的信中说："那时签字的独立厅就在马厩的隔壁，七月的天气非常闷热，到处都是苍蝇。代表们穿着马裤和丝袜参加会议，一边发言一边不停地用手驱赶腿上的苍蝇。代表们心烦意乱。最后，大家决定立即在《独立宣言》上签字，以便尽快地离开那个鬼地方。"杰斐逊几年之后曾经说道："在不舒服的环境下，人们可能会违背本意，言不由衷。"

【案例思考】代表们的哪些需要促使了他们在《独立宣言》上签字？

通常，我们还会见到这样的情况，一些谈判协议的签订，对某一方来讲并不合算，但他们却感到很值得。那么目的是什么呢？显然，是为了建立关系和联系，为了交朋友，为以后的长期交易打基础，这是出于社会的需要。至于从满足谈判各方的生理需要来实现理想的谈判结果就更为常见了。比如，在就餐、娱乐、休息方面精心安排，热情款待，希望以此达到自己生意上的目的。但如果这样做达不到目的，那么很可能情况会颠倒过来，给来客造成种种生活上的不便，形成一定的心理压力，迫使对方妥协。

同样，满足人的自尊与自我实现的需要也是谈判活动比较常见的心理现象。

**案例 4-2**

### 矿主的特殊需要

荷伯曾代表一家大公司到俄国买一座煤矿。该煤矿的主人是一个强硬的谈判者，他的开价为2 600万美元，荷伯还价为1 500万美元，但矿主始终坚持2 600万美元的原始报价不变。谈判在几个月的讨价还价中艰难地进行，荷伯已将还价抬到2 150万美元。但矿主始终坚持2 600万美元，拒绝退让。因此，谈判陷入了僵局。荷伯意识到这背后肯定有其他的原因，只有挖出这一信息，谈判才能进行下去。

荷伯非常诚恳地与矿主交流，并邀请他打网球。终于，矿主被荷伯的耐心和诚意所打动，向荷伯说出了他的意图。他说："我的兄弟卖了2 500万美元，外带一些附加条件。"荷伯恍然大悟，矿主坚持原始报价的真正原因是想与他兄弟攀比，他要超过他的兄弟，这样他才会有成就感，感觉在兄弟面前有自信和尊严。这是矿主的特殊需要。

找到矿主的特殊需要后，荷伯就去了解矿主兄弟的卖价及附加条件。然后采取了新的谈判方案，而矿主也做出了让步，双方终于达成了协议。最后的买价并没有超出预算，但付款方式及附加条件使矿主感到自己的成就远远超出了他的兄弟。

**【案例思考】**矿主的特殊需要是指什么需要？这种特殊需要对谈判的重要性是什么？

在实际谈判活动中，像这样的事例比比皆是。人们在谈判时经常运用的一个策略是最低报价，就是利用这一心理。诸如"这是我们最优惠的价格""这是特别优待价"等，就是利用另一方追求自我实现的心理。实际上，这是人们最普遍的心理要求。这就是自尊与自我实现需要的体现。如果你能掌握人的需要特点，巧妙地满足人们各个层次的需要，你就是个成功的谈判家。

在谈判中，需要的心理主要表现在以下几方面。

第一，权力的需要。这实际上是自尊需要心理。它是个人控制环境的需要，这在自我表现欲强的人身上表现最为明显。通常在谈判中他们表现得咄咄逼人，立场强硬，支配欲望强，目标要求高，他们为掌握权力、支配他人、控制局面，可以牺牲其他方面的利益，甚至为了获得权力而不择手段。

第二，交际需要。谈判是一种社会交往活动。而广泛的社会交往、良好的人际关系是谈判成功的保证。很多情况下，人们为了建立关系，寻求友谊而谈判。

第三，成就需要。这是自我实现需要的表现。敢于冒险的人，目的是为追求更大的成就，也是为了获得自我满足。

总而言之，需要是谈判的心理基础。没有需要，就没有谈判。通过谈判，达到满足需要的目的。一方的需要越迫切，越想达成谈判的协议，相应地，要取得理想的谈判结果就越困难，而形势对另一方就越有利。从这一点上说，需要程度直接影响着谈判行为活动的结果。

# 第二节　需要的发现

## 一、谈判中需要的存在

需要是谈判活动的动力和目的，但它绝不是纯粹的、单一的。为了进一步了解影响谈判进行和最后结果的各种需要，可以将它划分为两类：一类是谈判的具体需要，另一类是谈判者的需要。

### 1. 谈判的具体需要

谈判的具体需要是产生谈判的直接原因和谈判所要达到的第一目的。它们相对比较具体，可以协商调整的幅度比较小。例如，某企业实行电脑化管理，需要购进 40 台 586 微机，该企业对 40 台微机的需要就是促成这次谈判的直接原因，买回 40 台微机是谈判的目的。这类需要是通过谈判必须满足或基本得到满足的，否则，谈判本身也就不存在了。

### 2. 谈判者的需要

谈判者的需要并不是谈判的动力和目的，但它却直接影响着谈判的进行和结果。谈判者是谈判活动的当事人和直接操作者，他的需要虽然不是谈判的目的，但却通过对当事人的行为活动的影响决定着谈判的成功与否。这里的需要主要是指谈判者生理、安全、社交、自尊和自我实现的需要。在具体的谈判活动中，表现最强烈、影响最大的主要是交际的需要——社交的需要、权力的需要（即自尊的需要）和成就的需要（即自我实现的需要）。

## 二、谈判中需要的发现

所有谈判都是在人与人之间进行的。无论是两个人为一笔小生意大讲价钱，大企业为一种合并或一份劳务合同谈条件，还是国与国之间为签订一项条约而谈判，都是如此。在上述每一种场合，都是个人与个人直接打交道。问题的关键是弄清楚他们有哪些需要，包括他们个人的需要和他所代表的某个团体的需要。

要了解对方在想什么、在谋求什么，就必须运用各种方法和技巧，去发现他的需要，即如何彼此沟通。对此，美国谈判专家尼尔伦伯格的精彩著作《彼此沟通》一书，可作为一份有效的指南。精乖老练的谈判家，总是十分注意捕捉对方思想过程的蛛丝马迹，以追踪揭示对方动机的线索。仔细倾听对方的发言，注意观察对方的每一个细微动作、仪态举止、神情姿势、重复语句以及说话语气等，这些都是反映其思想、愿望和隐蔽的需要的线索。

### 1. 适时提问

获得信息的一种手段就是提问。提问是通达思想的窗口。在适当的场合可以向对方问："你希望通过这次谈判得到什么？你期待的是什么？你想要达到什么目的？"等。通过这种直截了当的试探，除了能得到其他信息，还能发现对方的需要，知道对方追求的是什么并能以此来指导以后的谈判。

在谈判中适当地进行提问，是发现需要的一种手段。但在提问中应该注意三点：提出什么问题，如何表达问题，何时提出问题。此外，这些问题在对方身上产生什么反应，也是一个重要的考虑因素。

通常提问的形式可以归结为三种类型。

（1）一般性提问。"你认为如何？""你为什么这样做？"这种提问没有限制，因此，回答不可控制。

（2）直接性提问。"你能解决这个问题吗？"这种提问具有限制，因此，在限制的范围内，回答是可控制的。

（3）诱导性提问。"这不是事实吗？"回答是可控制的。

回答上述这些泛泛的问题，必须认真思索一番，因为不经意的回答可能有风险。因此对任何没有认真理解对方问话前提的问题都应仔细斟酌，弄清问题背后的对方的真实意图，然后考虑如何回答。

审时度势地提问，容易立即引起对方的注意，保持双方对讨论中的议题的兴趣，并按照你的意愿主导谈判的方向。通过提问题使对方作出你所期望的结论，发现对方的需要。

在商务谈判中，提问要注意两个要点：一是通情达理，说明理由。在提出问题之前，先把理由说透，使对方知道你提问的意图。对你的问题，可避免造成麻烦和不愉快的后果。二是要充分考虑提问的方式，掌握提问的技巧。提问要简明扼要，具体明确，不能含糊其辞，隐隐约约，使对方无法回答。

### 2. 恰当陈述

巧妙的提问，能够揭示某种激起强烈情绪反应的隐蔽的假设。在这种情况下，最好是简短地说一句："我理解你的感情。"这种陈述可以避免对抗。因为这是在告诉对方，你已经注意到了他的意见，理解了他的观点，并认为他的看法是有道理的，而且因为这也是告诉对方，你已经调查了他的心思，所以你就能让他也来揣摩你的意图。

恰当的陈述，不仅能控制谈判的进展，而且能把你想让对方知道的信息传递出去。不管怎样陈述，都要力求完全控制情绪。当然，不用忌讳有感情因素的陈述，但一定要使这种陈述有力地推动谈判，而不是中断谈判。美国谈判专家马基雅弗利有一句忠告："以我所见，一个老谋深算的人对任何人都不应该说威胁之词，威胁会使他更加谨慎，辱骂会使他更加恨你，并使他更加耿耿于怀地设法伤害你。"

在谈判处于僵持不下的境况时，最好直截了当地说一句："在目前情况下，我们最多只能做到这一步了。"这一陈述针对对方认识和理解的需要，促使他重新考虑眼前的情况。这时你可以说："我认为，如果我们能妥善解决那一问题，那么这个问题也不会有多大的麻烦。"这一陈述明确表示愿意就第二个问题作出让步，这就有利于谈判的进展。这种陈述，心照不宣地传递了信息，既维护了自己的立场，又暗示了适当变通的可能。另一种陈述可以说："如果您愿意把要求稍微降低一点，我将尽一切可能去说服我的合伙人。"然而，要是对方不能作出任何让步和调整，那么这种陈述很可能导致谈判的破裂。

正确的陈述，选词、造句和文法上都要十分讲究。要在言出之前，思考再三，每句话都要深思熟虑，审慎斟酌，千万不能信口开河，轻浮潦草。陈述之前要知己知彼，陈述时要明了概括、措辞得当。

### 3. 悉心聆听

除了提问和陈述，发现需要的另一个方法是悉心聆听对方吐露的每个字，注意他的措辞，选择的表达方式，他的语气，他的声调。所有这些，都能为你提供线索，去发现对方一言一行背后隐喻的需要。

对于聆听，必须注意人与人之间的谈话或谈判可以在不同层次的意义上进行。弗洛伊德假设，梦可以在三个不同层次上加以解释。同样，一个人的谈话或陈述，在许多情况下也都具有多层次的意义。例如，对方作出一项陈述，在第一个层次上可以表明，看来他想要交换意见。在第二层次上可以根据他的表达方式和措辞，推知某些信息。在第三层次上，可以根据他探讨问题的方式，得知他的意思。

听和讲一样，是一种引导的方法。在谈判中，听在一定程度上占有相当的位置。任何一个谈判者都应该在善于听和乐于听两方面下工夫。俗话说，"听其言而观其行"，这是分析对方、了解对方、洞察对方心理活动的好方法。一个善于听和乐于听的、富有经验的谈判老手，也一定是能全面了解情况、驾驭谈判形势的人。

我们经常听到这样的说法："顺便提一下……"说话的人试图给人一种印象，似乎他要说的事情是刚巧想起来的，但实际上他要说的事情恰恰是非常重要的。先说这么一句显得漫不经心、轻描淡写，其实不过是故作姿态而已。当一个人用这样一些词句来提起话头，如"老实说""坦率地说""真诚地说""说真的"等，可能正是此人既不坦率也不诚实的时候。这种词句，不过是一个掩饰而已。因此，只要对方有所言，你就应该留神听，随时注意从他那些似乎出于无意的重要词句中，发现隐蔽的动机和需要。

有时可以根据对方怎么说，而不是根据他说什么，去发现态度的变化。假定谈判一直顺利进行，气氛融洽，大家都相互直呼其名，却突然变为以姓氏相称呼，如"琼斯先生"或"史密斯先生"等，这可能是气氛转为紧张的兆头，甚至意味着僵局的开始。

### 4. 注意观察

为了了解对方的意愿和需要，不仅要注意聆听对方的言辞，而且要注意观察对方的举止。例如，在一次气氛友好的会谈中，要是突然有人往椅背上一靠，粗鲁地叉起双臂，你马上会意识到，麻烦发生了。举止非常重要，它传达着许多微妙的意思，有着种种心理上的含义和暗示。要注意观察对方的举止，从中发现其思路，掌握谈判的脉络。

"举止"一词就其广泛的意义而言，不仅指一般的身体动作，如咳嗽、脸部表情、手势、眨眼等，也能为你提供无言的信息。

从脸部表情上看，脸红、面部肌肉绷紧、烦躁不安、过分专注、强笑、冷笑，或者只是默默地凝视，所有这些都反映出他的情绪紧张。当然，我们有时也会碰到那种毫无表情的"扑克面孔"。这种极其缺乏表情的神态告诉我们，此人一点儿也不愿意让别人知道他的感情。然而，尽管有这张假面具，我们还是可以千方百计地觉察到他的意图。

眨眼是一种使眼膜湿润、排除落入眼内的细小灰尘的保护性反应。然而，研究表明，人们在发怒或激动的时候，眨眼的频率就会提高。正常的眨眼几乎不为人所觉察，但在它成为一种特别的举动时，频繁而又急速的眨眼就会引起我们的注意。人们发现，这种反常的举止总是和内疚或恐惧的情感有关。眨眼常被用作一种掩饰的手段。

手势可以有意识地代替语言，特别是在不允许用语言表达或语言本身不能表达的时候，更是如此。例如，律师想在陪审团面前表示对法官的异议，士兵想对顶头上司表明自己有不同的意见。但是，手势的表达有时过于外露。它们泄露的内容也许会超出你本身想要表达的意思。警察们声称，他们能在聚会中根据大家的手势对某人流露出来的极度尊敬，找出这伙人的首领。

咳嗽，常常也有其含义。有时它是紧张不安的表现，谈判人员借此稳定情绪，以使自己能继续讲下去；有时，它被用来掩饰谎话；有时，倘若有人自吹自擂、狂妄自负，听的人会以此来表示怀疑或惊讶。

总之，老练的谈判家始终不会让对方逃过自己的眼睛和耳朵。如果你充分注意谈判中的姿势和举动带来的信息，那么在谈判中获得成功的可能性也就越大。如果对方采用一项相关的策略，那你就还之以一种更基本的需要，这样就能增加获得谈判成功的机会。需要理论犹如一条主线，贯穿于一切谈判之中。只有善于发现需要、利用需要，才能成为一名老练的谈判者。

# 第三节　知觉在商务谈判中的作用

通常我们把知觉理解为人对客观事物的各种属性的整体的、概括的反应。它对于我们认识客观事物是十分重要的。这里介绍几种主要的知觉现象。

## 一、首因效应

在知觉认识中，一个最常见的现象就是第一印象决定人们对某人某事的看法。这在心理学上被称为"首要印象"。

当我们与某人初次见面时，有时会留下比较深刻的印象，甚至终生难忘。许多情况下，我们对某人的看法、见解、喜欢与不喜欢，往往来自第一印象。如果第一面感觉良好，很可能会形成对对方的肯定态度；否则，很可能就此形成否定态度。

正是由于首要印象的决定作用，比较优秀的谈判者都十分注重双方的初次接触，力求给对方留下深刻印象，赢得对方的信任与好感，增加谈判的筹码。

人们首要印象的形成主要取决于人的外表、着装、举止和言谈。通常情况下，仪表端正，着装得体，举止大方稳重，较容易获得人们的好感。但心理学家研究发现，如果一个人很善于沟通或感染别人，那么他的首要印象也比较好。

## 二、晕轮效应

晕轮是指太阳周围有时会出现的一种光圈，远远看上去，太阳好像扩大了许多。晕轮效应是指人对某事或某人好与不好的知觉印象会扩大到其他方面。最典型的是，如果一个人崇拜某个人，可能会把其看得十分伟大，其缺点怪癖也会被认为很有特点，而这些出现在其他人身上，则不能忍受。

这种晕轮效应就像太阳的光环一样，把太阳的表面扩大化了，这是人们知觉认识上的扩大。如果一个人的见识、经验比较少，这种表现就更加突出。

在谈判中晕轮效应的作用既有积极的一面，又有消极的一面。如果谈判的一方给另一方的感觉或印象较好，那么，他提出的要求、建议都会引起对方积极的响应，他们要求的东西也容易得到满足。如果能引起对方的尊敬或更大程度的崇拜，那么，他就会具有威慑力量，完全掌握谈判的主动权。

但如果给对方的首要印象不好，这种晕轮效应就会向相反的方向扩大。他会对你提出的对双方都有利的建议也不信任。总之，他对你提出的一切都表示怀疑、不信任或反感，寻找借口拒绝，甚至回避你个人。

## 三、先入为主

先入为主是指人们习惯于在没有看到结论之前就主观地下结论。常见的有不等某人说完话就打断他，想当然地认为对方就是这个结论。

先入为主直接影响人们的知觉认识和客观判断。这是由于人们日常活动的经验、定向思维和习惯作用的影响。例如，我们看到照片上长条会议桌的两边坐着两行人，中间插着两国国旗，不用看说明，就知道是两国之间的政治性谈判。

先入为主的结果可能是正确的，也可能是错误的。最主要的是它影响、妨碍人们对问题的进一步认识，是凭主观印象下结论，这在谈判中常表现为猜测对方的心理活动，自觉或不自觉地走向自己认识的误区。

## 四、刻板

人的知觉有对人进行归类定型的习惯，在人们的头脑中会存在着对某类人进行概括的固定形象。人的这一知觉被称为刻板或定型。如认为英国人有绅士派头，美国人爽朗直率。最常见的刻板知觉所产生的知觉效应，是在看到某个人时把他归类到某一类人群中去，并用这一类人的心理行为特征对这个人进行解释。由于这些解释是在过去有限经验的基础上对他人作结论的结果，因而常常会成为偏见。刻板知觉对谈判的影响是显而易见的。通过改变知觉者的兴趣、注意力，给知觉者增加更多的感知信息，就有可能改变刻板留下的印记。

## 五、激励

激励是指调动人的积极性，激发人的内在潜力。它对人行为的推动作用是十分重要的。激励作用的大小直接影响着人们的工作积极性和工作效率，所以是行为科学研究的重要内容。

美国著名心理学家佛隆姆认为，激励力量的大小主要取决于两方面的因素，即期望值大小和效价的高低。期望值是根据个人的经验判断达到目标的把握程度，效价是达到目标满足个人需要的价值。两者是乘积关系，任何一方因素不具备，激励就谈不上。一个人对目标的把握越大，估计达到目标的概率越高，激发起的动机越强烈，积极性就越大。对于谈判活动来讲，谈判的某一方认为，争取谈判成功的可能性很大，而且谈判达成协议对他来讲十分重要，那么，他参与谈判的积极性就会很高，会千方百计地设法达成协议。但如果他认为达成协议的可能性很小，或达成协议对他来讲不是很重要，那么，激励力量就小得多，他就不会那么积极地参与谈判，甚至拖延。

激励作用对人行为的推动，主要表现在以下两方面：目标激励和奖惩激励。

### 1. 目标激励

设置适当的目标，对于调动人的积极性的作用显著。在谈判活动中，每一方都有总体和具体的目标。如果目标制订得切实可行，又有一定的挑战性，就能激发和调动谈判人员的积极性；如果目标值过小，没有挑战性，或目标制订得过高，难以实现，就会使谈判人员缺乏工作积极性、主动性，失去激励作用。

### 2. 奖惩激励

奖励和惩罚是从正反两个方面激发人的积极性，使行为活动取得更好的效果。奖励是对人的某种行为给予肯定与表扬，使人保持这种行为。奖励得当，对调动人的积极性有良好的作用。奖励包括精神和物质两个方面。惩罚是对人的某种行为通过批评、处罚予以否定，使人中止和消除这种行为。惩罚得当，可以化消极因素为积极因素，但要注意其副作用。

需要指出的是，期望理论重视激发对象的心理特性，这在实际工作中具有一定的指导意义。但是，影响激励作用大小的期望因素还要受到社会、经济、道德等因素的制约和影响。例如，有的人认为谈判的成功就意味着我方在交易中赚大头，只要能保证我方的利益，牺牲对方利益是理所当然的。那么，他很可能把自己的期望值建立在损害对方利益的基础上，激励的结果是不理想的。

# 第四节　商务谈判中的心理挫折

## 一、心理挫折

人们的行为活动很少有一帆风顺的，都会遇到这样或那样的困难，碰到各种各样的障碍。当实际活动受阻时，人的心理会受到影响，从而形成各种挫折感。所以，心理挫折是指人在实现目标的过程中遇到自感无法克服的阻碍、干扰而产生的一种焦虑、紧张、愤懑、沮丧或失意的情绪性心理状态。

心理挫折是人的一种主观感受，有别于实际上的行动挫折。从客观上来说，人们的行为活动遭受挫折是经常的。但是，并不是遇到了挫折人们就会产生挫折感，而且面对同一挫折，人们的感觉反应也不相同。例如，在商务谈判中，当双方就某一问题各不相让，僵持不下时，形成了活动中的挫折，对此人们的感受可能是不同的。有的人遇到了困难，反而会激起他更大的决心，全力以赴把这一问题处理好；而有的人则感到沮丧、失望乃至丧失信心。

人们行动挫折的产生有主观、客观两方面的原因。其主观原因在于人的知识、经验、能力水平、智商等方面，而客观原因则是活动对象、环境条件的复杂、困难程度。在人的行为活动遇到挫折时，人们的主观心态由于各种原因会产生不同的反应，如对行为挫折的情境的主观判断，遭受挫折目标的重要性，抱负水平及对挫折的忍受力都会影响人们对遭受挫折后的心态反应。

## 二、心理挫折对行为的影响

### （一）心理挫折的行为反应

心理挫折是人的内心活动，它是通过人的行为表现和摆脱挫折困扰的方式反映出来的。

#### 1. 攻击

人在受挫时，生气、愤怒是最常见的心理状态。这在行动上可能表现为攻击。诸如，语言过火、激烈，情绪冲动，容易发脾气，并伴有挑衅、煽动的动作。

攻击是在人产生心理挫折感时可能出现的行为，但攻击的程度却因人而异。理智型的人善于作自我调节，比感情易冲动的人能较容易控制自己；文化程度低的人受挫后产生攻击行为的可能性比较大；经验丰富、见多识广的人遇挫后会有多种排解方法，攻击的可能性比较小。此外，受挫目标的期望程度、动机范围等因素都可能影响人的攻击性。

### 2．倒退

倒退是指人遭受挫折后，可能发生的幼稚的、儿童化的行为。如像孩子一样的哭闹、暴怒、任性等，目的是为了威胁对方或唤起别人的同情。

### 3．畏缩

畏缩是指人受挫后发生的失去自信、消极悲观、孤僻离群、盲目顺从、易受暗示等行为表现。这时其敏感性、判断力都相应降低。

### 4．固执

固执是指顽固地坚持某种不合理的意见或态度，盲目地重复某种无效的动作，不能像正常情况下那样正确、合理地做出判断。其表现为心胸狭窄、意志薄弱、思想不开朗，这都会直接影响人们对具体事物的判断分析，导致行动失误。此外，不安、冷漠等都是心理挫折的表现。

### （二）摆脱挫折困扰的心理防卫机制

在出现心理挫折时的情绪状态是人的应激状态，无论对谁，都是一种不适的困扰，甚至是苦恼的折磨。人人都会自觉地采取措施来消除心理挫折，摆脱困扰。比较常见的方式有以下几种。

### 1．理喻作用

理喻作用是指人在受挫时，会寻找理由和事实来解释或减轻焦虑困扰的方式。如谈判所签订的协议没有达到原订的价格标准，会不自觉地拿"今年价格上涨"的理由来安慰自己。

理喻的作用有积极与消极之分，如果是不合逻辑的"自我理喻"，则被称为文饰，即寻找不符合客观实际的理由推卸个人的责任。

### 2．替代作用

替代作用即以调整目标来取代遭受挫折的目标，主要采取升华、补偿、抵消等形式。例如，在上笔交易中吃了亏，在下笔交易中赚回来的心理就是如此。消极意义的替代，是将自己的不当、失误转嫁到他人身上，以减轻自己的不安。如自己憎恨某人，却大谈某人憎恨自己，以小人之心度君子之腹。

### 3．转移作用

转移作用是指将注意的中心转移到受挫事件之外的事情中，以减轻和消除心理困扰。消极的转移称为逃避，常见有的，有人现在失意，却大谈自己过去的辉煌。

### 4．压抑作用

压抑作用是指人有意控制自己的挫折感，不在行动上表露出来。通常所讲的临危不乱、受挫不惊、具有大将风度，就是压抑作用的结果。这也是一个优秀谈判者所应具备的。

## 三、商务谈判与心理挫折

谈判活动是一种协调行为，即协议交易各方的利益与冲突。因此，在商务谈判活动中，谈判人员会遇到这样或那样的矛盾，碰到各种挫折，难免会产生心理波动，并直接影响其行为活动。

商务谈判活动所产生的心理挫折主要表现在以下几方面。

**1. 成就需要与成功可能性的冲突**

成就感在人的需要层次中表现为自尊和自我实现，是一种高层次的追求。正是这种追求促使人们认真努力，不懈地追求，希望有所造就，希望获得良好的工作业绩。但是谈判活动的不确定性又造成了谈判人员的谈判结果的不确定性，由此构成了成就需要与成功可能性的矛盾。

交易洽商既涉及交易各方的实际利益，又具有很大的伸缩性和变动性。就连什么是成功的谈判，什么是理想的结果，都众说纷纭，没有统一的标准。即使谈判前制订了详细的目标与计划，谈判的结果在很大程度上也取决于双方力量的对比和谈判人员作用的发挥。这既增加了取得工作业绩的难度，也为谈判人员更好地发挥个人潜力创造了条件。其中，努力、勤奋、创造性都是获得成功的必要因素。

心理挫折对人的行为有直接的影响，但并不只是消极的影响。对于振奋的人来讲，遭受挫折后，尽管使人蒙上心理阴影，但却可以激励、鞭策人，取得成功。例如，中国留美学生周励初涉美国生意场就被骗去 1 500 美元，这一教训使她认识到，做生意比不得写文章，充满了风险与艰辛，但她并没有就此消沉下去。反倒激起她要进入这一领域，成为一个生意人的决心，结果，她获得了成功。

**2. 创造性与习惯定向认识的冲突**

谈判是一种创意性较强的社交活动，没有哪两个谈判项目是完全一致的。适用于上次谈判的方式方法，可能完全不适用于这一次。虽然每进行一定规模的交易活动，各方都要进行详细、周密、认真的准备，但很大程度上要取决于谈判人员的"临场发挥"。所以，谈判人员的应变能力、创造性、灵活性都是十分重要的。

但是，人们的认知心理都存在着一种思维惯性，这在心理学上被称为"习惯定向"，即人们在思考认识问题过程中，习惯于沿着某一思路进行，这样考虑问题的次数越多，采用新思路的可能性就越小，这种习惯思维对人的束缚性就越大。这就导致人们习惯于用某种方法解决问题后，对又出现的新问题不寻求更好的方法，还是机械地套用老方法去处理。所以，我们认为，习惯定向是影响谈判人员创造性地解决问题的主要障碍。如何摆脱定势思维对人们认识活动的影响，怎样既重视经验，又不依赖于经验，怎样创造性地解决洽商活动的问题，可能是每一参与谈判活动的人都面临的问题。最重要的是培养谈判人员良好的心理素质、正确的工作态度和坚强的意志品质。

**案例 4-3**

### 大将狄青造"天意"

有一次，大将狄青征讨侬智高，军队刚出发就遇到许多困难，军队颇多怨言。为统一全军将士的意志，狄青取出100个铜钱，拿着与神誓约："此行若能大获全胜，那么，我投这些钱，一定都面朝上。"左右随从劝阻道："要是不能全部朝上，恐怕容易动摇军心，还是不投的好。"狄青意志坚决，不听劝告。众将士全神贯注地观看，只见狄青跪脚注目，将手一挥，一下将钱投出，100个铜钱全部面朝上落在地上，众人立刻欢呼起来，声震山林旷野。狄青也十分欢喜，回顾左右的人，命取100个钉子，立刻将钱钉住，又扣上青纱笼。狄青亲手加封说："等我军胜利回师，在此拜谢神灵，届时再取走钱。"

后来，狄青果然大获全胜。凯旋班师时，路经此地，履行诺言，拔钉取钱，此时，大家才发现，100个铜钱都是两面钱，正反面一模一样。

**【案例思考】**狄青是如何解决创造性与习惯定向的冲突的？

### 3. 角色多样化和角色期待的冲突

在实际生活中，每个人在不同的情况下可能会充当不同的角色，如一个人在家里是父亲，在单位可能是位领导者，而从事洽商活动又是临时组织的负责人或专业人员，还可能是其他组织负责人等。不同的角色，所处的社会地位不同，社会规范的行为方式也不同。由于在不同的情况下担任不同的角色，彼此之间必然会有矛盾冲突，作为具体的个人，要承担如此众多的角色，而且都要符合角色的要求，是难免会出现挫折，形成心理冲突的。特别是当原有角色与洽商活动中所扮演角色相冲突时，会直接影响谈判者的心理活动，影响其作用的发挥。例如，一个人在原单位是一名技术人员，但在谈判活动中成为一个主谈人，还承担着决策重任，那么，他很可能不适应这种角色的转化；而一个人在原单位是主要负责人，但在洽商活动中，他只扮演了一个从属的角色，他会感到不受重用，也会影响其作用的发挥。可见，这种原有角色与实际角色的心理冲突是值得我们认真研究并加以注意的。

# 第五节　成功谈判者的心理素质

## 一、意志力

耐心是在心理上战胜谈判对手的一种战术与谋略，也是成功谈判的心理基础。在谈判中，耐心表现为不急于取得谈判结果，能够很好地控制自己的情绪，掌握谈判的主动权。

耐心可以使我们更多地倾听对方，了解掌握更多的信息；耐心也能使我们更好地克服自身的弱点，增强自控能力，更有效地控制谈判局面。有关统计资料表明：人们说话的速度是每分钟120～180个字，而大脑思维的速度却是它的4～5倍。这就是为什么常常对方还没讲完，我们却早已理解了。但如果这种情况表现在谈判中却会直接影响谈判者倾听，会使思想溜号的一方错过极有价值的信息，甚至失去谈判的主动权，所以，保持耐心是十分重要的。

耐心还可以作为谈判中的一种战术与谋略。耐心使谈判者认真地倾听对方讲话，冷静、客观地谈判，分析谈判形势，恰当地运用谈判策略与方法；耐心使谈判者避免了意气用事，融洽谈判气氛，缓和谈判僵局；耐心使谈判者正确区分人与问题，学会采取对人软、对事硬的态度；耐心也是对付脾气急躁、性格鲁莽、咄咄逼人的谈判对手的有效方法，是实施以软制硬、以柔克刚的最为理想的策略方法。

具有耐心也是谈判者心理成熟的标志，它有助于谈判人员对客观事物和现象作出全面分析和理性思考，有助于谈判者做出科学决策。

需要指出的是，耐心不同于拖延。在谈判中，人们常常运用拖延战术打乱对方的战术运用，或借以实施己方策略。耐心主要是指人的心理素质，从心理上战胜对方。心理学研究表明，人是否具有耐心，与人的气质有直接的联系。黏液质气质类型的人，天生性格稳重、平和，而胆汁质气质类型的人则脾气暴躁，缺乏耐性。因此，黏液质气质类型的谈判者运用耐心则得心应手，而对于胆汁质的谈判者来讲，则需要克服较大的心理障碍。

在谈判活动中，谈判者要自始至终保持耐心，其动力来源于对利益目标的追求，但人们的意志、对谈判的信心，以及对追求目标的勇气都是影响耐心的重要因素。

### 案例 4-4

　　美国前总统吉米·卡特的最大特点就是有惊人的耐心。科恩评论道，不论什么人同卡特在一起待上10分钟后，就像服了镇静剂一样。正是由于他的耐心和坚韧不拔、毫不动摇，使他成功地斡旋了埃以两国争端，达成了著名的戴维营和平协议。

　　埃及和以色列两国争端由来已久，积怨颇深，谁也不想妥协。卡特邀请他们坐下来进行谈判，精心考虑之后，地点确定在戴维营。尽管那里设施齐备、安全可靠，但却没有游玩之处，散步成了人们主要的消遣方式。此外，还有两台供锻炼身体用的自行车和三部电影。所以，两国谈判代表团在住了几天之后，都感到十分厌烦。

　　但是，每天早上8点钟，萨达特和贝京都会听到敲门声，接着就是那句熟悉的话语："你好，我是卡特，再把那个乏味的题目讨论上一天吧。"结果等到第十三天，他们谁都忍耐不住了，再也不想为谈判中的一些问题争论不休了，这就有了著名的戴维营和平协议。它的成功，有一半归功于卡特总统的耐心与持久。

　　**【案例思考】** 卡特总统的耐心为什么会促成和平协议的签订？

## 二、自制力

　　自制力是谈判者在环境发生巨大变化时克服心理障碍的能力。由于商务谈判会涉及双方的经济利益，谈判双方在心理上处于对立，故而僵持、紧张、激烈的局面不可避免，这会引致谈判者情绪的波动。如果是明显的情绪波动，如发怒、沮丧，可能会造成疏漏，从而给对方创造击败己方的机会。所以，谈判者应善于在激烈变化的局势中控制自身的情绪和行为。具体来说，谈判顺利时，不要沾沾自喜，冲昏头脑；遇到挫折时，也不要心灰意懒，萎靡不振；遇到气恼的事，要能够控制。

## 三、应变力

　　应变力是指谈判者具有善于与他人相处，有良好的人际关系，并能调动其他谈判人员的积极性，协调他们的意志，统一其行动，根据谈判局势及时调整谈判部署、策略的心理素质。商务谈判既是一种涉及人员与领域比较多的复杂活动，又是一种局势变化莫测的商务活动。因此，在谈判过程中，要求谈判人员察言观色，及时掌握对方动向，摸清对方"底牌"，随机应变。

## 四、抗压力

　　谈判是一个较量的过程，参与谈判各方都将面临各种压力，所以要有相当高的承受压力的心理素质。尤其是面对拖延、时间紧张、失败的时候更是如此。在谈判中，不管有什么样的困难和压力，谈判人员都要显示出奋战到底的决心和勇气。

## 五、感受力

　　美国的尼尔伦伯格在他的《谈判艺术》一书中有这样的描述："老练的谈判家能把坐在谈

判桌对面的人一眼望穿，断定他将作什么行动和为什么行动。"合格的谈判者要随时根据谈判中的情况变化及有关信息，透过复杂多变的现象，抓住问题的实质，迅速分析，综合作出判断，并采取必要的措施，果断地提出解决问题的具体方案。

## 六、信念

良好的心理状态是取得谈判成功的心理基础。只有具备必胜的信念，才能使谈判者的能力得到充分发挥，使人成为谈判活动的主宰。

信念是人的精神支柱，是人们信仰的具体体现。持有什么样的信念，往往决定了人们的行为活动方式。我们坚持谈判者必须具备必胜的信念，不是仅仅指求胜心理，它有着更广泛的内涵和更深的层次。信念决定了谈判者在谈判活动中所坚持的谈判原则、方针，运用的谈判策略与方法。例如，谈判的一方为达到目的不择手段，甚至采取欺诈、威胁的伎俩迫使对方就范，为获得自己利益，不惜损害对方利益。在某种情况下，这些做法也是被求胜心理所支配。但是我们不能提倡这种必胜信念，这是不道德的。实践也证明，这样做的后果是十分消极的。不择手段的做法虽然使你获得了合同，也获得了利益，但它使你失去了信誉，失去了朋友，失去了比生意更加宝贵的东西。

所以，我们认为必胜的信念是符合职业道德的，是具有高度理性的自信心。这是每一个谈判人员要想取胜的心理基础。只有满怀取胜信心，才能有勇有谋，百折不挠，达到既定目标；才能虚怀若谷、大智若愚，赢得对方信任，取得合作的成功。

## 七、诚意

谈判是两方以上的合作，而合作能否进行，能否取得成功，还要取决于双方合作的诚意。就是说，谈判需要诚意，诚意应贯穿谈判的全过程。受诚意支配的谈判心理是保证实现谈判目标的必要条件。我们认为，诚意是谈判的心理准备，只有双方致力于合作的基础，才会全心全意考虑双方合作的可能性和必要性，才会合乎情理地提出自己的要求和认真考虑对方的要求。所以说，诚意是双方合作的基础。

诚意也是谈判的动力。希望通过洽商来实现双方合作的谈判人员会进行大量细致、周密的准备工作，拟订具体的谈判计划，收集大量的信息情报，全面分析谈判对手的个性特点，认真考虑谈判中可能出现的各种突发情况。诚意不仅能够保证谈判人员有良好的心理准备，而且也使谈判人员心理活动始终处于最佳状态中。在诚意的前提下，双方求大同，存小异，相互理解，互相让步，以求达到最佳的合作。

## 八、冒险精神

对于谈判者来说，敢于冒险是力量和勇气的象征。在谈判中，愿望的高低、风险的大小、成功的可能性这三者息息相关。只有目标高的人才敢于进取，因而也就具有了某种成功的可能性。冒险不应是不加分析、不动脑筋的盲目冒险。冒险也要讲究策略。策略一：变"在乎"为"不在乎"。在商务谈判中，常因风云变幻莫测而陷入困境，面对困境要有超脱的态度，变"在乎"为"不在乎"。策略二：掌握冒险的度。所谓谈判者确定自己所冒风险的度就是指这种冒险成功的可能性有多大。但是冒险绝不应该被解释为永无止境的贪得无厌，也就是说谈判的利益绝不可以被一方所独占，即使是出现了损失也要理智，千万不可孤注一掷，铤而走险。

# 第六节　商务谈判心理的禁忌

## 一、必须避免出现的心理状态

### 1. 信心不足

在激烈的谈判中，如果信心不足，是很难取得成功的。即使谈成了交易，也必将付出巨大的代价。

在谈判中，八仙过海，各显神通，明比质量与价格，暗斗意志与智慧。谈判各方为了实现自己的目标，都试图调整自己的心理状态，从气势上压倒对手，以充分运用各种谈判策略与技巧。如果信心不足则无力支撑谈判的全过程，在对方的攻击下，中途就将败下阵来。

信心十足是谈判人员从事谈判活动的必备心理要素。有了充足的信心，谈判者才能使自己的才能得到充分展示，潜能得到充分发挥。在必胜信心的支持下，谈判者能将自己的需求动机转变为需求行为，最终如愿以偿，目标得到实现。所以，无论如何，谈判人员一定不能表现出信心不足，即使谈判出现十分困难的情形。

### 2. 热情过度

过分热情会暴露你的缺点和愿望，会给人以有求于他的感觉。这样就削弱了自己的谈判力，提高了对手的地位，本来比较容易解决的问题可能就要付出更大的代价。对于一般人来说，对于自己喜欢而又无法得到的东西，会有一种强烈取得的意念。但作为谈判者，却要考虑到对手的反应，要用自己的一言一行来牵制对方，以便让谈判局面向有利于自己的方向发展。

当你方实力强于对方时，要让对方表现出热情很高，让对方巴结你，强烈要求和你成交，从而维护自己的优势地位。当你方实力弱于对方时，要表现出热心但不过度，感兴趣却不强求，不卑不亢，处之泰然。这样反而使对方对自身产生怀疑，从而增加己方的谈判力量。

当谈判出现分歧或僵局时，冷处理比热处理更有效。比如提出一个竞争对手，对方的态度和条件马上就会发生变化。

### 3. 不知所措

当出现某些比较令人棘手的问题时，如果没有心理准备，不知所措，就会签订对自己利益损害较大的协议；或者处理不当，不利于谈判的顺利进行。

在谈判中，谈判对手性情不同，各种情形复杂多变，难以预料。如有为一点儿事纠缠不清的，有思路不同而令人难以解释的，有故意寻衅找事的。当这些事情发生时，应保持清醒的头脑，分析其原因所在，找出问题的症结；如果是对方蛮不讲理，肆意制造事端，就要毫不客气，以牙还牙，不让对方得逞。此时，应避免被对方的气势所压倒，使对方从中谋利。如果我方亦有责任，则应以礼相待，消除隔阂，加强沟通。

当己方处于不利情形时，也不能不知所措。事前就应对各种可能出现的最坏局面心里有底，尽量避免不利情况的发生。不知所措，只会乱了自己，帮了对手。谈判人员一定要学会遇险不惊、遇乱不烦。

## 二、对不同类型的谈判对手要区别对待

根据人们自我追求和行为习惯的不同，可以将谈判对手分为三类，即权力型、进取型和

关系型。不同类型的谈判者会有不同的心理状态，会采取不同的行为，所以，我们要研究不同类型谈判对手的心理，避免触犯某些禁忌。

### 1. 与权力型对手谈判的禁忌

权力型对手以对别人和对谈判局势施加影响为满足。这类人的特点是，对成功的期望一般，对于保持良好的关系的期望一般，对于权力欲的期望也一般。这类人能够与对方建立友好关系，能有力控制谈判过程。对成功的期望是只要他带回去的结果能使自己的上司和同事满意就行了，在必要的情况下会作出让步，达成一个勉强满意的交易，而不愿意使谈判破裂。

与这类人谈判的禁忌：①试图去支配他、控制他；②压迫他作出过多的让步，提出相当苛刻的条件。

### 2. 与进取型对手谈判的禁忌

进取型对手以取得成功为满足，对权力与成功的期望都很高，对关系的期望则很低。这类人会尽力争取凡是他认为重要的东西，极力想向对方施加影响，以强权办法求得利益。这类人的目标可能订得并不高，主要是为了能轻易达到谈判目标，甚至轻易地超过目标。同这类人谈判，可让他负责谈判程序的准备，以满足他的权力欲，让他第一个陈述，从而使他觉得自己获得了某种特权，但是要注意控制整个谈判的程序。

同这类人进行谈判的禁忌：①不让他插手谈判程序的安排；②不听取他的建议；③让他轻易得手；④屈服于他的压力。

### 3. 与关系型对手谈判的禁忌

关系型对手以与别人保持良好的关系为满足。对成功与保持良好的关系的期望很高，对权力的期望很低。这类人更加期望对他的上司及公司的同事尽责，希望他带回去的协议能得到上司和同事的赞赏，同时也较多地注重与对方人员保持友好的关系。由于这类人热衷于搞好关系而不追求权力，他在谈判中更容易处于被动地位。

同这类人员进行谈判的禁忌：①不主动进攻；②对他让步过多；③对他的热情态度掉以轻心。

## 三、了解不同性格谈判对手的心理特征

在谈判过程中，我们必须了解不同性格谈判者的心理特征，根据不同的心理采取不同的对策，极力避免触犯他们的禁忌，伤害他们的感情，造成不必要的心理隔阂，阻碍谈判的进行。

### 1. 与迟疑的人进行谈判的禁忌

这类人的心理特点是：①不信任对方。这种人不信任你，没有特殊的理由，只是怕受骗上当。怀疑是他保卫自己的一种手段，如果要令他相信，就要拿出确切的证据。②不让对方看透自己。希望自己有一块领地不被人知晓，对方稍有靠近，他们就会敏锐地感觉到，并采取一些行动，误导对方的看法。③极端讨厌被说服。你想一下子说服他是不可能的，即便你的话是真的，并没有骗他，你越说的多，他越不相信。④不立即作出决定。这种人从来不仓促行事，做事经过全面考虑才采取行动，不轻易相信别人，以至于有时都延误了时机。这类人的特点是完全根据自己的感觉和意志来行事，他们头脑清晰，考虑问题较多。

与这类人谈判的禁忌：①在心理和空间上过分接近他；②强迫他接受你的观点；③喋喋不休地说服；④催促他作出决定，不给予他充分的考虑时间。

### 2. 与唠叨的人进行谈判的禁忌

这类人的心理特点是：①具有强烈的自我意识，喋喋不休地说，谈到最后也说不出个所以然，内心深处却有不堪一击的弱点，尽力想用说话来弥补这个弱点。②爱刨根问底。凡事想通过自己来弄个明白，坚持自己的看法，好与人争辩。经常讨人厌恶，浪费别人时间。③好驳倒对方。这也不行，那也不是，利用种种手段驳倒对方，看到对方被驳倒灰溜溜的样子，有一种满足感。④心情较为开朗。唠叨是某些人的习惯，不唠叨就难受，把想说的都毫不客气地吐出来后，心情就会开朗。这类人并没有多少心机。

同这类人谈判的禁忌是：①有问必答，这样会没尽头；②和他辩论，即使在道理上能胜过他，买卖也依然难成交；③表现出不耐烦，不妨听之任之；④胆怯，想开溜。

### 3. 与沉默的人进行谈判的禁忌

这类人的心理特点是：①不自信。由于不善言辞，生怕被别人误解或小看，常常闷闷不乐，具有自卑感。②想逃避。对于说话一事感到很麻烦，从来不会因没有说话而感到不自在，自然而然地以听者自居。表现欲差，不愿在人多的场合出头露面，对事物的认识依赖直觉，对好恶反应极为强烈。③行为表情不一致。当他面带微笑时，可能内心正处于一种焦虑和不耐烦的心态。④给人不热情的感觉。这些人看似态度傲慢，其实，内心深处也有一种愿为人做些事情的想法。因为答应不爽快，被误认为是爱理不理的。

与这类人谈判的禁忌：①不善察言观色；②感到畏惧；③以寡言对沉默；④强行与之接触。

### 4. 与顽固的人进行谈判的禁忌

这类人的心理具有如下特点：①非常固执。你说东，他谈西。你越想说服他，他却更加固执地抵抗。这类人很难后退一步，合作起来会不愉快。②自信自满。自以为无所不能，认识事物带有片面性，只按自己的标准行事，往往听不进别人的意见。③控制别人。对某事拘泥于形式，深信自己的所作所为是绝对正确的，怕自己深信的一切被别人修正；相反，想让别人也按他的意志行事。④不愿有所拘束。个性外向者居多，精力充沛，多半在外与众人接触，做起事来很有魄力。

与这类人谈判的禁忌：①缺乏耐心，急于达成交易；②强制他，企图压服他；③对产品不加详细说明；④太软弱。

### 5. 与情绪型的人进行谈判的禁忌

这类人的性格特征是：①容易激动。看到新东西，有好奇心，如果很合他的意，马上就会表露出来。一般说来，很难掩饰住内心的变化。②情绪变化快，兴趣和注意力容易转移。高兴时有股莫名的冲动，沉不住气，对谁都笑容可掬；而心情不好时，敏感的情绪会迅速变化，有时甚至失去控制，恶语伤人。③任性，见异思迁。什么事情都希望由着他的性子办。情绪不稳定，一般没有知心的朋友，较为孤寂。

与这类人员谈判的禁忌：①不善察言观色，抓不住时机；②找不到他的兴趣所在；③打持久战。

## 本章小结

商务谈判心理对商务谈判活动有着重要的影响。熟悉商务谈判心理，有助于培养谈判人员的心理素质，揣摩谈判对手心理，实施心理诱导，表达或掩饰谈判者自身的心理和营造谈判氛围。

商务谈判是建立在需要的基础上的，谈判者应了解谈判双方的需要，要洞悉谈判中需要的存在，并根据谈判者当前需要层次中各需要的主次程度、需要满足的可替代性因素及时发现各种需要，据此制订相应的谈判策略。心理挫折是指人在实现目标的过程中遇到自感无法克服的阻碍、干扰而产生的一种焦虑、紧张、愤懑、沮丧或失意的情绪性心理状态。在商务谈判中，谈判者要努力摆脱各种心理挫折，培养成功谈判者的意志力、自制力、应变力及感受力等心理素质，克服商务谈判中的各项心理禁忌。

## 综合练习题

### 一、简答题

1. 简述需要的一般特点。
2. 谈判者遭遇心理挫折时的心理反应一般有哪些？
3. 简述摆脱挫折困扰的心理防卫机制。
4. 简述成功谈判者需要具备的心理素质。
5. 商务谈判的心理禁忌有哪些？

### 二、案例分析题

2005 年的中欧纺织品大战，现在回想起来仍然历历在目。

中国加入世界贸易组织对诸多国家的进出口贸易产生了巨大的影响，其中就包括对欧洲联盟国家。中国向来就是纺织品产业的行家，借着世界贸易的开放对外输出的产品也顺畅了许多。这自然对其他国家自产纺织品的企业造成了不小的冲击。于是，欧盟贸易组织为了保护国内的纺织品经济不受冲击，对中国出口的产品配额进行了限制。

就这样，2005 年 8 月，欧盟各国海关共囤积羊毛衫和毛裤 8 000 万件。如此巨大的数量，一时间无法让各海关清关，只能报告欧盟委员会，让委员会想办法解决。

经过欧盟组织的评估鉴定，如果这批货物不能顺利进关，将会给国内的进口商造成巨大的损失，损失保守估计在 3.8 亿欧元，这样也间接使国家少征收 1.4 亿欧元的关税、营业税等。

于是，欧盟决定与中方贸易组织进行一次谈判，以求尽快解决这 8 000 万件产品的问题。

中方清楚，现在的局势很明显，产品迟一天入关，欧盟进口商损失的就越多，进而欧盟的税收就会减少。于是，中方谈判代表决定保持一种平和的心态，冷静地面对此次谈判。

欧盟首先提议，中方提前使用明年的配额指标，以确保产品进关。可是中方很清楚，欧盟之前的限额条件很严苛，这次谈判正是一次争取高配额的机会。于是中方的谈判代表决定打持久战，迟迟不给出具体的答复。

正像事后中方代表会议所说：我们就是抱着隔岸观火的心态，等待时机的出现。也正如中方所料，欧盟不能眼睁睁看着即将到手的关税溜走，万分焦急中，终于向欧盟各国政府提交了增加中国纺织品配额的计划书。

各国政府也基于税收和进口商的利益免受损失等方面的考虑，最终纷纷答应了欧盟组织的申请。而中方也因为谈判中保持平和的心态，最终等到了增加产品配额的好时机。

（资料来源：孙科炎. 业务谈判技能案例训练手册 2.0[M]. 北京：机械工业出版社，2013.）

**【案例思考】**

1. 中方谈判人员是如何在此次商务谈谈过程中捕捉对方心理的？

2. 谈判人员的心理素质是如何在该谈判中表现出来的？谈判人员应该从该谈判中吸取哪些经验？

**三、模拟商务谈判实践**

接前一章模拟商务谈判实践，完成以下实训任务。

在该谈判中，试分析各方谈判人员可能产生的谈判心理。

---

📖 阅读资料 =============================

### 与情绪明显的人相处应注意的事项

当你与情绪明显的人在一起时，要注意以下几点。

（1）要充分利用他们明显的情绪，可以趁机提出你的想法、要求或者打算，从他们的好心情中得到好处。

（2）如果某人情绪明显低落，这时你最好不要提出某种大胆的计划，要耐心等待，做一点那个人喜欢的事情。如果遭到拒绝，不要大惊小怪，记住，情绪是会变的。

（3）如果某人情绪明显低落，不要自作多情地以为他的情绪不好是由你引起的，也不要有意去注意他的坏情绪，要表现得友好而又彬彬有礼。

**参考阅读：**

并购Vizio背后：乐视正走在雅虎的老路上？

http://tech.sina.com.cn/zl/post/detail/i/2016-07-29/pid_8508095.htm

软银收购ARM是场豪赌：能撑到爆发之日吗？

http://tech.sina.com.cn/zl/post/detail/it/2016-07-18/pid_8507993.htm

第二篇

# 商务谈判实务

# 第五章　商务谈判的语言艺术

学习要点及目标

通过本章的学习，明确商务谈判语言沟通的定义、要素与过程，了解商务谈判中语言艺术的重要性、内容及学习的主要理论，能灵活运用理论知识分析所列案例。

### 引导案例

## 运动型轿车的引进

中国某汽车集团与美国某汽车集团已经在华合作生产轿车多年。中方有意在当时已有的两种车型的基础上，再从美方引进两款最新车型。在筹备新车型引进的沟通过程中，中方获悉，美国并不愿意向中方提供这两款刚刚在欧美上市的运动型轿车的生产技术。

中方负责沟通的副总裁让人从电视台复制了来本年度正在进行的NBA比赛的全部录像资料，花了数个晚上以及周末的时间，仔细观看了大部分场次的比赛录像。为了加深记忆，他还对一些竞猜场次的比分，商场的球员姓名以及他们得分情况、超常表现，甚至失误动作等一一作了记录，并烂熟于心。

当中美双方代表坐下来就新款轿车的引进开始沟通时，中方的这位副总裁却恭贺美方主谈所在的州赢得了一场NBA比赛，比分是××比××，比上年的状态更好！美方代表闻之大喜：你也喜欢看NBA比赛？我在美国可是场场不落地收看实况直播，为此老婆常常抱怨。中方副总裁说：我老婆也因为我总看NBA不理家事，差点与我离婚！美方代表乐了：咱俩的爱好太相似了。对了，你们的姚明昨天上场了没有？表现怎样？中方副总裁说：姚明的脚受伤了，没有上场。美方代表说：那太遗憾了！不过，如果姚上场的话，我们州的球队可就麻烦了！"But Yao is something（姚是个很棒的家伙），美国人很喜欢他。"中方副总裁说，姚明是我们中国人的骄傲。中国还有奥运110米跨栏冠军刘翔，还有女网双打世界冠军……接着，他把话锋一转：近年来，中国的体育运动成绩骄人，广大百姓尤其是年轻的职业经理人和白领阶层，喜欢健身、郊游、远足的人越来越多。他们上网、泡吧、出国旅行，对新事物非常敏感并积极追求。正因为如此，我们想尽快引进贵公司新近推出的两款运动型三厢轿车和两厢轿车。我们希望贵公司千万别像德国人那样，迟迟不肯向中国转让最新的车型，结果被日本和韩国不断引进的新车型夺走不少中国的市场份额。美方代表一听：有道理呀！运动型轿车在中国市场上的比重很小，只要捷足先登，就能抓住赚钱的商机。于是，经过几番磋商之后，这家美国汽车公司的代表很快与中方就新车型的引进达成了共识。

【思考与启示】中方副总裁通过谈论美方代表最喜欢的话题，获得对方的信任并且针对相关的话题指出引入新型汽车的重要性，借助谈判语言艺术达到了谈判目标。因此，商务谈判中语言沟通是谈判过程中的一个重要环节。

# 第一节　商务谈判语言沟通的要素与过程

## 一、商务谈判语言沟通的要素

商务谈判语言沟通是复杂的以组织利益为导向的沟通活动。完整的商务谈判语言沟通包括以下三个要素：商务谈判语言沟通主体、商务谈判语言沟通客体及环境。

### （一）商务谈判语言沟通主体

商务谈判语言沟通主体是指在商务活动中有目的地对沟通客体施加影响的个人和团体，诸如党、团、行政组织、家庭、社会文化团体及社会成员等。商务谈判语言沟通主体可以选择和决定沟通客体、沟通介体、沟通环境和沟通渠道，在商务沟通中处于主导地位。

### （二）商务谈判语言沟通客体

商务谈判语言沟通客体即沟通对象，包括个体沟通对象和团体沟通对象；团体的沟通对象还有正式群体和非正式群体的区分。沟通对象是沟通过程的出发点和落脚点，因而在沟通过程中具有积极的能动作用。

### （三）商务谈判语言沟通媒介

商务谈判语言沟通媒介即商务谈判语言沟通主体用以影响、作用于沟通客体的中介，包括商务谈判语言沟通内容和商务谈判语言沟通方法。它是商务谈判语言沟通主体与客体间的联系，可保证商务谈判语言沟通过程的正常开展。

### （四）商务谈判语言沟通环境

商务谈判语言沟通环境既包括与个体间接联系的社会整体环境，如政治环境、经济环境、社会环境等，又包括与个体直接联系的区域环境，如学习、工作、单位或家庭等，对个体直接施加影响的社会情境及小型的人际群落，如群体结构等。

#### 1. 政治环境

政治环境就是指一个国家或地区在一定时期内的政治大背景。比如说政府是否经常更换，政策是否经常变动等。政治环境是各种不同因素的综合反映，诸如国内危机，针对商业行为的政策，以及国家之间在特殊地区的冲突，这些问题可能偶尔发生，也可能经常发生。

#### 2. 经济环境

经济环境主要包括国家和地区的经济制度、经济结构、经济发展速度和水平、经济法律和经济政策以及居民消费结构和水平、市场供求状况、社会基础设施建设等。经济环境是影响商务活动中最关键、最基本的因素。相比其他环境，经济环境的变动最频繁，变动一旦发生，其后果和波及面又相当大，很多经济指标的变动都会引起一系列的连锁反应，对商务活动的影响极大。

**案例 5-1**

**不同国家的经济法律**

总额涉及500万美元的合资沟通使得赵光裕——这位久经涉外沟通沙场的老律师沉思良久。沟通一方是天津制药工业公司，另一方是美国的S公司。资料表明，此次合资办厂对双方都有利且利益巨大。问题是如何维护我国厂家的正当权益。首先是沟通文本的沟通，S公司草拟了一份合同交给天津制药公司，要求作为沟通文本。但是赵光裕看过合同之后，认为其中很多地方不是平等互利，而是要求美方的超额利润，而且很多条款是与中国法律相冲突的。那么应该要求修改，还是干脆拒绝呢？赵光裕曾多次担任涉外经济沟通的法律顾问，他深知一个判断甚至一种态度在沟通中的分量。赵光裕坐到桌前，又读了一遍他和助手吕常胜、俞云鹤写的合同审议意见书，然后郑重地写下了最后意见："我方应根据中国法律重拟合同，并电告美方：沟通需以我方合同文本为基础，否则不必来津。"

会谈在天津友谊宾馆一号会议室进行。

"请问，"会谈一开始，美方代表杰克便提出了问题，"为什么要用你们的合同而不用S公司的？"张经理看看赵光裕，示意请法律顾问回答。赵光裕看了看并排放在桌上的两个文本。抬起头来说道："比较一下两个文本就可以看出，S公司的文本有些地方含混不清，而且很多地方与中国法律相冲突。这些问题在我方的文本中是没有的。"

"请举个例子。"杰克不放松地说道。此时赵光裕的面容端庄稳重，但却没有一丝笑容。他不慌不忙地说："签订合资合同，必须先明确当事人，也就是我们是和谁合作。在S公司的文本中，有时是S公司，有时又是S．E制药厂，这种做法是模棱两可的。那么到底由谁来承担本合同的权利、义务和责任呢？""嗯。"杰克想了想。"还有吗？""《中外合资经营企业法》第四条规定，合资企业的形式为有限责任公司。有限责任公司是不能发行股票的，而贵方合同却要求发行并且可转让股票，这合适吗？"如果股票转移到某些我们不承认的政府手里，那就成了我们与他们的合作，这将严重损害我国的外交立场。不过这些话赵光裕没有说。用不着说，谁心里都明白。

"是这样？是的，是不合适。"杰克打开两个文本核对着。

"还有，贵方要以工业产权进行投资，这是可以的。但依《中外合资经营企业法》第五条规定，它的价格要由各方评议确定。现在S公司的合同稿中却单方面地规定了价格和计价方法，这也是不合适的。而且，如果以工业产权作为投资，那么这一过程中的技术指导、技术咨询和检查，都是投资方的固有责任，不能另外计价。"

赵光裕坦然地放下文本，又说："类似这样的问题，在贵方文本中有29条之多，所以我们认为，以贵方文本作沟通的基础文本是不合适的。"说完，赵光裕便看看杰克，等待着他的反应。杰克却低下头去看文本。过了片刻他才抬起头来，带着一丝微笑说道："因为没有参加前一段的双方接触加上对中国法律了解不够，所以拟制的合同草案的确不合适。你方的草案确实比我们的好。那么，就以你们的草案作为沟通基础本吧。"

【案例思考】赵光裕律师采用了什么方法使S公司采用天津制药厂的合同？

### 3．社会环境

社会环境的内容十分广泛，主要包括一个国家或地区的人口数量、年龄结构、受教育水平和职业结构、民族构成和特性等方面的基本情况，同时还包括生活习惯、宗教信仰、道德风尚、价值取向、历史及文化传统等人文因素。

案例 5-2

#### 德国人的沟通风格

中、德沪杭磁悬浮技术引进沟通于2006年3月通过国务院批准立项，当时媒体报道称，该线全长175千米，工程概算350亿元，时速450千米，2010年前建成。

该项目中、德两国有两种合作模式：模式一是德国政府给予支持，成立合资企业经营，相关设备、零部件则要大部分在中国生产，德国生产的比例占10%——这是中方所希望的。中国坚持设备、零部件大部分国产化的原因是：可以促进当地就业，增加GDP，为将来的技术转让创造条件，并可以大大降低建设成本。国产化率是外资企业与中国技术合作的硬指标。模式二是中方付费购买技术使用权，然后自行建造——这是德国所倾向的。然而，双方在两种合作模式的选择中利益点显然各有诉求，沟通双方的立场出现了无法对接的状态。德国政府在当时的沟通中不愿以转让技术为代价来换取沪杭磁悬浮的建造权。合作的第二种模式，即付费使用磁悬浮技术则被中方否决，因为中方认为其开价过高。中方认为，德方的磁悬浮造价还有待进一步降低，因此拒绝了德方的开价。

双方都自认为有可以制约对方的筹码。西门子、克虏伯的想法是：其一，磁悬浮已经在中国"十一五"规划中立项，开工建设是确定无疑的；其二，沪杭磁悬浮是2010年上海世博会的一部分，推迟建设会影响世博会全局。

中方的一些专家则认为，即便不上磁悬浮，也还有两套替代方案：一是建沪杭高速轮轨铁路，32分钟可从上海到达杭州，与磁悬浮的28分钟相差无几，但造价则低很多；二是采用国产的磁悬浮技术，开始时速可达350千米/小时，然后仿照现有铁路提速的办法，逐步提速至450千米/小时。同时，中国成都飞机工业集团正在开发自己的磁悬浮列车。更绝妙的是，有中国国家磁悬浮交通工程技术专家称："再不行，这条线就不建了！"这场沟通就此进入了微妙阶段。

德国是世界上经济实力最强的国家之一。其工业极其发达，生产效率高，另外，企业的技术标准十分精确、具体，因此，德国的产品质量堪称世界一流。日耳曼人的民族特点是倔强、自信；办事谨慎，富有计划性；敬业精神很强，工作重视效率、追求完美。德国能在短短几十年内在世界经济中再度崛起，是与他们这种自强不息的民族奋斗精神分不开的。

### 1. 严谨周密

德国人在沟通之前，总是做好充分的准备。他们不仅研究目标对象的产品问题，还研究销售该产品的公司情况，公司所处的大环境，公司的信誉、资金状况、管理状况、生产能力等，先掌握大量翔实的第一手资料，以便在沟通中得心应手，左右逢源。他们不同于那种只要有利可图就与之做生意的唯利是图的公司，他们不喜欢与声誉不好的公司打交道。所以，有的人认为德国人比较保守，这可能是一个影响因素。在采购其他国家的产品时，往往把本国产品作为参照标准。与德国人进行国际商务洽谈，严格的产品品质和生产管理是沟通的关键筹码。当然，他们也不会盲目轻信你的承诺。但如果你不能信守诺言，那么你就没希望取得大笔买卖的订单。从某种角度说，德国人对你的沟通表现的评价，取决于你能否令对方建立信守诺言的信任感。

### 2. 高效务实

德国人的高效率久负盛名，他们信奉的座右铭是"马上解决"，不喜欢对方支支吾吾，用"研究研究""考虑考虑"等拖拖拉拉的沟通语言。他们具有极为认真负责的工作态度、高效率的工作程序。所以，在德国人的办公桌上，看不到被搁置不理的文件。德国人认为，一个沟通者是否有能力，只要看一看他经手的事情是否快速有效地处理就清楚了。德国人在沟通中审慎稳重有余，而适当的妥协性和灵活性不足。如果我们对出口商品报价过高，他们可能会觉得双方的价格相距太远，不值得进一步探讨，从而可能使双方失去一次贸易机会。相反，他们一旦报出价格，那这个价格一般是不可更改的。德国商人很少讨价还价，即便有，讨价还价的余地也会很小。德国人的沟通风格是审慎、稳重。他们重视并强调自己提出的方案的可行性，不轻易向对手作较大的让步，让步的幅度极为有限，因为他们坚信自己的报价是科学合理的。

### 3. 诚实守约

德国人很善于商业沟通，他们的讨价还价与其说是为了争取更多的利益，不如说是认真工作，一丝不苟。他们严守合同，认真研究和推敲合同中的每一句话和各项具体条款。一旦达成协议，很少出现毁约行为，合同履约率很高，在世界贸易中有着良好的信誉。德国人在签订合同之前，往往要仔细研究合同的每一个细节，并认真推敲，感到满意后才会签订合同。合同一经签订，他们会严守合同条款，一丝不苟地去履行。他们不轻易毁约，同样，他们对对方履约的要求也极其严格。

【案例思考】列举中国人谈判沟通的特点。

## （五）商务谈判语言沟通渠道

商务谈判语言沟通渠道即商务谈判语言沟通介体从商务谈判语言沟通主体传达给商务谈判语言沟通客体的途径。商务谈判语言沟通渠道不仅能使正确的思想观念尽可能全、准、快地传达给商务谈判语言沟通客体，而且还能广泛、及时、准确地收集客体的思想动态和反馈的信息，因而商务谈判语言沟通渠道是实施商务谈判语言沟通过程，提高商务谈判语言沟通功效的重要一环。商务谈判语言沟通渠道很多，诸如谈心、座谈等。

## 二、商务谈判语言沟通的过程

商务谈判语言沟通过程是指商务谈判语言沟通主体对沟通客体进行有目的、有计划、有组织的思想、观念、信息交流，使沟通成为双向互动的过程。

商务谈判语言沟通的过程可以分解为以下几个步骤。

（1）信息源：指发出信息的人。

（2）编码：发送者将这些信息译成接收者能够理解的一系列符号，如语言、文字、表、照片、手势等，即信息。

（3）传递信息：通过某种通道（媒介物）将信息传递给接收者。

（4）解码：接收者将通道中加载的信息翻译成他能够理解的形式。解码的过程包括接收、译码和理解等环节。

（5）反馈：接收者将其理解的信息再返送回发送者，发送者对反馈信息加以核实和做出必要的修正。反馈的过程只是信息沟通的逆过程。

在商务谈判语言沟通这个过程中至少存在着一个发送者和一个接收者，即发出信息一方和接收信息一方。信息在二者之间的传递过程一般经历七个环节。

（1）发送者需要向接收者传递信息或者需要接收者提供信息。这里所说的信息是一个广义的概念，它包括观点、想法、资料等内容。

（2）发送者将所要发送的信息译成接收者能够理解的一系列符号。为了有效地进行沟通，这些符号必须适应媒体的需要。例如，如果媒体是书面报告，符号的形式应选择文字、图表或照片；如果媒体是讲座，就应选择文字、投影胶片和板书。

（3）发送符号给接收者。由于选择的符号种类不同，传递的方式也不同。传递的方式可以是书面的，如信、备忘录等；也可以是口头的，如交谈、演讲、电话等；甚至还可以通过身体动作来表述，如手势、面部表情、姿态等。

（4）接收者接收符号。接收者根据发送来的符号的传递方式，选择相应的接收方式。例如，如果发送来的符号是口头传递的，接收者就必须仔细地听；否则，符号就会丢失。

（5）接收者将接收到的符号译成具有特定含义的信息。由于发送者翻译和传递能力的差异，以及接收者接受和翻译水平的不同，信息的内容和含义经常被曲解。

（6）接收者理解被翻译的信息内容。

（7）发送者通过反馈来了解他想传递的信息是否被对方准确地接收。一般来说，由于沟通过程中存在着许多干扰和扭曲信息传递的因素（通常把这些因素称为噪声），使得沟通的效率大为降低。因此，发送者了解信息被理解的程度也是十分必要的。沟通过程中的反馈，构成了信息的双向沟通。

# 第二节　商务谈判语言沟通的障碍及策略

## 一、商务谈判语言沟通的障碍

所谓沟通障碍，是指信息在传递和交换过程中，由于信息意图受到干扰或误解，而导致沟通失真的现象。在人们沟通信息的过程中，常常会受到各种因素的影响和干扰，使沟通受到阻碍。在商务活动中，特别是在国际商务谈判语言沟通活动中，沟通的主体及客体处在不同的政治、人文、经济等环境中，不可避免地造成在商务谈判语言沟通活动中的各种障碍。以造成商务谈判语言沟通障碍的媒介为标准，将国际商务谈判语言沟通的障碍分成以下四类，便于提出有针对性的策略。

### （一）物理性沟通障碍

一个典型的物理沟通障碍是突然出现的干扰噪音盖过了说话的声音。当物理干扰出现时，人们通常会意识到，并会采取措施予以补偿。物理沟通障碍要转换为积极的因素，可以通过生态控制，发送者使环境发生改变从而影响接收者的感受和行为。比如说，整洁的环境、开放式的办公环境等都会影响来访者的知觉。

物理沟通障碍包括沟通渠道障碍和距离障碍。

沟通渠道障碍是指由于种种干扰，常使沟通过程的信息传递渠道受阻或不通畅，从而影响沟通的效果。这主要表现为客观因素的影响，如通信工具、信息技术落后等，从而使人们之间的交流和沟通不能随时和顺畅地进行。随着科学技术的不断发展，未来的计算机网络系统将会大大提高信息传送和接收的效率。

距离障碍是指管理者与职工之间、职工与职工之间，客观上均存在着空间上的距离。正是由于空间距离的阻隔，双方无法进行面对面的交流和沟通，从而使得人们在选用沟通媒介时受到限制。比如，或者选用文字表达方式，或者选用电话沟通方式，以期表达各自的想法和意图，但这两种方式都无法展现双方的面部表情、手势动作和体态姿势，难以达到使对方心领神会之效。另外，由于每一个人的社会背景、个性特点等各异，其心理、阅历和素养等方面也存在差异，这亦会造成沟通障碍。

### 案例 5-3

#### 15厘米和60厘米

我国一家石油公司的经理会见石油输出国组织的一名阿拉伯代表，和他商谈协议书上的一些细节问题。关于事情的经过，请听他的自述："谈话期间，他慢慢地向我靠拢过来，直到离我只有15厘米的地方才停下来。当时，我并没有注意到什么，我对中东地区的风俗习惯不太熟悉。我往后退了退，在我们两人之间保持着我认为是适当的距离，大概是60厘米。这时，只见他略略迟疑了一下，皱了皱眉头，随即又向我靠拢过来。我不安地又退了一步。突然，我发现我的助手正焦急地盯着我，并摇头向我示意。感谢上帝，我终于明白了他的意思，在一个我觉得最别扭、最不舒服的位置上谈妥了这笔交易。"

## （二）管理性沟通障碍

### 1. 组织结构

合理的组织结构有利于信息沟通。如果组织机构过于庞杂，不仅容易使信息传递失真，还会影响信息传递的及时性，最终影响工作效率。沟通缺口指沟通的正式"网络"中所存在的缺陷或漏洞。正式沟通网络是沿着组织的权责路线建立的，随着组织的扩大，这些"网络"便倾向于变得大而复杂，同时又没有很多的计划工作，在这种情况下，沟通"网络"便开始出现缺陷。过分依赖正式沟通而不利用其他来源和方法，易导致沟通系统产生缺口。

### 2. 沟通渠道

信息沟通有多种渠道，各种渠道又有各自的优缺点，如果不考虑本组织机构的实际情况和具体要求，随便选择沟通方式和渠道，就会造成信息沟通的障碍。在沟通中组织经常使用的媒体有通知单、小册子、板报、信函、年度报告、通信刊物、图表、工资单、标语、电话、闭路（续致信网上一页内容）电视、建议书等。一些媒体对个人及其组织沟通都是适用的，然而对媒体的选择却是沟通的一个极其重要的方面。例如，一个管理人员设计了一个极好的方案，但是如果没能选择好合适的方式予以沟通，那么他的时间和精力就可能白费了。

### 3. 信息孤岛与信息冗余

信息可以按逻辑关系排列，技术上也可以储存和复制。信息过多或不相关都会使沟通达不到预期效果。而沟通是在人与人之间进行的。信息是中性的，而沟通的背后都隐藏着目的。对于沟通，由于沟通者和接受者认知和意图不同显得效果各异。尽管信息对于沟通来说必不可少，但信息过多也会阻碍沟通。例如，"越战"期间，美国国防部陷入到了铺天盖地的数据中。

## （三）心理性沟通障碍

### 1. 曲解

当一个人分不清实际材料和自己的观点、感觉、情绪等的界限时，就会发生曲解。商务谈判语言沟通双方都倾向于根据自己的观点、价值观念、意见和背景来解释信息，而不对它作客观的解释，由于语言及媒介使用不当、接收者对信息发生误解而造成沟通的曲解。

### 案例 5-4

#### 不会说话的主人

某人请几位客人到家里吃饭，有一位客人一直没有来，主人等得心急，便抱怨道："你看看，该来的不来。"有位客人一听："哦，该来的不来，我岂不是那不该来的了？"于是站起来便走，主人急忙挽留，可没留住。主人又说："哎，不该走的走了。"另一位客人听了想到："这么说，我才是该走的。"这么一想，他也生气地离开了。主人见状，觉得很委屈，便向最后一位客人诉苦："我没有说他们啊！"那位客人闻言不悦："噢，那你是在说我啦！"说完，也怒气冲冲地走了。

【案例思考】如果是你，将如何挽留离开的客人？

主人明明是一番美意，就因为不会说话，只好眼睁睁地看着事物的发展走向愿望的反面。这就是不善于掌握语言，运用语言不当的后果。

### 2. 缺乏信任

信任障碍主要与沟通双方相处的经历有关。信任可以分为完全信任、明证性信任、协议性信任和不信任四个等级。如果商务谈判语言沟通活动能在协议性信任和明证性信任的前提下开展，效果一定好于不信任前提下的沟通行为。一般来说，信任是逐步建立起来的，承认双方差异并建立共同期望有助于建立信任。

### 3. 知觉性偏差

人们在接收信息时，对于符合自己需要而又与自身利益有关的内容容易听进去，而对自己无利的则不容易听进去。这样就会在不经意中产生知觉的选择性，造成沟通障碍。商务活动中，沟通双方若是发生冲突，并因此产生沟通障碍，不是客观地看待事情，相反，个性因素占了主导地位，问题也就被个性化了。

### （四）语言性沟通障碍

#### 1. 语义的障碍

沟通语言的结构导致了对事情本质的错误描述，信息中如果包含多义词，则可能会导致误解。信息中的词语有时会无意中激起接收者的联想，从而引起接收者对信息理解的偏差。有一个笑话：主人请客吃饭，眼看约定的时间已过，只来了几个人，不禁焦急地说："该来的还不来。"已到的几位客人听后扭头走了两位。主人意识到他们误解了自己的话，难过地说："不该走的走了。"结果，剩下的客人都离他而去。

#### 2. 误导性陈述

信息内容缺乏导向可能会导致沟通障碍。有些信息有两部分内容：明显的意义和潜在的含义，在某些情况下，信息的外显意义被弄得过分吸引人，从而导致潜在含义的丢失。

## 二、克服商务谈判语言沟通障碍的策略

### 1. 合理选择沟通方式和环境

在商务谈判语言沟通活动中，要确定沟通场所大小适宜，在沟通场所要无噪声及干扰物，沟通人员的座位要安排适当，沟通场所的光度和温度要适宜，备有各种必要的设备。尽可能减少物理性原因造成的障碍。如果是以会议的方式进行商务谈判语言沟通，还要考虑会场地点对与会者来说交通是否便利、停车是否方便、会场能否保证必要的使用时间、会场是否有噪音，照明、空调设备是否完好、会场租用费用，会场是否符合与会者的身份、等级，会场外的其他服务条件等。

### 2. 明确商务谈判语言沟通的目的

在商务谈判语言沟通活动中，首先要对沟通内容有正确、清晰的理解，制订符合实际的信息沟通计划；还应该认清这次沟通的意义所在，比如通过这次沟通能够收获什么。重要的沟通最好事先征求他人的意见，每次沟通要解决什么问题，达到什么目的，沟通当事人都应该清楚。此外沟通不仅仅是下达命令，宣布政策和规定，而且是为了统一思想，协调行动。沟通活动的当事人要确定分歧点和接受点，以避免在退让和妥协过程中无法得到适当的利益。

### 3. 不能进行超范围的沟通活动

在商务谈判语言沟通中，沟通当事人要避免进行不必要的评论，而招致对方的反感；避免利用自身的优势地位来胁迫对方；避开涉及公司成员或团队成员的隐私问题，也不能在商务谈判语言沟通活动中牟取个人利益。

### 4. 充分运用信息反馈

进行非专业性沟通时，少用专业性术语。要措辞得当，通俗易懂，不要滥用辞藻，不要讲空话、套话。可以借助手势语言和表情动作，以增强沟通的生动性和形象性，使对方容易接受。在进行专业性沟通时，可以多借助反馈，确保语义已经被对方理解。

# 第三节　商务谈判中的语言艺术

## 一、商务谈判语言概述

### （一）商务谈判语言的类型

商务谈判的语言多种多样，从不同的角度或依照不同的标准，可以将它分成不同的类型。同时，每种类型的语言都有其运用条件，在商务谈判中必须权宜应变。

#### 1. 按语言表达方式划分

根据语言的表达方式不同，可以分为有声语言和无声语言。

有声语言是通过人的发音器官来表达的语言，一般理解为口头语言。这种语言是借助人的听力传递信息、交流思想。无声语言又称为行为语言或体态语言，是指通过人的形体、姿态等非发音器官来表达的语言。这种语言是借助人的视觉传递信息、表示态度、交流思想。在商务谈判中巧妙运用这两种语言，可以产生珠联璧合、相辅相成、绝妙默契的效果。

#### 2. 按语言表达特征划分

根据语言表达特征，可以分为专业语言、法律语言、外交语言、文学语言等。

专业语言是指在商务谈判过程中使用的与业务内容相关的一些专用和专门术语。这些专业语言的特征是简练、明确、专一。

法律语言是指在商务谈判过程中所涉及的有关法律规定的用语。每种法律语言及其专业术语都有特定的内涵，不能随意解释和使用。通过法律语言的运用可以明确双方的权利和义务、权限与责任等。

外交语言是一种具有模糊性、缓冲性和圆滑性等特征的弹性语言。在商务谈判中使用外交语言既可以满足对方自尊的需要，又可以避免自己失礼。例如，常说的"互利互惠""双方互惠""可以考虑""有待研究""深表遗憾"等语言，都属于外交语言。外交语言要运用得当，如果过分使用外交语言，则会让对方感觉无诚意谈判。

文学语言是一种富于想象力的语言，其特点是生动活泼、诙谐优雅。

### （二）商务谈判语言运用的原则

#### 1. 客观性原则

客观性原则要求在商务谈判中运用语言艺术表达思想、传递信息时，必须以客观事实为依据，并且运用恰当的语言为对方提供令其信服的证据。这一原则是其他原则的基础。因此语言表述上的准确性就显得至关重要了。双方必须准确地把己方的立场、观点、要求传达给对方，帮助对方明了自己的态度。如果传递的信息不准确，那么对方就不能正确理解己方的态度，势必影响双方的谈判和交流，使谈判朝着不利的方向转化，己方的需要便不能得到满足。如果向对方传递了错误的信息，而对方又因错就错地达成了协议，那么，就会招致巨大的利益损失。

### 2. 针对性原则

谈判无所不在，谈判对象也各有不同，要取得谈判的成功，谈判者就必须遵循针对性原则，要针对不同的谈判对象，采取不同的谈话对策，因人施语。由于性别、年龄、文化程度、职业、性格、兴趣等的不同，谈判对象接受语言的能力和习惯使用的谈话方式也完全不同。语言工作者发现男性运用语言理性成分较多，喜欢理性思辨的表达方式；而女性则偏重情感的抒发，使用情感性号召效果明显。性格直爽的人说话喜欢直接了当，对他们旁敲侧击很难发生效用；而性格内向又比较敏感的人，谈话时喜欢琢磨弦外之音，甚至无中生有地品出些话里没有的意思来。如果在谈判中无视这种个人差异，想怎么说就怎么说，势必难以取得良好的效果，进而影响谈判的顺利进行。除了个人差异之外，谈判双方还有老幼尊卑、亲疏远近、上下左右等各种关系的差异，在谈判中还要考虑各种差异对语言应用的影响。不同的文化背景决定了对语言的不同的理解。所以，在谈判时必须考虑对方的接受能力。

### 3. 规范性原则

商务谈判过程中，语言表述要文明、清晰、严谨、精确，符合行业的特征和职业道德要求。首先，无论出现任何情况，不能使用粗鲁、污秽或攻击性语言。其次，语言必须清晰易懂，口音应当标准化，不能使用地方方言、俗语与人交流。

### 4. 灵活性原则

谈判不能由一个人或一方独立进行，必须至少有两个人或两方来共同参加。谈判过程中你一言我一语，口耳相传，当面谈判，根本没有从容酝酿、仔细斟酌语言的时间。而且谈判进程常常是风云变幻、复杂无常，尽管谈判双方在事先都尽最大努力进行了充分的准备，制订了一整套对策，但是，因为谈判对手说的话谁也不能事先知道，所以任何一方都不可能事先设计好谈话中的每句话，具体的言语应对仍需谈判者临场组织、随机应变。在自己说完话以后，要认真观察对方的反应。除了要仔细倾听对方的话，从话里分析反馈情况，还要察言观色，从对方的眼神、姿态、动作、表情来揣测对方对自己的话的感受，考察他（她）是否对正在进行的话题感兴趣，是否正确理解了得到的信息，是否能够接受自己的说法。然后，灵活地对自己的语言进行调整，转移或继续话题，重新设定说话内容、说话方式，甚至终止谈判，以保证语言更好地为实现谈判目的服务。

### 5. 适应性原则

所谓言语环境主要是言语活动赖以进行的时间和场合、地点等因素，也包括说话时的前言后语。言语环境是言语表达和领会的重要背景因素，它制约并影响了语言表达的效果。掌握谈判语言艺术就一定要重视言语环境因素，如果谈判时不看场合，随心所欲地想说什么就说什么，不仅语言不能发挥效果，甚至还会引人反感，产生副作用。

## 二、问答艺术

### （一）提问的技巧

提问是谈判一方获取对方信息的重要方式。可以运用提问作为摸清对方需要、了解对方心理、表达己方情感以及引导对方思路的手段。一般提问可分为封闭式问题和开放式问题两大类。

### 1. 封闭式问题

封闭式问题是相对于开放式问题而言的，有点像对错判断或多项选择题，回答时只需要一两个词。封闭式问题常用的词汇：能不能、对吗、是不是、会不会、可不可以、多久、多少等。问句中如果带有以上词汇，一般就是封闭式的问题。例如，"是否能提供这种产品的报价单？""能否在 10 月份发货？""贵公司对折扣满意吗？"等。这类问题可以得到特定的信息和资料，回复这类问题也不需要花费功夫思考。封闭式问题含有一定程度的威胁性，比较生硬。

**案例 5-5**

#### 首相的头发

在第二次世界大战中期，日本决定选举新一任的首相，西方的记者都急于知道选举的结果，因为整个投票选举过程都是秘密进行的，并且谁出任新的首相将会影响整个"二战"局势的发展。所以西方记者全都紧紧地追随参加议会的内阁大臣们，希望能够打探出究竟谁是新任首相，但是大臣们都守口如瓶。

有一个西方记者问："请问内阁大臣阁下，新任的首相是不是秃顶？"之后，这名记者根据对方的迟疑、思考的表现，判断出来新任日本首相就是东条英机。（圈定的候选人一共有三个：一个是秃顶，一个满头白发，而东条英机是半秃。）

【案例思考】结合案例，谈谈提封闭式问题的优点。

### 2. 开放式问题

开放式问题是指在开放领域内不限答案的问法，就像问答题一样，不是一两个词就可以回答的。这种问题需要解释和说明，同时向对方表示你对他们说的话很感兴趣，还想了解更多的内容。要想让谈话继续下去，并且有一定的深度和趣味，就要多提开放式问题。例如，"您认为这种产品/服务的竞争优势是什么？""贵公司如何评价信息技术基础设施投资方案？"等。对于这类问题没有明确的回答范围。可以让对方畅所欲言，获得更多信息。

**案例 5-6**

#### 四面朝南的正方形房子

贝聿铭是著名的华裔建筑设计师。在一次正式的宴会中，他遇到这样一件事：当时的宴会嘉宾云集，在他邻桌坐着一位美国百万富翁。在宴会中，这位百万富翁一直在喋喋不休地抱怨："现在的建筑师不行，都是蒙钱的，他们老骗我，根本没有水准。我只不过要建一个正方形的房子，很简单嘛，可是他们都做不出来，都是骗钱的！"

贝聿铭听到后，没有直接反驳这位百万富翁（他的风度非常好），而是问："那你提出的是什么要求呢？"百万富翁回答道："我要求这个房子是正方形的，房子的四面墙全都朝南！"贝聿铭面带微笑地说："我就是一个建筑设计师，你提出的这个要求我可以满足，但是我建造出来的这个房子你不一定敢住。"这个百万富翁说："不可能，只要你能建出来，我肯定住。"

贝聿铭说："好，那我告诉你我的建筑方案，我将在北极的极点上建这座房子，因为在北极点上，各方向都是朝南的。"

在这种正规的商务场合，贝聿铭并没有使矛盾冲突升级，而是很好地、很委婉地反击了这位百万富翁。

### （二）回答的技巧

在商务谈判过程中，巧妙得体的回答与善于发问同样重要。掌握应答的基本技巧与原则，可以提高谈判的质量。在谈判之前，己方要做好准备，预先估计对方可能提出的问题，回答前应给己方留有充分的思考空间，特别是多假设一些难度较大的问题来思考。而对于没有清楚了解真正含义的问题，千万不要随意回答，贸然作答是不明智的。特别是对不便回答的问题，不能全盘相告。例如："很抱歉，您所提及的问题，我并无第一手资料可作答复。""贵公司的要求是可以理解的，但是我们公司对产品一直是定价销售，实在是不好意思。"等。

## 三、陈述艺术

在商务谈判活动中，陈述是一种主动的阐述。在开局的陈述中，对语言的运用关系到对方的理解。所以，叙述要尽可能的简洁、通俗易懂。因为叙述的目的在于让对方听了立即能够理解，以便对方准确、完整地理解己方的观点和意图，而不是表明己方的观点和别人的观点有什么联系和差异；因为在陈述的时候必须独立进行，在陈述过程中，不论别人的语言、情绪有什么反应，都要坚持己方的观点，并且阐述己方的立场，按照既定原则和要求陈述。

为了使对方获得最佳的收听效果，在叙述时应注意生动而具体，主次分明，避免令人乏味的平铺直叙，以及抽象的说教。例如："我来介绍一下我方的产品情况，它的性能符合ISO 14000 标准，产量可以达到贵方订单要求，此种产品的销售量在过去的三年一直保持良好的业绩，在我公司的年报中可以反映。"

听到对方所说的内容与事实不符，无论有意无意，都应及时作情况说明。例如："关于贵方谈到的合格率问题，贵方的说法与事实有出入，贵方既然采取六西格玛管理，生产线上操作工人的误操作率竟然达到万分之一，我认为贵方说法有误。"

在谈判的过程中，常常会由于种种原因而出现叙述上的错误，我方应及时发现并加以纠正，以防造成不应有的损失。避免由于文过饰非而影响企业的信誉和形象。在谈判过程中，还要注意观察对方的眼神和表情，一旦察觉对方有疑惑不解的信息发出，就要放慢语速，或者重复叙述。

## 四、倾听

倾听是人们交往活动的一项重要内容。据专家调查，人在醒着的时候，至少有三分之一的时间是花在听上；而在特定的条件下，倾听所占据的时间会更多。富兰克林认为，与人交谈取得成功的重要秘诀就是倾听，永远不要不懂装懂。这就告诉我们要学会倾听、善于倾听。当然，要很好倾听对方谈话，并非像人们想象的那样简单。所谓"听"，不只是指"听"的动作本身，更重要的是指"听"的效果。专家的试验证明，倾听对方的讲话，大约有三分之一的内容是按原意理解，三分之一被曲解地听取了，三分之一则丝毫没听进去。在商务谈判中的倾听，不仅指运用耳朵这个器官去听，而且还应用眼睛去观察对方的表情、反应，用心去感觉谈判的气氛及对手的心情，用脑去分析对方所表述的含义，即在倾听中做到耳到、眼到、脑到。

### （一）积极倾听和消极倾听

在重要的商务谈判过程中，倾听者聚精会神，调动各种知识，使大脑处于紧张状态，这种倾听就是积极倾听。积极倾听是一种非常好的回应方式，既能鼓励对方继续说下去，又能保证你理解对方所说的内容。要熟练地使用这种技巧，首先要知道，当别人和你说话时，发生着什么样的事情。其次，要求倾听者一定要心胸开阔，要抛弃先入为主的观念。最后，要全神贯注，努力集中注意力。倾听对方讲话，还要学会约束、控制自己的言行。

在一般性质的谈话中，倾听者处于比较松弛的状态，如聊天、一般性介绍等。这时，人们在一种随意的状态中接收信息、此时的倾听就是消极倾听。由于人们生理上的限制，不可能在所有的场合下都做到积极倾听，人们的注意力集中的时间是有限度的，因此消极倾听可以帮助人们放松神经，更好的恢复体力和精力。

### （二）倾听的障碍

#### 1. 先入为主

先入为主是倾听的第一个障碍。每一个人心里都有自己的观点，很难接受别人的观点。当别人在诉说时，你可能这样想："你的观点没有什么新意，你不用说，我都知道是怎么回事。"带着这样的想法，你自然难以认真听对方的话。例如，你的下属向你建议，零售可能比批发的利润更大，你却想你两年前经营的就是零售，效益不佳，这种做法根本不行。在这种心理作用下，你连下属认为零售的好处的陈述都不愿意听。由于坚持自己的观点，对于对方的解释和结论，如果是"英雄所见略同"，你肯定是心满意足；但如果是出入很大，你可能会产生抵触情绪，并产生不正确的假设，在这种排斥异议的情况下，你又如何能够静下心来认真地进行倾听呢?

#### 2. 急于发表自己的意见

人们都有喜欢自己发言的倾向。在商场上发言尤其被视为主动的行为，可以帮助你树立强有力的形象，而倾听则是被动的。在这种思维习惯下，人们容易在他人还未说完的时候就迫不及待地打断对方，或者心里早已不耐烦了，往往不可能把对方的意思听懂、听全。

#### 3. 时间不足

时间不足主要表现为以下两种情况。

一是安排的时间过短，对方不能在这么短的时间内把事情说清楚。他可能言简意赅，忽略了许多细节，需要你仔细去把握。对于倾听者的你来说，这么短的时间内既要听清楚对方所要表达的内容，还要明白并要做出回应，非常匆忙，容易产生失误。

另一种情况是在工作过程中的倾听。你根本就没有时间认真倾听对方所要表达的内容，下属临时有重要的事情找到你寻求帮助，事先并没有约定好时间，你正忙着其他的事务，你只是草草地听着对方的简单叙述。

#### 4. 讲话与思考的速度不一致

人们的思维速度通常要比说话速度快 4 倍。正常人的思维速度要比说话者的讲话速度快，这会使倾听者在听的时候走神和分心。

### （三）克服倾听障碍的策略

#### 1. 消除偏见

由于商务谈判中的双方，在利益方面具有多面性及冲突性，因此，在商务谈判活动中，必须保证能客观地看待对方的性格、年龄、职业等因素。应认真地倾听对方的发言，了解对方的意见；应该熟悉导致偏见的知觉偏差、光环效应、第一效应、刻板效应，克服思维定式的影响。

### 2. 考虑对方背景与经历

在商务谈判前期，谈判双方都有一定的准备时间，在这段时间里，可以尽可能多地搜集与对方密切相关的商业信息。了解对方的学习经历、工作环境有助于理解对方的谈判方式。

### 3. 适当反馈

在听完之后，应该将对方的意见加以归纳。等对方对己方的归纳完全同意后，留给己方一些思考的时间。分析对方的问题，确定回答方式。通过反馈，可以消除在倾听过程中的误解，提高谈判效率与效果。

# 第四节　国际商务谈判中无声语言的具体运用

## 一、无声语言的作用

无声语言主要指人体语言、物体语言及个体交往空间。无声语言在商务谈判中的作用如下。

### 1. 补充作用

无声语言信息可以丰富语言所表达。例如，对方在倾听时手摸桌子、背后仰，大多表示不感兴趣；对方在说话时，慢慢握紧拳头，表示决心已定。这些无声语言都在不同程度上起到辅助表达、增强力量加重语气的作用。

### 2. 代替作用

在谈判中无声语言可以代替语言所表达的意图或情绪。如，当双方见面时做抱拳动作，表友好问候；当听到对方某一建议时竖起大拇指，意味着称赞。特别是当语言不便或不可能传递谈判者的观点或意图时，用言语传递又不合时宜或对方难以领会时，运用无声语言往往能取得很好的效果。

### 3. 调节作用

由于谈判时间、环境、对象等条件的不同，或谈判的进展不顺，谈判主体往往会产生厌倦、无聊、烦躁等心理，这时可通过点烟、清嗓子及揉摸太阳穴、印堂穴等，或者喝水来调节一下，以便转入正常的谈判状态。

在商务谈判中运用非语言谈判，要尽量生活化、自然化，与当时的环境、心情、气氛相协调。如果运用非语言谈判时过分夸张或矫揉造作，只会给别人造成虚情假意的印象，影响谈判的质量，甚至会起到反作用。在本节中，将分别从形体语言和物体语言两个维度来分析无声语言，并结合无声语言的特点，分析在商务谈判中无声语言的具体应用。

## 二、形体语言

形体语言也称非语言交际，是通过手势、面部表情以及身体其他部分的动作来表达思想感情的一种无声语言。形体语言在商务谈判的过程中总是伴随着有声语言出现。下面介绍常见的形体语言。

## （一）面部语言

我们能够辨认的面部表情有 25 万种之多，但这仅仅是身体语言中的一小部分。这些微妙的身体语言，也能决定商务谈判的成败。

1957 年，美国心理学家爱斯曼做了一个实验，他在美国、巴西、智利、阿根廷、日本等五个国家选择被试者。他拿一些分别表现喜悦、厌恶、惊异、悲惨、愤怒和惧怕等六种情绪的照片让这五国的被试者辨认。结果，绝大多数被试者"认同"趋于一致。实验证明，人的面部表情是内在的，有较一致的表达方式。因此，面部表情多被人们视为一种"世界语"。

在面部表情中，应该特别注意眼、脸部肌肉、眉的变化。在商务谈判中比较常见的面部表情有挑衅的、傲慢的、厌烦的、不满的、着迷的、高兴的、震惊的、惊讶的、怀疑的、沾沾自喜的、同情的和气馁的。每一个面部表情所代表的意思会在对方用言语表达内心感受之前更加正确地传达给接收者。在商务谈判中，如果一方的谈判人员面无表情的时候也是心理活动最难捉摸的时候，这时会使谈判的另一方得不到信息反馈而不知所措，也是谈判最难进行下去的时候，最后可能不欢而散。嘴巴的动作也能从各个方面反映人的内心。在英语国家，用手遮住嘴，有说谎之嫌。中国人在对人讲话时，为了防止唾沫外溅或口气袭人，爱用手捂住嘴，很容易使英语国家的人认为他们在说谎话。

## （二）肢体语言

肢体语言主要指四肢语言，它是人体语的核心。通过对肢体动作的分析，可以判断对方的心理活动或心理状态。

### 1. 握手

握手是一种见面时表示友好的肢体语言。但如果不了解其文化含义，可能会产生不友好的后果。例如，在泰国握手礼只限于政府官员、学者和知识分子，男女之间是不允许握手的。对于这一点在盛行伊斯兰教的国家更为严格。在巴基斯坦、英国等地，如果初次遇到女士，经人介绍后，她不主动与你握手，你就不要主动先伸手，否则就有不恭之嫌了。

在俄罗斯，表示友好、欢迎的礼节除了握手之外，还有吻手。吻手礼是流行于欧美上层社会的一种礼节。英法两国喜欢"吻手礼"，不过在英国和法国，行这种礼的人也仅限于上层人士。这种礼节的特点，决定了它宜在室内进行。吻手礼的受礼者只能是女士，而且应是已婚女士。手腕及其能上能下部位，是行礼时的禁区。男子同上层社会贵族妇女相见时，如果女方先伸出手作下垂式，男方则可将指尖轻轻提起吻之；但如果女方不伸手表示则不吻。行吻手礼时，若女方身份地位较高，要支屈一膝作半跪式后，再握手吻之。

日本是以鞠躬代替握手的，鞠躬时头越低表示越有礼貌。不但在和熟人打招呼或告别时要鞠躬，而且在向对方表示感谢、致歉和提出要求时也要鞠躬。

### 2. 手势语

人们在交谈或者讲话时，总离不开手势动作的配合。手势是身体动作中最核心的部分。而同一个手势在不同的国家所表示出来的语义并非是完全一致的；同一个意思，不同的文化又用不同的手势表示。手势也会因文化而异，如在马路上要求搭便车时，英、美、加等国人是面对开来的车辆，右手握拳，拇指跷起向右肩后晃动。但在澳大利亚和新西兰，这一动作往往会被看作淫荡之举。在人们的日常生活中，有两种最基本的手势：手掌朝上，表示真诚或顺从，不带任何威胁性；手掌朝下，表明压抑、控制，带有强制性和支配性。

手势语不仅丰富多彩，而且也没有非常固定的模式。由于谈判双方的情绪不同，手势动作各不相同，采用何种手势，都要因人、因物、因事而异。

### 3．腿部语言

站立时两腿交叉，往往给人一种自我保护或封闭防御的感觉；相反，说话时双腿和双臂张开，脚尖指向谈话对方，则是友好交谈的开放姿势。架腿而坐，表示拒绝对方并保护自己的势力范围；而不断地变换架脚的姿势，是情绪不稳定或焦躁、不耐烦的表现；在讨论中，将小腿下半截放在另一条腿的上膝部，往往会被人理解为辩论或竞争性姿势；女性交叉上臂并架脚而坐，有时会给人以心情不愉快甚至是生气的感觉。笔直站立，上身微前倾，头微低，目视对方，表示谦恭有礼，愿意听取对方的意见。坐着的时候无意识地抖动小腿或脚后跟，或用脚尖拍打地板，表示焦躁、不安、不耐烦或为了摆脱某种紧张感。

### （三）体触语

体触是借身体间接触来传达或交流信息的行为。体触是人类的一种重要的非语言谈判方式，它使用的形式多样，富有强烈的感情色彩及文化特色。体触语能产生正、负两种效应，其影响因素有性别、社会文化背景、触摸的形式及双方的关系等。由于体触行为进入了最敏感的近体交际的亲密距离，容易产生敏感的反映，特别在不同的文化背景中，体触行为有其不同的含义，因此，在谈判中要谨慎地对待。

### （四）服饰

服饰是"无声的语言"，有时候直接影响陌生人对自己的第一印象。衣着的搭配直接关系到你对颜色的品味以及你对事物的欣赏力，对方通过你的着装也可以得到你的社会地位、性格等各方面的信息。在选择服饰的色彩搭配时，要求和谐、美观，否则会给人以不悦之感。

服装色彩的搭配有两种有效的方法，即亲色调和法和对比色调和法。亲色调和法是一种常用的配色方法。这种方法要求色调相近似，使深浅浓淡不同的颜色组合在一起。如深绿与浅绿搭配、红色与深红搭配等。对比色调和方法的特点是在服装色彩搭配上以其中一种颜色衬托另外一种或两种颜色，各种颜色不失各自的特色，相映生辉。三种颜色对比搭配，如红黄蓝、橙绿紫等。在着装颜色搭配上，切忌上下身都采用鲜明的颜色，这样会显得很刺眼，令人不舒服。服装穿着要根据不同的地区环境和不同的社交场合搭配色彩。认识了色彩的搭配规律，在服装上可以更好地运用色彩。

在不同的交往情境中，服饰的搭配可以展示一个人的品位和素质，也象征一个人的身份和地位。服饰的搭配包括衣服样式、颜色和身上饰品的搭配。从一个人的衣服的样式可以知道此人究竟是时尚还是传统；从颜色可以知道此人性格外向还是内向或者人是否沉稳。身上的饰品同样也要很讲究。比如男士穿西装时，整体着装从上至下不能超过三种颜色，这样从线条整体上看会更流畅、更典雅，否则会显得杂乱而没有整体感。款式不一定要流行，但是要简洁大方；同时还要注意和袜子的搭配。穿西装时一定要搭配深色的西装袜，切忌搭配白色的袜子。因为这样有可能会导致在坐着的时候，白色的袜子从西装的裤腿和西装皮鞋中间露出来，这样会显得很不和谐。通常白色或者浅色的袜子是用来搭配休闲服和便鞋的。一般女士出席正式场合时都是套裙，裤子是工作服或者便服，但是要注意套裙的鞋子和袜子的搭配问题。在生活中也常常出现"凤凰头，笤帚脚"，比如上面是很正规的套装或者是工作服，下面却是旅游鞋。有的女士穿着非常高档的套裙，下面却是没有后帮的拖鞋式凉鞋，这些会给人很差的形象从而造成谈判的障碍。

### （五）个人空间距离

不管我们生活的环境人口密度多大，我们随时保护着自己的空间不被外界侵犯，并对侵犯我们空间的行为作出相应的反应。

美国推销学家罗伯特·索默经过观察和实验研究发现，人具有一个把自己圈住的心理上的个体空间，它就像一个无形的"气泡"一样，为自己割据了一定的"领土"。一旦这个"气泡"被人触犯，就会感到不舒服或不安全，甚至恼怒起来。

人们都有一种保护自己的个体空间的需要，这并非表示拒绝与他人交往，而只是想在个体空间不受侵占的情况下自然地交往。个体空间实际上是使人在心理上产生安全感的"缓冲地带"，一旦受到侵占，就会作出两种本能的反应：一是觉醒反应，如手脚的许多不自然动作，眨眼的次数增加；二是阻挡反应，如挺直身子，展开两肘呈保护姿势，避开视线接触。觉醒反应是引起的紧张状态，阻挡反应是对待情境的一种方式，如果实在忍无可忍，只要有机会，就会退而避之了。

在商务谈判中，谈判双方要保持适当的社交距离，以体现一种社交性的或礼节上的较正式的关系。近状态在 1.25～2 米之间，一般出现在工作环境和社交聚会、洽谈协商场合；远距离在 2～4 米之间，表现了一种更加正式的交往关系。在社交距离范围内，已经没有直接的身体接触，说话时，也要适当提高声音，需要更充分的目光接触。如果谈话者得不到对方目光的支持，他（或她）会有强烈的被忽视、被拒绝的感受。这时，相互间的目光接触已是交谈中不可或缺的感情交流形式了。

**案例 5-7**

#### 敞开式办公室

中化集团下属的某公司创造了一种独特的"周游式管理办法"，鼓励部门负责人深入基层，直接接触广大职工。为此目的，该公司的办公室布局采用国内少见的"敞开式大房间"，即全体人员都在一间敞厅中办公，各部门之间只有矮屏分隔，除少量会议室、会客室外，无论哪级领导都不设单独的办公室，同时不称头衔，即使对董事长也直呼其名。这样有利于上下左右通气，创造无拘束和合作的气氛。

单打独斗、个人英雄的闭门造车工作方式在现今社会是越来越不可取了，反而团队的分工合作方式正逐渐被各企业认同。管理中打破各级各部门之间无形的隔阂，促进相互之间融洽、协作的工作氛围是提高工作效率的良方。不要在工作中人为地设置屏障分隔，敞开办公室的门，制造平等的气氛，同时也敞开了彼此合作与心灵谈判的门。

对一个企业而言，最重要的一点是营造一个快乐、进步的环境：在管理的架构和同事之间，可以上下公开、自由自在、诚实地谈判。

【案例思考】结合案例，谈谈敞开式办公室的优缺点。

### 三、物体语言

物体语言是指通过摆弄、佩戴、选用某种物体来传达某种信息，呈现不同的姿势，反映不同的内容与含义。在商务谈判中，可能随身出现的物品有笔、本、眼镜、提包、帽子、香烟、打火机、烟斗、茶杯、服装以及衣饰等。这些物品拿在手里或者藏在身上，呈现不同姿态，反映不同内容和含义。例如，在手中玩笔，表示漫不经心，对所谈问题不感兴趣或显示出不在乎的态度；慢慢打开笔记本，表示关注对方讲话，而快速打开笔记本说明发现了重要问题；猛推一下眼镜，说明对方因为某事气愤；摘下眼镜，轻轻揉眼或者擦镜片，说明对方精神疲倦，对争论不休的问题厌倦和正在积蓄力量准备备战；如果轻轻拿起桌上的帽子，或轻轻戴帽，则可能表示要结束这场论谈，或暗示告辞。物体语言是一个复杂的问题，需要人们在谈判实践中运用个人的阅历、经验来判断和发挥。

最后，需要指出的是，商务谈判人员必须清楚无声语言所表达的并非一定和内在的本质一致，在商务谈判过程中制造各种假象是司空见惯的，应善于观察，慎重、机智地对待各种情况。无论是有声语言还是无声语言，反映的都是商务人员的形象，商务人员应追求这些表达的最佳组合，树立良好的形象，以争取最佳、最有力的地位。

## 本章小结

本章主要介绍了商务谈判语言沟通的概念，明确了商务谈判语言沟通不同于一般沟通，商务谈判语言沟通是以明确的组织利益为导向的，商务沟通的目的可以从组织自身及整个产业为维度进行划分。随之介绍了商务谈判语言沟通的类型。商务谈判语言沟通的要素是指商务谈判语言沟通的主体、商务谈判语言沟通的客体、商务谈判语言沟通的媒介与环境。全面分析了商务谈判语言沟通障碍的种类，并提出克服商务谈判语言沟通障碍的具体方法。最后，结合具体案例说明商务谈判语言沟通中语言及非语言艺术。

## 综合练习题

### 一、简答题

1. 商务谈判语言沟通的定义是什么？
2. 商务谈判语言沟通的要素是什么？
3. 如何理解商务谈判语言沟通的过程？
4. 运用无声语言应注意的问题是什么？
5. 如何克服倾听障碍？

### 二、案例分析题

#### 迟到的倾听
#### ——商务谈判语言沟通艺术的经典案例

在一家大食品公司，许玲所负责的部门支持销售部的工作，包括客户的信用评估、账款的收回、销售费用的审核支付、促销活动的控制等。虽无具体销售指标的压力，但工作难度是很大的。第一，一方面要做到严格控制，另一方面要提供大力支持。两者发生矛盾时，当中合理的度是很难掌握的。第二，当销量不好时，销售部会找出种种借口来指责他们支持不力，以推脱责任：信用评估太程序化，致使一些大订单消失；销售费用审核及支付的流程太烦琐，导致费用支付不及时，影响了与客户的关系；促销活动的控制缺乏灵活性，增加了促销活动的难度。第三，初始投诉发生时，上司还会为许玲的部属解释，但多次的投诉却使老板只能把许玲管理的部门当替罪羊，解雇当事的员工，以示公平、公正，从而表明他们改变部门工作状况的决心。

许玲的部门新来了一位应届大学毕业生张林，他给许玲留下了聪明、诚实、积极、进取的良好印象。许玲对他寄予厚望：希望他能缓和销售部之间的紧张关系，能给她所管理的部门带来新的活力，增强团队的凝聚力。

许玲改变了对新成员培训的方法。以往，团队有新员工加入时，许玲会给 2 周的适应期。在此期间，让他们看一些与工作相关的资料，并且花一定的时间与他们交流，让他们在正式工作前对工作环境、工作内容、工作职责、工作流程有一个大概的了解，以便较快熟悉业务。但这种培训方式表现出了不理想的效果。因为两周纸上谈兵式的学习并不能完全适应复杂的工作状况，因为与之合作的同事会认为他（或她）不善于学习和适应能力差而不愿与之合作，以致使员工不能通过试用期，只好重新招人，开始新一轮的训练。

鉴于这个原因，以及工作上急需人手，许玲这次只用半天的时间让张林了解公司的有关制度、工作职责、工作流程，就安排他上岗。此外再加上承诺：工作上遇到任何问题都可以随时来找她，她一定会给予必要的帮助。许玲认为这种新的培训方式可以让张林更容易发现问题，提高适应能力，且降低同事对张林的要求，更乐于帮助和谅解他。

但许玲忽视了这种放任培训方法可能会带来的不良后果，她没有想到张林产生了不被关心、不受重视、被遗弃的感觉；没有想到他不愿意把这种感受告诉仅比他大一岁且作为女性的她；没有想到他出于自尊，宁愿自己去想办法、找答案。许玲只看到了张林出色的学习和适应能力以及工作被同事们一致认同。许玲对这平静表面下的危机根本没看到，没有产生要去倾听他的想法。

在张林熟悉工作之后，许玲又给他设计了一个新的学习机会：把其他人的一些业务转交给他，以表示对他能力的认可和信任。她没想到张林产生了许玲偏袒其他同事和其他同事欺骗他的感觉。她只以为他会更开心、更努力地工作。她没有想到在做出这种非常安排之前或之后，应与他进行正式或非正式的沟通；她没有想到她又犯了一次错误。

此后，在非正式场合，许玲和张林之间也有过一些交流。比如下班了，同事都收拾好东西走人了，他还在加班。许玲去问原因，他开玩笑地说："因为你偏心，把工作都交给我做，我来不及，只好加班了。"许玲也开玩笑地回答："那是因为你还没上手，效率太低。"比如，午间休息时，他抱怨工作太多，其他同事都太舒服了。许玲只是开玩笑地说："你是男生，不要老是抱怨。团队里都是女孩，你要多担待一些。"其他人也都帮着进行不合理的解释。张林也就不辩解了。由于是非正式场合，而且人在工作不顺利时也常常会抱怨，因此，许玲并没有认真对待这些抱怨，也忽视了这些抱怨后面的潜台词，没有与他作更深的交流，这让他很失望。不善于倾听使许玲又犯下一次错误。

张林顺利地通过了试用期的考核，成了一名正式员工。他认为许玲应该对他前一段的工作做一个评价，提出对他今后的期望，了解他对自己职业的设计，帮助他认识在公司里的发展前景，在他们之间作一次深入的沟通。可是许玲再次忽略了他，再次失去了沟通的良机。

就在许玲对团队的工作效率和人员稳定感到高兴时，张林提出要离职。许玲感到惊讶万分。他们终于做了一次深入的沟通，许玲进行一次真正的倾听，才了解到他以上的那些想法。许玲为自己的过失向他做了深刻的检讨。可是为时已晚，他已决心去另一家公司工作。许玲为自己团队失去了一个优秀的成员感到遗憾，并为自己的所作所为感到懊悔。

**【案例思考】**

1. 许玲几次错过了与张林的沟通？每次不能去倾听或未能形成有效倾听的原因是什么？
2. 一些人认为自己很开明，与下属的关系也相当融洽，非正式沟通非常流畅。因此认为下属有问题会主动来与自己沟通，自己无须与下属主动沟通。你认为这种想法对吗？为什么？

3. 一种观点认为：应当重视非正式沟通中的信息——在非正式场合，下属能抛开心理压力，畅所欲言，不怕说错，相信容易得到谅解。因此，非正式沟通中传递的信息有时会更真实地表达他们的想法。一种观点认为：不应当重视非正式沟通中的信息——它产生于非正式场合和随意的表达方式之中。你认为哪种观点是对的？为什么？

4. 为什么说平静的环境对管理者提出了更高的要求？（提示：平静掩盖问题；冲突的人敏锐，平静中的人迟钝）在平静的环境中管理人员应当怎么做？（提示：保持沟通，发现问题）

**三、模拟商务谈判实践**

接前一章模拟商务谈判实践，在完成第五章学习之前，完成以下实训任务：

结合谈判的语言艺术，将案例中的语言对话内容进一步补充完整。

## 阅读资料

### 倾听的"六要""五不要"

（一）六要

1. 要专心致志、集中精力地倾听

这就要求倾听者用积极的态度去听，在倾听时注视讲话者，并做出相应的表情鼓励讲话者。如微笑、点头、皱眉头、调整坐姿等。

2. 要通过记笔记来集中精力

通常，人们的即席记忆并保持的能力是有限的，为了弥补这一不足，应该在听讲时做大量的笔记。记笔记的好处在于：一方面，笔记可以帮助自己回忆和记忆，而且有助于在对方发言完毕之后，就某些问题提出质询；同时，还可以帮助自己作充分的分析，理解对方讲话的确切含义和精神实质。另一方面，可以向讲话者表明，自己很重视他的讲话内容，当停笔抬头看看讲话者时，又会对他产生一种鼓励作用。

3. 要听完后再发表意见

在倾听结束之前发表自己的意见是草率的行为。由于你可能还没有完全理解对方的谈话，这种情况下，容易发表不恰当的意见，进而会影响说话者的情绪，使之对你产生抱怨情绪。在发表自己的意见时，要非常谨慎。特别是在涉及一些敏感的事件时，尤其要保持冷静。

4. 要克服先入为主的倾听做法

先入为主的倾听，往往会歪曲说话者的本意，忽视或拒绝与自己心愿不符的意见，这种做法实为不利。因为听话者不是从谈话者的立场出发来分析对方的讲话，而是按照自己的主观框框来听取对方的谈话。其结果往往是听到的信息变形地反映到自己的脑中，导致本方接收的信息不准确、判断失误，从而导致错误的决策。所以必须克服先入为主的倾听，听完全部讲话并正确理解讲话者的意思。

5. 要有鉴别地倾听对手发言

在专心倾听的基础上，为了获得良好的倾听效果，可以采取有鉴别的方法来倾听对手发言。因为不用心听，就无法鉴别对方传递的信息。例如"太贵了"，这几乎是每次价格谈判中买方的口头禅，言外之意是"我不想出这个价"，而不是"我没有那么多钱"。如果不能辨别真伪，就会错把对方的借口当作反对意见加以反驳，从而激怒对方，使对方感到有义务为他的借口进行辩护，无形中增加了谈判的阻力。只有在用心倾听的基础上，才能鉴别传递过来的信息的真伪，摸清对方的真正意图，有针对性地做好说服工作。

6. 要创造良好的谈判环境，使谈判双方能够愉快地交流

人们都有这样一种心理，即在自己所熟悉的领域里交谈，无须分心于熟悉环境或适应环境；而在自己不熟悉的环境中交谈，往往变得无所适从，导致出现正常情况下不该发生的错误。因此，对一些重要的谈判，要争取在自己的场所内进行，以增强己方的谈判地位和谈判力量。如果不能争取到主场谈判，至少也要选择一个双方都不熟悉的第三方场所，以减少由于"场地优势"带来的失误，避免不必要的损失。

（二）五不要

1. 不要因为轻视对方而抢话、急于反驳而放弃倾听

在谈判中抢着讲话和急于反驳对方观点的现象经常发生，这不仅影响倾听效果，而且有失礼貌，引起对方反感，不利于双方的合作。

2. 不要陷入争论

当你内心不同意对方的观点时，对他的话不能充耳不闻，不能只等待着自己发言；一旦发生争吵，也不能一心只为自己的观点辩护。如果你不同意对方的观点，也应该等对方说完后再阐述自己的观点。

3. 不要为了急于判断而耽误听

当听了对方讲述的有关内容时，不要急于判断其正误，因为这样会分散我们的精力而耽误倾听其下文。虽然人的思维速度快于说话的速度，但是如果在对方还没有讲完的时候就去判断其正误，无疑会削弱己方听话的能力，从而影响倾听的效果。因此，切不可为了急于判断而耽误倾听。

4. 不要回避难以应付的话题

在商务谈判中，往往会涉及一些诸如政治、经济、技术以及人际关系方面的问题，谈判人员可能一时回答不上来。遇到这种情况时，要有信心、有勇气去应付对方提出的问题。回答之前要细心领会对方提出的每一个问题的真实用意，才能给出最恰当的回答。平时应该多加训练，举一反三，练就一套急中生智的本领。

5. 不要逃避交往的责任

交往的双方缺一不可：既要有说话者，也要有听话者，而且每个人既是说话者，也是听话者。在倾听的时候你必须说出你对对方讲话中不明白的地方，也可以积极地表达出你听到了什么。此外，在听完对方发言之后，你应该由听话者的角色转变为说话者。

**参考阅读：**

夏普东芝被收购：日企为何退出家电行业？
http://tech.sina.com.cn/zl/post/detail/e/2016-03-18/pid_8504823.htm

与苏宁合作：格力专卖店独大模式终结
http://tech.sina.com.cn/zl/post/detail/e/2016-03-04/pid_8503947.htm

# 第六章　商务谈判策略

通过本章的学习，使学生认识商务谈判策略的含义，能够根据不同的情况使用不同的策略，在灵活掌握谈判策略的基础上，采取有针对性的措施破解相应的策略。

杜维诺面包公司远近闻名，他们的面包质量好，价格也便宜。

杜维诺一直试图把面包推销给一家大饭店，可是一连4年，他每天给这家饭店的经理打电话，甚至还在饭店开了个房间，在那里谈生意，但是饭店经理就是不买他的面包。

杜维诺是个意志坚定、不达目的誓不罢休的人，他看到自己4年的努力毫无成效，就另想法子。

他开始多方了解饭店经理所关心的事情。不久，他了解到该经理是美国饭店协会的会员，他十分热衷于这一协会的活动，并且被选为该饭店协会的会长。不管协会的会议在什么地方召开，他都会去参加。

了解这些情况之后，第二天，杜维诺去拜访经理时，绝口不谈面包的事，而是谈论那个协会。经理十分高兴，跟他谈了半个多小时，而且还兴奋地要求杜维诺也加入这一协会。几天后，这个饭店的采购部门给杜维诺打来电话，让他马上把面包样品和价格表送去。杜维诺喜出望外地赶到饭店，饭店采购部门负责人笑着问他道："我真猜不透你使了什么绝招，使我们老板这么赏识你？"

杜维诺这时可真是有点哭笑不得。他想：我们公司的面包远近闻名，价廉物美，可是我努力了4年连一粒面包屑都没有推销给他，现在仅仅由于我对经理先生所关心的事情表示了关注，形势竟完全改观！

【思考与启示】饭店采购部为什么会给杜维诺打电话？杜维诺为什么要加入美国饭店协会？目的是什么？杜维诺是如何使得饭店经理对购买他的面包感兴趣的？他用了怎样的方法？

# 第一节　商务谈判策略概述

谈判是一门操作性极强的科学。在商务谈判过程中，为了使谈判能够顺利进行和取得成功，谈判者应善于抓住对方主观和客观上的弱点，善于发挥己方主观和客观上的某些优势，准确地把握谈判中合作与竞争的"度"，这是谈判成败的关键。谈判双方不仅需要真诚与守信，同样需要根据具体情况，灵活运用适当的策略使双方之间的分歧能够合理解决，意见趋向一致，在谈判中获得最佳利益。因此，在商务谈判中熟悉、掌握和运用各种切合实际的策略，是衡量谈判者能力高低的重要标志。

## 一、商务谈判策略的含义

策略是指人们谋事的计策和方略，谈判策略是指进行谈判的计策和方略，是指在谈判实际过程中实现谈判任务与目标的方法和手段。它是借助于一种巧妙的方式来完成谈判任务的，是有预谋性和随机性的。精于谈判的高手，总是在谈判之前，对要谈什么、怎么谈、可能发生的情况及产生的后果等，有一个思维活动过程，以便形成主意，预拟方案，然后实施，这就是所谓的"预谋性"。在谈判过程中，随时会发生各种各样想象不到的变化，正如美国著名的谈判专家尼尔伦伯格认为，"谈判者必须像剑术大师一样，以锐利的目光，机警地注视谈判桌那一边的对手，随时洞悉对方策略上的每一个变化，随时利用每一个微小的进攻机会，同时，他又必须是一个细腻敏感的艺术大师，善于体会辨察对方情绪或动机上最细微的色彩变化，他必须能抓住灵感产生的一刹那，从色彩缤纷的调色板上选出最合适的颜色，画出构图与色调完美和谐的杰作"。在谈判中灵活运用各种策略，这便是所谓的"随机性"。

因此，商务谈判策略是指在商务谈判活动中，谈判者为了达到某个预定的近期或远期目标，所采取的计策和谋略。它依据谈判双方的实力，纵观谈判全局的各个方面、各个阶段之间的关系，规划整个谈判力量的准备和运用，指导谈判的全过程。

## 二、商务谈判策略是实现谈判目标的跳板

谈判策略在整个商务谈判中起着非常重要的作用。现代社会的竞争不仅仅是力量的竞争，更是智慧的较量，谈判正是这种智慧较量的集中体现。任何一个谈判高手，都是策略运筹的高手，策略是实现谈判目标的跳板，只要谈判者能在谈判中正确有效地运筹策略就等于为实现谈判的目标奠定了坚实的基础。谈判策略这种跳板作用体现在以下几个方面。

### 1. 有利于搞好谈判开局

谈判开局是谈判双方直接接触、正式举行谈判的第一个阶段。俗话说，"良好的开端是成功的一半"。尽管这一阶段的谈判较少涉及实质性问题，而且似乎与整个谈判的主题无关或关系不大，但开局的顺利与否在很大程度上决定整个谈判的前途，具有举足轻重的影响。因此，谈判伊始，就应掌握和运用得当的谈判策略，做到"开局有道"，形成有利于己方的局面，从而为进入实质性谈判铺平道路；否则，开局差之毫厘，在以后阶段可能谬以千里。

### 2. 有利于把握谈判的方向和进程

商务谈判是个过程，无论是"全过程"，还是某单项谈判的"分过程"，均有掌握好方向的问题，没有全局的眼光和策略，方向就会偏离，谈判就会走弯路。因此，在变化莫测的谈判过程中，运用巧妙的策略，就能够巩固自己的主动地位或者变被动为主动，牢牢掌握谈判的主动权。

### 3. 有利于实现双方的友好合作

尼尔伦伯格认为，谈判不是一场比赛，不要求决出胜负；也不是一场战争，要将对方消灭。相反，谈判是一项互惠的合作事业。因此，在谈判中为了协调不同利益，以合作为前提，避免冲突，就需要正确灵活的谈判策略。既坚持各自的利益目标，同时又作适当的妥协或让步，真正促进和加强双方的友好合作关系，真正达到互惠互利。

#### 4. 有利于取得最佳谈判成果

理想的谈判结果是达到互利、共利，谈判结束时双方都能满意，皆大欢喜。所以，围绕着谈判目标，实施有效的策略，是最重要的环节。有效的策略能使双方的利益都得到保证，都称心如意。

### 三、商务谈判策略运用的基本原则

运用商务谈判策略时，应掌握以下原则。

#### 1. 通晓

通晓，这一点很简单，就是不通晓谈判策略与技巧，就谈不上应用。有人认为，"通晓就是胜利"。这是有道理的，亦是实践经验的总结。

#### 2. 周密谋划

在谈判桌上，虽不见"刀光剑影"，但舌战犹如枪战。有勇而无谋，也无济于事，必须全局在胸，周密谋划。

#### 3. 反应灵活，能急中生智

谈判桌上的攻防策略、招数、套路很多，策略无穷，常用常新，同时形势也有可能风云变幻。这就要求谈判者特别是主谈人，在单兵作战中，敏于应变，反应灵活，急中生智，足智多谋，多谋善断。你有什么高招，我也能拿出策略或措施来应付自如，得心应手，即所谓"魔高一尺、道高一丈"。

#### 4. 有理、有利、有节

商务谈判是买卖双方不断磋商，相互让步，解决争端，以求最后达成协议或签订合同的过程。就达成的协议或签订的合同而言，一般总是双方可以接受而且彼此均能获益的。一个最佳的谈判，每一方都认为取得了对自己有利的合同条款，这就体现了造诣很深的谈判艺术。

在谈判过程中，讲究"艺术"，力求做到有理、有利、有节。所谓有理，则是在磋商中，无论提的是建议还是反建议都要掌握充分的材料与数据，具有充分的说理内容，而不是空洞的说教，更不是凭空臆测，或者无理坚持己见；所谓有利，则是谈判人员应当充分利用对自己有利的因素，包括内部和外部的因素；所谓有节，则是在谈判中涉及争议问题时，因关系双方利益，应掌握分寸与火候，适可而止。

#### 5. 业精于勤

业精于勤，这是我国一句有名的古语。"天才出自勤奋"，这也是一句富有哲理的名言。作为一个从事商务活动的人，永远避免不了"谈判"事宜。而古今中外，任何从事一个事业和一项工作的专家，其成功之诀窍，都离不开"勤奋"二字。商务谈判的策略技巧，涉及各方面的知识，更需要从知识宝库中吸收营养，同时也要借鉴国内外有关这方面专家、学者所提出的专业知识。

### 四、商务谈判策略的分类

谈判桌上策略种种，丰富多彩，众说纷纭，令人眼花缭乱，如何进行归类，则是仁者见仁，智者见智。这里将综合国内外不同学者的观点，试着从不同角度、不同层次，对商务谈判的策略进行分类。

## （一）战略策略与战术策略

战略策略又称宏观策略，一般是指涉及全局利益的指导性的决策，是实现谈判总目标的原则性方案与途径。它旨在获得全局的利益和实现长远利益。战略性策略，具有完整性、层次性和稳定性的特点。

所谓完整性，是指战略性策略影响方方面面各种主客观因素，具有内容全面、完整的属性；所谓层次性，指战略性策略是由不同层次的战术内容构成，反映了其方法的系统性；所谓稳定性，是指战略性策略一旦出台，便不易轻易改动或变更，与其他性质的策略比起来，具有相对固定性的特点。

战术策略又称微观策略，是与战略性策略对应而存在的。一般是指完成战略性策略的具体方案和手段。战术性策略旨在赢得局部的战术上的胜利。有时实施这种策略不仅没有所得，还会失掉局部上的利益，但却为实施总战略，完成了战术上的准备。

## （二）时机策略、方位策略和方法策略

### 1．时机策略

时机策略是指谈判者在谈判中巧妙地运用时机，借助于时间因素来创造谈判中的奇迹。此种策略最见长于化解谈判中的僵局。一般说来，谈判是一个动态过程，随时会发生新情况，产生新因素。时机性的策略就在于把握和利用这些新情况、新因素，使谈判获得成功。使用时机性策略的特点在于洞察形势，利用时间。

### 2．方位策略

如果说时机策略是运用时间因素来施展计谋，获得利益的，那么，方位性策略就是利用方位因素来实施谈判技巧的策略。谈判桌上的"散射"，就是这样一种策略。所谓散射是借助尽可能扩大进攻的方法，来增加成功率的策略。

另外，谈判桌上还有一种较为典型的方位策略，叫做"夹叉射击"。"夹叉射击"本是一种炮兵术语，引申到谈判桌上，就是借助于在谈判目标的前后方位鸣击，不断逼近，缩小标距，最终达到击中目标的目的。在谈判实践中，精明的谈判者不注重把精力耗费于"正中目标"的决策上，而是把握主次方向基本正确的前提下，通过逐渐缩小标距误差的手法，来实现自己的目标。

### 3．方法策略

方法性策略是在谈判中运用方法获得利益的策略。这种策略具有较高的技巧性，在谈判中正确地运用了这种策略，会获得立竿见影的效果，因而，是谈判中最普遍也最有效的一种策略。例如，谈判实践中较为常见的"炒蛋"策略，它通过一下子推出许多难题，不分主次，忽东忽西地乱扯一气，扰乱谈判程序和内容，使对方在畏难或焦躁的情绪中犯下错误。这种方法性策略具有一定的技术难度，运用不好会惹恼对方，导致谈判的破裂。再如，虚张声势，此种策略借助于创造假象来迷惑对手，以达到获利的目的。谈判的方法性策略的最显著特点就在于它的运用技巧，即运用手法的巧妙。

# 第二节 谈判过程策略

谈判的阶段可分为三个，即开局阶段、磋商阶段和成交阶段。在不同的阶段，谈判所采取的策略是不同的。

## 一、开局阶段策略

开局是谈判双方正式接触、相互观察的阶段。双方的言行、表情、气度，甚至衣着打扮都会对整个谈判产生一定的影响。所以，好的开局是非常重要的。它要求掌握以下策略。

### 1. 创造和谐气氛策略

该策略是通过谈判者的举手投足、言谈气质等外在形式完成的。它要求谈判者做到以下几点：①从容自若，侃侃而谈，自然地调动起对手的谈判兴趣。②巧妙地谈些中性话题，消除对手的陌生和疑虑。③旁敲侧击，探测出对方的虚实意向。

### 2. 切入正题策略

谈判的目的在于达成某种协议。如何围绕该目标，切入话题，谈判者应做到以下几点：①态度诚恳真实，具有求实性。②共同商定谈判的议事日程。③沟通思想为前奏，以谋求同存异。④避免闲聊，离题太远。⑤切忌故作姿态，也不宜过分热情。

### 3. 察言观色策略

察言观色是指谈判者在开局的几分钟之内，细心地观察对手的言谈、态度和情绪，从而判断出对方的意图。运用该策略要做到以下几点：①径直步入会场，态度从容、友好、自信。肩膀放松，目光平视，握手力度适当。②动作和说话要轻松自如，从容不迫。③ 可适当地谈些业务方面的话题，避免情绪不稳、急躁或不耐烦。④切忌以貌取人或先入为主，过早地把对方的意图形成固定的看法。

### 4. 淡化等级、消除开局冷场策略

由于谈判双方在权力、地位、级别等方面的差异，会使开局时出现冷场局面。为冲淡这种由"等级"带来的拘谨，消除开局的冷场，要做到以下几点。①东道主一方应有主人风范，以热情友好的语言首先发言，并有意识地同客人产生共鸣，创造和谐、活跃的气氛。②双方的主谈人在举止、言谈中尽量表现出豁达大度，使对方放松。③发言时间上双方要分配合理，不要出现独霸会场的局面。④先把双方容易达成一致的事项提出，创造一种和谐的"共同感""一致感"。⑤发言要简洁明了，切忌夸夸其谈。倾听者则要聚精会神，不能随便打断对方发言，更不能对对方的发言表现出不恭的神情。

**案例 6-1**

　　有一个涉及1亿美元的境外旅馆工程项目，由于国外投资者对旅馆业不熟悉，便把此事全权委托给一位欧洲知名的工程师杰姆斯。

　　居高临下、盛气凌人的杰姆斯在参观上海静安希尔顿宾馆、花园饭店、新锦江大酒店等宾馆时，处处十分挑剔。而且杰姆斯拒绝作进一步参观，并且傲慢地说"不过如此而已"，以显示其博学和多才。在这种冷峻、紧张的气氛下，双方是很难进行一场平等合作的谈判。

就在这个节骨眼上，恰巧我方宴请国外某重要客商，这位客商见到杰姆斯在场，就主动把自己的主宾位置让给他，这是一个礼仪场合不多见的举动，足见杰姆斯声誉之高。席间，杰姆斯不时发表高谈阔论，踌躇自得。我方首席代表开始认真地倾听他的谈话，以显示对他的尊重，然后在他的讲话中间，对那些颇有见地的观点适当地附和和赞同几句，话虽不多，但足以显示我方专家的水准，这样杰姆斯也不由自主地表示出对我方代表的尊重。继之，趁他讲话的间隙，我方首席代表顺势婉转地介绍一下我方的独到之处，令他不得不对我方刮目相看。

在恰如其分地表现了一下自己之后，为营造一个轻松、友好的气氛，我方安排他参观了南浦大桥、核电站等建设工程。通过采取积极的行为，使得双方的地位发生了微妙的变化，对方那种居高临下的姿态慢慢地降了下来，而我方的地位就自然地上升了，这样，大家开始坐在平等的位置上进行谈判。

【案例思考】我方代表是如何采用淡化等级的策略的？

## 二、磋商阶段策略

磋商阶段又称为报价还价阶段，所用策略又可分为报价策略和还价策略。

### （一）报价策略

报价也称为发盘，这里所说的报价不仅是指双方在谈判中就价格条款所提出的要求，还泛指谈判中某一方向对方提出的所有要求，包括商品的质量、数量、包装、价格、保险、支付条件、索赔和仲裁条件。报价条件一般是在谈判前各方都已确定下来了。但是，谈判者也可以根据谈判的具体情况，在规定的幅度内加以确定。作为卖方报价策略是抬高，作为买方报价策略是压低。但是，无论抬高还是压低，都必须围绕市场的平均价格上下浮动。高不能漫天要价，低也不能盲目杀价；否则，谈判就无法进行。具体来说，报价的策略有以下几种。

#### 1. 报价时机策略

报价之前一定要先把商品的使用价值介绍清楚，待对方对其产品已有所了解之后，再提出价格。而最适宜的时机是对方询问了价格之后，因为这时对方已对所提供的商品产生了兴趣，这时提出价格可以减少谈判阻力。而在还没有介绍产品之前，如果对方贸然问价，可采取回避策略，假装没听见，或巧妙地回答。比如，"这种商品规格较多，型号不一，可根据具体情况而定"。

案例 6-2

有个跨国公司的高级工程师，他的某项发明获得了发明的专利权。一天，公司总经理派人把他找来，表示愿意购买他的发明专利，并问他愿意以多少的价格转让。他对自己的发明到底值多少钱心中没数，心想只要能卖10万美元就不错了，可他的家人却事先告诉他至少要卖30万美元。到了公司总经理的办公室，因为一怕老婆，二怕经理不接受，所以胆怯，一直不愿正面说出自己的报价，而是说："我的发明专利在社会上有多大作用，能给公司带来多少价值，我并不十分清楚，还是先请您说一说吧！"这样无形中把球踢给了对方，让总经理先报价。

总经理只好先报价："50万美元，怎么样？"这位工程师简直不相信自己的耳朵，直到总经理又说了以后，才意识到这是真的。经过一番装模作样的讨价还价，最后以这一价格达成了协议。

【案例思考】结合案例谈谈掌握报价时机的重要性。

### 2. 价格分割策略

该策略是讲，报价方可利用对方的求廉心理，用较小的计价单位报价，造成需方心理上的便宜感。例如，某某商品每吨 5 000 元，报价时可说每千克 5 元。

### 3. 价格优惠策略

报价时可把价格和商品的优越性联系起来一块讲，或者把价格与达成协议的优惠条件联系起来一起报。

### 4. 价格比较策略

提出己方商品价格时，可联系另一种可比商品的价格进行比较，突出相同使用价值的不同价格，或突出相同价格的不同使用价值。

### 5. 价格差异策略

根据商品的流向、卖方需求的急缓程度、购买次数、数量、付款方式等内容的不同，可采取不同的价格。一般来说，对老主顾或大批量需求者，价格可报的低些。而有时候，谈判对手最关心的是商品的其他方面。比如，急需某种商品时，他所关心的是到货时间，对于价格就不太计较了。再比如，对于一些技术性较强的商品，所关心的是商品的质量和性能，对于价格的要求也不会太苛刻。这些时候，都可以采用适当的高价政策。

## （二）还价策略

还价也称还盘，它是针对对方的报价和采取的策略而使用的反提议及对策。在还价阶段首先要弄清对方报价的虚实，搞清真实价格后再还价。为此，要遵循以下原则：①对报价的内容寻根问底，进行调查、核实、验证。切忌不了解真实价格盲目还价。②对缺少依据的报价，坚持深入分析，及时发现报价的"水分"。③认清关键问题，不要被次要的优惠条件所迷惑。

为了搞清价格真相，可采取以下策略：第一，摸清真实价格策略。该策略的具体运用是：①强调按谈判议程办事，在前一个议程未完之前，阻止进入下一个议程，迫使对方提供资料。②给对方戴高帽。即称赞对方经营有方，重信誉，迫使对方为己方的询问调查提供方便。③运用国家的政策、法律法规，向对方施加压力，促使对方提供报价的有关资料。④用货比三家的手段，向报价方说明己方已有另外的交易对象，并向对方适当地披露一些其他客户的情况，以此对对方施加压力。第二，询问紧追策略。该策略是指在还价中提出一些问题，或是变更一些条件，要求报价方答复，以便达到了解和掌握对方底数的目的。比如，"如果我进货量增加一倍，你们在价格上能优惠多少？"对方在回答时，多少会露点底数。当对对方的真实价格有所了解之后，便可还价了。

具体的还价策略可采取以下几种：①吹毛求疵策略。该策略主要是挑剔对方的商品和条件，迫使对方进行说明和解释，从而争取到讨价还价的机会，增加还价的力度。②不开先例策略。该策略是用来搪塞对方不合理的报价。比如，当对方报价后，你可以说："如果应允了你的要求，就等于开了先例，其他人都来效仿，我方是承受不了的。"以此达到还价的力度。③最后通牒策略。策略的具体运用必须是在一方处于有利地位，对方在某些问题上纠缠不休，这时有利方可采取该策略，向对方提出具体的时限和要求，迫使对方让步。运用该策略要慎重，防止引起对方敌意。

### 三、成交阶段策略

成交阶段即达成协议阶段，谈判中达成协议阶段，是通过中间阶段艰苦的讨价还价，取得一致意见后，进入成交的阶段，也是谈判的最后关键阶段。该阶段的主要任务就是促成签约。谈判的结果，只有签订合同才有实际意义。所以，谈判者为达成协议、促成签约必须采取一定的策略。

#### 1. 期限策略

如果是供货方利用期限策略，可以向需方明确："存货不多，欲购从速。"或向需方说明：这批货所剩不多了，下批货要等到某某时间。如果是需方利用期限策略，可以这样表示："如果我们提出的条件贵方在三天之内不能明确答复，我们只好另找货源了。"

#### 2. 优惠劝导策略

向对方提供某种特殊的优惠条件，作为尽快签约的鼓励。比如，用打折、提前送货、赠配件、允许试用等手段促成尽快签约。

#### 3. 行动策略

谈判中只要主要问题基本谈妥，即可立即行动书写协议，促成签约。

#### 4. 主动提示细节策略

谈判中一方主动向对方提出协议或合同中的某些具体条款的签订问题，比如，商谈验收的地点、时间、方式和技术参数等，以此来促成签约。

在该阶段，无论采取哪种策略，都不要恭维对方，更不能喜形于色，以免引起对方疑心。

# 第三节　谈判地位策略

## 一、主动地位策略

在商务谈判活动中，强有力的一方，其核心是争取尽可能多的利益需求，往往采取以下策略。

#### 1. 前紧后松策略

"前紧"是指在谈判前一阶段，提出的条件都较苛刻，而且坚持不作任何让步，使对方产生疑虑、压抑、无望等心态，以大幅度降低其期望值，使其处于一种很难接受又怕谈判破裂的矛盾紧张的心理状态。"后松"是指在实际谈判中，逐步优惠或让步，使对方在紧张后产生某种特殊的轻松感，从而有利于达成满足我方需要的协议。

在具体运用前紧后松策略时，谈判组的成员可进行恰当分工，用一位谈判人员扮演"前紧"角色，首先出场，提出较为苛刻的要求和条件，并且表现出立场坚定、毫不妥协的态度。然后，随着谈判活动的深入展开，当争持不下，气氛紧张之时，谈判组的第二个人便可登场了。他和颜悦色，举止谦恭，给人一个和事佬的形象，进行"后松"的谈判，显得通情达理，愿意体谅对方的难处，经过左思右想，尽管面有难色，但仍表示通过做"前紧"角色的工作，可以从立场上一步一步地后退。即使后退，仍能达到预期的目标。

我公司某一支柱商品，经营效益很好，在我公司具有举足轻重的地位。此商品在H国属主动配额商品，有十几家客商和用户联合经营，与我们合作达20余年。客商对此也十分重视，几乎每年派出由进口商、批发商和直接用户组成的十几个人的大型贸易代表团，与我方洽谈，而每次洽谈都十分艰难。

2011年8月初，该贸易代表团又抵我方。谈判开始，双方首先通报了各自的情况。对方称，由于今年本国经济不景气，销售不利，希望在价格上给予优惠并予以理解。而我方的实际情况是，由于国内养殖成本上升，劳力紧缺，工资提高，国内需求增加，价格上涨幅度很大。很显然，这次谈判双方价格上必有一番激烈的斗争。首先，该商品对我方来说属被动配额，主动权在对方手中。其次，该商品的价格主要取决于H国的市场需求和我方的产品质量。在谈判前，我们认真分析了各种情况，认为虽然国内物价上涨，各种成本增加，但由于天气问题，使产品质量下降很大，且H国市场确实不景气，价格要比去年增加难度很大，能争取与去年同价就是胜利，我们的目的也就达到了。基于这种战略，我们采取了"筑高台"策略，将价格有意识地比去年提高20%，向对方报了过去，打乱了对方的阵脚。对方经过一阵沉默，提出要与各商社协商后给予答复。对方经过很长时间的磋商，谈判重新开始。对方称我方的报价很出乎他们的意料。本来他们的价格要比去年降低10%，但考虑到与我方20余年的合作和我国成本增加的情况，价格最高不能超出去年的水平。这个价格本来已达到了我们的目的，但为了争取最大的效益，我们仍不气馁，称我方已向贵方讲明了我方的实际情况，同时也考虑了贵方的难处，若贵方一点也不提高价格，则我方就将出现亏损，很难成交。如达不成协议，对双方20多年的友好合作关系也将产生不利的影响。经过对方又一轮磋商，又提出了比去年只增加1%。在这种情况下，为了不使谈判陷入僵局，我们又灵活地提议比去年增加5%。最终以比去年增加2%的价格结束了谈判，双方均达到了满意的结果。我方采取了故布疑阵、前紧后松、情感沟通等多种策略，取得了谈判的成功。不但没有降低价格，而且还提高了2%。

这一策略的成功是建立在人们心理变化的基础上的。其原则在于，人们通常对来自外界的刺激信号，总是以先入信号作为标准并用来衡量后入的其他信号。若先入信号为松，再紧一点则感觉很紧；若先入信号为紧，稍松一点则感觉很松。在谈判中，人们一经接触便提出许多苛刻条件的做法，恰似先给对方一个信号，尔后的优惠或让步，虽然仅为一点点，也会使他们感到已经占了很大便宜，从而欣然在对方要求的条件上做出较大妥协。不过，任何策略的有效性都是相对的、有局限的，起先向对方所提的要求，不能过于苛刻、漫无边际，"紧"要紧得有分寸，不能与通常的惯例和做法相距太远；否则，对方会认为我方太缺乏诚意，而使谈判破裂。切忌"过犹不及"。若谈判失败，双方都会一事无成。

【案例思考】结合案例具体阐述我方采用的谈判策略。

## 2. 不开先例策略

不开先例策略，通常是指有优势的卖方坚持自己提出的交易条件，尤其是价格条件，而不愿让步的一种强硬策略。当买方所提的要求使卖方不能接受时，卖方谈判者向买方解释说：如果答应了这一次的要求，对卖方来说，就等于开了一个交易先例，这样就会迫使卖方今后在遇到类似的问题同其他客户发生交易行为时，也至少必须提供同样的优惠，而这是卖方客观上承担不起的。

当谈判中出现以下情况时，卖方可以选择运用"不开先例"的策略。

（1）谈判内容属保密性交易活动时，如高级生产技术的转让、特殊商品的出口等。

（2）交易商品属于垄断经营时。

（3）市场有利于卖方，而买主急于达成交易时。

（4）当买主提出的交易条件难以接受，这一策略性回答也是退出谈判最有礼貌的托辞。卖主在运用"不开先例"的谈判策略时，对所提出的交易条件反复衡量斟酌，说明不开先例的事实与理由，使买方感到可信；否则，不利于达成协议，除非已不拟再谈。

对于买方来讲，这里问题的关键是难以获得必要的情报和信息，来确切证明卖方所宣称的"先例"界限是否属实，而且即使在目前的谈判中卖方决定提供该买主一个新的优惠，但他是否就真的成为一个"先例"，也是无法了解的事情。因此，买方除非已有确切情报可予揭穿，否则只能凭主观来判断，要么相信，要么不相信，别无他途。

总之，不开先例策略是一种保护卖方利益，强化自己谈判地位和立场的最简单有效的方法。当然，买方如居优势，对于有求于己的推销也可参照应用。

### 3. 限定策略

在商务谈判活动中，实力强的一方常常会利用谈判中的有利地位，采用限定策略。因为在这种情况下，对方特别担心谈判破裂，一旦破裂，对方损失最大。限定可以是多方面的，应根据谈判的具体情况而定，通常有限定谈判范围或谈判时间。在应用中，表达限定内容时，态度宜委婉、真诚，采用征询式更好，比如："由于我们最近业务很多，请您们谅解，这次谈判是否安排在明日下午四时结束，以便能赶上班机返回，想必你们一定会支持。"又如："为抓紧时间，这轮谈判我建议是否对成交价格进行磋商，如果能取得一致意见，其他问题就容易解决了，你们不会不同意吧。"这样在对方心理上，能产生一定压力，可避免对方采用拖延或迂回战术，造成一种对我方有利的谈判环境。

限定策略中，规定时限的谈判策略很多，它是指谈判一方向对方提出的达成协议的时间限期，超过这一限期，提出者将退出谈判，以此给对方施加压力，使其无可拖延地作出决断：改变自己的主张，让步妥协，还是谈判破裂？以求尽快解决问题。事实上，大多数贸易谈判，特别是那种双方争执不下的谈判基本上都是到了谈判的最后期限或者临近这个期限才出现突破进展而达成协议的，因为最后期限带有明显的威胁性。每一个交易行为中都包含了时间因素，时间就是力量，时间限制的无形力量往往会使对方在不知不觉的情况下接受谈判条件。

当谈判中出现以下情况时，可以选择运用规定最后期限策略。①对方急于求成时，如采购生产用的原料等。②对方存在众多竞争者时。③我方不存在众多竞争者时。④我方最能满足对方某一特别的交易条件时。⑤对方谈判小组成员意见分歧时。⑥发现与对方因交易条件分歧大，达成协议的可能性不大时。

选用规定最后期限的策略，目的是促使对方尽快地达成协议，而不是使谈判破裂，因而，运用时必须注意以下六点。

（1）所规定的最后期限能给对方可接受的余地，即最后期限的规定是由于客观情况造成的，无理的、给对方来不及思考的最后期限常会导致谈判策略的失败。

（2）所规定的最后期限必须是严肃的，尽管该期限将来是可以更改或作废的，但到最后期限到来以前，提出最后期限的一方要表明执行最后期限的态度是坚决的。

（3）在运用规定最后期限的同时，可以向对方展开心理攻势，作一些小的让步来配合，给对方造成机不可失，时不再来的感觉，以此来说服对方，避免因"规定最后期限"给对方形成咄咄逼人的气氛，使双方在达成协议的态度上更加灵活一些。

（4）在言语上要委婉，既要达到目的，又不至于锋芒太露。

（5）拿出一些令人信服的证据，诸如国家的政策，与其他客户交易的实例或国际惯例，国际市场行情的现状及趋势以及国际技术方面的信息等，用事实说话。

（6）给予对方思考或议论或请示的时间，这样一来，有可能使对方的敌意减轻，从而降低自己的条件或不太情愿地接受你的条件。

## 案例 6-4

广州某公司王总带翻译与美国一家公司代表洽谈进口原材料事宜。美方代表是一名技术人员，该代表第二天上午要飞往以色列。谈判地点在美国人所住的宾馆房间内。

略作寒暄后，美方开报价420元/千克。王总通过翻译向其大谈双方合作的前景及美方的未来收益，并还价200元/千克。美方表示无权接受，需向公司请示。一番国际长途之后，美方表示可以最低价300元/千克成交。王总再三努力，美方不肯再退。王总表示，因本人要去北京公干，不妨5天后待其回来后再谈。美方脸色尴尬，经紧张测算后，最后开价250元/千克，双方成交。

当然，在使用这一策略时，也有可能使谈判破裂或陷入更严重的僵局，所以要视情况而定，除非有较大把握或万不得已时才用，千万别滥用和多用。

## 案例 6-5

### 日方盛情款待下的阴谋

在谈判中，日本人最善于运用限定策略。法国某大公司应日方邀请去日本进行为期四天的访问，以草签协议的形式洽谈一笔生意，双方都很重视。法方派出了由公司总裁带队，由财务、律师等部门负责人及其夫人组成的庞大代表团，代表团抵达日本时受到了热烈的欢迎。在前往宾馆的途中，日方社长夫人询问法方公司总裁夫人："这次是你们第一次光临日本吧？一定要好好旅游一番。"总裁夫人讲："我们对日本文化仰慕已久，真希望有机会领略一下东方悠久的文化、风土人情。但是，实在遗憾，我们已经订了星期五回国的返程机票。"结果，日方把星期二、星期三全部时间都用来安排法方的旅游观光，星期四开始交易洽商时，日方又搬出了堆积如山的资料，"诚心诚意"地向法方提供一切信息，尽管法方每个人都竭尽全力寻找不利己方的条款，但尚有6%的合同条款无法仔细推敲，因为已经到了签约时间。法方进退维谷，不签，高规格、大规模的代表团兴师动众来到日本，却空手而归，显然名誉扫地；签约，有许多条款尚未仔细推敲。万般无奈，法方代表团选择后者，匆忙签订了协议。

在这个案例中，日本人将限定策略发挥得淋漓尽致。通过不经意的交谈，日本人了解了法国代表团回国的日期，从而以安排旅游观光来挤压谈判的时间，最后在谈判桌上搬出大堆资料的"诚心诚意"仍是为了对谈判时间进行压榨，法国代表团要应对烦琐的谈判，但是已经没有时间了，只好匆忙签署协议，损失了可能争取到的谈判利益。

【案例思考】面对日方的限定策略，法方应如何应对呢？

### 4. 欲擒故纵

在谈判桌前，有的谈判者将己方的需求隐藏起来，却刺激对方的需求，急于谈判成功的一方，却装着无所谓的样子，这就是在使用欲擒故纵的策略。

"欲擒故纵"的手法是多变的，因条件而异，而且不难掌握。从态度上看，不过分忍让和屈从，该硬就硬，该顶就顶。在日程安排上，不是表现得非常急切，而是很附和对方，既表现得有礼貌，又可乘机利用对自己有利的意见。采取一种半冷半热的、似紧又不紧的做法，使对手摸不到你的真实意图。有时候则在对方强烈的攻势下，采用让其表演、不怕后果的轻蔑态度，既不慌乱也不害怕，以制造心理上的优势。这样可以争取比较好的价格条件。

📚 **案例6-6**

一位演员的私家轿车用了多年，临近报废。于是许多推销员闻风而至，纷纷上门来推销汽车。这些推销员为了推销自己的产品，不是说："你这部车早已破旧不堪，实在有失你的身份。"就是说："你需要更换许多的零件，还不如将这笔钱用来买一辆新车更划得来。"推销员们的频频造访使他不胜其烦，心中特别反感。

这一天，又有一位中年汽车推销员登门拜访，该演员一种本能的反应就是："这家伙肯定又是来推销他手头的汽车的，真讨厌，我绝不会上他的当。"

可这位推销员看了一眼车库里的汽车后，却说："你这辆车起码还可以用上一年半载的，现在就换车的话，也太可惜了，我看还是过一阵子再说吧！"说着递给这位演员一张自己的名片，转身就走了。

听推销员这么一说，这位演员的心理防线一下子就崩溃了：这个人真是太实在了，哪有这样做生意的人？他缓过神后，立即按照名片上的号码拨通了推销员的电话。

这位推销员欲擒故纵的说法大大出乎这位演员的意料，完全违背了他原先的心理期待，这种期待的落空很自然地使他产生了对对方的信任，使他十分乐意向这位推销员购买新车。

**【案例思考】**思考欲擒故纵策略的优点。

欲擒故纵谈判策略的明显特征是采取逆向行为，向对方传递一个不真实的信息。由于这是一种较为常见的策略，因此也常常被人识破。谈判者在采用这种策略时，应是有真有假、真假难辨，而不能全虚全假。

破解欲擒故纵的对策：一是在准确把握了对方心理的基础上，从思想上克服急于求成的情绪，宁去毋从，对方就会调整策略；二是直接指明对方的需求所在，要求他回到坦诚谈判的基础上来。

5. 先声夺人策略

先声夺人的谈判策略是在谈判开局中借助于己方的优势和特点，以求掌握主动的方法。它的特点在于"借东风扬己所长"，以求在心理上抢占优势。

📚 **案例6-7**

20世纪70年代，我国从国外引进了3套年产20万吨合成氨化肥大型机械设备，但在使用中发生了转子叶片断裂的事故。于是一场索赔——主要从技术上论证说理的涉外谈判开始了。谈判双方争执的焦点是叶片的强度够不够？为此，外方在谈判的起始就紧扣主题，以其专家头衔的优势，居高临下，侃侃而谈，不时地运用国际透平机械权威特劳倍尔教授的理论和意见，证明只要把断裂的叶片的顶部稍加改进就可以了。为了支持他们这一观点，他们随即拿出三份有关事故设计计算书和分析报告，并强调其中一份是由公认的国际透平机械权威特劳倍尔教授亲自审核签字的。

这种在谈判一开始就亮出王牌的谈判手法即是典型的先声夺人策略。此种以专家头衔和国际理论权威来威慑对方的方法确实产生了一定的效果。

**【案例思考】**先声夺人的策略有什么优点？

先声夺人谈判策略是一种极为有效的谈判策略，但运用不适当会给对方留下不良印象，有时会给谈判带来副作用。例如，有些谈判者为了达到目的，以权压人、过分炫耀等，会招至对方的反感，刺激对方的抵制心理。因此，采用先声夺人的"夺"应因势布局，顺情入理，适当的施加某种压力是可以的，但必须运用得巧妙、得体，才能达到"夺人"的目的。对付先声夺人的策略是首先在心理上不要怵，要敢于和对手争锋，但不要拘于一招一式的高低。在关键性问题上应"含笑争理"，对于次要性问题可充耳不闻，视而不见。

### 6. 声东击西策略

"声东击西"初见《三国志·魏书·武帝纪》，原指公元 200 年元月，曹操与袁绍战于白马，谋士荀攸为曹操所出的计谋。后来唐朝人杜佑的《通典·兵典六》中也有记载："声东击西"，意思是说，善于指挥打仗的人，能灵活用兵，虽然他攻击的目标在西边，偏要大造攻击东边的声势，以扰乱敌人的耳目，创造打败敌人的条件。将"声东击西"作为策略用于商务谈判，是指谈判桌上变换目标，借助转移对方注意力的手法达到谈判的目的。谈判桌上的议题多种多样，但有主有次，聪明的谈判者往往利用变换题目、转移视线、分散精力、绕道前进的策略谈判。这种策略常令对方顾此失彼，防不胜防。它的特点在于，具有较大的灵活性，能够避免正面交锋可能带来的不良影响，神不知鬼不觉地实现自己的目标。

**案例 6-8**

某年，我国一家外贸进出口公司的业务人员与外商谈判皮货生意。休息时，外商对中方外贸人员说："今年你们的皮货生意怎么样？"

"当然不错。"

"我想向贵公司订购20万张裘皮，没有问题吧？"

在得到了肯定答复后，那位外商主动递交了一份5万张裘皮的订货单，价格还高出市场价5%。中方业务人员喜出望外，在谈判后的宴会上，频频举杯向这位外商表示感谢。

然而，这位外商却在国际市场上以低于中方的价格大量抛出手中的存货，吸引了大量客户。原来，这位外商并不是真的想从中方订购20万张裘皮，而是虚晃一枪，先用高价订购5万张裘皮的订货单稳住中方，在抬起中方裘皮价格以后，又按原价顺利地抛出存货，而中方报出的稍高的价格全部被客户顶了回来。这位外商虽然花高价购买了中方的一部分皮货，但是这在他所赚的钱中只不过占了很小一部分而已。

这位外商运用"声东击西"之计，先用高价稳住中方，然后趁机大量抛出存货，使得中方的报价被客户顶回，最终达到了成功抛售的目的。

【案例思考】外商是如何运用声东击西策略的？

声东击西策略的运用方式和条件，一般说来主要有以下几个方面。

第一，作为一种障眼法，转移对方的视线，隐蔽我方的真实意图。如我方实质关心的是价格问题，又明知对方在运输方面存在困难，是他们最不放心的问题。我方就可以用"声东击西"的办法，即"集中力量"帮助对方解决运输上的困难，来达到"击西"的目的，使对方在价格上对我方做出较大的让步。

第二，说东道西，分散对方的注意力，或者达到干扰、延缓对方所采取的行动的目的，或者使对方在判断上失误，为以后若干议题的洽谈扫平道路。

第三，诱使对方在我方无关紧要的问题上进行纠缠，使我方能抽出时间对有关问题作调查研究，掌握情况，迅速制订出新的对策。

第四，有时为投其所好，故意在我方认为次要问题上花费较多的时间和精力，目的在于表明我方的重视，提高该次议题在对方心目中的地位，这样当我方在这个问题上做出让步时，对方会感到很有价值。

采用声东击西谈判策略的关键点是，必须清醒地了解对方是否觉察到己方的动机，如果己方的动机已为对方所察觉，那么，声东击西就不可能给己方带来任何意义。因此，随时洞察对方的动向，是破解声东击西谈判策略的关键。

### 案例 6-9

中方某公司与外国某公司为设备转让问题进行商务谈判，该设备包括硬件及其附带的软件。谈判中，作为买方的中方认为硬件部分的价格太高，而卖方的外国某公司又不愿再降价。买方很为难，想提出来不买了，又怕卖方说自己没有信用，更担心卖方已经允诺的其他有利于买方的协议由此而被推翻。这时，卖方正好提出希望扩大作设备散件交易的愿望。买方借机行事，把本来要递给对方的采购设备散件的清单收了起来，反过来向卖方纠缠设备的优惠价，并以此作为扩大散件交易的条件。当卖方了解到买方愿意购买其散件，而且数量可观时，便认真地与买方谈判。买方利用了这个有利时机，表面上和卖方郑重其事地谈判，而在场下却做了大量分析、研究工作，以减少散件的订购数量。买方从清单上划掉一种又一种不是十分必要的散件，卖方为了尽可能多地卖散件，而降低了软件和硬件设备的总体价格，同时散件价格也给了一定的优惠，从而使买方在谈判中获得了很大的好处。

#### 7. 出其不意策略

出其不意谈判策略的内容是，谈判桌上一方利用突如其来的方法、手段和态度的改变，使对方在毫无准备的情况下不知所措，进而获得意想不到的成果。

例如，在谈判中各方一直在和风细雨地谈问题，突然有人声色俱厉，就会产生一语惊四座的效果，因而，渲染了己方的立场，强调了己方的观点。这种以声夺人的手段，就是出其不意谈判策略的运用。

运用出其不意的谈判策略要把握两个要领：一是"快速"，以速制胜；二是"新奇"，以奇夺人。

### 案例 6-10

一位商人在印度的某市场上偶然发现某大师的三幅名画，决定全部买下。卖画的印度人报价：三幅一共300美元。商人虽然认为名画值钱，而且仅有三幅，但仍不能接受对方的一口价，于是与对方讲价。印度人很固执，丝毫不让。争执不下之时，印度人突然烧掉一幅。此举大出商人的意料，想要阻止已经来不及了，于是这位商人作出让步，同意以200美元买下剩下的两幅。没想到印度人却坚持剩下的两幅仍要300美元。商人认为不合情理继续与其理论，印度人一怒之下，又烧掉了一幅，剩下一幅仍要300美元。商人无奈，最后以300美元买下最后一幅。

出其不意是一种有效的获利手段。谈判者想破解这一策略，首先要在思想上做好应变的准备，并随时洞悉对手的动向。见奇不惊，常保心理平衡，是破解出其不意的对策。

#### 8. 炒蛋策略

炒蛋策略也是当前国际谈判桌上一种比较流行的谈判策略，又可称做"混水摸鱼"。照理说，谈判应当是循序渐进的，而炒蛋策略却是反其道而行之，故意将谈判秩序搅乱，将许多问题一揽子兜上桌面，让人眼花缭乱，难以应酬。这时，毫无精神准备的一方，就会大伤脑筋，望而却步。谈判中的失误也许就会因此而产生。

生活经验告诉我们，当一个人面临一大堆杂乱无章的难题时，便会情绪紧张，智力衰弱，自暴自弃，丧失信心。"炒蛋"战术即是利用这种心理，打破正常的有章可循的谈判议程，将许多乱七八糟的非实质性问题同关键性议题糅杂在一起，使人心烦意乱，难以应付，借以达到使对方慌乱失措的目的，使对方滋生逃避或依赖对方的心理，对方便趁机敦促协议的达成。

### 案例6-11

中国某公司与外商洽谈合伙生产矿泉水生意。中方对外商提出的某一技术数据表示怀疑时，外商马上从皮箱中拿出一大堆乱七八糟的技术资料，让中方自己分析计算。中方主谈判者被这一大堆资料弄得头昏脑涨，他们根本没有意识到这是外商的"炒蛋"战略，也没有思考回击对方的战略战术，翻了几下，就说："我们相信你们的技术数据。"最后，草草签了协议书。

这是一个反面的例证，意在提醒人们：千万不要让谈判对方扰乱你的心智活动，要冷静对付。

破解炒蛋策略的方法是，谈判者面对对方一揽子兜出许多问题时，首先要沉着冷静，坚定信念。其次坚决要求对方回到谈判的正常秩序中来，逐项讨论和解决问题，遇到涉及有关数据问题时，一定不可草率行事。有时，仅仅一位数之差，便会导致己方的利益荡然无存。再次，当对方使用材料和数据等一些炒蛋策略时，你要有勇气提出暂停谈判，以对各种材料和数据进行仔细研究，不要为图节省时间和精力，造成无法弥补的损失。

## 二、被动地位策略

被动地位策略是指明显处于弱势地位时的谈判对策。在现代瞬息万变的市场环境下，竞争会愈来愈激烈，任何企业都不可能永远处于优势。当一时处于极不利的条件下进行商务谈判时，其主要策略是，以尽可能减少损失为前提或者变弱势中的被动为主动，去争取谈判的成功。

### 1. "挡箭牌"策略

这是指在谈判中，谈判人员发觉他正在被迫做出远非他能接受的让步时，他会申明没有被授予这种承诺的权力，手持"盾牌"，在自己的立场前面，寻找各种借口、遣词的做法。一般是利用"训令、规定、上级、同僚或其他的第三者"作为挡箭牌来向对手要条件，减少自己让步的幅度和次数。这种策略最常用的一种做法是隐蔽手中的权力，推出一个"假设的决策人"，以避免正面或立即回答对方的问题。例如：

"您的问题我很理解，但需向有关部门的先生汇报。"

"我本人无权回答贵方提出的问题，需向我的上级请示才能答复。"

"我本人的谈判任务到此结束了，贵方现在起提出的所有建议，我都乐于忠实地转达，若嫌麻烦，贵方也可直接找有关领导。"

### 案例6-12

一次，一位著名谈判专家替邻居与保险公司交涉赔偿事宜。谈判在专家的客厅里进行。保险理赔员先发表了意见："先生，我知道你是谈判专家，一向都是针对巨额款项谈判，恐怕我无法接受你的要价，我们公司若只100元的赔偿金，你觉得如何？"

根据以往经验，不论对方提出的条件如何，都应表示出不满意，因为当对方提出第一个条件后，总是暗示着还可以提出第二个，甚至第三个。专家表情严肃地沉默着。

理赔员果然沉不住气了："抱歉，请勿介意我刚才的提议，我再加一点，200元如何？"

"抱歉，我的邻居是无法接受的，加一点。"

理赔员继续说："好吧，那么300元如何？"

专家等了一会儿道："300？嗯……我不知道我的邻居会怎么想。"

理赔员显得有点惊慌，他说："好吧，400元。"

"400？嗯……我不知道……"

"就赔500元吧！"

"500？嗯……我不如道……"

"这样吧，600元。"

专家无疑又用了"嗯……我不知道……"，最后这件理赔案终于在950元的条件下达成协议，而邻居原本只希望要300元。

案例中的谈判专家只用"不知道"这个词就让理赔员心中没了底，价钱一个劲儿自动往上涨。"不知道"是一个具有多种含义的词语，可以指"不知道我答应了你我的邻居会不会满意（权力有限）"，也可以是"不知道你还能不能再加一点"，或者"这么低的价格，不知道我们能不能谈下去（最后通牒）"。它的真正含义恐怕是不想告诉对方想知道的事。的确如此，谈判专家做到了，最终为他的邻居赢得了最大利益。

【案例思考】"挡箭牌"策略的优点是什么？

这种策略通常是实力较弱一方的谈判人员在不利的情况下使出的一张"盾牌"。"权力有限"作为一种策略，则不完全是事实，而只是一种对抗对手的盾牌。在一般情况下，对这一"盾牌"难以辨别真伪，对手只好凭自己一方的"底牌"来决定是否改变要求、作出让步。而运用这一策略的一方，即使要撤销盾牌也并不困难——可以说已请示领导同意便行了。

2. 踢皮球策略

踢皮球策略是指谈判桌上遇到难以对付的问题时，谈判的一方借口自己不能决定或者其他理由，转由他人继续谈判，把对方的皮球踢来踢去，不当一回事，对方在万般无奈的情况下只得妥协让步。踢皮球策略的使用具有一定的原因：若遇到谈判形势对己方不利，想终止谈判而达到出尔反尔的目的；或想达到降低对方条件，挽回损失、反败为胜的目的；或想达到降低对方期望的程度，使之自动让步的目的。

踢皮球策略与挡箭牌策略类似，不过二者之间是有区别的：挡箭牌策略是以上级、同僚或其他的第三者作为挡箭牌来向对手要条件；而踢皮球一般是把"球"踢给上级领导、合伙人或其他关系人，并以转嫁责任为基本特征。

踢皮球策略的作用在于，当谈判遇到棘手的难题时，为了避免与对方正面冲突，给己方留有"余地"，便使用这一策略来削弱对方的攻击力。因为，谈判者面对新的谈判对手要不断地介绍情况、主张、观点，其精力和身体免不了遭受损害和挫折，以至于在谈判桌上漏洞百出，前后不一，给人留下把柄。而使用踢皮球策略的一方，却进退自如，上轮谈判的漏洞，下一轮谈判可以弥补，始终掌握谈判的主动权。在谈判实践中，常常可以遇到这样的事例：当谈判几经周折，终于就某些问题达成协议之后，对方却借口要提请领导批准，如若领导不同意，谈判者只好又与对方的上司重新交涉。这时上司就会借口某些原则、下级不了解情况等，来纠正谈判中一些不利于己方的内容，甚至借机收回下级在谈判中的某些承诺，更为重要的是上司出面谈判，会重点攻击陷于被动局面的另一方在前几次谈判中所暴露的弱点，最终达到己方的目的。使用踢皮球策略的谈判者每踢一次球，就会多耗费对方的一份精力，挫伤对手的一次信心，最终迫使对方作出新的让步。这实质上是一种以守为攻的谈判策略。

"踢皮球"的反策略如下。

（1）以其人之道还治其人之身，以相同的策略反击对方，即请己方高层次人员与对方高层次人士对话。

（2）如对方诡称要等待上司批准，应限定时日，并且协商一定的约束办法（诸如约定在等待期间不能限制己方再寻找更好的顾客或商谈伙伴等）促使对方加快其上司审批的时间，以及使对方不敢轻易以上司不同意为借口而中止谈判。

（3）如果对方诡称上司要求降低条件方能签约，首先应据理力争，如果力争无效，就要做出随时准备退出商谈的姿态，以此试探对方的诚意，绝不要争一时之气轻易接受对方的条件和要求。

（4）谈判分层负责，人员组合安排与对方对等。无权签字者，以同样的人应付，迫使对方主帅出马。

（5）识破诡计，委婉揭露，从双方利益上说服对方。

（6）以拒绝、取消谈判相威胁，迫使对方坐下来商订议程。

### 3．疲惫策略

疲惫策略主要是通过"软磨硬泡"来干扰对方的注意力，瓦解其意志，从而寻找漏洞，抓住时机达成协议。

在商务谈判中，实力较强一方的谈判者常常咄咄逼人，锋芒毕露，表现出居高临下、先声夺人的姿态。对于这种谈判者，疲惫策略是一个十分有效的策略。这种策略的目的在于通过许多回合的"疲劳战"，使这位趾高气扬的谈判者逐渐地消磨锐气，同时使我方的谈判地位从不利和被动局面中扭转过来。到了对手精疲力竭、头晕脑涨之时，我方则可乘此良机，反守为攻，抱着以理服人的态度，摆出我方的观点，力促对方作出让步。

研究结果显示，被剥夺睡眠、食物或饮水的人的行动和思维能力十分薄弱，疲倦的人都比较容易被打动，犯下许多愚笨的错误。这就是为什么许多谈判者喜欢向对手发动疲劳攻势的原因。他们为了达到良好的谈判效果，千方百计地去消耗对方精力，使之在谈判中失利。

这种疲惫策略在涉外商务谈判时用得相当普遍。谈判者经过长时间紧张的飞行后，一下飞机就被对手接去赴宴；而后，对方大小负责人轮流亮相会面，表现得十分热情、好客；到了晚上，又专门安排舞会或观看演出等娱乐活动，直到深夜才罢休。第二天，也许远道而来的谈判者还在为主人的热情招待而激动不已，谈判开始了。可想而知，未能得到很好的休息，感情尚处于兴奋状态的人，在艰巨持久的谈判中表现会如何。

为了更好地展开疲惫攻势，谈判者常常采取车轮战术，不断更换谈判人员来使谈判对手陷于不断重复谈判的境地，抵消对方的耐力，挫减对方的锐气，以达到迫使对方作出让步的目的。车轮战术一方以多个谈判班子对付一个谈判班子，显然在精力上占了上风。

车轮战术还有另外一个好处，就是新露面的谈判者不仅可以从前一轮谈判者那里了解对手的谈判目标、方法和风格，发现对方的矛盾、失误和短处，而且便于修正甚至不承认己方在谈判中的失误和让步的允诺。而对方则不然，他必须努力向每一轮谈判者推销自己，重新介绍前面已讨论过的议题和自己的观点。这样，谈判对手就被困在车轮战术的泥坑中了。

在谈判中，你可以向对方发动疲劳攻势来争取有利的条件，也可能处于对方的疲劳攻势中。谈判者应学会反击对手疲劳攻势的各种措施。

（1）当你远道而来，对方进行热情的款待之后，你应进行充分的休息，最好第二天下午再开始谈判，以使自己从疲劳中恢复过来。

（2）倾听是保持精力的好办法，又利于获得信息，多听少说比喋喋不休更管用，也更有利于保持良好的精力。

（3）在谈判过程中，当你感到精疲力竭时，可提出暂时休息的建议。在休息时，理清思路，归纳一下刚才讨论的问题，检查一下自己一方的谈判情况和成效以及谈判对方的情况，对下一步谈判提出新的设想。要充分利用休息时间，带着考虑好的问题，胸有成竹、精神饱满地回到谈判桌旁。

（4）对付车轮战术，可以提出异议，暂停谈判；也可以借对方换人之机，己方也换人；或者可以给新一轮的谈判对手出难题，迫使其自动退出谈判；如果对手一口否认过去的协定，你也可以借此理由否认你所许过的诺言。

### 4. 吹毛求疵策略

吹毛求疵策略是指处于谈判弱势的一方，对谈判中处于有利一方炫耀自己的实力，大谈特谈其优势时，采取回避态度，或者避开这些实力，而寻找对方的弱点，伺机打击对方的士气。

这种吹毛求疵策略是通过再三挑剔，提出一大堆问题和要求来运用的。当然有的是真实的，有的则是虚张声势。之所以这样做，主要是降低对方的期望值，找到讨价还价的理由，达到以攻为守的目的。

但是，若从相反的立场来说，如果身为卖方，又该如何对抗这种吹毛求疵战术呢？

（1）必须很有耐心。那些虚张声势的问题及要求随你的耐心和韧劲自然会渐渐地露出马脚，并且失去影响力。

（2）遇到了实际问题，要能直攻腹地，开门见山地和买主私下商谈。

（3）当对方在消磨时间，节外生枝，作无谓的挑剔或无理的要求时，或视若无睹地一笔带过，不予理睬；或及时提出抗议，予以揭露。

（4）向买主建议一个具体且彻底的解决方法，而不去讨论那些没有关系的问题。不要轻易让步，以免对方不劳而获。同时，卖主也可以提出某些虚张声势的问题来加强自己的议价力量。

吹毛求疵策略将使你在交易时充分地争取到讨价还价的余地，如果能够灵活运用，会使你受益。

### 5. 以柔克刚策略

老子说过：柔能克刚。感情柔弱作为一种谈判策略，有时确能产生一种意想不到的神奇效果。谈判中，当处于不利局面或弱势时，最好的策略是避开对方的锋芒，以柔克刚。在谈判中有时会遇到盛气凌人、锋芒毕露的对手，他们的共同特点是刚愎自用、趾高气扬、居高临下，总想指挥或控制对方。对于这样的谈判者，以硬碰硬固然可以，但往往容易形成双方情绪的对立，危及谈判终极目标的实现。在多数情况下，谈判者对咄咄逼人的对手所提出的要求，可暂不表示反应，而是以我之静待敌之动，以我之逸待敌之劳，以平和柔缓的持久战磨其棱角，挫其锐气，挑起他的厌烦情绪，伺机反守为攻，夺取谈判的最后胜利。

使用"以柔克刚"的策略，需要注意如下几点：要有持久作战的精神准备，采用迂回战术，通过若干回合的拉锯，按我方事先筹划好的步骤把谈判对手一步一步地拖下去；坚持以理服人，言谈举止做到有理、有利、有节，使对手心急而无处发，恼怒而无处泄，否则，稍有不慎，就可能给对方造成机会，使其喧嚣一时，搞乱全局。

### 6. 难得糊涂策略

难得糊涂作为一种处理弱势条件下的防御性策略，是指在出现对谈判或己方不利的局面时，故作糊涂，并以此为掩护来麻痹对方的斗志，以达到蒙混过关的目的。假装糊涂可以化解对手步步紧逼，绕开对己方不利的条款，而把谈判话题引到有利于己方交易条件上。当对方发现你误解了他的意思时，往往会赶紧向你解释，在不知不觉中受你的话语影响，在潜移默化中接受你的要求。所以，谈判老手们总是把"难得糊涂"作为他们的一个信条，必要时就潇洒地"糊涂"一回。

**案例 6-13**

上海一家大规模的技术建设公司，准备参加联邦德国在中东的某一全套工厂设备签约招标工程。开始时，他们认为无法中标，后来经过详细的研究分析，在技术上经过充分的讨论，他们相信自己比其他竞争对手更有优势，中标很有希望。

在同德方经过一段时间的洽谈后，上海公司想尽早结束谈判，早日签约。可是德方代表却认为应该继续进行会谈。会谈中，德方主谈人说："进行契约招标时，我们对金额部分采取了保留态度，这一点请你们理解。现在我要说点看法，这可能很伤感情，就是贵公司要减2.5%的金额。我们也把这一想法告诉了其他公司，现在正等他们答复。选哪个公司，对我们来说均一样。不过我还是希望能同贵公司合作。"

德方代表彬彬有礼的语气中颇有犀利的言辞，上海公司表示："我们必须商量一下。"

一个半小时以后，上海公司代表回到了谈判桌旁，他们故意误解对方的意思，回答说，他们已经将规格明细表按照德方所要求的价格编写，接着又一一列出可以删除的项目。

德方一看情形不对，马上说明："不对，你们搞错了。本公司的意思是希望你们仍将规格明细表保持原状。"

接下来的讨论便围绕着规格明细表打转，根本未提到降价的问题。

又过了一小时，上海方面准备结束会谈。于是就向德方提出："你们希望减价多少？"

德方回答说："如果我们要求贵公司削减成本，但规格明细表不作改动，我们的交易还能成功吗？"这一回答其实已经表明对方同意了上海方面的意见。

于是上海公司向对方陈述了该如何工作，才能使德方获得更大的利益。德方听了之后表现出极大的兴趣。上海公司还主动要求，请德方拨出负责监察的部分工作，交由上海公司分担。

交易谈成了，德方得到了所希望的利益，上海公司几乎也未做出什么让步。

【案例思考】上海公司是如何在谈判中使用难得糊涂策略的？

假装糊涂贵在一个"巧"字，倘若弄巧成拙，结果自然不好。装糊涂要有一定的度，倘若超过了这个度，超过了对方的承受范围，势必影响感情，甚至引起谈判的破裂。另外，装糊涂，故意犯错或误解不能超出法律所许可的范围，否则会惹来许多不应该的官司。

识破这种装糊涂的陷阱，需要十分谨慎，当发现对手在制造这种陷阱时，千万不要默认。对对手在谈判中的各种口头上的装糊涂，贵在以巧治巧，婉言点出其圈套，既不伤面子，又不至于在谈判中处于下风。谈判对手的假装糊涂不只表现在口头谈判上，更表现在协议或账单的文字上，将各种数字有意加错、遗漏或更改等。所以，谈判者在审查协议或账单时应十分仔细，再三检查，避免陷入对手的"糊涂"陷阱之中。

### 7. 多问多听少说策略

多数谈判者都意识到：谈判中若表露得越多，就有可能将自己的底细暴露得越多，从而越有可能处于被动。因此，有些人认为，谈判中最有效的防御策略之一是多问多听少说，即多向对方提出问题并设法促使对方继续沿着正题谈论下去，以此暴露其真实的动机和最低的谈判目标，然后根据对方的动机和目标并结合己方的意图采取有针对性的回答。

在对方陈述意向或建议时，特别是如果对方希望表现自己时，己方就应尽量地保持沉默和倾听。这样一来，不仅待到己方发言时对方也可能耐心地聆听，而且更重要的是耐心倾听可以使己方更清楚无误地了解对方的看法，听出对方的言外之意，感受对方的情绪，洞悉对方的实意，也可以使对方说得更详细、更准确。所以，在别人讲话时切忌打岔。通常情况下，打岔会令对方不快且影响意向的交流。当然，如果听到有含糊或不明白的地方，可以请对方重复说一次或请对方明白解释其本意，这样做不但不会使对方反感，有时反而会使对方得到一种满足感。

己方陈述的内容应尽可能简单明确且有针对性，这样才有可能增强己方意见的影响力和说服力，而且可避免言多必失的毛病。

少说还表现在注意言语上的谨慎，防止将己方的底牌泄露出来，特别要防止在酒宴、交际、闲谈等一些轻松愉快的环境中泄露秘密。例如，一家生产厨房用具的厂家与一家大百货商场达成了 100 多万元的订货意向，双方代表议定第二天签订合同。可是，当天晚上，厂家代表接到对方的一个电话，说他们的老板改变了主意，要从另一家工厂订货，因为他们的报价低得多。接着又说，如果对方能降价 8%，还有商谈的余地；否则，就不可能了。对方的这种手腕，实在恶劣，但没签合同又无可奈何。而该工厂已经长期开工不足，现已濒临破产，若失去了这批订货，后果不堪设想。最后，厂家的代表不得不按百货商的意图降价8%，才签订了合同。后来，厂家在调查事件突然变化的原因时，发现原来是本工厂的一位谈判代表在当天的饭局中酒后吐真言，将工厂的处境和底细全部告诉了百货商场的代表，使得此次谈判中厂方视为高度机密的东西泄露了出去，酿成了重大错误。因此，不该说的不说，对商务谈判十分重要。

### 8. 以退为进策略

以退为进策略是指在输赢未定时，暂时退让，待机而定，争取主动和成功。以退为进本是军事上的用语。军事上的战略退却是为了保存实力，待机破敌而采取的一种有计划的战略步骤。

谈判也类似"打仗"，有时双方争执激烈，有时还要坚持继续谈下去；有时要求休会下次再谈；有时要据理力争；有时则要暂时退却，待机而进。因此，退一步，进两步，也是谈判策略。暂时的退却是为了将来的进攻。

**案例 6-14**

2010年，为了将公司的业务延伸到建设方、设计院、中介公司、建材厂商、施工单位、物业公司、专业院校及政府部门等8类客户中，广联达开始扩充销售队伍，而且在重点搞城市规划建设的城市设立了分支机构。其中，小李就专门负责北京丰台区三级施工资质的中小型企业的市场开发工作。

1. 前期准备工作

作为一名新手，小李首先对丰台区三级施工企业的名单进行了汇总分析，并根据经营的实力将其划分为三类客户，其中处于总部基地、科技园的几家建筑施工单位就是小李的第一批拜访客户。

据网络调查和前期的电话咨询，小李了解到中通科技有限公司从事排风空调安装施工已经将近10年了，但是却没有一套完整的预算软件，每次招投标的预算制作都是请专门的机构帮助。因此，小李决定对这家公司进行拜访跟踪。

2. 预约沟通

电话预约成功后，小李按时拜访了公司的负责人。因为时间的关系，小李直接告诉了徐经理：广联达软件的购买成本是18 800元，加密狗的成本是1万元左右，同时购买两者可获得两年内的免费软件升级服务。

徐经理一核算，发现一套软件将近3万元，有点吃惊，不能接受。因为平时他们做预算也就是找个熟人算一下，每次就花个几百元，一下子花3万元买一个软件，而且还没有人会用，徐经理显然是不同意的。

3. 以退为进，争取全额付款购买

为了让徐经理购买软件，小李为其做了这样一个推算：购买这套软件，如果维护好的话，至少可用七八年；而且，每次软件的维护工作都由广联达来做。假设公司每年做100次预算，外面的机构每次收费500元，这样的话，一年就要花掉5万元，而广联达只需要3万元。

经过小李的分析，软件购买的实用性已经很明显了。可是公司没有人会用，再培养这方面的人员，还需要一笔不小的培训支出，这样核算下来，徐经理又迟疑了，销售合作又一次遇到了困难。

听到徐经理这样的陈述，小李开始对自己公司的相应政策进行了全面的分析：公司每个月都会安排30名工作人员进行软件操作使用培训，而且课程都是在周六日开设。只要持有公司的培训卡就可以进去学习。

面对这个棘手的小问题，小李最终决定以退为进，拿免费培训这个小利益换得全款购买的大利益。于是他这样回复道：公司每个月都有专门的培训课程，我可以安排贵公司一名技术人员用我的名额前往学习，而且是免费的；另外，针对公司后续的软件更新也由我免费负责，但是价格方面就不可以再讨价还价了……

经过考虑，徐经理最终决定与小李合作，全款购买软件以及加密狗，而小李也将自己培训学习的机会让给了徐经理手下的技术人员，双方各取所需。

【案例思考】以退为进策略的优点是什么？

这个策略实行起来既简单又实用。一个有经验的买主倘若利用这个策略，往往有可能使得买卖双方皆大欢喜。同样，一个有经验的卖主使用这个策略，也有可能迅速达成交易或争取到更好的利益。

买主使用这个策略的表现手法，往往是"我们非常喜欢你的产品，也喜欢你的合作态度，遗憾的是我们只有这么多钱"，或"遗憾的是政府只拨这么多款"，或"公司的预算只有这么多"等。而卖方的表现手法是"我们成本就这么多，故此价格不能再低了"，或"我非常愿意同你谈成这笔交易，但是除非你能和我共同解决一些简单（或实际性）问题，否则难以达成协议"，或者"假如你要以这个价格购买，则交货期要延长"，或"原材料只能是某种替代品，或只能是某种型号的货物"，或"如果你要以这个价格购买，你必须增加订货数量"等。

采取这一策略的目标是，以己方的让步换取对方的让步，或强调己方的困难处境，以争取对方的谅解和给予一些让步。

## 三、平等地位策略

在商务谈判中，有时也可能出现谈判双方势均力敌的状态，谈判者的地位平等，双方企图以势压人，以威慑人，往往无济于事。商务谈判中，均势条件又包含多项内容，不仅指企业的经济实力、声誉及市场形象，更多的是指对这次具体交易需求的迫切程度，即合作的内在驱动力；若大体相当，其合作可能性就很大。因此，在这种情况下，应以谋求合作和追求互利为前提。

### （一）回避冲突策略

商务谈判是经济利益的协调过程，合作与冲突并存。不同谈判，合作与冲突的对抗程度也不同。在相对平等条件下，合作可能性很大，尽可能回避冲突，扩大合作面，是这种条件下争取谈判成功的重要策略。但是，冲突总是存在的，在谈判中一旦把握不好，冲突会扩展，形成很强对抗，甚至出现僵局。为缓和矛盾，打破僵局，引导谈判向成功方向发展，商务谈判中常采用一些回避冲突的策略。通常做法有以下几种。

#### 1. 休会策略

休会策略是谈判人员经常使用的一种基本策略。其主要内容是，在谈判进行到一定阶段或遇到某些障碍时，谈判一方或双方提出休会一段时间，以便使谈判双方人员都有机会重新研究、调整对策和恢复体力。这是缓冲矛盾、转变气氛的一种有效策略，也是实践中常用来缓冲的一种基本方法。

无论主动休会还是被动休会，必须协商。一般由一方提出，经过对方同意。提出者不能在对方同意之前擅自离开谈判桌，那样做会影响关系，甚至使谈判破裂。怎样才能取得对方的同意呢？提出建议的一方要把握好时机，看准对方的态度变化及相应休会需要，双方就会一拍即合；另外，要清楚委婉地讲清休会的原因。

在提出休会建议时，谈判人员还要注意以下几个问题。

（1）要明确无误地让对方知道你有这方面的要求，最好说明双方都有必要性。

（2）讲清休会的时间。休会时间的长短要视双方冲突的程度、人员精力疲惫状况，以及一方要了解有关问题所需时间来确定。

（3）提出休会和讨论休会时，避免谈过多的新问题或对方非常敏感的问题，以便创造冷却紧张空气的时机。

在休会期间，双方谈判人员应集中考虑许多问题，如谈判到目前取得了哪些进展？还有哪些方面有待深谈？双方分歧何在？是否有必要调整对策？是否要向上级或本部报告？双方只有在休会期间进行必要准备，下轮谈判才会有成果。

#### 2. 坦诚策略

坦诚策略是指谈判人员在谈判中尽量开诚布公，使对方感到信任友好，促进通力合作，达成交易。

现代谈判理论认为，谈判是协调行为的过程，是追求双方各自需求满足的结合点。不应完全从自我立场出发，采取一系列谋略，使对方完全按我方设计的轨道运行。采取开诚布公态度，坦诚告诉对方我们的某些真实意图，往往是减少矛盾，回避冲突，促使对方通力合作的良好对策。事实上，在实际生活中，人们都希望别人相信自己，如果心怀叵测，又怎能指望别人以诚相待呢？要让别人相信你，首先从自己做起，待人以诚，才会导致还你以义。古代经商就是以诚信为本，商务谈判中也不例外。坦诚相见并不是不讲技巧，也不是完全不警惕对方的欺骗行为。过分"坦率"，有时是一种幼稚而愚蠢的行为。谈判中坦诚策略，是以能达到"以心换心"为前提的。

目前这项策略颇受推荐。因为它有助于克服谈判双方的疑忌心理，创造诚挚友好的谈判气氛。但也应注意，坦诚不是要和盘托出，更不是不分场合和人物。使用这种策略，最好是在探测阶段之后，因为，你对谈判对手的意图风格和态度已有一定的了解，估计对方不是闪烁其辞和老奸巨猾之辈。在这种情况下就可使用坦诚策略。一般地说，能谈上十之七八就够开诚布公了。

**案例 6-15**

北京某区一位党委书记在同外商谈判时，发现对方对自己的身份持有强烈的戒备心理。这种状态妨碍了谈判的进行。于是，这位党委书记当机立断，站起来很诚恳地对对方说道："虽然我是党委书记，但也懂经济，也搞过经济，并且拥有决策权。我们摊子小，并且实力不大，但人实在，愿意与贵方合作。咱们谈成也好，谈不成也好，至少你这个外来的'洋'先生可以交一个我这样的'土'朋友。"寥寥几句肺腑之言，打消了对方的疑惑，使谈判顺利地向纵深发展。

### 3. 弹性策略

借用弹性来描述策略，是指在谈判中遇事留有充分余地的对策。讲话不能太满太死，要有灵活性。无论是陈述介绍，还是报价还价，都要留有余地；否则，会导致不必要的对抗。

这种策略实际是"留一手"的做法。在商务谈判中，若对方向你提出了某种你可以满足他的要求，你应该怎么办？这时应考虑到，即使你能满足对方全部要求，也不必痛快地全部或马上都应承下来。而宜先用诚恳的态度，满足其部分要求，然后留有余地，以备进一步讨价还价之用，这种策略也是一些谈判人员经常使用的策略。比如，在商务谈判实践中，常采用的一种"假设条件模式"就是弹性策略的具体应用。这种模式一般用"假如我们……，贵方是否可能……"或这样讲："假如我方全部负责包装运输和安装，贵方是否可能提高订货数量。"，或"如果我再增加一倍的订货，价格会便宜吗？"，或"如果我们自己检验产品质量，你们在技术上会有什么新的要求？"这样可使对方感觉有充分商量的余地。

弹性策略的有效使用，既使己方在谈判中有更大的伸缩和回旋余地，又使对方感到合情合理，还可机动地探测对方的意向，抓住有利契机，达成双方互惠互利的交易。

### 4. 转移策略

转移策略是指采用不要死盯在某一具体条款上的谈判对策。当在谈判中某一条款上快要出现僵局时，转移谈判具体项目，特别是转移到双方容易统一的条款上，这对缓和气氛和回避冲突具有一定的效果。

### （二）情感策略

人是情感动物，谈判人员间通过多种渠道接触和沟通，不断增进双方的了解和友谊，这对谈判是一种无形的推动力。从国内外商务谈判看，情感策略被广泛应用，其具体作法多种多样，不拘一格。常见的有以下几种。

### 1. 私下交往策略

私下交往策略是指通过与谈判对手的个人接触，采用各种形式增进了解、联络感情、建立友谊，从侧面促进谈判顺利进行的策略。

私下交往的形式很多，比如电话联系、拜访、娱乐、宴请等，多在会外活动。

电话联系是私下交往的一种常用交际方式。打电话之前应做好准备，打好腹稿，选择好表达方式、语言声调，注意礼貌。无论在多么紧急的情况下，都不能一挂通即进行实质性交谈，而要先寒暄问候。

一般拜访是主方为联络感情，关照食宿，及时满足其生活需求，或表示尊重等，而到客方住所所进行的拜望和访问。这种做法同我国传统的"住客看过客"是相同的。可分为礼节性拜访和事务性拜访。礼节性拜访不一定有预定的目的，交谈的范围可以很广，方式也可以多样；事务性拜访应事先商定时间，不可突如其来，或强求对方会见。拜访的时间一般不宜过长，通常要依对方谈话的兴致、情绪、双方观点是否一致等，适时告退。

共同娱乐是谈判双方人员为工作而交私人朋友的有效手段，如游览名胜、打球下棋、看戏娱乐等。

私下交往的形式很多，皆无不可，但各国、各地区商人往往有独特的偏好。比如，日本人喜欢在澡堂一起洗澡闲谈；芬兰人乐于在蒸汽浴室一起消磨时间；而英国人则倾向于一同去绅士俱乐部坐坐；我国的广东人喜欢晨起在茶楼聊天。对于不同的谈判对手，要了解其习俗、兼顾其偏好，则更有利于联络感情。私下交往策略更适用于各方首席代表，它有许多好处。它不像正式谈判，可以无拘无束地交谈，气氛融洽灵活，特别是谈判桌上难以启齿求和时，在私下交往中就能轻松地把愿意妥协的方面表达出来。此外，对于细节问题的研究，可以更加深入等。

采用这一策略时，也有许多注意事项：第一，小心谨慎，谨防失言，不要单方面地白告，免得泄露了我方的秘密；第二，在气氛好的时候，也不能十分慷慨而丧失原则；第三，要提高警惕，因为，对方也会运用此策略，很可能在轻松的气氛里，在你没有防备的时候，轻易地使你相信了虚假的消息。

### 2. 润滑策略

润滑策略是指谈判人员为了表示友好和联络感情而互相馈赠礼品，以期取得更好的谈判效果的策略。

目前，由于文化习俗的差异，世界各国、各地区对馈赠礼品这一策略性活动的评价很不一致。西欧人大多数因信奉基督教，认为谈判与送礼是两种精神相悖的不同行为，故而往往持不赞成的态度。另一些国家和地区，则把送礼当作谈判工作中的一项重要准备内容，认为缺乏这项内容，谈判就不会顺利，生意也无从谈起。特别是日本人，他们素有互赠礼品的习惯，并把礼品视作友好、诚恳的表示。在这种情况下从事谈判的工作人员，是万万不可忽视馈赠礼品这门艺术的。

我国是礼仪之邦，在对外贸易活动中向外商适当地馈赠一些礼品，有助于增进双方的友谊，符合社会的正当习俗。在国内商务活动中，也并非绝对不能使用。但无论内外，都必须同行贿受贿区别开来。在对外谈判中接受外国人赠送的礼物，要严格执行外事纪律，按照规定交有关部门处理。"回扣"金钱、贵重物品非一般礼品，不能违纪违法收受。

润滑策略是一种敏感性、寓意性都较强的艺术，搞不好，效果会适得其反，因此，我们应该慎重对待。

### 3. 双赢式策略

双赢式策略是一种合作性的谈判方式，双方都在努力得到一个都愿意接受的处理结果。

如果把双方的冲突看作能够解决的，那么就能找到一个创造性的解决方法，从而可加强双方的地位，甚至会增强双方的关系。双赢式谈判的出发点是在绝不损害别人利益的基础上，取得我方的利益，因而又称谋求一致法或皆大欢喜法。

在许多情况下，谈判双方的利益不一定都是对立的，如果将谈判焦点由各方都要击败对方而转向双方共同击败存在的问题，那么最后双方都在努力满足自身的需要。然而，他们的真正需要是很少显露出来的，因为谈判者都尽量掩盖真情，不承认真情，所以谈判并不都是为了公开谈论的或争论的东西。无论是关于价格、服务、产品、土地特许权、利率等都是如此。讨论的内容和方式是用来满足心理需要的，所有这一切才构成谈判过程。因此，为了达到自己的目的所采用的方式本身就可能满足了对方的一定需要。成功的谈判是利益的协调和共需。

双赢式谈判策略主要涉及四个要点。这四个要点是：①将人与问题分开；②将重点放在利益上而非立场上；③构思双方满意的方案，寻找双方有利的解决方法；④坚持客观标准。这四个要点可使谈判过程和满足需要通过合作方式实现，而使得双方获胜，皆大欢喜。

### 案例 6-16

　　小J是一个俱乐部的经理，他想新建一个规模较大的舞场。于是，他找到了一个正想进入建筑行业的承包商，这个承包商承诺小J愿以低价为他提供一个优质的舞场。同时他要求在舞场建成之后允许别的客户参观，并为他宣传工程质量，以便为自己拉更多生意。小J当即答应了，但是在舞场建成以后，小J又进一步要求承包商负担装饰工程，承包商很生气，小J向他指出，舞场的美观有助于宣传工程质量。于是承包商答应了不惜工本要装饰好这个舞场。结果是小J以优惠的价钱得到了一个漂亮的舞场，而承包商也借此扬了名，并又获得了好几笔生意。

　　这一策略要在对双方都有利的情况下才能使用，否则违背了交易中的诚信原则，光考虑自身利益，而去一味地牺牲对方的利益，则是对手所不容许的。

【案例思考】举出一个现实生活中采用双赢式策略的实例。

#### 4. 满足需要策略

谈判是致力于发现对方需要，表达己方需要的过程。双方的种种行动，无非是为了更好地满足双方的需要，从而能够达成协议。

需要的满足是一种双向的活动，你欲实现自身的需要，必须让对方也实现他们的需要。双方通过一系列的会谈，进行一系列的让步，使双方的需要目标能够协调和吻合。只有这样，双方的需要才都能够满足；否则，任何一方的需要均不能实现。

需要的满足又是一种系统的整体的行为。从需要的各个层次来讲，任何一个层次的需要在谈判中均不可忽视，偏废任何一个层次的需要，哪怕看起来很不起眼的需要，都会导致谈判的失败。

商务谈判尽管复杂而艰巨，但只要谈判者抓住需要这一核心，善于表达自己的需要，发现和满足对方的需要，就能更好地满足己方的需要，实现谈判目标！

#### 5. 调和折中策略

在双方地位平等的情况下，经过双方调和折中后达成协议，这也是商务谈判中经常采用的策略，也即双方互相让步的策略。在谈判者向对手作出让步承诺的同时，他应该力争使对方在另一个问题上也向自己作出让步。理想的让步应是互惠、折中的让步。

为了实现折中让步，谈判者可以试探着作一次假设的以物易物的交换："看，你想从我们手中得到这个东西，而我们想从你那里得到那个东西，假如我们从自己方面考虑一下这个问题，你们是否也进行考虑呢？"这样，谈判者就把双方可能相互作出让步的两个问题联系在一起，并且建议说，这里有交易的余地。

当然，这种折中让步的示意方式显得直来直去，比较生硬，有经验的谈判者往往能找到更好的示意方式。比如，他会这样说："我们向贵方作出这一退让，已与公司政策相矛盾，在经理那儿也交不了差，因此，我们要求贵方必须在付款方式上有所松动，采用即期付款方式，这样我们对公司也有个交待。"

在这种折中的让步中，高明的谈判人员善于在其强有力的部位进行突破，而同时送个顺水人情。

谈判者对于自己所付出的每一点小的让步，都应试图取得最大的回报。但是，在谈判中，要使谈话保持轻松和有伸缩性，否则，对方会发觉他在什么地方处了下风，从而更加坚持自己的要求。

# 第四节　应对谈判对方不同风格的策略

由于文化、修养、性格及经历的不同，谈判者往往会表现出不同的谈判风格和特点。因此，要求谈判者要根据谈判对手的不同风格，采取相应的策略。

## 一、对付"强硬型"谈判者的谈判策略

在谈判中，强硬型谈判者往往表现出态度傲慢、自信，并且盛气凌人。对付这类谈判者的原则是：避其锋芒，以弱制强，以柔克刚。在此，除了"沉默策略""忍耐策略""多听少讲策略"可采用外，还可采用以下策略。

### 1. 以柔克刚策略

面对咄咄逼人的强硬型对手，己方可暂不作任何反应，以静观动，以忍耐沉默的"持久战"来削弱对方的锐气，待他乏力时，己方待机反攻，变弱为强。

### 2. 争取承诺策略

强硬型的谈判者往往比较注重信誉，为此，他会对已经承诺的事情认真履行。所以，谈判中要利用各种方法，尽量争取对方对某项议题的承诺。有了这些承诺，就等于获得了有利的谈判条件。

### 3. 更换方案策略

谈判之前应准备多项方案，当最初抛出的方案无法实施时，应及时更换备选方案。该策略不仅可以使己方有充分的时间去探索富有创造性的解决问题的方法，以使谈判能顺利地进行下去，同时，还可以防止己方接受不利的条件或失去符合己方利益的条件。

### 4. "黑脸白脸"策略

该策略是把谈判班子分成两部分：一部分人扮"黑脸"，另一部分人扮"白脸"。"黑脸"态度强硬，以刚克刚；"白脸"则保持沉默，观察对方反应，思谋对策。待谈判出现紧张气氛

时，"白脸"出面缓和局面，一边劝阻自己的伙伴，一边指出这种局面的出现与对方是有很大关系的，如果谈判破裂对双方都是不利的。最后建议双方都作些让步。该策略起到了软硬兼施、刚柔并济的作用。

### 案例6-17

一位性情古怪、易怒的亿万富翁曾经为购买大批飞机一事与飞机制造厂谈判。这位富翁事先列出了34项要求，对于其中的几项要求是非满足不可的。富翁亲自出马与飞机制造厂厂商进行谈判。由于富翁脾气暴躁、态度强硬，致使对方很气愤，谈判气氛充满了对抗性。双方都坚持自己的要求，互不相让，斤斤计较，尤其是富翁蛮横的态度，使对方忍无可忍，谈判陷入僵局。

事后，富翁感到自己没有可能再和对方坐在同一个谈判桌上了，他也意识到本人的脾气不适合这场商务谈判。于是他选派了一位性格较温和又不乏机智的人做他的代理人去和飞机厂代表谈判。他对代理人说："只要能争取到那几项非得到不可的要求我就满足了。"出乎意料的是，这位谈判代表经过一轮谈判就争取到了富翁所列出的34项要求中的30项，这其中自然包括那几项必不可少的要求。富翁惊奇地问他靠什么"武器"赢得了这场谈判。他的代理人回答说："这很简单，因为每到相持不下时，我都问对方：'你到底希望与我解决这个问题，还是留待富翁跟你们解决？'结果对方无不接受我的要求。"

上述这一谈判就是巧妙运用了"黑脸白脸"策略。在谈判中富翁演"黑脸"，富翁的那位代理人演"白脸"，两人一硬一软，轮番上阵，最终达成谈判的目的。

【案例思考】谈判中是否可以过度扮"黑脸"或者过度扮"白脸"？为什么？

## 二、对付"阴谋型"谈判者的谈判策略

在商务谈判中，有些谈判者为了满足自身的利益，常常会用一些诡计来诱惑对方，图谋达成不公平的协议。为了维护己方的正当利益，当碰上"阴谋型"谈判对手时，应采取以下策略。

### 1. 反车轮战策略

车轮战是一种不断更换谈判对手，以使对方精疲力竭，从而迫使对方作出让步的策略。对付车轮战策略，就是反车轮战策略。其具体做法如下。

（1）及时揭穿对方的诡计，敦促对方停止换人。

（2）制造借口拖延谈判，直到原来的对手重新回到谈判桌上。

（3）对更换上桌的谈判对手拒绝重复以前的陈述，而静坐听其"报告"。这样，一方面可以挫其锐气，另一方面也给自己一个养精蓄锐的机会。

（4）如果新上桌的对手否认过去的协定，己方也可以针锋相对地否认曾经许下的诺言。

（5）在消极对抗中，不要放过新上桌对手的新建议，抓住有利时机及时签约。

### 2. 对付抬价策略

抬价，本是商务谈判中的常事，但"阴谋型"谈判者往往使用不合理的手段来抬价。比如，谈判双方已经商定好了价款，第二天却突然提出抬价。对付对方的这一手的具体做法如下。

（1）在讨价还价时，就要对方做出某种保证，以防反悔。

（2）尽早争取对方在协议书或合同上签字，防止对方反悔或不认账。

（3）如果发现对手的诡计，应及时指出，争取主动。

（4）终止谈判。

## 三、对付"固执型"谈判者的谈判策略

固执型谈判者的特点是，固执己见，不接受任何人的建议，一切按习惯、规章制度、领导意图办事。对付这样的谈判者可采取以下策略。

### 1. 先例旁证策略

固执型谈判者的观点不是不可改变，而是不易改变。先例旁证策略，就是针对对方所坚持的观点，用已有的先例来论证新建议、新方案的合理性和可行性，以使其转变观点。

### 2. 制造僵局策略

在商务谈判中出现僵局是令人不愉快的。但多次实践证明，人为地制造僵局，并把僵局作为一种威胁对方的策略，会有利于己方的谈判。但在制造僵局时应考虑以下条件。

（1）市场情况对己方有利。

（2）让对方相信自己是有道理的，僵局是由对方造成的。

（3）在制造僵局之前要设计出消除僵局的退路，以及完整的僵局"制造"方案。

（4）制订消除僵局后的提案。

谈判人员应该牢记：制造僵局并不等于宣告谈判结束；打破僵局的真正目的不是相互道歉，而是达成协议。

### 案例 6-18

有一个山区的乡村，由于土地贫瘠，村民的生活十分穷苦。青壮年劳动力只能靠开采附近的山石廉价卖给城里的建筑队勉强维持生计。

有一天，山村里来了一位地质学家，他发现村民开采的石料竟是建材中的优质品种——大理石，而且品质之优足以同进口的大理石比美。消息传出，引起了一家城市大房地产开发商的浓厚兴趣，这家开发商便以高价收购村民们开采的所有石料。

几年以后，村民们逐渐摆脱了昔日的贫困，那家房地产开发商更是事业发达，名声显赫。

村民中的年轻一代开始走出山区，到大城市谋生。市场经济的大潮很快就将其中的优秀者磨炼成实力派的后起之秀，在他们与房地产开发商的贸易交往中发现仅仅提供石料的收益，比起房地产开发商的收益实在是微乎其微，渐渐地他们萌生了参与城市房地产开发的念头。

他们提出了与房地产开发商联合开发城市房地产的议题，并提出在城市黄金地段的开发中应该有他们的份额的要求。他们提出的城乡携手开发房地产的论题已足以使议题变成一篇醒目的大文章标题。以房地产开发商的精明，岂能容他人插足蒸蒸日上的事业，分享其丰厚的利润！便断然拒绝了这些新生代农民企业家的要求。

年轻的农民企业家并不示弱，且志在必得，他们联合所有开采大理石的村民，制造了一个僵局，即不再将大理石出售给那家开发商。这样，房地产开发商便失去了石料的供应来源，且无法找到可以替代的石料。若用进口大理石，运费十分昂贵，正在施工的建筑项目将面临中途停工；而且，这些建筑项目若不能如期竣工，收回投资，从银行借款的还本付息压力更是无法承受的。几经较量，年轻的农民企业家依然维持着僵局，寸步不让，在各种压力面前，综合实力远胜于对手的房地产开发商终于妥协，年青的农民企业家在自己的人生和事业的开拓前进中跨出了重要的一大步。

如果农民企业家不采取制造僵局的策略，以其实力是无法介入房地产开发商的业务的，这一策略的运用，使他们的事业达到了一个新的境界。

【案例思考】采用制造僵局策略的优点是什么？缺点是什么？

### 3. 以守为攻策略

固执型谈判者总是在坚持其观点时陈述各种理由。对此，一方面必须耐心和冷静，仔细倾听对方的陈述，注意发现漏洞；另一方面针对对方的观点准备详细的资料，注意诱发对手的兴趣，引导其需要，并利用漏洞与弱点，组织攻势，增强谈判的力度。

## 四、对付"虚荣型"谈判者的谈判策略

虚荣型谈判者的特点是自我意识较强，好嫉妒、爱表现，且对外界的暗示较敏感。对付这种对手，一方面可以适当地满足其虚荣心；另一方面要抓住对方的弱点，打开突破口，使对方妥协。具体可采取以下策略。

### 1. 投其所好策略

根据虚荣型谈判者的特点，在谈判中可以以他熟悉的东西为话题，给他一个充分表现自我的机会，投其所好地使他的虚荣心得到满足，从而削弱他抗衡的力度。同时，可通过对方的"自我表现"，了解和分析对方的实情。当然，还要提防对方表现的虚假性。

### 2. 顾全面子策略

对付爱虚荣的谈判者，千万不要伤害了他的面子，你对他越尊重，他让步的可能性越大。

### 3. 强化制约策略

由于虚荣型谈判者多好大喜功，好说大话。抓住对方的这一特点，对他承诺过的、说过的有利于己方的一切话，统统记录在案，必要时还可以用"激将法"让他本人以书面的形式来表示，或对达成的每一项协议都立字为证，以防他日后否认。

总之，谈判中的策略是多种多样的，要求谈判者在实践中灵活运用。如果生搬硬套某一策略，或者孤立地使用某一策略，都不会起到好的效果。

## 本章小结

商务谈判策略是指在商务谈判活动中，谈判者为了达到某个预定的近期或远期目标，所采取的计策和谋略。它依据谈判双方的实力，纵观谈判全局的各个方面、各个阶段之间的关系，规划整个谈判力量的准备和运用，指导谈判的全过程。

商务谈判主要分为开局阶段、磋商阶段和成交阶段。在商务谈判不同的阶段，谈判人员总会选择一些主导性的策略，制订不同的谈判策略。

在商务谈判过程中，由于谈判人员在素质、经济实力、拥有的信息量、准备的情况等方面存在着许多差异，因此，总会存在被动、主动和平等地位的区别。当谈判人员所处的地位不同时，应选择不同的谈判策略来实现自己的谈判目的。

综合练习题

## 一、简答题

1. 在商务谈判的成交阶段，可以采取哪些应对策略？
2. 当在谈判中处于主动地位时，采取哪些策略比较适宜？
3. 在商务谈判过程中，当己方遇到"固执型"谈判对手时，应采取哪些应对策略？
4. 详述商务谈判开局阶段选择策略应注意的因素和可选择的主要策略。
5. 简述商务谈判策略运用的基本原则。

## 二、案例分析题

### 案例一

前几年，王老板曾在一家大公司做营销部主任。在一项采购洽谈业务中，有位卖主的产品喊价50万元，王老板和成本分析人员都深信对方的产品44万元就能买到。一个月后，王老板和对方开始谈判。卖主使出了最厉害的一招：他一开始就说明他原来的喊价有错，现在合理的开价应该是60万元。听他说完后，王老板不禁对自己原先的估价怀疑起来，心想，可能是估算错了。60万元的喊价到底是真的还是假的，王老板也不清楚。最后他以50万元的价格和卖方成交，感到非常满意。

问题：

1. 卖主用了什么策略？
2. 如何对付这种策略？

### 案例二

北欧深海渔产公司的冻鱼产品质量优良，味道有自己的特色，深受各国消费者的喜爱，但从未进入到我国市场。深海公司希望能在我国开展冻鱼销售业务并找到合作伙伴。经由我国某市经委介绍，该公司派代表来我国与北方某一罐头制品厂进行冻鱼产品的经销谈判。该罐头制品厂在国内有广泛的销售网络，非常愿意与北欧深海渔产公司合作，因此，在开始阶段，会谈气氛十分融洽。但谈到价格问题时双方出现了较大的分歧。罐头制品厂的谈判代表表示，深海公司所提出的报价过高，按此价格进入我国市场销售，很难为中国消费者接受。深海公司一方则表示，他们的报价已经比他们在国际市场上的报价降低了4%，无法继续降低价格，谈判陷入僵局。

谈判休会期间，罐头厂公关部组织深海公司代表参观了谈判所在城市的几个大型超市，使深海公司的代表对我国人们的消费习惯和消费水平有了初步的了解。罐头厂代表特别向深海公司代表指出，中国人口众多，中国人民消费水平逐步提高，市场潜力很大。超市中拥挤的人流是世界各国中所少见的。这一点给深海公司代表很深的印象，他们看到了一个未来极有发展前途的新市场。深海公司的代表在和总部领导反复协商之后，为了在开始阶段打开中国市场，决定将冻鱼制品的报价降低30%并向我国的经销商提供部分广告和促销费用。

问题：在这次商务谈判中，我方在处理僵局时采用了什么策略？

### 案例三

我某市机械进出口公司欲向国外订购一台专用设备，在收到报价单并经过讨价还价之后，我方决定邀请拥有生产该设备先进技术的某公司客商来华进一步谈判。在谈判中，双方集中讨论了价格问题。一开始，我方的出价是10万美元，而对方的报价与报价单开列的价格一样是20万美元。

在第一轮报价之后，双方都预计，最后的成交范围在14万～15万美元，同时大家也估计到，需要几个回合的讨价还价才能实现这一目标。我方有关人员讨论之后，提出了以下让步幅度。

第一种：我方还价 14 万美元。

第二种：我方还价 10.5 万美元。

第三种：我方先还价 11.4 万美元，然后伺机依次还价，不过加价幅度越来越小。

最后我公司决定采用第三种方式还价，经过四轮讨价还价之后，我方先后报出了 11.4 万美元、12.7 万美元和 13.5 万美元，最后双方以 14 万美元成交。

问题：第一种和第二种让步方案存在的主要问题是什么？

### 三、模拟商务谈判实践

接前一章模拟商务谈判实践，在完成第六章学习之前，完成以下实训任务：

在谈判过程中，双方各应用了哪些谈判策略与技巧，你认为还可以使用哪些谈判策略？

📖 **阅读资料**

### 建立良好谈判气氛的行为忌讳

1. 缺乏自信而举止慌乱

商务谈判中的一方缺乏达成协议获得己方利益的信心，从举止上表现出来的慌乱，对方一看就知，这在商务谈判中是忌讳的。缓解的办法是减轻内心的压力，理清思路，不急于发言，身体端正，目光远视，沉默不语几分钟，有一种"以不变应万变"的气派，克制住慌乱举止。

2. 急于接触实质性问题

商务谈判中实质性的问题就是谈判目标中己方利益的实现。在谈判时一定要严格遵守商务谈判的程序，谈判人员见面时，双方人员还不熟悉，有的人刚入座，有的还在摆放资料。作为主谈人应从容不迫，藏而不露，从谈判人员更不可轻举妄动，不能没说几句话就单刀直入地询问对方的报价或还价，甚至自己一开口就报价："你行不行？不行，我就走。"这样的行为只能导致谈判失败或失利，而得不到己方应有的利益。

3. 过早地对对方的意图形成固定的看法

谈判双方刚见面，洽谈正要开始，己方谈判人员不能将对方的交易条件作为"盾"，而把己方的交易条件作为"矛"去攻，固定对方的报价或还价就框死了己方。要始终记住，谈判双方资格是平等的，交易条件虽不等价，但是是一种公平交易。己方谈判人员一定要克服自卑心理，对对方的意图要分析，有的是真的，有的还有"水分"，有的可能内含并未表示出来，就是对方的真实意图，也是可以改变的。高明的谈判者一开始就要置对方意图于不顾而不断去改变它，从而保证己方利益的实现。

参考阅读：

滴滴+Uber中国：能解决的和不能解决的问题

http://tech.sina.com.cn/zl/post/detail/i/2016-08-01/pid_8508118.htm

滴滴收购Uber中国可能构成垄断？

http://tech.sina.com.cn/zl/post/detail/i/2016-08-02/pid_8508122.htm

# 第七章　商务谈判中僵局的处理

**学习要点及目标**

通过本章的学习，使学生明确商务谈判中僵局的类型、成因和处理原则，商务谈判僵局的处理方法以及突破谈判僵局的策略与技巧。

**引导案例**

我国浙江省一个玻璃厂就玻璃生产设备的有关事项与美国诺达尔玻璃公司进行谈判。在谈判过程中，双方就全套设备同时引进还是部分引进的问题发生分歧，双方代表各执一端，互不相让，导致谈判陷入尴尬的僵持局面。在这种情况下，为了使谈判达到预定的目标，我方玻璃厂的代表决定打破这个僵局。谈判代表思索了片刻后主动面带微笑地换了一种轻松的语气，避开双方争执的尖锐问题，对对方说："你们诺达尔公司无论在技术、设备还是工程师方面，都是世界一流水平。用你们的一流技术和设备与我们合作，我们就能够成为全国最大的玻璃生产厂家，利润是非常可观的。我们的玻璃厂发展了，不仅仅对我们有好处，而且对于你们公司的利益就更大，因为这意味着你们是在与中国最大的玻璃生产厂合作，难道你们不是这样认为的吗？"对方的谈判首席代表正是该公司的一位高级工程师，听到赞扬他的话，立即表现出很高兴的样子，谈判的气氛顿时豁然开朗。我方代表趁机将话题一转，强调资金的有限是客观现实，迫不得已才提出部分引进的想法。同时，还强调其他很多国家与我国的一些厂家进行合作，如果他们仅仅因为不能全部引进设备这一小问题而不能投入最先进的技术和设备，那么就将很快面临着失去中国市场的不利局面。对方代表听到这番话，终于意识到双方合作的广阔发展前景，如果因为设备引进规模的问题而不能够顺利达成协议，不仅将损失暂时的经济利益，而且还有失去中国市场的严峻考验。

**【思考与启示】**任何商务谈判都不是一帆风顺的，在谈判的过程中都会遇到不同的困难。在谈判中遇到僵局的情况，难以进行下一步时，该如何扭转这种局面？需要具体分析僵局的类型、产生的原因后进行相应的处理与规避。

# 第一节　商务谈判中僵局的类型、成因以及处理原则

## 一、商务谈判中僵局的类型

商务谈判是合作与冲突的统一。在商务谈判中，双方观点、立场的交锋是持续不断的，当利益冲突不可调和时，僵局就出现了。

### （一）商务谈判中的僵局类型

商务谈判中的僵局大致可以分为三类：策略性僵局、情绪性僵局及实质性僵局。

策略性僵局即谈判的一方有意识地制造僵局，给对方造成心理上的压力，从而逼迫对方降价或者要求对方答应己方要求，为己方争取时间和创造优势的延迟性质的一种策略。这种谈判方式多数存在于企业实力不对等的情况下，在多数情况下实力强的企业会挤压或者损害小企业的实质性利益，小企业要么反抗，要么顺从，但在这种情况下，僵局很容易形成。

情绪性僵局即在谈判的过程中，一方的讲话引起对方的反感，冲突升级，出现唇枪舌剑、互不相让的局面。一些有经验的谈判专家认为，许多谈判人员维护个人的面子甚于维护公司的利益。在谈判中，如果一方感到丢了面子，他就会奋起反击来挽回面子，甚至不惜退出谈判。这时，这种人的心态处于一种激动不安的状况，态度也特别固执，语言也具有攻击性，明明是一个微不足道的小问题，却毫不妥协退让，自然，双方很难继续交谈，陷入了僵局。在这种情况下，要给对方足够的面子。特别需要指出的是，如果对方是高层领导，就更要让其有一种居高临下的感觉，充分满足他的虚荣心，这样就不容易产生情绪性僵局了。

实质性僵局即双方在谈判的过程中涉及商务交易的核心利益时，意见分歧较大，难以达成一致意见，而且双方又固守己见，毫不相让。实质性僵局会在以下三种情况下产生。第一，谈判双方势均力敌，同时，双方各自的目的、利益都集中在某个问题上。比如，一宗商品买卖交易，买卖的双方都非常关注商品价格、付款方式这两个条款，双方通融、协调的余地就比较小，很容易在此问题上讨价还价、互不相让，形成僵局。第二，双方对交易内容的要求和想法差别较大，也容易形成僵局。第三，在谈判中以坚持立场的方式磋商问题也容易使谈判陷入僵局，一方宣称要做什么、不做什么，另一方也针锋相对，这就大大缩小了双方回旋的余地，增加了妥协的难度。

### （二）谈判僵局的基本特征

谈判僵局具有以下三个基本特征。

**1. 利益难以割舍**

僵局出现时，双方心中想实现各自或某些利益的希望并没有破灭，并且这些利益所具有的诱惑对任意一方看起来都难以抗拒。

**2. 立场难以靠近**

在谈判僵局中，协调各方或某方立场的方法看起来一直都找不到，并且各方立场任何微妙的变化都将受到来自内部和外部的强大压力。

**3. 条件难以替代**

构成各自谈判条件的所有期望因素看起来都已经退让到了各自的"底线"，并且各方谈判条件的任何修改都坚持以对方修改条件为前提。

## 二、商务谈判中僵局的成因分析

商务谈判中，双方会因暂时不可调和的矛盾而形成僵局，出现僵局不等于谈判失败，但它严重影响谈判的进程，如不能很好地解决，就会导致谈判破裂。造成商务谈判僵局的原因有如下几个。

### 1. 立场争执

在谈判中，以坚持立场的方式磋商问题容易使谈判陷入僵局。一方宣称要什么，不做什么，另一方也针锋相对，这就大大缩小了双方回旋的余地，增加了妥协的难度。双方的真正利益需求被这种立场观点的争论所搅乱，而双方又为了维护自己的面子，不愿意妥协，反而用否定的语气指责对方，迫使对方改变立场观点，谈判就变成了不可相容的立场对立。

谈判人员出于对己方立场的维护心理，往往会产生偏见，不能尊重对方的观点和客观事实。双方都排斥对方，而把利益忘在了脑后，既耽误了时间，又伤害了对方的感情，最终使谈判走向破裂。

**案例 7-1**

图书馆里一片寂静，然而两个邻座的读者却为了一件小事发生了争执。一个想打开临街的窗户让空气清新一些，保持头脑清醒，以利于提高读书的效率；一个想关窗不让外面的噪声进来，保持室内的安静，以利于看书。二人争论了半天，却未能找到双方满意的解决方法。这时，管理员走过来，问其中一位读者为什么要开窗，答曰："使空气流通。"她又问另一位为什么要关窗，答曰："避免噪音。"管理员想了一会儿，随之打开另一侧面对花园的窗户，既可让空气流通，又可避免噪音干扰，同时满足了双方的要求。

【案例思考】这个案例说明立场性争执有时会使谈判走向僵局。

**案例 7-2**

在中美恢复外交关系的谈判中，双方在公报如何表述台湾的问题上发生了争执。中方认为台湾是中国领土的一部分，而美方不想得罪台湾当局，双方谈判代表为此相持不下，绞尽脑汁。最后，在上海公报里，用了"台湾海峡两边的中国人"。这种巧妙的提法，使双方的立场冲突得到了缓解，"上海公报"得以诞生。

【案例思考】中美恢复外交关系的谈判的案例说明了什么？

这是两个由立场性争执导致谈判僵局的典型例子，在第一个例子中两位读者只在开窗或关窗上坚持自己的主张，谁也不愿让步。在这种争执中，若对方越坚持，你就越会抱住自己的立场不变；你真正的利益被这种表面的立场所掩盖，而且为了维护自己的面子，非但不愿做出让步，反而会用否定的语气指责对方，迫使对方改变自己的立场观点，谈判就变成了不可相容的立场对立。在后一个例子中，中美两国的谈判代表在如何称谓台湾的问题上都认为，这是关系到本国政府外交政策的重大立场性问题，不肯轻易让步。这时如果找不到适当的措辞，谈判自然陷入困境。

谈判者出于对己方立场观点的维护心理往往会产生偏见，不能尊重对方的观点和客观事实。双方都固执己见，排斥对方的观点，而把利益忘在了脑后，甚至为了"捍卫"立场观点的正确而以退出谈判相要挟。这种僵局处理不好就会破坏谈判的合作气氛，浪费谈判时间，甚至伤害对方的感情，最终使谈判走向破裂。立场观点争执所导致的僵局是比较常见的，因为人们很容易在谈判时陷入立场观点的争执不能自拔而使谈判陷入僵局。

所以，纠缠于立场而产生争执是低效率的谈判方式，它使双方只着眼于立场而忽视了其实双方的合作是为了实现经济利益。立场之争掩盖了双方的潜在利益，不容易达成明智的协议，而且由于久争不下，它会浪费双方宝贵的时间，这是谈判者要付出的巨大代价。

### 案例 7-3

中国外交部2016年2月18日的例行记者会上，发言人洪磊回应近日媒体报道中国南海永兴岛部署导弹一事，他说："我想强调的是西沙群岛是中国的固有领土，不是所谓的有争议岛屿。几十年来，中方一直在西沙群岛部署国土防御设施，这不是新的事情。我们希望有关国家不要进行刻意的炒作，要多做有利于地区和平稳定的事情。这种部署与军事化没有关系。这是中国主权范围内的事情，合情合理合法。"

有外国媒体就此指责中国并未严肃看待与东盟就南海各方行为准则展开的磋商。洪磊对此反驳："中国在西沙群岛部署国土防御设施是中国主权范围内的事情。它与全面落实南海各方行为宣言和磋商南海行为准则是两回事。今年以来，中国和有关国家积极推进全面有效落实南海各方行为宣言，推进南海行为准则的磋商，并且取得积极进展。我们希望有关方面能够客观看待有关进展。"

【案例思考】在谈判中，以坚持立场的方式磋商问题容易使谈判陷入僵局。一方宣称要做什么，不做什么，另一方也针锋相对，这就大大缩小了双方回旋的余地，增加了妥协的难度。

#### 2. 一方采取强迫姿态

在谈判中，经常存在着洽谈双方一方强、一方弱等差别。这种情况往往容易使双方在进入谈判时的角色定位产生偏差。

一般来说，商务谈判中人们常常因有意无意地采取强迫手段而使谈判陷入僵局。特别是涉外商务谈判，由于不仅存在经济利益上的相争，还有维护国家、企业以及自身尊严的需要。因此，某一方越受到逼迫，就越不会退让，谈判的僵局也就越容易出现。由于强迫造成的谈判僵局是屡见不鲜的。例如，在国际商务交往中，某些外商会要求我方向派往我国的外方工作人员支付过高报酬，或要求低价包销由其转让技术所生产的市场旺销产品，或强求购买他们已经淘汰的设备等，否则，就以取消贷款、停止许可证贸易等条件相威胁。相反，我国的一些企业有时也会由于担心吃亏而采取过分的立场，强迫那些渴望合作的外商接受他们难以接受的条件，这种做法看起来立场十分坚定，但并不符合我国的根本利益，是一种幼稚的做法。

#### 3. 人员素质较低

某些谈判者在谈判桌上争强好胜，一切从"能压住对方"出发，说话锋利刻薄，频频向对方发起攻势，甚至在一些细枝末节上也不甘示弱；有些人还以揭人隐私为快，伤害了对方的尊严。此时，若遇到涵养较深的人，他会暂时忍住，让其尽情表演，到关键时刻再迫使其付出更大的代价；若遇到攻击性强的人，他会恶语相向。这几种情形都会造成谈判的僵局。

因此，无论是谈判人员作风方面的，还是知识经验、策略技巧方面的不足或失误都有可能造成谈判僵局乃至败局。这也就是反复强调谈判人员素质重要性的原因所在。

#### 4. 沟通障碍

谈判过程是一个交流沟通的过程，只有双方实现正确、全面、顺畅的沟通，才能相互深入了解，正确理解对方的利益和条件。有效的商务谈判有赖于有效的交流。在实际谈判过程中，很多不同观点的产生就会导致僵局的形成，这是双方沟通交流不够所引起的。

第一种沟通障碍是由于没有听清对方讲话的内容。这是由于陈述的一方词不达意，而使双方在某一问题上发生分歧；或者是听的一方心不在焉或者轻视对方，未能集中注意力倾听对方的陈述；或者是由于外部环境等其他因素造成的。例如，某跨国公司总裁访问一家中国著名的制造企业，商讨合作发展事宜。中方总经理很自豪地向客人介绍说："我公司是中国二级企业……"此时，译员很自然地用 Second-Class Enterprise 来表述。不料，该跨国公司总裁闻此，原本很高的兴致突然冷淡下来，敷衍了几句立即起身告辞。在归途中，他向我抱怨道："我怎么能同一个中国的二流企业合作？"可见，一个小小的沟通障碍会直接影响到合作的可能与否。又如，某美国商人谈及与日本人打交道的经历时说："日本人在会谈过程中不停地 Hi、Hi，原以为日本人完全赞同我的观点，后来才知道日本人只不过表示听明白了我的意思而已，除此之外，别无他意。"

第二种沟通障碍是一方没有理解另一方的陈述内容。实际谈判过程中理解不到位或错误理解的，常见于谈判双方在谈判内容所涉及的专业知识、业务水平以及综合的受教育水平等方面的不同；或者是谈判双方由于文化背景不同，对同一问题的阐述或理解方式不同，也容易产生分歧。

第三种沟通障碍是一方虽已理解却不愿接受这种理解。由于这种原因而形成的谈判障碍，除了是双方在某种利益上的分歧太大以外，还有可能是双方的感情交流不够，即一方对一方带有偏见，带有轻视甚至厌恶等情绪。

第四种沟通障碍是由于枯燥呆板的谈判方式造成的。主要表现是说话时表情呆板，过分讲究针对性和逻辑性，而这种对抗性强的谈判氛围，极可能降低对方达成此次谈判的信心。于是，当谈判中有了较小的争执时，对方会认为是其起初就缺乏诚意，这不过是推托之辞，于是他也坚持己见不松口，以致谈判陷入僵局状态。

信息沟通一般不仅有真实、准确的要求，而且还有及时迅速的要求，涉外谈判中的翻译人员主要从事现场口译工作，即要将一方发言立即用另一种语言传递给另一方，这增加了信息准确传递的难度。有一个非常流行的游戏：在教室里，教师将同一句话写在若干张纸条上，交给第一排学生，让他们看过后立即悄声传给后排同学，以此类推，看哪一列传话最快，同时最后一名学生所得信息与纸条上的原话又最吻合。可结果往往是最后一排学生中谁也不能提供完整的答案，有的甚至与原话大相径庭，闹了笑话。使用母语传递信息尚且如此，以非母语来迅速传递信息就更难免信息失真了。

信息传递过程中的失真会使谈判双方产生误解而出现争执，并因此使谈判陷入僵局。除了口头传递会导致信息失真以外，对文字材料的不同理解也是双方沟通中产生误解的原因之一，这同涉外谈判中口头翻译的情况相类似。因此，谈判双方对以何种文本的合同为准，合同条款如何措辞都会非常谨慎，双方都想避免由于对合同的不同理解而造成对自身的不利影响。尽管人们重视合同的语言问题，但由此产生理解上的差距仍时有发生，因此合同的执行陷入僵局，并使谈判人员重新回到谈判桌前，这些都是由于沟通障碍所造成的。

### 5. 外部环境发生变化

谈判中环境发生变化，谈判者对己方做出的承诺不好食言，但又无意签约，采取了不了了之的拖延，使对方难以忍受，造成僵局。比如，在购销谈判中，市场价格会发生变化，或者一种同类型新产品投入市场等，如按原承诺办事，企业就会蒙受损失，若违背承诺，对方又不接受，从而形成僵局。

造成谈判僵局的原因不外乎上述几种。只要我们确切了解一个僵局的问题所在，就一定能找到好的办法来解决。

### 6. 成交底线的差距较大

如果双方谈判方案中所确定的成交底线差距太大、对各自利益的预期也有很大差距，而且这种差距很难弥合时，谈判就会陷入僵局。

大多数的商务谈判，双方都是本着友好、诚恳的态度，互惠共赢的理念进行的。但是双方都有自己利益的成交底线，当双方底线差距较大时，一方给出的底线与自己的底线期望值相差太大，并且这种差距难以弥补，双方便会陷入僵局，并且这种僵局因为涉及根本利益而很难调和，很可能导致谈判失败。

从谈判双方各自的角度出发，双方各有自己的利益需求。双方各自坚持自己的成交条件，而且这种坚持虽相去甚远，但却是合理的，这时只要双方都迫切希望从这桩交易中获得所期望的利益而不肯做出进一步的让步，那么谈判就很难前行，交易也没有希望达成，僵局也就不可避免了。这种僵局出现的原因就在于双方合理要求差距太大，不能达成一致。在商务谈判中，即使双方都表现出十分友好、真诚与积极的态度，但是如果双方对各自所期望的收益存在很大差距，那么就难免出现僵局。

当然谈判就此暂停乃至最终破裂都不是绝对的坏事。谈判暂停，可以使双方都有机会重新审慎地回顾各自谈判的出发点，既能维护各自的合理利益，又利于挖掘双方的共同利益。如果双方都逐渐认识到弥补现存的差距是值得的，并愿采取相应的措施，包括做出必要的进一步妥协，那么这样的谈判结果也真实地符合谈判原本的目的。即使出现了谈判破裂，也可以避免非理性的合作——这种合作不能同时给双方带来利益上的满足。有些谈判似乎形成了一胜一负的结局，实际上失败的一方往往会以各种方式来弥补自己的损失，甚至以各种隐蔽方式去挖另一方的墙脚，结果导致双方都得不偿失。

谈判破裂也并不总是以不欢而散而告终的。双方通过谈判，即使没有成交，但彼此之间加深了了解，增进了信任，并为日后的有效合作打下了良好基础，这看来也并非坏事。可以说，在双方条件相距甚远的情况下，一场未达成协议的谈判也可能带来意外收获。只要冷静、审慎地看待谈判结果，就会发现达成协议并非是谈判的唯一目标。在许多情况下，即使谈判没有成功，也会为谈判者带来收获，当然这不是直接的收获，而是间接的收获。从这一点看，经过长时间的谈判，最终未能达成协议不一定就是坏事，有时倒是有意义的好事。

### 7. 谈判时间有限

时间被认为是谈判中的重要资源。从理论上讲，随着时间的推移，所有的僵局都有解决的路径。如果谈判者时间有限，而且这种软肋暴露在外，极有可能处于不利地位，从而导致对方故意拖延，使谈判陷入僵局。

### 8. 规则存在冲突

如果谈判者同处于一个游戏规则下，僵局的产生主要来自两个方面：一是规则本身的缺陷，二是对规则的理解差异，这种情况一般可以通过对规则的修改和完善得到改善。如果谈判者处于不同的游戏规则下，则僵局主要来自游戏规则彼此间的冲突。例如，在公司内部，由财务报销制度（流程、票据金额要求、审查、签字、填单等）引发的冲突，属于前一种情况；而公司之间由于财务管理授权、开户银行的规定差异引发的冲突，属于后种情况。有些时候，还存在着一种规则性——"死机"现象。例如，高校年终考核时，既要考核各教学单位的学生就业率，又要考核各教学单位的学生到课率。根据前者的要求，各教学单位纷纷将学生的就业见习期提前，以提升就业率；根据后者的要求，各教学单位还必须考核学生的出勤，于是学生就面临着在同一时空如何兼顾公司和学校的要求的困惑，教师则面临着究竟是放学生离开课堂找工作还是将学生拉回课堂的困惑。又如，在科研项目的管理中，甲方（付款方）一般要求乙方（承接项目方）先告知单位名称开户银行、账号信息，并开出发票，然后再付款，以避免因技术原因导致转账款项丢失的风险；乙方则根据票据管理规定一般要求甲方先将款项划到指定账户后再开具发票，以规避票据管理风险。

尽管造成谈判僵局的原因很多，但不外乎上述几种。当我们已确切把握导致一个僵局的症结所在，也就如同大夫找到了病因一样，接下去的任务就是要对症下药，开出有效的药方了。在一场商务谈判中，僵局的发生常常是难免的。然而僵局又是为了被打破而存在的，否则任何谈判都有可能是一场徒劳无益的空谈。

### 案例 7-4

有一家百货公司，计划在市郊建立一个购物中心，而这块土地使用权归张桥村所有。百货公司愿意出价100万元买下使用权，而张桥村却坚持要200万元。经过几轮谈判，百货公司的出价上升到120万元，张桥村的还价降到180万元，双方再也不肯让步了，谈判陷入了僵局。张桥村是为了维护村民的利益，因为农民以土地为本，失去了这片耕地的使用权，他们就没有了选择。于是村里想要多集资一些钱来办一家机械厂，解决农民出路问题。

而百货公司是为了维护国家利益，因为百货公司是国有企业，让步到120万元已经是多次请示上级后才定下的，他们想在购买土地使用权上省下一些钱，用于扩大商场规模。这时谈判陷入僵局，其实谁也没有过错，从各自角度看，双方坚持的成交条件也是合理的，只是双方合理要求差距太大。

**【案例思考】** 如何处理谈判中的冲突？

### 案例 7-5

美国男篮职业联赛的简称是NBA。"NBA停摆"是NBA的特有名词，就是指因为各种原因造成体育联赛暂停的局面。北京时间2011年7月1日，NBA旧劳资协议已正式到期。在经历长达近3个小时的终极谈判之后，球员工会代表和资方代表仍然没有就新的劳资协议谈判达成一致。于是NBA总裁宣布停摆开始。

僵局形成的原因——停摆开始。NBA劳资双方在"硬工资帽"制度、"利益分配"等重大问题上有巨大分歧。球员方面愿意同意一份5年内减少薪金总额5亿美元的提案，但他们拒绝接受资方提出的6 200万美元硬工资帽。资方则希望同时达成一份10年协议，确保每年的薪金支出不超过20亿美元，10年的劳资协议长约是球员方面无法接受的。在旧劳资协议仍然有效的最后一天，劳资双方进行了最后一次谈判，这次双方仍然存在巨大分歧，没能达成任何协议。在这次谈判当中，NBA联盟跟球员工会代表针对新的劳务协议有很多的分歧点，联盟的态度很强硬，坚持使用收益五五分成的方案和实行硬工资帽，这样一来球员的收入将会大幅度减少，因此球员工会代表拒绝了这份协议。

从谈判双方各自的角度出发，双方各有自己的利益追求。在这次谈判当中，老板和球员之间的收入分配比例是劳资双方最大的分歧所在。NBA的收入主要是和篮球相关的收入，在旧的劳资协议下，球员们获得57%的收入，而老板们得到另外43%。在过去的一年中，老板们提出了很多他们的收入分配比例应该增加的理由，比如球馆建设维护的费用、额外开销的增加、差旅费的上涨等。据NBA官方表示，上赛季联盟30支球队中有22支球队亏损。对于老板们的这些问题，最容易的解决办法就是大幅削减和球员有关的费用，言下之意就是大幅削减球员薪水。

当双方在同一问题上发生尖锐对立，并且各自理由充足，均既无法说服对方，又不能接受对方的条件，从而使谈判陷入僵局时，应认真分析双方的利益所在，只有平衡好双方的利益才有可能打破僵局。在这次谈判中，双方始终围绕利益分成问题进行商讨。球员工会希望得到54.3%的分成，留给球队45.7%。NBA的各支球队老板希望在联盟财政划分以及分配体制上进行改变，资方提出了50-50的分成方案，双方的争议就在于此。

争吵无助于矛盾的解决，只能使矛盾激化。如果谈判双方出现争吵，就会使双方对立情绪加重，从而很难打破僵局达成协议。在停摆开始的一个月里，球员代表跟NBA的老板们纷纷就自己的想法对对方表达不满。球员们认为老板太过吝啬，球员赚钱并不是很容易，老板们还要在此基础上削减他们的收入，引起部分强硬派球员的支持，纷纷对老板们进行语言攻击。而作为老板的资方则认为球员近几年来已经获得足够的薪金，而大部分球队年年亏损，出现入不敷出的情况，为了保障球队的利益，不得不削减球员的收入，以弥补球队的损失。老板们纷纷表示，如果球员工会不同意资方提出的方案，资方将和工会抗争到底，让停摆继续下去。

【案例思考】"NBA 停摆"的案例对于商务谈判有什么启示？

# 第二节　商务谈判中僵局的处理方法

## 一、避免和处理僵局的原则

### 1. 理性地思考

真正的僵局形成后，必然会导致谈判双方的气氛紧张，以及冲动和不理智行为的出现。这时谈判者必须冷静，明确冲突的本质是双方利益的矛盾而不是谈判者双方的个人矛盾，必须做到"对事不对人""就事论事"，把人和事严格区分开来，避免个人情绪的对立和对谈判者的偏见。

### 2. 协调好双方利益

由于双方的立场、利益不同，容易在同一问题上产生尖锐的交锋，并且认为自己理由充分，企图说服对方接受自己的观点而又不接受对方的观点，使谈判形成对峙。这时双方应该冷静分析，寻求共同利益所在，站在对方的立场上思考，从各自的眼前利益和长远利益出发，进行适当的调整，需找一个双方都能获益并接受的平衡点，达成协议。如果只追求眼前利益，忽视长远利益，这对双方都是不利的，只有双方共同做出让步，平衡好双方的利益才有可能打破僵局，保证双方的利益都得到实现。

### 3. 欢迎不同意见

双方不同的意见既是谈判顺利的障碍，同时也是一种实质性谈判开始的信号。如果谈判双方就不同意见经过相互沟通协商最终达成一致，就证明谈判成功在即。因此，作为一名谈判者，必须学会接受不同意见，求同存异，对不同意见应该持尊重和包容的态度。这样在谈判过程中谈判双方可以维持一个融洽和谐的谈判氛围，进行深入的磋商，从而掌握更多的资料和信息，同时也可体现谈判者的个人修养。

### 4. 避免争吵

在谈判过程中，难免出现矛盾和对立，但是争吵显然无助于解决矛盾，反而会使矛盾升级、伤害双方感情，使双方的对立情绪加重、谈判气氛僵化，很难达成协议。即使一方暂时在争吵中取得了胜利，另一方在心理上也很难接受这种结果，谈判依然面临重重阻碍，实质性的问题依然没有得到解决。"有理不在声高"，谈判者应据理力争而不是通过无理的争吵来解决问题，这也体现了谈判者的素质。

### 5. 相互尊重

谈判双方在平等的条件下才可以顺利地进行谈判，因此必须相互尊重，做到给对方留面子。在商务谈判中，没有绝对的胜者和败者，最好的结果就是双赢，双方要获得利益的最大化就必须共同努力。因此谈判者必须相互尊重彼此的人格，调整双方的共同利益，使双方的要求都能得到满足，做到不让任何一方下不了台，而造成丢面子、伤感情的局面。不要因为一次失误造成双方无法进行长远的合作。

### 6. 正确认识僵局

许多谈判者都把谈判的僵局视为谈判的失败而极力地避免。因此在面对僵局时，谈判者往往以消极悲观的态度逃避这个问题，而不是采取积极的措施解决这个问题。这种心态造成谈判者患得患失，谈判开始前就希望可以顺利达成协议，非常害怕出现意外；谈判过程中为了尽快地顺利签约，只能处处迁就对方，步步退让使自己一方的利益没有完全实现甚至受损；一旦陷入僵局就惶恐不安，自怨自艾，甚至开始怀疑自己的判断力，对已经制订好的方案也产生动摇，不能坚定地维护自己的利益。这样的心态使谈判者不能很好地发挥自己的实力，运用谈判策略来解决问题，很可能在这种弱势的情况下签订不利于自己的协定。谈判者应该认识到谈判陷入僵局对双方来说都是不利的，双方都会存在一定的焦虑和顾忌。这时首先就要从心态上战胜对手，正确认识僵局，恰当处理，才能率先走出僵局的困境取得优势地位。虽然并不提倡把僵局视为一种策略运用它胁迫对方妥协，但是也绝不能自己一味地退让妥协，使自己陷入被动的局面。谈判者要具有勇气和信心，在尊重对方的前提下，灵活运用各种技巧和策略就能够打破僵局，使谈判顺利进行。

### 7. 语言要适度

谈判过程中，双方要不断地交谈，因此必须注重语言的恰当适度。语言适度指谈判者要向对方传递一些必要的信息，但又不透露己方的一些重要信息，同时积极倾听，这样不但和谈判对方进行了必要的沟通，而且可以探听出对方的动机和目的，形成对等的谈判氛围。这样不仅可减轻对方的负担，而且可以有更多的时间倾听对方的意见，以此探寻和观察对方的谈话动机和目的，为制订对策提供基础。谈判者不太寡言的好处有：一方面，可以满足对方自尊心的需要；另一方面，可以将自己的看法、意见反馈给对方，试探对方的反应。此外，谈判者不太寡言还可以形成对等的谈判气氛。概括来说，谈判人员在谈判中忌盛气凌人、攻势过猛、以我为主，也忌含糊不清、枯燥呆板。

**案例 7-6**

有一位教徒问神甫："我可以在祈祷时抽烟吗？"他的请求遭到神甫的严厉斥责。而另一位教徒又去问神甫："我可以吸烟时祈祷吗？"后一个教徒的请求得到了允许，悠闲地抽起了烟。这两个教徒发问的目的和内容完全相同，只是语言表达方式不同，但得到的结果却相反。由此看来，表达技巧高明才能赢得期望的谈判效果。

【案例思考】试分析不同谈判语言表达方式对谈判的影响。

在谈判中，对方要价太高，自己无法满足对方的条件时，可移花接木或委婉地设计双方无法跨越的障碍，既表达了自己拒绝的理由，又能得到对方的谅解。如："很抱歉，这个超出我们的承受能力……""除非我们采用劣质原料使生产成本降低50%才能满足你们的价位。"暗示对方所提的要求是可望而不可即的，促使对方妥协。

也可运用社会局限如法律、制度、惯例等无法变通的客观限制，如："如果法律允许的话，我们同意。""如果物价部门首肯，我们无异议。"

## 二、谈判僵局的利用

谈判中出现僵局是否一定是坏事呢？事实上，在成熟的市场条件下谈判出现僵局的情况屡见不鲜，一个缺乏经验的谈判者在遇到僵局时，信心往往会动摇，受挫的感觉会使他怀疑自己的能力，在这种情况下，谈判者的思维和行动很容易失控，复杂的现实和压力感使他难以清醒地认识并分析现状。如果谈判者的信心不足，就极易受别人的摆布。如果我们将僵局看作谈判活动中的一种正常现象，就容易发现：利用谈判者对于僵局的不同认识和不同心态，并以此作为实现目标的一种手段，是高明的谈判者的有力战略。如果你有意引发一个僵局，往往可以试探出谈判对手的决心、诚意和毅力，对当代谈判者来说，如何应对和利用谈判僵局，使它变成争取成功的转机，挽救失败的缓冲手段，是一个不可忽视的问题。

可见，从工具选择的角度看，利用僵局如其他谈判战略一样，谈判者应当改变"僵局即失败"的观念，具备善于制造、利用打破僵局的技巧和勇气。当然，把利用僵局作为一种手段是个高度危险的战略，谈判者的素质、经验和能力直接决定和影响着僵局的产生发展和最终结果。

利用谈判僵局应该注意以下三点内容。

### 1. 提前介入，争取主动

谈判者不能等到僵局形成之后才去应对，要对预案准备、人员配备、关系调整等提前有所布置，从谈判一开始就积极介入，避免敏感问题的控制权被对手掌握。

### 2. 积极引导，施加影响

一个僵局形成后，谈判者不能坐等时机，应积极地对对方人员施加影响。僵局的化解很大程度上取决于参与谈判各方人员的态度，要使对方改变态度，必须有效地引导其对问题的看法和心态。

### 3. 积极引导，施加影响

谈判者要充分借助外部形势或时间等有利因素，重点突破对方的薄弱之处。谈判学家指出：通常情况下，僵持的每一方的内部都不是铁板一块。每一方的成员虽然都站在同一立场上，但他们的价值观各不相同，可能会尖锐对立，甚至当某一方仅有一个人时，内心仍然会存在冲突。这并不是指存在于每个团体内部的分歧会使得团体之间的谈判更加困难。实际上，每一方内部的分歧越大，也许越容易对外达成协议，认识到这点后谈判者应努力促成对方在立场或态度上发生积极的变化。

### 三、妥善处理潜在僵局的方法

当僵局出现后，必须进行迅速处理，否则就会对谈判顺利进行产生影响。妥善处理僵局，必须对僵局的性质、产生的原因等问题进行透彻的了解和分析，才能正确地加以判断。出现僵局不等于谈判破裂，但它严重影响谈判的过程，如果能很好地解决和分析，就能正确地加以判断，从而进一步采取相应的策略和技巧，选择有效的方案，重新回到谈判桌上来。

#### 1. 先肯定局部再全盘否定

谈判者对于对方的意见和观点持不同的看法或是发生分歧时，应该对对方的观点和意见中的某一部分进行肯定，然后以充分适当的根据和理由间接委婉地全盘否定。例如，需方说："使用这种包装的商品，我们不能要!"供方经过通盘分析，了解到需方这是借包装问题来讨价还价，于是回答道："是啊，许多人都认为这种包装的商品不好卖，但是如果真正认识到这种包装的好处，自然会改变看法的。已经有很多顾客专门挑选这类包装的商品了。"又如，需方说："我们不需要送货，只要价格优惠。"供方不直接答复，却说："您的意见似乎有道理，可您是否算过这样一笔账，价格优惠的总额与送货的好处相比，还是送货对您更有利。"供方先肯定对方的一部分意见，然后进行核算比较，最后间接否定了需方的意见。

人人都渴望被了解和认同，可利用这一点从对方意见中找出彼此同意的非实质性内容，予以肯定，产生共鸣，造成"英雄所见略同"之感，借机顺势表达不同的看法。

例如，某玩具公司经理面对经销商对产品知名度的诘难和质疑，坦然地说："正如你所说，我们的品牌不是很知名，可我们将大部分经费运用在产品研发上，生产出了式样新颖时尚、质量上乘的产品，面市以来产销两旺，市场前景看好，有些地方竟然脱销……"

#### 2. 用对方的意见去说服对方

这是指谈判者直接或间接地利用对方的意见去说服对方，促使其观点改变。这对谈判者的逻辑思维能力有很高的要求。这要求谈判人员要站在对方的立场和观点上分析现有的情况，并经过严密的推理为对方解释自己方案的好处，从而说服对方选择己方的方案。因此，站在对方的立场上去讲清道理，使对手更容易信服，让对方用自己的观点否定自己的方案才是解决僵局的最好办法。例如，卖方对买方说："贵方要货数量虽大，但是要求价格的折扣幅度太大了，服务项目要求也过多，这样的生意实在是难做。"这样需方便可以这样去说服对方："您说的这些问题都很实际，正像您刚才说的那样，我们要货数量大，这是其他企业根本无法与我们相比的，因此我们要求价格折扣幅度大于其他企业也是可以理解的嘛，是正常合理的。再说，以后我们会成为您的主要的长期合作伙伴，而且您还可以减少对许多小企业的优惠费用。从长远看，咱们还是互惠互利的。"

#### 3. 反问劝导法

以对方的意见来反问对方，可以预防陷入僵局，而且能够有效地劝说对方。这种方式的好处是能够从对方的解释和回答中更深入地了解对方最真实的意图。这样反问就发挥了效用，己方也可以针对对方的意图想出对策，从而对其进行针对性的劝导。这样可以避免谈判陷入僵局。

#### 4. 条件对等法

谈判双方虽然在经济实力和规模上有大小强弱之分，但是从法律的角度上来看是享有平等的权利和义务。企业一定不要做损人利己、以强欺弱的事情，这样不利于建立良好的公共关系；在经济实力强的公司的谈判对手面前要敢于表现自己的自信心和自豪感，绝对不能因为自己公司规模小就底气不足，这样容易给对方欺负你的机会。在气势上输了，那就无法挽回了。所以，在谈判中，谈判人员应该保持一种平和又真挚的心态，在平等互利的基础上达成协议。

### 5. 舍弃枝节、抓住重点

在交锋的过程中，常会出现这样的情形：如果一方宣布一个强硬的立场，另一方很可能会批评和拒绝；如果一方批评另一方的建议，另一方就会防御和坚守；如果一方进行人身攻击，另一方就会采取措施反击。这样往往使一方处于被动，被动适应对方，在对方的牵制下采取措施，沿着对方的思路走。同时，这样做的结果会使双方陷入攻击与防御的恶性循环中。

在这种情况下，双方陷入恶性循环，双方在意更多的是如何反驳、批评、拒绝对方，而往往忽略了谈判的重点。己方应避免被动适应，要把话题引到谈判的重点问题上，要构思互有收获的方案，以及寻找客观的标准、解决问题的最佳途径。这样舍弃争执的枝节，抓住问题的重点，才能使谈判事半功倍。

## 四、情绪性僵局缓解法

### 1. 转移话题

在谈判过程中，有时双方会僵持在某个问题上，这时可以采用转移话题的方法。这时可以把这个问题暂时避开，磋商其他的条款，以使双方紧绷的神经得到暂时的放松。这样做的好处是：可以争取时间先进行其他问题的谈判，同时当其他议题经过谈判达成一致后，对有分歧的问题产生正面影响，再重新谈论僵局议题时，气氛会有所好转，思路也会变得开阔起来。

### 2. 投其所好，改变气氛

正式的谈判场所容易给人带来一种严肃、紧张的感觉，尤其是当双方的矛盾暴露出来，针对某问题相执不下，互不退让时。这种紧张的谈判气氛容易使人产生一种压抑的、沉闷的感觉和烦躁不安的情绪，使双方无法再进行下一步的谈判。这时可以先把谈判的事情暂时放下，作为东道主的一方可以适当地组织一些双方的集体活动，如旅游观光、参加文娱活动等，以缓解双方紧张尴尬的气氛。也可以在娱乐的过程中针对之前的分歧交换意见，在轻松愉快的氛围中，更容易帮助双方消除矛盾，使得谈判尽快走出僵局。

在轻松愉快的环境中，双方可以不拘形式地对某些僵持的问题继续交换意见，寓严肃的讨论和谈判于轻松活泼的气氛之中。作为谈判的另一方可邀请对方到自己家去玩，以便达到更换谈判地点的目的。

### 3. 幽默处理

谈判中本来轻松、和谐的气氛可能因双方在实质性问题上的争执而突然变得紧张，甚至剑拔弩张，一步就跨到谈判破裂的边缘。这时，双方面临的最急迫的问题并不是继续争个鱼死网破。在这种情况下，诙谐幽默无疑是最好的调节剂，运用幽默的语言，委婉地对对方进行批评，可以避免谈判气氛的激化。运用幽默的语言可以把说话者的本意隐含起来，话中有话，意在言外。

若无法满足对方提出的不合理要求，可在轻松诙谐的话语中设一个否定区间或讲述一个精彩的故事让对方听出弦外之音，既避免了对方的难堪，又转移了对方被拒绝的不快。

例如，某公司谈判代表故作轻松地说："如果贵方坚持这个进价，那么请为我们准备过冬的衣服和食物，总不能让员工饿着肚子瑟瑟发抖地为你们干活吧!"

某洗发水公司的产品经理在抽检中发现有份量不足的产品，对方趁机以此为筹码不依不饶地讨价还价，该公司代表微笑着娓娓道来："美国一专门为空降部队伞兵生产降落伞的军工厂，产品不合格率为万分之一，也就意味着一万名士兵将有一个在降落伞质量缺陷上牺牲，这是军方所不能接受和容忍的。他们在抽检产品时，让军工厂主要负责人亲自跳伞。据说从那以后，合格率为百分百。如果你们提货后能将那瓶份量不足的洗发水赠送给我，我将与公司负责人一同分享，这可是我公司成立 8 年以来首次碰到使用免费洗发水的好机会哟。"这样拒绝不仅转移了对方的视线，而且还阐述了拒绝否定理由，即合理性。

### 4. 场外沟通

场外沟通是一种非正式的谈判，双方可以无拘无束地交换意见，达到加强沟通、消除障碍、避免出现僵局的目的。当谈判双方在场内因某些问题剑拔弩张而不得解时，可尝试着换个轻松的环境，在场外的玩乐中消除彼此间的隔阂，增进友谊，就僵持的问题重新交换意见，以促成谈判成功。

（1）采用场外沟通策略的时机包括以下几个方面。

① 谈判双方在正式会谈中，相持不下，即将陷入僵局。彼此虽有求和之心，但在谈判桌上碍于面子，难以做到。

② 当谈判陷入僵局，谈判双方或一方的幕后主持人希望借助非正式的场合进行私下商谈，从而缓解僵局。

③ 谈判双方的代表因身份问题，不方便在谈判桌上让步以打破僵局，但是可以借助私下交谈打破僵局，这样又可不牵扯到身份问题。例如，谈判的领导者不是专家，但实际做决定的却是专家，这样在非正式场合，专家就可不因为身份问题而出面从容商谈，打破僵局。

④ 谈判对手在正式场合严肃、固执、傲慢、自负、喜好奉承。恭维别人不宜在谈判桌上进行，有损我方在谈判桌上的谈判形象，但在非正式场合却可以给予其恰当的恭维，就有可能使其做出较大的让步，以打破僵局。

⑤ 谈判对手喜好郊游、娱乐。在我方安排了郊游和娱乐之后，对方出于喜欢、感谢、满意等原因，心理上就可能产生软化、松懈现象。这样，在谈判桌上谈不成的问题，在郊游和娱乐的场合就有可能谈成，从而打破僵局，达成有利于己方的协议。

（2）运用场外沟通应注意的问题包括：

① 把场外活动看作谈判的一部分。

② 通过社交活动讨论谈判的细节。

③ 通过场外的娱乐活动来协调谈判中的僵局。

④ 通过场外活动了解对手更多的信息。

⑤ 在非正式场合，可由非正式代表提出建议、发表意见。

### 5. 适当馈赠

谈判人员在相互交往的过程中，可以适当地互赠礼品作为联络感情的方法。这是防止谈判出现僵局的有效的途径之一，谈判开始就向对方伸出"橄榄枝"，一定会使谈判更顺利地进行。所谓适当馈赠，首先就是馈赠不要送特别贵重的礼物，不然会让对方有受贿赂的感觉，同时也让对方觉得此次谈判你准备的不充分，或者没有信心，这样反而会适得其反。其次就是要赠送符合对方文化习俗的礼物，以免对方产生反感。

### 6. 让对方分享额外的信息

假如谈判出现僵局是由谈判者没有披露某一敏感信息或在披露信息方面有某些顾虑导致的，那么可以尝试谨慎地再多披露一点信息的方法；当然，如果谈判者认为尽快解决目前的僵局是重要的，则适度披露信息所付出的风险代价可以从达成协议所带来的利益中得到补偿。这种做法有一定的风险，那就是对方可能继续采取回避态度，不对你的姿态做出积极反应。因此，谈判者对披露信息的节奏把握十分重要，切不可无节制地"以诚相待"。

### 7. 先讨论原则问题

先讨论原则问题，共同发表原则声明，或先就进一步谈判的原则进行虚盘化的沟通，即暂时不针对具体问题，不寻求立刻解决问题，把谈判各方关注的重点从企图就僵持的问题达成协议转到先在原则问题上取得共识；如果能在原则上达成共识，就为重新梳理共同利益化解分歧创造了条件。这种典型的中国式谈判思辨方法所形成的战术，为谈判者寻求和扩大谈判余地、采取更为灵活的姿态、重启谈判创造了更宽松的条件。

## 五、严重僵局的处理方法

### 1. 离席策略

在谈判一时无法进行下去的时候，可以考虑终止谈判。在双方决定退席之前，可向对方再重申一下己方所提的方案，使对方在冷静下来后有充分的时间去考虑。此外还要约定下次再谈的时间和地点。

### 2. 更换谈判人员

在商务谈判中，由于主谈人的原因伤害了对方自尊心，或是由于主谈人的失误造成谈判僵局，就应该考虑换谈判人员，以缓和气氛，打破僵局。值得注意的是，己方应当做好事后的补救工作，而且保持利益不能改变，不轻易做出让步。

### 3. 休会改期再谈

休会是谈判人员为控制、调节谈判进程，缓和谈判气氛，打破僵局而经常采用的一种基本策略。双方可以借此机会冷静下来，仔细考虑争议的问题，也可以召集各自谈判小组成员，集思广益，商量具体的解决办法。当再次谈判的时候，双方对原来的观点会提出修正的意见，从而打破僵局。

休会一般由一方提出，只有经过双方同意，这种策略才能发挥作用。在提出休会建议时，首先要把握时机，看准对方的态度变化，讲清休会时间。其次，要清楚并委婉地讲清需要，让对方明白无误地知道自己的意愿。

### 4. 设定底线、最后通牒

设定底线就是有预谋地在议题议程时间、地点、人数、级别等谈判因素上设置某些限制，以向对方施加压力，如"我已订好明天下午的返程飞机票，希望能在此之前达成协议！""我们经理出差了，你只能找副经理商议此事""今天我们只能先讨论一下第一个问题，因为你们要谈的第二个问题的资料我们没有带来"等。在设定底线时必须小心过分的限制可能迫使对手做出强烈反应，因此，在理智地评价了当前形势，确信所有可以尝试的办法都无法改变谈判僵局时，谈判者方可采取这种威胁的办法。威胁退出分为两部分：一部分是姿态上的威胁，另一部分是行动上的实施。如果谈判者宣布退出谈判，至少从形式上说谈判已经结束了，这种办法偶尔也可以作为一种战术，或者说一种将重启谈判的主动权交给对手的下策。谈判者在绝对确信目前的手段都不可能产生效果之前，切不可轻言退出。

美国某航空公司要在纽约建立一座巨大的航空港，要求爱迪生电力公司按优价供电。

电力公司认为彼有求于我，己方占有主动地位，便故意推说公共服务委员会不批准，不能按优价供电。在此情况下，航空公司主动中止谈判，扬言自己建厂发电比依靠电力公司供电更合算。电力公司得知这一消息后，担心失去赚大钱的机会，立刻改变了态度，还拜托公共服务委员会前去说情，表示愿意以优惠的价格给航空公司供电。

### 5. 请第三方调节和仲裁

当谈判出现严重对峙，其他方法均不能奏效时，可运用第三方调节和仲裁策略。借助第三者进行调节是解决僵局问题的必要手段。

但是，调节和仲裁又是两个不同的概念。两者的区别主要在于，调节不带有强制性，即调节不能强制谈判双方接受解决办法；而仲裁则可强制谈判双方接受仲裁结果，并予以实施。

作为仲裁者，通常应具备的条件有：

（1）公正，主持公道；

（2）社会经验丰富，阅历较深；

（3）学识渊博，精通业务；

（4）得到双方的认可与尊重。

请第三者进行调节和仲裁解决严重僵局的价值很大，归纳起来有下面几点：

（1）第三者的介入能够找出顾全双方面子、双方利益的办法，不仅会使谈判者比较满意，也使双方的组织者感到满意。

（2）争执中的双方在第三者面前，无论采取怎样的强硬态度都没有关系，而他们所表现出来的强硬立场，还可以满足公司对他们的期望。

（3）第三者的新建议或者观点容易被双方所接受，使其能够一起合作解决问题。

（4）对谈判双方而言，支付第三者的费用总比僵局或者交易破裂所引起的损失少。

# 第三节　突破谈判僵局的策略与技巧

## 一、突破利益僵局的策略与技巧

在谈判遇到僵局的时候，要想突破僵局，不仅要分析原因，而且还要搞清分歧的所在环节及其具体内容，比如是价格条款问题，还是法律合同问题，抑或是责任分担问题等。在分清这些问题的基础上，进一步估计目前谈判所面临的形势，检查一下自己曾经做过哪些许诺存在不当之处，并进而认真分析对方为什么在这些问题上不愿意让步，困难之所在等。特别是要想方设法找出造成僵局的关键问题和关键人物，然后再认真分析在谈判中受哪些因素的制约，并积极主动地做好与有关方面的疏通工作，寻求理解、帮助和支持，通过内部协调，我们就可以对自己的进退方针、分寸做出大致的选择。然后，我们就要认真研究突破僵局的具体策略和技巧，以便确定整体行动方案，并予以实施，最终突破僵局。

### 1. 从客观的角度来关注利益

在谈判陷入僵局的时候，人们总是盲目地坚持自己的主观立场，甚至忘记了自己的出发点是什么。因此，为了有效地克服困难，打破僵局，首先要做到从客观的角度来关注利益。

在某些谈判中，尽管主要方面双方有共同的利益，但在一些具体问题上双方存在着利益冲突，而又都不肯让步。这种争执对于谈判全局而言可能是无足轻重，但是如果处理不当，就会引发的矛盾，当矛盾激化到一定程度即形成了僵局。由于谈判双方可能会固执己见，又找不到一个满足双方利益的方案，因此很难打破这种僵局。这时，应设法建立一项客观的准则，即让双方都认为是公平的，既不损害双方的面子，又易于实行的办事原则、程序或衡量事物的标准，这往往是一种一解百解的枢纽型策略，实际运用效果较好。

在客观的基础上，要充分考虑到双方潜在的利益到底是什么，从而理智地克服一味地希望通过坚持自己的立场来"赢"得谈判的做法。这样，才能回到谈判的原始出发点，才有可能突破谈判的僵局。

#### 案例 7-7

1945年7月，中国政府派法官梅汝璈参加了设在日本东京的远东国际军事法庭对二次大战战犯的审判工作。法庭庭长经盟军最高统帅麦克阿瑟指定由澳大利亚法官韦伯担任。庭长坐在审判席中央的首席是不言而喻的。由于美国在结束战争中的特殊作用，由美国法官坐在庭长右手的第二把交椅也似成定局，那么谁应该坐庭长左侧的第三把交椅呢？各国法官争论激烈。

梅法官意识到自己是代表中国而来，因此为了国家利益，也要设法争取坐上第三把交椅。于是他当众宣布："若论个人座次，我本不在意，但既然我们都代表各自国家，则我尚需请示本国政府。"如果真如此，除澳、美以外其他九国法官都要请示本国政府，势必要造成时间耽搁。若九国政府意见不一致，要再度协商，则不知何时能定好座次开庭。

正当各国法官不知所措之际，梅法官又提议道：以日本投降时各受降国签字顺序排列法庭座次最为合理。对此超脱各自利益的客观准则，大家一时也提不出异议。

然而开庭前一天预演时，庭长韦伯突然宣布法官入场顺序是美、英、中、苏……梅法官意识到若预演时默认遵行，那么次日开庭座次就因袭而定，无法更改了。于是他当即脱下黑色法袍，拒绝登台。他提出："既然我对法庭座次的建议在同仁中无甚异议，我请求立即对我的建议表决。否则，我就不参加预演，回国向政府辞职。"

庭长韦伯在梅法官又一客观原则——进行表决面前提不出更好的想法，只得召集众法官表决，结果大家都同意按在日本投降书上受降国的签字顺序进行座次的安排。而这个签字的顺序是美、中、苏、加……于是就按这个次序排定了法官入场顺序和座次。梅汝璈被安排在第三个入场并坐在庭长左边的第三把座椅上。

【案例思考】事实上，法官座次与在投降书上的签字顺序并无必然联系。但当谈判各方众说纷纭，各执己见时，能提出一个超越当事人争执点的客观原则，它就有可能被认为是公正的、现实的，且易于为大家所接受。虽然，这一原则不一定是最合理的，甚至带有某种偏向性，但由于没有更好的替代方案，因而难以被驳倒。因此谈判中，善于运用这一策略就有可能有效地突破僵局，并不失时机地维护自己的利益。

### 2. 采取横向式的谈判打破僵局

当谈判陷入僵局，经过协商而毫无进展，双方的情绪均处于低潮时，可以采用避开该话题的办法，换一个新的话题与对方谈判，以等待高潮的到来。横向谈判是回避低潮的常用方法。由于话题和利益间的关联性，当其他话题取得成功时，再回来谈陷入僵局的话题，便会比以前容易得多。

把谈判的面撒开，先撇开争议的问题，去谈另一个问题，而不是盯住一个问题不放，不谈妥誓不罢休。例如：在价格问题上双方互不相让，僵住了，可以先暂时搁置一旁，改谈交货期、付款方式等其他问题。如果在这些议题上对方感到满意了，再重新回过头讨论价格问题，阻力就会小一些，商量的余地也就更大些，从而弥合分歧，使谈判出现新的转机。

### 3. 寻找多种解决方案

有一句俗话叫作"条条大路通罗马"，如果用在谈判上也是恰如其分的。商务谈判过程中，往往存在着多种可以满足双方利益的方案。而谈判人员经常简单地采用某一种方案，而当这种方案不能为双方同时接受时，僵局就会形成。实践中，这种例子不胜枚举。

事实上，不论是国际商务谈判还是国内业务磋商，都不可能是一帆风顺的。双方之间磕磕碰碰是很正常的事情。这时，谁能够创造性地提出可供选择的方案，谁就能掌握谈判中的主动。当然，这种替代方案一定既能有效地维护自身的利益，又能兼顾对方的利益要求。不要试图在谈判开始时就确定一个什么唯一的最佳方案，因为这往往阻止了许多其他可作选择的方案的产生。相反，在谈判准备期间，就能够构思出对彼此有利的更多方案，往往会使谈判如顺水行舟，一旦遇到障碍，只要及时调拨船头，即能顺畅无误地到达目的地。例如在埃以和谈中，以色列最初宣布要占有西奈半岛的某些地方，显然这种方案是不能为埃及所接受的。当双方越过对立的立场而去寻找促使坚持这种立场的利益时，往往就能找到既能符合这一方利益，又符合另一方利益的替代性方案，即在西奈半岛划定非军事区。双方相互的妥协使埃以合约得以签订。

### 4. 有效退让

借鉴古今中外的谈判经验，当谈判陷入僵局时，一般最好是耐心等待对方主动提出，如果对方不主动提出，可以用一种保全面子的方式向对方示意，若还不行又不愿意放弃，那就只好退让了。其实，明智的退步是一种非常有利的谈判工具，应当学会运用。

谈判中有时仅靠以理服人、以情动人是不够的，毕竟双方最关心的是切身利益，断然拒绝会激怒对方，甚至使交易终止。假使我们在拒绝时，在能力所及的范围内给予对方适当优惠条件或补偿，往往会取得曲径通幽的效果。例如，自动剃须刀生产商对经销商说："这个价位不能再降了，这样吧，再给你们配上一对电池，既可赠送促销，又可另作零售，如何？"

又如，房地产开发商对电梯供销商报价较其他同业稍高极为不满，供货商信心十足地说："我们的产品是国家免检产品，优质原料，进口生产线，相对来说成本稍高，但我们的产品美观耐用，安全节能，况且售后服务完善，一年包换，终身保修，每年还免费提供两次例行保养维护，以解除您的后顾之忧，相信您能做出明智的选择。"

实际谈判中，能够达到谈判目的的途径往往是多种多样的，谈判结果所体现的利益也是多方面的。当谈判双方对某一方面的利益分割僵持不下时，往往容易轻易地使谈判破裂。其实，这是一种不明智的举动。因为之所以会出现这样的结果，就在于没有掌握辩证地思考问题的方法。如果是一个成熟的谈判者，这时他应该明智地考虑在某些问题上稍作让步，而在另一些方面争取更好的条件。

在商务谈判中，谈判的实践告诉我们当谈判陷入僵局时，如果双方的利益所在把握得恰当准确，那么就应该以灵活的方式在某些方面采取退让策略，去换取另外一些方面的利益，以挽回本来看来已经失败的谈判，达成双方能够接受的协议。

## 二、缓解僵局技巧的运用

### 1. 从对方的无理要求中据理力争

当商务谈判陷入僵局时，要敢于据理力争，特别是在对方理由不充足、不合理的时候。我们要主动打破僵局，不要以一味地退让，这样会让对方得寸进尺，最后使己方利益受到损害。

如果僵局的出现是由于对方提出的不合理要求造成的，特别是在一些原则问题上，我们要做出明确而又坚决的反应。因为这时任何其他替代性方案都将意味着无原则的妥协，且这样做只会增加对方的野心及更多的无理要求，而己方的利益就会受到巨大损害。因此，敢于据理力争，摆明观点是十分必要的。这也是打破僵局的重要手段。

需要指出的是，当我们面对对手的无理要求和无理指责时，采用一些机智的办法对付，往往比直接正面交锋要有效。因为这同样可以起到针锋相对、据理力争的作用，这也是谈判的艺术所在。

### 案例 7-8

A国政府曾为上海提供一笔捐款作为某个工业项目的可行性研究的资助，于是我们按赠款的条件选择A国某管理咨询公司为合作伙伴。1989年春夏之际，该公司的专家全部离华，随后又迟迟不返，我们催促了几次也不来。该公司在离华之前已经做了大量的前期工作，这时非但不派人来继续工作，而且还一再催促我方马上付款，同时请A国官员出面通融，结果都被我方拒绝了。我方的答复是：贵国政府基于错误的判断，曾经建议其商人在一段时间内最好不要来华，但不是命令贵公司一直不要来华。事实上，贵国许多公司的专家并没离华，即使离华的也早就回来了。既然现在合同依然有效，双方就应该接合同办事，对于任何违约行为和要求，我们是不可能认同和予以满足的。

但这家管理咨询公司的总经理得到消息后仍理屈词穷地声称："如果你们现在不付款，那么我公司将永远不再来沪，一切后果由你方负责。"对外方这种无理要求我方当然不能示弱，于是义正辞严地答复："贵公司当然有权作这样的选择。但根据合同，你方的专家必须马上来沪，最好明天就来，而且只有来了以后并工作一段时间，确实表现出继续合作的诚意，我方才能付款。"

不久对方无可奈何地派了三名专家来沪重新开始工作，并且工作得很努力。过了10天，这家公司负责该项目的副总经理又发电传过来，希望我方付款给该公司，这时我方才按合同的规定付了款。

【案例思考】A国某管理咨询公司的故事告诉我们谈判中的针锋相对、据理力争有时也是必须的。

### 案例 7-9

据美国媒体2016年3月15日报道，马来西亚国防部长希山慕丁（Datuk Seri Hishammuddin Hussein）说，他将在下周与澳大利亚国防部长玛丽斯·佩恩（Marise Payne）的会谈中，讨论有关中国在南海军事动向的问题。

希山慕丁在马来西亚三军参谋学院举行的一场记者会上表示，马方必须确保中国能够遵守不在南沙群岛部署军事设施的承诺。

希山慕丁说，除了澳大利亚之外，他还将与菲律宾及越南讨论有关领土争端的问题。

他还说，如果中国的确在南海岛礁部署军事设施，马来西亚知道自己无法单独阻止中国的行动，而是必须得到东盟其他国家的支持，"这是东盟合力协作的方式"。

至于马来西亚是否也考虑在南海岛礁部署军事设施，希山慕丁说，要应付美国与中国这种超级大国并不容易，南海有重叠的领土主张，如果马来西亚也在争端岛礁从事军事活动，这可能会引起邻国不满，越南、菲律宾都可能采取相同的做法，最后变成东盟自己的内斗，陷入大国的地缘政治攻防，"这是东盟不应该发生的情况"。

美国和台湾军方证实，中国在西沙群岛部署导弹和战机后，东盟曾发表声明称对争端海域的局势发展表示"严重关切"。

对于中国在南海部署军事设施，中国外交部长王毅在两会记者会上表示，中国在南海自己的岛礁上建设防御设施是履行国际法赋予的自保权，中国并非南海军事活动最频繁的国家，"军事化这顶帽子戴不到中国头上"。

中国外交部发言人陆慷也曾表示，中国致力于同有关当事国在尊重历史的基础上根据国际法谈判协商解决争议，也致力于同东盟国家共同维护南海和平稳定与航行自由。至于中国在南海军事化的问题，陆慷强调，非军事化需要有关国家的共同努力。

**【案例思考】** 遇到像这样对方明显理屈的情况，我们一定要据理力争。任何其他替代性方案都将意味着无原则的妥协，因为这样做只会助纣为虐，增加对方日后的"胃口"，对自身来讲，却要承受难以弥补的损害。而同对方展开必要的斗争，让他们自知观点站不住脚，就可能使他们清醒地权衡得失，做出相应让步。

当然，面对对手的无理要求和无理指责，采取一些机智的办法对付，往往比鲁莽的正面交锋更有效，同样具有针锋相对的作用，而自己可以留有余地，将对手置于尴尬的境地。比如，有一次多边国际商务谈判中，某大国的首席谈判代表在发言中非常傲慢，颐指气使，"你们必须……"，"你们不能……"，"我奉劝你们……"，开口闭口都是教训的口吻。等他发言完毕，轮到我国代表发言时，我国代表不紧不慢地说："中国有句俗话叫做'不要教老奶奶怎么煮鸡蛋'。"这句中国俗话着实让那位外国谈判代表回味了好久，运用经济有效的手段应该成为谈判者追求的目标。

**2. 用语言鼓励对方缓解僵局**

当谈判出现僵局时，你可以用话语鼓励对方："看，许多问题都已解决了，现在就剩这一点了。如果不一并解决的话，那不就太可惜了吗？"这种说法，看似很平常，实际上却能鼓动人，发挥很大的作用。

对于牵涉多项讨论议题的谈判，更要注意打破存在的僵局。比如，在一场包含六项议题的谈判中，有四项是重要议题，其余两项是次要议题。现在假设四项重要议题中已有三项获得协议，只剩下一项重要议题和两项小问题了，那么，针对僵局，你可以这样告诉对方："四个难题已解决三个了，剩下一个如果也能一并解决的话，其他的小问题就好办了，让我们再继续努力，好好讨论讨论唯一的难题吧！如果就这样放弃了，前面的工作就都白做了，大家都会觉得遗憾的！"听你这么说，对方多半会同意继续谈判，这样僵局就自然化解了。还可以叙述旧情，强调双方的共同点。就是通过回顾双方以往的合作历史，强调和突出共同点和合作的成果，以此来削弱彼此的对立情绪，以达到缓解僵局的目的。

**3. 从对方的漏洞中借题发挥**

谈判实践告诉我们，在一些特定的形势下，抓住对方的漏洞，小题大做，会给对方重重一击，这对于突破谈判僵局会起到意想不到的效果。

从对方的漏洞中借题发挥的做法有时会被看作无事生非。然而，对于谈判对方的某些人的不合作态度或试图恃强欺弱的做法，运用从对方的漏洞中借题发挥的方法做出反击，往往可以有效地使对方收敛。相反，不这样做对方反而会认为我们好欺负，从而变本加厉，更加凶猛地进攻，最终让我们在谈判中变得被动。事实上，当对方不是故意在为难我们，而我方又不便直截了当地提出来时，采用这种旁敲侧击的做法往往可以使对方知错就改，主动合作。

### 4. 尝试让对方对无承诺假设做出反应

近年来在处理重大国际问题时，越来越多地尝试采取暂时不让有关各方承担义务、不做出实际承诺，也不对承诺假设所做出的反应进行约束的论坛形式来探索解决危机的方案。由于这种做法是典型的"务虚"，因此给各方创造了非常宽松的空间，其积极的效果正受到越来越多的谈判方重视。它的具体做法是：假设某一谈判方优先做出了立场上的表态，另一方可以接受并做出相应的反应，在这个过程中，所有各方均不承担任何义务，只讨论可创性。这种做法可以使各方将埋藏在心中的一种念头、一种期待、一种建议，在假设的层面抛出来，并减少不必要的担心。

## 本章小结

合作与冲突充斥在商务谈判的全过程。可以说，僵局的出现源自不同国家、地区及不同组织的谈判者的文化背景的差异。商务谈判中的观点迥异和立场交锋是持续不断的，因此我们需要关注利益冲突不可调和时的谈判僵局。本章首先重点分析了商务谈判中僵局的各种类型、相应的成因和处理时应该遵循的基本原则；同时对商务谈判僵局进行了深入剖析，并针对性地提出各种僵局处理方法；最后结合典型案例设计了突破谈判僵局的若干策略与技巧。

## 综合练习题

### 一、简答题

1. 简述商务谈判僵局的类型。
2. 简述商务谈判僵局的成因。
3. 简述商务谈判僵局的处理原则。
4. 妥善处理商务谈判潜在僵局的方法有哪些？
5. 简述情绪性僵局缓解法。
6. 突破谈判僵局的策略与技巧有哪些？

### 二、案例分析题

#### 中国与马来西亚跨文化商务谈判僵局

中国东盟自由贸易区的建立，给中国经济的发展带来一个契机，同时为中国与马来西亚经贸合作带来了无限的合作机会。商务谈判是中马经贸关系进一步发展的桥梁，能否正确认识和处理好中马两国间的跨文化差异及其冲突，并有针对性地选择合理的谈判策略，是决定商务谈判成败的关键。本文以马来西亚的文化背景为基础，从跨文化的视角分析文化差异对中马商务谈判的影响，挖掘谈判策略，以促成谈判双赢。

一、案例综述

中国桂林风情旅行社邀请马来西亚一家旅行社洽谈一笔国际旅游业务，经双方约定于 2012 年 3 月 25 日上午 10 点在桂林榕湖饭店进行洽谈。届时，由风情旅行社派车接马来西亚旅行社代表来榕湖饭店。

由于他们是第一次到桂林，对桂林的美景流连忘返，以致路上耽搁了时间晚到了一个小时。后在商讨价格时，因双方提出的交易条件与价格相差较大，中方代表有点不悦，谈判中失去耐心来了情绪，说话声音过高，且在条件与价格方面不肯做出让步；而马方代表年纪较大，认为中方代表的言语举动对他们不礼貌、不尊重。在午宴过程中，中方代表为了增进双方感情，拿出接待贵宾专用酒茅台并极力劝说马方代表饮用。可又由于中方忽略了马来西亚旅行社代表是穆斯林，在午宴中点了青菜，但忘记嘱咐厨师不要用猪油来炒，被马方认为没有诚意。马方生气地离开了，致使谈判陷入了僵局。

二、商务谈判中的跨文化问题

1. 时间观念的差异对中马商务谈判的影响

虽然中国和马来西亚都是亚洲国家，但对时间和日程安排的观念在认识上却有差异。中国是个恪守时间的民族，比较强调日程的安排并遵守；而马来西亚属于灵活时间文化，时间的观念比较淡薄，他们认为谈判时间的具体安排与谈判的最终结果相比是微不足道的。本案中，马来西亚代表由于迷恋桂林美景耽误了谈判时间，对于他们来说是无关紧要的，而中方认为对方一开始对双方约定的谈判时间就不信守，不够重视这次谈判，那以后签署的协议、合同他们能信守吗？为此就认为对方没有合作的诚意。由于中方不具备文化意识，误解了马来西亚代表的时间观念，为谈判陷入僵局埋下了伏笔。

2. 非语言行为的差异对中马商务谈判的影响

非语言行为是人类交流的一个重要方式。非语言行为是指在交往过程中人们利用声音和动作进行沟通的行为。它包括体态语、辅助类语言、人际距离及其他非语言行为。在商务谈判过程中，语言行为和非语言行为都可以维持和调节相互间情感的沟通，起到相辅相成、互为补充的作用。一个惟妙惟肖的动作，一个豁达宽容的微笑，都能使某一陷入僵局的谈判峰回路转。在本案中，中方由于谈判不顺利，双方在价格方面意见分歧较大，而说话声音过高，此非语言行为使马来西亚代表认为中方不尊重马方代表，使谈判走向僵持。由此可见，在谈判前事先了解对方的非语言行为的习惯，掌握并有针对性地使用某些非语言技巧，对推动商务谈判的顺利进行有事半功倍的效果。

3. 宗教观念的差异对中马商务谈判的影响

马来西亚是个复杂的多种文化交融的多民族国家，具有浓厚的宗教色彩。伊斯兰教是马来西亚的主要宗教，《古兰经》章节中说到"他（真主）禁止你们吃污秽的"。伊斯兰教认为猪肉肮脏污秽。因此他们禁食猪、驴、狗等动物的肉和血，忌讳将这些动物的肉以及血制成的食品带到穆斯林餐厅或家庭。这样做既可遵守当地的法规，也是基本的礼仪。在本案中，中方在午宴中点了青菜，但忘记嘱咐厨师不要用猪油，使得信奉伊斯兰教的马来西亚代表非常不舒服。同时，穆斯林不能喝酒，中方以为酒桌文化是谈判成功的催化剂，却弄巧成拙，使商务谈判陷入僵局。

[案例分析]

1. 谈判前：充分准备，运筹帷幄，加强中马商务谈判跨文化意识的培养

其一，加强马来西亚文化的学习，增强异文化的认识，了解异同，克服干扰，求同存异，是顺利与其进行商务谈判的前提。

其二，充分地评估马来西亚的投资环境、产品市场，认真学习当地法规。为了确保投资项目在政策法律允许范围内顺利开展，可聘请有经验的经济律师或法律顾问提供法律服务，听取他的意见，避免产生不必要的麻烦。

2. 谈判中：善于运用语言及非语言艺术和感情策略，正确处理文化差异

在谈判策略的选择中，要根据发展变化的情况，及时、灵活地调整谈判方式，善于运用语言艺术和非语言艺术，传递感情，增进了解，消除由于文化差异存在的某些不畅，避免谈判陷入僵局。

如出现不如意的情况，应认真分析产生问题的原因，并有针对性地拿出解决问题的方法，结合双方的文化差异，及时灵活地调整谈判策略，确保谈判的顺利进行。首先注重语言艺术，采取温和委婉的交流方式进行谈判，态度鲜明、不失礼貌，以达到谈判的预期目的。其次运用非语言艺术来处理文化差异，使谈判顺利进行。理解不同文化背景下的非语言暗示，对谈判者而言，意义非同寻常。它可以避免因误解当地洽谈者的非语言行为而产生的高昂代价。在谈判过程中应注意对方的面部表情及肢体语言。再次是建立良好的人际关系，及时调整谈判方式，增强感情策略。如果谈判过程不顺利或陷入僵局，应认真分析僵局产生的原因，是由于双方文化不同而导致立场观点不一致，还是沟通的障碍，还是违背了对方的宗教信仰。然后运用感情策略灵活及时地调整谈判策略及方式，使谈判顺利进行下去。当谈判陷入僵局时，中方应马上休会，调整谈判方式，邀请对方共进午餐或参加有益身心的活动，如打高尔夫球、观光游览等方式，来增进了解，逐步建立起私人感情，促使谈判取得意想不到的效果。

### 三、模拟商务谈判实践

接前一章模拟商务谈判实践，小组讨论，组织第三轮谈判。

（1）根据本章内容，讨论、总结己方在模拟商务谈判中出现的不妥当语言，并提出改进方案；制订团队成员商务谈判语言运用原则和注意事项。

（2）如果模拟谈判中曾出现僵局，讨论如何运用本章所学的策略及方法打破僵局。

（3）组织第三轮谈判。不考虑第二轮模拟商务谈判实际结果，假设前轮谈判结果为杨元庆从谷歌手中收购摩托罗拉移动业务，但在收购价格上有较大差异。杨元庆邀请施密特进行第三轮谈判，协商收购价格和其他事宜。

阅读资料

1. 中海自贸区力争年内达成全面自贸协定

商务部新闻发言人沈丹阳2016年2月3日在新闻发布会上表示，TPP各方定于2月4日签署协定。目前，中方仍在根据有关案文对TPP进行全面、系统的评估。中国将继续按照党的十八届三中全会确定的"建立面向全球的高标准自贸区网络"要求，积极推进《区域全面经济伙伴关系协定》（RCEP）和中日韩自贸区等谈判，希望亚太地区的各项自由贸易安排能够相互促进，共同为亚太地区的贸易投资和经济发展做出贡献。

谈到中海自贸区谈判的有关情况，沈丹阳表示，中国-海合会自贸区谈判取得重大进展。双方宣布原则上实质性结束货物贸易谈判，同时对未来工作做出了具体安排，并将于今年2月中下旬举行下一轮谈判，力争在2016年年内达成一份全面的自贸协定。

2. 商务部：中美投资协定谈判已进行24轮，总体进展顺利

沈丹阳介绍，中美投资协定谈判自2008年启动以来，即受到中美两国业界、工商界的广泛关注。两国业界、工商界对谈判抱有很高期待。

沈丹阳称，截至2016年1月，中美投资协定谈判已进行了24轮，目前总体进展顺利。谈判的顺利开展，与两国对谈判的高度关注和支持是分不开的。在2015年9月两国元首进行的会晤当中，中美投资协定谈判成为一项重大的经济成果，双方再次确认了这是两国经贸关系中的最重要事项，将强力推进谈判，达成一项互利共赢、高水平的协定。上述共识对外界发出了非常积极的信号，为谈判注入了强大的政治动力。

"对接下来的谈判，我们的态度仍然是，双方应当继续着力落实两国领导人的重要共识，力争早日

达成一项高水平的投资协定，真正造福两国业界和人民。"沈丹阳表示。

3. 商务部国际贸易谈判代表钟山率中国政府经贸代表团访问法国

2016年3月15—17日，中国商务部国际贸易谈判代表（正部长级）兼副部长钟山率中国政府经贸代表团访问法国。期间，钟山分别会见了法国外交与国际发展部外贸国务秘书费克勒和法国经济部国库总司总司长贝宇诺。双方就中法经贸关系、中国经济形势、中欧经贸合作、中法第三方市场合作、加强地方经贸合作等议题深入交换意见。

钟山表示，中法经贸关系一直保持良好发展势头，贸易投资环境不断改善，领域不断扩大，水平不断提高，一个健康、可持续的双边经贸关系符合两国的共同利益。钟山建议，双方应积极落实两国领导人达成的一系列重要共识；加强务实合作，不断扩大贸易投资规模；拓展合作领域，培育双边经贸关系新增长点；共同推进中法在多边贸易体制和区域贸易安排方面的合作，在各自关切问题上予以更多相互支持。

法方赞同中方建议并表示，法国政府高度重视法中经贸关系，两国在多、双边领域开展了很好的合作，并建立了各层级对话机制，取得了实质效果。法方希望进一步扩大两国农产品贸易规模，加强食品安全领域合作；支持两国企业投资合作，进一步改善投资环境，积极推动中欧投资协定谈判进程。

**参考阅读：**

| 如何处理、应对、打破商务谈判中的僵局 http://blog.sina.com.cn/s/blog_5423d0120102vcqb.html | 商务谈判中化解僵局的策略 http://www.iliuye.com/index.php/Wap/Index/article/id/254598 | 商务谈判中的僵局 http://www.xuexila.com/koucai/tanpan/925933.html |
| --- | --- | --- |

# 第八章 商务谈判的礼仪与禁忌

通过本章的学习，使学生了解礼仪的本质及交往中的一般礼仪；掌握迎送礼仪、会见礼仪、交谈礼仪、宴会礼仪、见面礼仪、服饰礼仪、参观礼仪的基本要求；了解各国社交、商务的一些禁忌。

## 引导案例

据报道，一次，辽宁省政府组织驻该省的外资金融机构的20余名代表考察该省的投资环境，整个考察活动是成功的。然而，给这些外资金融机构代表们留下深刻印象的除了各市对引进资金的迫切心情及良好的投资环境外，还有一些令他们费解，同时也令国人汗颜的小片断。在某开发区，在向考察者介绍开发区的投资环境时，不知是疏忽还是有意安排，由开发区的一个副主任做英语翻译。活动组织者和随行记者都认为一个精通英语的当地领导一定会增强考察者们的投资信心。哪知，这位副主任翻译起来结结巴巴、漏洞百出，几分钟后，不得不换另外一个翻译，但水平同样糟糕。而且，外资金融机构的代表们一个个西装革履、正襟危坐，而这位翻译却穿着一件长袖衬衫，开着领口，袖子卷得老高。考察团中几乎所有的中方人员都为这蹩脚的翻译及其近乎随便的打扮感到难为情。外方人员虽然没有说什么，但下午在某市市内考察，市里另安排了一个翻译时，几个外方考察人员都对记者说："这个翻译的水平还行。"其言外之意不言而喻。考察团在考察一家钢琴厂时，主人介绍钢琴的质量如何好，市场上如何抢手，其中一个原因就是他们选用的木材都是从兴安岭林场中专门挑选的一个品种，而且这个品种的树木生长缓慢。一位外资金融机构的代表随口问道："木材这么珍贵，却拿来做钢琴，环保问题怎么解决？"没想到旁边一位当地陪同人员竟说："中国人现在正忙着吃饭，还没顾上搞环保。"一时间，令所有听到这个回答的考察团中方人员瞠目结舌。事后，那个提问的外方金融机构的代表对记者说："做钢琴用不了多少木头，我只是随口一问，也许他没想好就回答了。"虽然提问者通情达理，然而作为那位"率直"的回答者口中的"正忙着吃饭"的中国人，却不能不感到羞愧。在某市，当地安排考察团到一个风景区游览，山清水秀的环境的确令人心旷神怡。外资金融机构的代表刚下车，一位中方陪同人员却把一个带着的或许是变质了的西瓜当着这些老外的面扔到了路旁。这大煞风景的举动令其他中方人员感到无地自容。

【思考与启示】一次商务成功的谈判不仅仅是谈判语言、技巧及策略运用的结果，在谈判过程中，双方的礼仪同样会决定谈判的成败。不注重商务谈判礼仪有时候会失去一项重要的谈判成果。

孔子曰："凡人之所以为人者，礼仪也。"在社会这个大环境中生存、发展，就必须按"游戏基本规则"与各界各类人进行交往，这种交往"游戏规则"就是礼仪。

商务谈判也是人际交往的一种形式，也同样必须以礼仪规范为先导。离开了礼仪的束缚，也就没有了人际沟通的最基本标准，商务谈判也就失去了依存点。更何况谈判成功与否的三大标志中，其中一条就是"建立并改善人际关系"，这其中礼仪的作用更是不可或缺。

在商务谈判中，谈判礼仪主要表现在迎送、宴请、会见等各个场合；谈判礼节则体现在双方接触交往的细节之中，包括握手、问候、递接名片等，同时还应尊重对方的风俗习惯，避讳民族禁忌。

# 第一节　礼仪的本质及交往中的一般礼仪

## 一、礼仪的本质

礼仪是人类社会文明发展的产物，是人们在社会交往中以风俗、习惯和传统等形式固定下来的行为规范与准则。礼仪包含的内容比较广泛，具体表现为礼貌、礼节、仪表、仪式等。

（1）礼貌指人与人之间在接触交往中，相互表示敬重和友好的行为。

（2）礼节指在交际场合，送往迎来，相互问候、致意、祝愿、慰问等方面惯用的形式。

（3）仪表指人的外表，包括容貌、姿态、服饰、个人卫生等内容。

（4）仪式指在比较大的场合举行的，具有专门规定了的程序化行为规范的活动，如发奖仪式、签字仪式、开幕仪式等。

对社会而言，礼仪是用以沟通思想，交流感情，报答心意，促进了解的一种形式；是社会交往中不可缺少的润滑剂和联系纽带；是社会精神文明建设的重要组成部分；是社会文明程度、道德风尚和生活习俗的反映。对个人而言，礼仪是一个人思想水平、文化修养、交际能力的外在表现。

## 二、交往中的一般礼仪

### 1. 守时守约

守时守约是最基本的礼貌。参与各种活动，都要按约定的时间到达，既不要过早，也不要过晚。若登门拜访，则需要提前约好，不要贸然造访。如果遇到特殊情况不能按时赴约，则需要设法提前通知对方。

**案例 8-1**

　　刚归国的于泽，结识了新朋友飞和慧。飞和慧都是房地产行业的成功新秀。三个人组成了业余羽毛球小组，每周在固定的时间进行两次锻炼。泽自愿做了小组的负责人，负责订场地。泽总是遵守时间，在约定的时间之前，先在体育场等待。飞和慧两个人不是迟到就是无故不来，当泽打电话询问时，慧若无其事地说："我正在和别人吃饭，你打完球也来吧!"有时飞和慧都不来，留下泽一人沮丧地在球场上等待。

　　在此之后，学聪明了的泽，总是先问好飞和慧的时间，确定他们晚上确实没有客户，再订下球场。但是，飞和慧迟到和失约的事依然发生着。两个月后，三个人终于发生了冲突。忍无可忍的泽对飞说："如果你们不能来，能否预先电话通知我，以便我有时间找别人。否则，让我在这里苦等是在浪费我的时间。"飞说："这又不是什么大不了的事，何必那么认真? 要是不忙，我们能不准时来吗?"泽说："如果你们尊重别人，也让别人尊重你，就要遵守时间。你们是商人，遵守诺言是商人的信誉，如果你们和客户这样交往，他们能信任你们吗?"不愉快的飞说："我和客户从来都是守约的。中国人的观念不同于西方，你要改一改你的严谨不变的信条，要学会融进中国文化，否则就会碰得头破血流。"泽不解地问："难道不守时间也是中国人的文化?"下一次，泽学得更聪明了，约会见面的事情在日常生活中频繁发生，即使是朋友之间，迟到、失约也会严重影响一个人的声誉。

在商务礼仪中，如果由于某种原因不能如期赴会，一般要提前 24 小时通知对方。这种情况大多数是由于个人的身体健康不允许（如生病、受伤等），或者是其他极其特殊的原因等。时间对任何人来说都是珍贵的，无论你是皇族还是百姓，是领导还是下级，尊重别人的时间是对别人的尊重，也是对自己的尊重。

通常，在约会中赴会者应该提前 5 分钟到达。将要迟到时，应该礼貌地打电话告诉对方："由于某种原因，我会迟到 15 分钟，请您原谅。"一般的，人们会原谅你的迟到，因为懂得时间的价值，懂得尊重别人。遵守时间、准时赴约的人，能够赢得对方对你的信任和尊重。对于商人而言，没有比商业信誉更为重要的"不可见资本"了。在正式的商业交往中，人们只能通过交往的礼仪等行为来判断对方。而有无准确的时间观念是对合作伙伴的为人和生活原则的考验。遵守时间，是商业活动中建立个人信任的第一步。

在这方面德国人和奥地利人表现最佳，他们对于时间的精确反映了民族的性格。世界形象设计师英格丽曾深有体会地说："我比约会时间早到了 5 分钟，但是他们也早到了 5 分钟。我们彼此建立起了良好的第一印象。"

2. 尊妇敬老

在许多国家的社会场所和日常生活中，都奉行"女士优先"的原则。如，上下电梯、进出门厅等，应让妇女和老人先行，男士应帮助开门和关门。同桌用餐，两旁若坐着老人和妇女，男子应主动照料，帮她们入座。

3. 尊重风俗习惯

常言道："入境问禁""入乡随俗""三里不同俗"。不同的国家、民族，由于不同的历史、文化、宗教等原因，各有其特殊的风俗习惯和礼节，应该了解和尊重。天主教徒忌讳 13 这个数字，尤其是"13 日，星期五"，遇上这个日子，不宜举行宴请；印度、印度尼西亚、马里、阿拉伯等国家，不能用左手与他人接触或用左手传递东西；使用筷子的国家，用餐时不可用一双筷子来回传递，也不能把筷子插在饭碗中间，日本人特别注意使用筷子的礼节，有"用筷子十忌"；保加利亚、尼泊尔等一些国家，摇头表示同意，点头表示不同意；等等。不了解或不尊重别国和其他民族的风俗习惯，不仅失礼，严重的还会影响相互关系，妨碍商务往来，酿成外交事件。除了要学习、了解之外，在没有把握的情况下，可多观察，仿效别人。

4. 举止得体

在谈判活动或其他活动中，谈判人员要端庄稳重，落落大方。要站有站相，坐有坐姿，不要放声大笑或高声谈论。在公共场所，应保持安静，不要喧哗。在听演讲、看演出等隆重场合，要保持肃静，不要交头接耳，窃窃私语，或者表现出不耐烦的情绪。如果是陪同宾客走入房间，应先请客人坐到各自的座位上，然后，自己轻步入席。一个人文明程度的高低，代表着他的身份和个人素质。

5. 吸烟

吸烟在中国较为普遍，近年来，随着禁烟和戒烟运动的开展，戒烟的人也在逐步增加。中国的许多人都开始戒烟，或根本不吸烟。在一些场合吸烟是不礼貌的行为，禁止吸烟的场合日益增多。因此，我们必须弄清哪些场合可以吸烟，哪些场合不能吸烟。比如，在剧场、商店、博物馆、会议厅等场合不得吸烟；在火车、飞机上往往也分吸烟与不吸烟的座位；在工作、参观、谈判和进餐中，一般不吸烟或少吸烟；在大街上不要边走边吸烟。当我们新到一个地方（或遇到一个新的场合），进入办公室或私人住宅，不知道是否允许吸烟时，可先询问一下主人："可以吸烟吗？"如果对方不吸烟，或有女宾在座，吸烟前，应先征得对方同意以示礼貌。如果在场的人较多，或在座的身份高的人士都不吸烟，最好不要吸烟。

**案例 8-2**

世界上各个国家和民族在长期的历史发展过程中，都形成了一些本国和本民族独特的文化、风俗和习惯。"入乡随俗"就是对对方有的习俗加以了解、尊重并遵从。这样做，才更容易增进世界各国间的理解，加强相互间的沟通往来，也是向外国友人表达亲善友好情感的最佳方式。即使是国际上的商务往来，很多情况也必须"入乡随俗"。

在国际性的商务活动中，如果对交往对象所特有的风俗习惯不甚了解，就会无意之间做出一些令对方看来是"不可容忍"的事。

【案例思考】商务交往中的一些礼仪虽然不是谈判的主要内容，但是很多细节是影响谈判能否成功及是否顺利进行的重要因素。

# 第二节　商务谈判中需要注意的一些礼仪

## 一、迎送礼仪

商务谈判，尤其是对外谈判，是双方相互交往的重要活动，谈判双方都渴望获得对方的尊重与理解。因此，懂得并掌握必要的礼仪与礼节，是商务谈判人员必须具备的基本素质。礼仪与礼节是人们自重和尊重他人的生活规范，是对别人（客户）表示尊敬的方式。同时，礼仪与礼节作为一种道德规范，也是人类文明的重要表现形式，它在一定程度上反映了一个国家、一个民族、一个地区或一个人的文明、文化程度和社会风尚。

在介绍与商务谈判和经济交流有密切联系的一些礼仪与礼节以及中外各国的主要习俗和节庆活动的基础之上，我们应该认识到，由于世界各国历史传统、政治制度、经济状况、文化背景、风俗习惯以及价值观念存在明显差异，各国谈判者在商务谈判中都会形成不同的谈判风格。了解不同国家、不同地区、不同民族人们的谈判风格，有利于我们取得预期的谈判效果。

### （一）迎送礼仪概述

迎来送往是常见的社交活动，也是商务谈判中一项基本礼仪。在谈判中，对应邀前来参加谈判的，无论是官方人士、专业代表团，还是民间团体、友好人士，在他们抵达或离开时，一般都要安排相应人员前往迎送。对于重要客商或初次来的客商，要派专人迎接；对于一般的客商或常来的客商，不接也不为失礼。

### 1. 确定迎送规格

迎送规格，应当依据前来谈判人员的身份和目的、己方与被迎送者之间的关系以及惯例决定。主要迎送人的身份和地位通常应与来者相差不多，以对口对等为宜。如果当事人因故不能出面，可适当变通，由职位相当人员或副职出面。同时，还应向对方作出解释。

只有当对方与己方关系特别密切，或者己方出于某种特殊需要时，方可破格接待。除此之外，均宜按常规接待。

### 2. 掌握抵达和离开的时间

迎候人员应当准确掌握对方的抵达时间，提前到达机场、车站或码头，以示对对方的尊重，绝不能让客人等候。客人经过长途跋涉到达目的地，如果一下飞机、轮船或火车，就看见有人在等候，一定会感到十分愉快。如果客人是第一次来这个地方，则能因此而获得安全感。如果迎候人员迟到了，对方会立即陷于失望和焦虑不安之中。不论事后怎样解释，都很难使对方改变对迎候人员失职的印象。

同样，送别人员亦应事先了解对方离开的准确时间，提前到达来宾住宿的宾馆，陪同来宾前往机场、码头或车站，亦可直接前往机场、码头或车站恭候来宾，与来宾道别。

在来宾临上飞机、轮船或火车之前，送行人员应按一定顺序同来宾一一握手告别。飞机起飞或轮船、火车开动之后，送行人员应向来宾挥手致意，直至飞机、轮船或火车在视野里消失，送行人员方可离去。

不到机场、码头或车站送行，或者客人抵达后才匆忙赶到迎接，对来宾都是失礼的。来宾一登上飞机、轮船或火车，送行人员立即离去，也是不妥当的，尽管只是几分钟的小事情，但有可能因小失大。

### 3. 做好接待的准备工作

在得知来宾抵达日期后，应首先考虑其住宿安排问题。对方尚未启程前，先问清楚对方是否已经自己联系好住宿；如未联系好，或者对方系初到此地，可为其预订旅馆房间，最好是等级较高、条件较好的旅馆。

客人到达后，通常只需稍加寒暄，即应陪客人前往旅馆。在去旅馆途中或到达旅馆后简单介绍一下情况，征询一下对方意见，即可告辞。客人到达的当天，最好只谈第二天的安排，另外的日程安排可在以后详细讨论。

### （二）会见礼仪

会见是谈判过程中的一项重要活动。身份高的人会见身份低的人称为接见，身份低的人会见身份高的人称为拜会。接见与拜会在我国统称为会见。会见就其内容来说，分为礼节性的、政治性的和事务性的三种。在涉外商务谈判活动中，东道主应根据来访者的身份和访谈目的，安排相应的部门负责人与之进行礼节性会见。

## 二、交谈礼仪

交往活动离不开交谈，商务谈判的过程无疑是交谈的过程。恰当的、有礼貌的交谈不仅能增进双方的了解、友谊和信任感，而且还能促进谈判更加顺利有效地进行。在商务谈判中，交谈并非只限于谈判桌前，还有谈判之余，如谈判中的间歇时间或离开谈判桌之后的闲谈。交谈的话题并非只限于和谈判相关的问题，还可能是生活中的方方面面。所以，交谈中一定要注意下面一些礼节事宜。

### （一）交谈自然与手势适当

#### 1. 交谈自然

交谈时表情要自然，态度要和气，语言表达要得体，谈话距离要适当，不要离对方太远或太近，不要拉拉扯扯、拍拍打打，不要唾沫星子四溅。

#### 2. 手势适当

交谈中的手势要适当。手势可以反映谈判者的情绪，可以表达大、小、强、弱、难、易、分、合、数量、赞扬、批评、肯定、否定等意思。但谈判中的手势要文明，幅度要合适，不要动作过大，手舞足蹈，更不要用手指指人或拿着笔、尺子等物指人。

手势是话题的指示器，也是眼神的指路灯。话题自不必说，千变万化，随机而用。而眼神则有一定的规律和习惯：瑞典人交谈时，喜欢对视；英国人谈话很少对视；日本人在闲谈时，喜欢看着对方的脖子，理由是直盯对方面孔不礼貌；波兰有的地区与年长者谈判时，自始至终都要眯缝着眼睛以表示谦卑之意；在地中海诸国，人们普遍认为，呆滞的目光是不吉祥的凶兆，故他们力避直眉瞪眼、愣怔而视，以免招惹是非，他们习惯闪电式的扫视，迅速地收回目光；阿拉伯人举目投眼的习惯是务必凝视谈话的对方，他们认为这是起码的待人礼节，否则是对人无礼的表现；等等。

虽说各国举目投眼的习俗各异，但是谈判桌上较好的规则是注视对方的脸与眼。以稍微眯缝的眼睛，投向对方平静的眼光。一则出于礼貌，注意听取对方的意见；二则从对方的脸上、眼神中看出其内心的反应。

### （二）招呼在前

参加别人谈话时要先打招呼。别人在个别谈话时，不要凑近旁听。若有事需与某人交谈，要等候别人谈完。有人主动与自己谈话时应乐于交谈，第三者参与交谈时，应以握手点头或微笑表示欢迎，发现有人欲和自己交谈时可主动向前询问。谈话中遇有急事需处理或需离开时，应向对方说明，表示歉意。

### （三）交谈时的注意事项

#### 1. 普遍接触

交谈现场超过三个人时，应不时地与在场所有人交谈几句，而不要不理会其他人。所谈问题不宜让别人知道时，则应另择场合，不要只和一两个人说话。

#### 2. 注意聆听

在交谈中，自己讲话时要给别人发表意见的机会，别人讲话时也应寻找机会适时地发表自己的看法。要善于聆听对方谈话，不要轻易打断别人的发言。一般不谈与话题无关的内容，如果对方谈到一些不便谈论的问题，不要轻易表态，可转移话题。对方发言时，不应左顾右盼，心不在焉，或注视别处，显出不耐烦的样子；不要做老看手表、伸懒腰、玩东西等漫不经心的动作。

### 3. 谈话内容要恰当

谈话的内容一般不要涉及疾病、死亡等不愉快的事情，不谈荒诞离奇、耸人听闻、黄色淫秽等事情。

交谈时，一般不询问妇女的年龄、婚姻等状况，不径直询问对方的履历、工资收入、家庭财产、衣饰价格等私生活方面的问题。对方不愿回答的问题不要寻根问底，对方反感的问题应示歉意并立即转移话题。不对某人评头论足，不讥讽别人，也不要随便谈论宗教问题。

### 4. 原则上不参与妇女圈的讨论

男子一般不参与妇女圈的讨论，也不要与妇女无休止地交谈而引人反感侧目。与妇女交谈要谦让、谨慎，不随便开玩笑，争论问题要有节制。

### 5. 使用礼貌用语

交谈中要使用礼貌用语，如你好、请、谢谢、对不起、打搅了、再见、你好吗等，并针对对方不同国别、民族、风俗习惯等，恰当运用礼貌语言。

在社交场合中交谈，一般不过多纠缠，不高声辩论，不恶语伤人、出言不逊。即便有争吵，也不要斥责、讥讽、辱骂对方。交谈结束后还应握手道别。

## 三、宴会礼仪

### （一）应邀与出席时间

#### 1. 应邀

正式宴请一般需要发出请柬，事先口头约定的也应补发。请柬要在宴会之前的 1～2 周发出，以便被邀请者答复是否出席。接到宴请的口头或书面邀请，能否出席要尽早答复对方，以便对方妥善安排。

接受邀请后，不要随意改动，万一非改不可，尤其是主宾，应尽早向主人解释、道歉，甚至登门说明致歉。应邀前，还要核实一下主人是谁，时间、地点是否有误，邀请几个人，服饰有无要求等。

#### 2. 掌握出席时间

出席宴请抵达时间的早晚、逗留时间长短，在一定程度上反映对主人的尊重。迟到、早退、逗留时间过短都被视为失礼或有意冷落。身份高者可略晚到达，一般客人宜略早到达。主宾退席后，其他客人再陆续告辞。出席宴请时间，各地通行的做法是准时。有的地方是晚一两分钟到，在我国提前两三分钟到，都视为正常。若确实有事需提前退席，应向主人说明后悄悄离去；也可事前打好招呼，到时自行离去。出席宴会前，最好稍作梳洗打扮，至少穿上一套符合时令的干净衣服。每个客人都应衣着整洁、容光焕发地赴宴，使整个宴会充满一种比较隆重的气氛，这会使主人感到高兴。最忌讳穿着工作服、带着倦容赴宴，因为这会使主人感到未受到尊重。

### （二）入座与进餐

#### 1. 入座

听从主人安排，了解自己的桌次和座位，不要随意乱坐。如有女宾，应先让女宾入座，席间应适当照顾女宾，离席时请女宾先走。

### 2. 进餐

入座后，主人招呼，即可开始进餐。用餐时应注意以下几个问题：

（1）身体与餐桌之间要保持适当的距离，太远不易取得食物，太近则易使手肘过度弯曲而影响邻座。理想的坐姿是身体挺而不僵，仪态自然，既不呆板，也不轻浮。在餐桌上一个劲"埋头苦干"的人，与狼吞虎咽的人都令人不快。

（2）餐巾需等主人摊开使用时，客人才能将它摊开置于膝盖上。餐巾的主要作用是防止油污、汤水滴到衣服上，其次是用来轻擦嘴边油污。但不可用它擦脸、擦汗或除去口中之食物，也不可用它擦拭餐具。用餐完毕或用餐后离桌，应将餐巾放于座前桌上左边，不可胡乱扭成一团。

（3）中餐宴请外国客人时，既要摆碗筷，也要摆刀叉，以中餐西吃为宜。西餐刀叉的使用是右手持刀，左手持叉，将食物切成小块后用叉送入口中。吃西餐时，按刀叉顺序由外往里取用，每道菜吃完后，将刀叉并拢平放于盘内，以示吃完；或者摆成八字或交叉型，刀口向内。

（4）送到你面前的食物多少都要吃一点，特别合口味的食物勿一次吃得过多，不合口味的食物也不要流露出厌恶的表情。

（5）吃西餐中的肉类时，要边切边吃，切一次吃一口；吃鸡、龙虾等食物时，经主人示意，可以用手撕开吃；吃面条之类的食物时，可用叉、筷卷起一口之量食之，在吸食时不要发出声音；吃带腥味的食品时，常备有柠檬，可用手将汁挤出滴在食品上，以去腥味；喝汤时，忌用口吹，或发出"嘶嘶"的声音。

（6）进餐时应尽量避免打喷嚏、长咳、打哈欠、擤鼻涕。无法抑制时可用手帕掩口，并避免对人。嘴内有食物时，切勿说话。

### （三）进餐中的注意事项

#### 1. 交谈

无论是做主人、陪客或宾客，都应与同桌的人交谈，特别是左右邻座。不要只同几个熟人或只同一两个人说话。邻座如不相识，可先自我介绍。

#### 2. 饮酒

宴席上少不了要饮酒，要了解为何祝酒并了解祝酒的习惯。在主人和主宾致词、祝酒时，应暂停进餐，停止交谈，注意倾听，不得借此抽烟。主人或主宾到各桌敬酒，应起立举杯。碰杯时，主人和主宾先碰，人多可同时举杯示意，不一定碰杯。祝酒时，注意不要交叉碰杯。碰杯时，要目视对方致意。

宴会上相互敬酒表示友好，可以活跃气氛。但切忌喝酒过量，应控制在本人酒量的 1/3 左右，以免失言、失态。不要劝酒，更不得灌酒。饮酒的艺术，在于慢慢品尝。在选用酒类时，以选用地方特色酒为好。选用葡萄酒要慎重，葡萄酒种类、品级多，外国人常以此衡量宴会规格。

#### 3. 宽衣

社交场合，无论天气如何炎热，不能当众解开纽扣，脱下衣服。在小型便宴上，如主人请客人宽衣，男宾可脱下外衣搭在椅背上。

### 4. 喝茶、喝咖啡

西式喝茶、喝咖啡，有时需用小茶匙加牛奶、白糖搅拌。正确的饮法是搅拌后，把小茶匙放回小碟内，左手端着小碟，右手拿着杯子喝，不要用小茶匙把茶或咖啡送入口中。

### 5. 吃水果

外国人吃水果的方法与我们不同，梨和苹果不要整个拿着咬，应先用水果刀切成四五瓣，再用刀去皮、核，刀口朝内，从外往里削，然后用手拿着吃；香蕉先剥皮，用刀切成小块吃；西瓜去皮切成块，用叉取食；橘子可剥了皮吃。

### 6. 水盂

在西式宴席上，在上鸡、龙虾、水果时，有时递上一小水盂（如铜盆、瓷碗或水晶玻璃缸），水上漂有玫瑰花瓣或柠檬片，这是供洗手用的。洗法是两手轮流沾湿指头，轻轻涮洗，然后用餐巾或小毛巾擦干。千万不要饮用。

### （四）纪念物品与取茶

#### 1. 纪念物品

除了主人准备送给来宾的纪念物品外，各种招待用品，包括糖果、水果、香烟等都不要拿走。有时，外宾会请同席者在菜单上签名，然后作为纪念品带走。

#### 2. 取茶

招待员上茶时，不要抢着去取，待送至面前时再拿。周围的人未拿到第一份时，不要急于去取第二份。不要围在菜桌旁，取完即离开，以便让别人去取。

### （五）饮食习惯

在欧洲国家，上的面是一道菜，不要在面上浇菜汁吃，主人可能会误会嫌他做的不好吃。欧美国家多以鸡胸肉为贵，如果按照中国人习惯以鸡腿敬客，反而失礼。主人通常劝客人再添点菜，你若有胃口，再添不算失礼，主人反会引以为荣。欧美人吃荷包蛋，先戳破未烧透的蛋黄，然后切成小块吃，盘里剩下的蛋黄，用小块面包蘸着吃。面包一般应掰成小块送入口中，不要用手整个拿着咬。

## 四、见面礼仪

见面是双方联系的开端，对商务谈判来说，涉及彼此的第一印象。要注重见面这第一步，如果能给对方以良好的印象，就是成功地迈出了合作的第一步。因此，了解交易活动中见面时的礼节是十分重要的。

### 1. 介绍

在交际场合可由第三者介绍，亦可自我介绍，而且做法要自然。介绍时，要有礼貌地以手示意，而不要用手指点人。要讲清楚姓名、身份和单位，在涉外商务谈判中，还要说明国别。在商务谈判这样的交往场合中，一般由双方主谈人或主要负责人互相介绍各自的组成人员；在双方主谈人或负责人互不相识或不太了解时，一般请中间人介绍双方的情况。

介绍的顺序是：先把年轻的介绍给年长的；先把职位、身份较低的介绍给职位、身份较高的；先把男性介绍给女性，即使女性非常年轻或刚涉足谈判工作不久也应如此。这项规则在中国还没有形成习惯，其他许多东方国家也是这样，这主要是由传统文化所造成的。但这项规则在许多西方国家被广泛应用，因此，在与西方人谈判时应特别注意。先把客人引见给主人，在人多的场合，主人应一一认识所有的客人。在商务谈判中，这点很重要。谈判双方无论谁是主方，都应接见客方所有人员。另外，对远道而至又是首次面谈的客人，介绍人应准确无误地把客人介绍给主人。如果作为客人又未被介绍人发现，最好能礼貌而又巧妙地找别人来向主人引见，必要时毛遂自荐也并不失礼。先把个人介绍给团体，然后介绍团体的成员，介绍时，除妇女和年长者外，一般都应起立，但在宴席、会谈桌上不必起立。被介绍人要微笑、点头，以作表示。

### 2. 握手

加拿大形象设计师凯伦·布朗杰说过："握手是陌生人的第一次身体接触，这五秒意味着经济效益！"

在许多国家，握手是一种习以为常的见面礼。在介绍认识时，握手也是一种最自然而常见的礼节。在一般交际场合，握手更是司空见惯的事情。在中国，握手这一礼节的运用似乎更甚些。一般情况下，人们在见面时，总喜欢握握手，再说上几句客套话，以示亲热。有时在向他人表示祝贺、感谢、慰问时也习惯同对方握手。

握手是陌生者之间第一次的身体接触，只有几秒钟的时间。但是正是这短短的几秒钟，它如此之关键，立刻决定了别人对你的喜欢程度。握手的方式、用力的轻重、手掌的湿度等，像哑剧一样无声地向对方描述你的性格、可信程度、心理状态。握手的质量表现了你对别人的态度是热情还是冷淡，积极还是消极，是尊重别人、诚恳相待，还是居高临下、屈尊地敷衍了事。一个积极的、有力度的、正确的握手，表达了你友好的态度和可信度，也表现了你对别人的重视和尊重。一个无力的、漫不经心的、错误的握手方式，立刻传送出了不利于你的信息，让你无法用语言来弥补，它在对方的心里留下了对你非常不利的第一印象，有时会失去极好的商业机会。因此，握手在商业谈判中几乎意味着经济效益。

英国阿比银行的比尔谈到当初面试新助手阿莱休时说："当我们握手时，他那双厚实的手，紧紧地握住我的手，上下摇动，好像我们是多年的老朋友，再看一看他阳光般灿烂的笑容，我完全被他意大利式的热情所融化。现在虽然他不再是我的助手，但却是我的朋友。"

加拿大形象设计师凯伦认为："握手是一门如此有趣的艺术，它让我们在瞬间产生种种推测和判断；握手的信息是无言的，但它却是那么的丰富和微妙。握手是如此的感性，但它却在对方开口之前，让我们感受到他的内心活动。"

心理学家及身体语言专家们认为，通过握手能判断人的性格。在同性的陌生人中，主动伸出手的人性格坚定、热情或者有丰富的人际关系经验；性格支配欲望强的人会让自己手心朝下压在别人的手上。这种握手方式在 1960 年肯尼迪与尼克松竞选美国总统时的电视辩论中，帮助肯尼迪树立了一个年轻的、强有力的形象，而被压在下面的尼克松则成了牺牲品。性格粗犷、豪放，甚至莽撞的人，会过度地握住别人的手，像要把人的骨头都握碎。你伸出手来对方没有反应的人，可能不懂礼仪或者有意冷淡、让人难堪或者根本没有看见，或者是性格极端封闭、内向。

双手紧握对方手的人，表现出超人的热情和极度盼望的心情，这种被称为手套式的握手，是为政治家们所钟情的、被用来操纵人们心理的握手方式。它表现了对被握手人的亲密和渴望，它能缩短或消融人之间的距离。在电视上总统竞选人与选民之间常用这种握手方式，它让观众感到了候选人的热情、诚恳、平易近人，留给选民一个"人民的总统"的美好形象。

握手虽然简单，但是其中很多方面必须注意。

（1）握手要掌握时间，一般来说约为五秒。若少于五秒显得仓促；如果握得太久，显得过于热情，尤其是男人握着女人的手，握得太久，容易引起对方的防范之心。有些人习惯性地握住别人的手不放，甚至猛摇，实在让人无所适从，有时过分了会招致别人的反感。

（2）握手力量要适度，过轻过重都不好。有的人握手时像老虎钳子，使对方感到酸痛；如果手上戴有戒指，就更难以忍受。有的人握手时过轻，好像不曾触及，这样会给人一种冷冰冰的感觉，会让对方觉得你不愿和他结识或合作。所以，力量适度的握手会使对方感到温和可亲。在商务谈判中让对手产生这种感觉是十分重要的。年轻者对年长者，身份低者对身份高者，应稍稍欠身，双手握住对方的手，以示尊敬。男性与女性握手，往往只握一下女性的手指即可。

（3）握手时，必须笑容可掬地注视对方，目光接触可显示你对别人的重视和兴趣，也表现了自信和坦然，同时还可以观察对方的表情。切忌目光左顾右盼。

（4）女士与人握手时应先脱去右手手套，但有地位者可不必；男的则必须脱去手套再行握手礼。

（5）握手要注意先后顺序。在上下级之间，上级伸手后，下级才能伸手相握；在男女之间，女人伸手后，男人才能伸手相握；在主人与客人之间，主人应先伸手，客人再伸手相握；作为主人，主动、热情、适时地握手，会让人感到亲切。如果他们没伸手，你应该等待。若是对方非常积极主动地先伸出手来，你一定要去回握；否则不但让对方感到窘迫，也显得你不懂礼仪。好多人同时握手应注意不能交叉，待别人握毕后再伸手；在与某人握手时，不要看着第三者。

最后应指出的是，虽说在许多国家都有握手这一礼节，但它并非是全球性的礼节。例如，东南亚一些佛教国家是双手合十致敬，日本人是鞠躬行礼，美国人只有被第三者介绍后才行握手礼，东欧一些国家见面礼是相互拥抱等。了解了这些习俗礼节，可以在对外谈判或其他活动中恰当地运用，而不至于出现尴尬局面。

### 3. 致意

有时，谈判的双方或多方之间相距较远，一般可举右手打招呼并点头致意；有时与相识者侧身而过时，也应说声"你好"；与相识者在同一场合多次会面时，只点头致意即可；与一面之交或不大相识的人在谈判场合会面时，均可点头或微笑致意。如果遇到身份高的熟人，一般不要径直去问候，而是在对方应酬活动告一段落后，再前去问候致意。

## 五、服饰礼仪

某代表团在伦敦参观一家大银行时，一位代表团成员由于穿着运动衣和旅游鞋，被门卫误认为是混入队伍的难民而拦住，尽管翻译一再解释，但门卫还是未让他进入银行参观。

着装的成功与否决定了你在各种社交场所得到的待遇是友好还是敌意，即使是去商店买东西，得体的装束也能够让你得到良好的服务。

得体的服饰不仅可以增强仪表美，体现人的气质，而且还能反映出个人的教养与文化。商务谈判者的服饰，总的要求是朴素、大方、整洁。要从自己的经济状况、职业特点、体型、气质出发，做到和谐、均衡，给人以深沉、有活力的印象。若在国外参加谈判，服饰要尽可能与谈判对手的相匹配，尊重当地的习惯与东道主的要求。

（1）要选择适合自己的服装。无论在何地，男士应当穿庄重的西服，并系好领带；女士要穿礼服或裙式西服。

（2）着装要整洁。衬衣的袖口要长出西服两指。不要穿短袖衬衣与西服相配。

（3）着装要入乡随俗。无论在什么地方或什么样的陌生人群中，都不能穿得使人感到古怪。要穿使人显得较自然的服装，并和周围的环境协调。

### 案例 8-3

几年前，我国某企业集团一行四人去朝鲜参加一次商务谈判，有两位男士和两位女士。两位男士身着西服，两位女士穿长裤和正式的上衣，在平壤火车站上，令中国谈判人员感到奇怪的是，来迎接的朝鲜伙伴在向中国人员表示礼节性欢迎的同时，目光不断打量两位中国女士的下半身。其中一位女士尽管不知道出了什么事，但已察觉到不对头，所以就打量了一下自己的下身，看看裤子上是否有脏点或出了什么差错。

原来在朝鲜，较有身份的女人一般要穿裙子，穿长裤很少见。虽然在平壤能见到身穿长裤的女性，但这些人一般是社会地位较低的普通公民，而社会地位较高的政府工作人员，穿长裤的女性极少见。

本案例中的朝鲜谈判伙伴不断打量两名中国女性谈判人员的下半身，唯一的原因是她们穿了长裤而没穿裙子。

【案例思考】看似很正常的事情，由于文化背景的不同就会有不同反应。只要在平时或者有商务交往之前多多留心学习基本的服饰礼仪，就可以避免一些不必要的麻烦或者不愉快。

（4）在国际商务谈判活动中，绝不可以穿任何表明自己的某些社会联系或信仰的服饰。包括外出戴的戒指，联谊会戴的戒指、领带、胸针、政治性徽章、宗教象征等。在挂件的佩戴上，一般以心形、几何形和动物类为宜，须注意特殊的禁忌。涉外商务洽谈中十字形的挂件是不允许佩戴的，西方人认为它是不祥之兆，是天主教异教徒的标志，是修女或僧侣的职业标志。女性切忌在众人面前化妆，这是没有教养、不懂礼仪的表现。

（5）领带的佩戴也很有讲究。心理学家认为，系什么样的领带，会给人留下不同的印象。在美国，领带往往表示一种主张。

### 案例 8-4

1988年，美国流行一种式样的领带，一些政治家和经济学家都系这种领带。同年9月，日本首相竹下登访问美国，有人送给他一条这样的领带。后来，他在与美国总统的经济顾问举行会议时，就系上这条领带，颇得美国方面的好感。美国总统经济顾问对竹下登首相说："现在里根政府内的很多人也系这种领带，看来，你也是自由经济的信奉者。"这使本来很麻烦的谈判出现了转机，变得异乎寻常的顺利。事后，日本人总结说，与美国人交朋友，领带也是一个重要的工具。

【案例思考】服饰礼仪也能起到扭转谈判效果的作用，不能小看了简单的服饰礼仪。

（6）除非必要，一般不能脱掉西服外衣。

（7）袜子。女性穿裙装时吊袜带、袜口不能暴露在外。袜子的色彩不可太鲜艳，一般以肉色、黑色和浅色透明丝袜为宜。避免选择过于复杂的或网眼状图案的袜子。袜口不能外现，袜子不允许有残破。男士不要穿白色、花色的袜子，以深色、灰色为宜，袜口不要太短。

# 六、其他礼仪

## 1. 参观的礼仪

安排外宾的参观日程，应根据接待计划、外宾的特点和要求，有针对性地安排。对于外宾提出的合理要求，在允许的情况下，要尽可能予以满足；确实无法满足的，应做好解释。

参观日程一经确定后，应尽快通知参加接待的有关单位和部门，加以落实。无特殊情况，不应随便改变日程安排；如确需改变日程，也要妥善安排，尽可能保证整个活动的顺利衔接。

接待单位一般应事先准备好相应语种的中外文对照的情况介绍。如果外宾所属国家或地区所用语种不甚通用，或准备起来有一定难度，也可准备中英文对照的情况介绍。介绍材料力求简明扼要，实事求是，体现本单位特点，并且对谈判要有实际意义。

接待单位要针对事先了解和掌握的外宾的情况、特点和要求，对可能提出的问题和需要注意的问题进行充分考虑，以便有针对性地进行准备。

对外宾不宜用"光临指导""检查工作""汇报""指示"等词语。陪同参观人员不宜过多，但应该有能够回答技术问题的人员。对可能涉及的技术问题，要求事先有充分的准备，不要临时抱佛脚，以免应答失误，或者耽搁时间。

引导外宾参观的人，要走在外宾前方。如果为了表示尊重而让外宾走在前面，反而会使外宾感到不知如何是好。上下楼梯时，引导的人应该靠扶手走，而让外宾靠墙走。

有时，为了对具有一定规格的外宾表示欢迎，应该在被参观企业或其他适当地方挂起参观客人国家的国旗和我国国旗。

在参观途中，如果碰巧到了午餐时间，不必特意到外面的高级餐厅去招待，在企业或单位的内部餐厅用餐就可以了。招待过于豪华，有时反会使外宾产生不良的印象。

应当注意，在接待外宾的过程中，要内外有别，注意保密。属保密的产品，不要引领外宾参观，没有把握的问题不要轻易表态，更不要随意允诺送给外宾产品和资料等。

## 2. 馈赠礼仪

赠送礼品是商务谈判活动中的一项重要礼仪。谈判者在相互交往中赠送礼品，表达友好和增进双方友谊的愿望；同时，也表达了对该次合作成功的祝贺和对再次合作能够顺利进行的愿望。但是，只有合乎礼仪的赠送行为，才能达到这样的目的。

赠送礼品，首先要注意对方的文化背景。由于谈判者所属民族、国家、地区等文化背景的差异，其爱好和要求必然存在差异，因此，必须注意根据对方的习俗、兴趣与爱好选择合适的馈赠礼品。例如，在阿拉伯国家，不能以酒作为馈赠礼品，不能给当事人的妻子送礼品；在英国，人们普遍厌烦有送礼人单位或公司印记的礼品；法国人忌讳菊花；而日本人则不喜欢有狐狸图案的礼品。

赠送礼品，要选择具有一定纪念意义或有民族特色、地域特点，或是受礼人喜爱的小礼品，诸如手工艺术品、花束、书籍、画册、日用品、食品等。据了解，外国友人喜欢的我国礼品包括景泰蓝制品、玉佩、绣品、国画、书法、瓷器、紫砂茶具、竹制工艺品、汉字纸扇等。

在国际商务谈判中，要注意，欧美国家的人在送礼方面较注重的是礼物的意义而不是其货币价值，因此，在选择馈赠礼品时不必追求礼品的贵重，有时馈赠贵重的礼品效果反而不好，对方会怀疑此举是否想贿赂他或另有图谋，这样，不但不能加深相互间的友谊，反而会引起对方的戒备心理。但是，在亚、非、拉和中东地区，人们往往较注重礼物的货币价值，所以，在与这些国家进行的商务谈判中，赠送礼品不仅要投其所好、投其所需，而且还要分量足够，能产生一定效果。

赠送礼品还要讲究数量。我国一般以偶数为吉祥，而在俄罗斯则以奇数表示吉利。西方国家通常忌讳用 13 这个数字，日本人和韩国人则忌讳 4 与 9。

赠送礼品还要注意时机和场合。在日本通常是第一次见面时送出；但法国人则希望下次重逢时馈赠礼品；英国人都在晚餐或看完戏之后乘兴时赠送礼品；而我国则以在离别前赠送礼品较为自然。

应当注意，礼品往往是有一定暗示作用的，必须小心谨慎，不要因馈赠礼品而造成误解。例如，我国一般忌讳送梨或送钟，因为梨与"离"同音，钟与"终"同音，"离""终"都是不吉利的字眼。

给德国人赠送礼品，应尽量选有民族特色、带文化味的东西。不要给德国女士送玫瑰、香水和内衣。因为他们都有特殊的意思，玫瑰表示"爱"，香水和内衣表示"亲近"，即使女性之间，也不适宜送这类物品。将刀、剪和餐刀、餐叉等西餐餐具送人，有"断交"之嫌，这也是德国人所忌讳的，在服饰和其他商品包装上禁用此类符号。德国人忌讳茶色、红色和深蓝色。

法国人爱花，生活中离不开花，在他们看来，不同的花代表不同的含义。百合花是法国的国花。他们忌讳别人菊花、杜鹃花、牡丹花和纸做的花。法国人喜欢有文化和美学素养的礼品，唱片、磁带、艺术画册等是法国人最喜欢的礼品。他们非常喜欢名人传记、回忆录、历史书籍，对于鲜花和外国工艺品也很感兴趣，讨厌那些带有公司标志的广告礼品。公鸡是法国的国鸟，它以其勇敢、顽强的性格而得到法国人的青睐。野鸭商标图案也很受法国人的喜爱。但他们讨厌孔雀、仙鹤，认为孔雀是淫鸟、祸鸟，并把仙鹤当作蠢汉和淫夫的代称。法国人不喜欢无鳞鱼，所以也不大爱吃它。

对于他人赠送的礼品是否能接受，要心中有数，因为如果你接受了一件礼物，就容易失去对某些事物的一些控制。在国际商务洽谈中接受礼物须符合国家和企业的有关规定和纪律。当对所送礼物不能接受时，应说明情况并致谢。对符合规定的礼物，除中、日两国外，对欧美人一定要当面亲自拆开礼品包装，并表示欣赏、真诚接受和道谢。

**案例 8-5**

编者本人的亲身经历：

本人在欧洲留学期间，同学之间有时候会互相赠送一些小礼品。我的中国同学和她的室友（法国人），曾经因为文化的不同差点引起小误会。

法国室友Linda送给中国的晶晶一个小礼物，礼物用精美的礼品纸包装得很好。Linda将礼物很有礼貌地交给晶晶后，晶晶表达了谢意，就按照中国人的一般习惯将礼品收了起来，准备等Linda走后再打开看，然后继续聊天说些其他的话题。这时她感觉了Linda有些不太高兴。等俩人准备各自回自己的房间休息时，对方实在是憋不住了，问了晶晶一句话，晶晶这才明白了是怎么回事。

Linda问她是不是不喜欢她送的礼物，为什么不打开包装看看？晶晶解释说，按照中国人的习惯，一般收到别人的礼物需要等客人走了以后才拆开包装独自欣赏，如果当场就打开看是不礼貌的。可是按照法国人的习惯，则是要当面打开包装，表示非常的喜欢并且赞美礼物好。这样送礼物的人才高兴，否则会认为不喜欢礼物。交流了之后才消除了Linda的误会。

**【案例思考】**赠送和接收礼品也要注意对方的习俗，否则会花钱办坏事，使得本来很友好的双方误解，造成不好的结果。

赠送礼品，需要注意包装。包装是礼物的外套，不可马虎，否则影响送礼的效果。日本人最忌讳在包装上打蝴蝶结，送礼时在门口要打开包装；而欧美人则喜欢亲自接受并拆开礼品包装。

## 📖 本章小结

礼仪包含的内容比较广泛，具体表现为礼貌、礼节、仪表、仪式等。交往中要注意：守时守约、尊妇敬老、尊重风俗习惯、举止得体、公共场合不要吸烟。

迎送时要确定迎送规格、掌握抵达和离开的时间、做好接待的准备工作。

交谈时表情要自然，态度要和气，语言表达要得体，谈话距离要适当，不要离对方太远或太近，不要拉拉扯扯、拍拍打打，不要唾沫星子四溅。交谈中的手势要适当。手势可以反映谈判者的情绪，可以表达大、小、强、弱、难、易、分、合、数量、赞扬、批评、肯定、否定等意思。交谈时要注意：现场超过三个人时，应不时地与在场所有人交谈几句，而不要不理会其他人。所谈问题不宜让别人知道时，则应另择场合，不要只和一两个人说话。在交谈中，自己讲话时要给别人发表意见的机会，别人讲话时也应寻找机会适时地发表自己的看法。谈话内容要恰当，原则上不参与妇女圈的讨论，要使用礼貌用语。

应邀与出席宴会：正式宴请一般需要发出请柬，事先口头约定的也应补发。出席宴请抵达时间的早晚、逗留时间长短，在一定程度上反映对主人的尊重。迟到、早退、逗留时间过短都被视为失礼或有意冷落。入座时要听从主人安排，了解自己的桌次和座位，不要随意乱坐。入座后，主人招呼，即可开始进餐。用餐时应注意以下几个问题：无论是做主人、陪客或宾客，都应与同桌的人交谈，特别是左右邻座，要了解为何祝酒并了解祝酒的习惯。西式喝茶、喝咖啡，把小茶匙放回小碟内，左手端着小碟，右手拿着杯子喝，不要用小茶匙把茶或咖啡送入口中。吃水果用刀切成小块吃；西瓜去皮切成块，用叉取食；橘子可剥了皮吃。

介绍的顺序是：先把年轻的介绍给年长的；先把职位、身份较低的介绍给职位、身份较高的；先把男性介绍给女性，即使女性非常年轻或刚涉足谈判工作不久也应如此。

握手时需注意以下几点：掌握时间，一般来说约为五秒；握手力量要适度；笑容可掬地注视对方。要注意先后顺序：在上下级之间，上级伸手后，下级才能伸手相握；在男女之间，女人伸手后，男人才能伸手相握；在主人与客人之间，主人应先伸手，客人再伸手相握；作为主人，主动、热情、适时地握手，会让人感到亲切。有时，谈判的双方或多方之间相距较远，一般可举右手打招呼并点头致意；有时与相识者侧身而过时，也应说声"你好"；与相识者在同一场合多次会面时，只点头致意即可。

要选择适合自己的服装。无论在何地，男士都应穿着庄重的西服，并系好领带；女士要穿礼服或裙式西服、着装要整洁、着装要入乡随俗。在国际商务谈判活动中，绝不可以穿任何表明自己的某些社会联系或信仰的服饰。在参观途中，如果碰巧到了午餐时间，不必特意到外面的高级餐厅去招待，在企业或单位的内部餐厅用餐就可以了。招待过于豪华，有时反会使外宾产生不良的印象。

在接待外宾的过程中，要内外有别，注意保密。属保密的产品，不要引领外宾参观，没有把握的问题不要轻易表态，更不要随意允诺送给外宾产品和资料等。

## 综合练习题

### 一、简答题

1. 礼仪的本质是什么？社会交往中应当注意哪些礼仪？
2. 迎来送往需要注意哪些礼仪？
3. 商务人员的服饰礼仪有何要求和讲究？
4. 在谈判开始时，如何进行他人介绍和自我介绍？
5. 要给对方谈判人员送礼品，应该注意哪些问题？
6. 握手时需注意哪些礼仪？

### 二、案例分析题

#### 案例一

艾丽是个热情而敏感的女士，目前在中国某著名房地产公司任副总裁。那一日，她接待了来访的建筑材料公司主管销售的韦经理。韦经理被秘书领进了艾丽的办公室，秘书对艾丽说："艾总，这是××公司的韦经理。"

艾丽离开办公桌，面带笑容，走向韦经理。韦经理伸出手来，让艾丽握了握。艾丽客气地对他说："很高兴你来为我们公司介绍这些产品。这样吧，让我看一看这些材料，我再和你联系。"韦经理在几分钟内就被艾丽送出了办公室。几天内，韦经理多次打电话，但得到的是秘书的回答："艾总不在。"

到底是什么让艾丽这么反感一个没说一句话的人呢？在一次讨论形象的课上艾丽提到这件事时，还余气未消："首次见面，他留给我的印象不但是不懂基本的商业礼仪，还没有绅士风度。他是一个男人，位置又低于我，怎么能像个王子一样伸出高贵的手让我来握呢？他伸给我的手不但看起来毫无生机，握起来更像一条死鱼，冰冷、松软、毫无热情。当我握他的手时，他的手掌也没有任何反应。我的选择只能是感恩戴德地握住他的手，只差要跪吻他的高贵之手了。握手的这几秒钟，他就留给我一个极坏的印象。他的手没有让我感到对我的尊重，他对我们的会面也并不重视。作为一个公司的销售经理，居然不懂得基本的握手方式，显然他不是那种经过高度职业训练的人。而公司能够雇用这样素质的人做销售经理，可见公司管理人员的基本素质和层次也不会高。这种素质低下的人组成的管理阶层，怎么会严格遵守商业道德，提供优质、价格合理的建筑材料？我们这样大的房地产公司，怎么能够与这样作坊式的小公司合作？怎么会让他们为我们提供建材呢？"

**思考题：**

1. 韦经理为什么没有得到艾丽副总裁的再次会见？
2. 如果你是韦经理，与艾丽副总裁见面后应该如何表现？
3. 握手时需要注意什么？

#### 案例二

郑伟是一家大型国有企业的总经理。有一次，他获悉有一家著名的德国企业的董事长正在本市进行访问，并有寻求合作伙伴的意向。于是他想尽办法，请有关部门为双方牵线搭桥。

让郑总经理欣喜若狂的是，对方也有兴趣同他的企业进行合作，而且希望尽快与他见面。到了双方会面的那一天，郑总经理对自己的形象刻意地进行一番修饰，他根据自己对时尚的理解，上穿夹克衫，下穿牛仔裤，头戴棒球帽，足蹬旅游鞋。无疑，他希望自己能给对方留下精明强干、时尚新潮的印象。

然而事与愿违，郑总经理自我感觉良好的这一身时髦的"行头"，却偏偏坏了他的大事。

**思考题：**

郑总经理的错误之处在哪里？他的德国同行对此会有何评价？

### 案例三

德国某公司新建的办公大楼需要添置一系列的办公家具，价值数百万元。公司的总经理已做了决定，向 A 公司购买这批办公用具。

这天，A 公司的销售部负责人打电话来，要上门拜访这位总经理。总经理打算等对方来了，就在订单上盖章，定下这笔生意。

不料对方比预定的时间提前了 2 个小时，原来对方听说这家公司的员工宿舍也要在近期内落成，希望员工宿舍需要的家具也能从 A 公司购买。为了谈这件事，销售负责人还带来了一大堆的资料，摆满了台面。总经理没料到对方会提前到访，刚好手边又有事，便请秘书让对方等一会儿。这位销售员等了不到半小时，就开始不耐烦了，一边收拾起资料一边说："我还是改天再来拜访吧。"

这时，总经理发现对方在收拾资料准备离开时，将自己刚才递上的名片不小心掉在了地上，对方却并没发觉，走时还无意从名片上踩了过去。但这个不小心的失误却令总经理改变了初衷，A 公司不仅没有机会与对方商谈员工宿舍的设备购买，连几乎到手的数百万元办公用具的生意也告吹了。

点评 A 公司销售部负责人的失误，看似很小，其实是巨大且不可原谅的失误。名片在商业交际中是一个人的化身，是名片主人"自我的延伸"。弄丢了对方的名片已经是对他人的不尊重，更何况还踩上一脚，顿时让这位总经理产生反感。再加上对方没有按预约的时间到访而不提前通知，又没有等待的耐心和诚意，丢失这笔生意也就不是偶然了。

### 三、模拟商务谈判实践

接前一章模拟商务谈判实践。

（1）根据本章所学，全面分析、讨论之前模拟商务谈判中团队成员"失礼"之处，商讨改进办法。

（2）双方重新布置会场，模拟接待过程。

---

📖 **阅读资料**

### 证据抗辩

1985 年，我国家经委因一批进口汽车存在严重质量缺陷，与出口商日本三菱株式会社进行了一场索赔的谈判。日方代表深知，汽车的严重质量问题是无法回避的，便采取了避实就虚、避重就轻、含糊其辞的诡辩手法，企图蒙混过关、草草了事。

在谈判中，日方对汽车质量缺陷的描述仅为轮胎有些爆裂，挡风玻璃有裂纹，电路部分有些故障，铆钉被震断，车架有裂痕等，坚持认为汽车的质量问题是局部的、轻微的，在使用过程中是可以避免的。对方的态度一度使谈判困难重重，他们拒不接受我方提出的索赔要求。

为使谈判摆脱困境，挫败对方的狡辩和有意淡化责任的企图，我方决定采用"证据抗辩"法，以粉碎他们的种种借口和不实之辩。

我方庄重地表明如下事实：

（1）贵公司代表都到过现场，亲自查看过汽车受损的状况，汽车的严重质量缺陷是存在的，这是不辩的事实。

（2）经过商检机构会同专家小组鉴定，铆钉并非震断，而是剪裂；车架并非仅为裂纹，而是断裂裂缝，这表明钢材的质量和机械加工方面存在固有的缺陷。

（3）电器部分并非电路故障，而是所使用的电子元件粗制滥造，为不合格产品。

（4）所有损坏的情况，不能用"有些"或"偶然"等模糊词句来描述，而要用精确的数字比例和数据说话。

同时我方代表将各种汽车质量的检测数据、报告等有关材料放在日方面前。这些检测结果不仅有用我国自行研制的检测设备所做的检验，而且还有用日方刚刚提供的当时世界上最先进的车检设备检验的结果。证据确凿，掷地有声。

在铁的事实面前，日方不得不承认其汽车所存在的严重质量问题，终于接受了赔偿我方 7 亿日元的直接经济损失的要求，并答应继续就有关间接损失的赔偿问题进行谈判。

**案例分析：**

1. 日本三菱株式会社对汽车质量的描述采用了哪些诡辩手法？

2. 我方采用了怎样的方法进行抗辩？

3. 如果你是我方的商务代表，将采取怎样的措施？

**参考阅读：**

商务礼仪学习让你分分钟得到老板的赏识
https://zhidao.baidu.com/question/431935921.html

百家讲坛——金正昆，商务礼仪全集
http://video.1kejian.com/video/?8695-0-0.html

# 第九章　国际商务谈判

通过本章的学习，使学生掌握国际商务谈判的含义、特征和要求，掌握世界各地商人的谈判风格，了解文化差异对国际商务谈判的影响。

## 谈判专家周总理

1972年尼克松访华时，住在上海锦江饭店，饭店服务人员不懂西方文化的习俗，将尼克松安排在第15层，基辛格安排在14层，接下来国务卿罗杰斯等人就安排在13层。本来罗杰斯等人心中就有气，主要是针对基辛格产生的意见。基辛格深得尼克松赏识、重用，中美联合公报的起草过程中美方的意见都是基辛格一手包办的，而罗杰斯被撇在一边。按美国的规定，外交事理应由国务卿主管，恰好罗杰斯又被安排在第13层，更是气上加气。他们对即将发表的、中美联合公报提出了一大堆意见，要求修改，不修改他们就不同意。尼克松差点气昏过去，他们虽然知道这是罗杰斯存心捣乱，但也毫无办法，后来还是周恩来出面做工作，才解决了这个问题。

1972年2月27日，周恩来特地去看望罗杰斯及其助手们。他走进大厅，上了电梯。电梯迅疾上升。头顶的电梯标志牌上，13处亮着红灯。周总理望着标志灯，恍然大悟似的说："怎么能安排他们住第13层？13呀!西方人最忌讳13……"见面后，周总理对罗杰斯说：有个很抱歉的事，我们疏忽了，没有想到西方风俗对13的避讳。"周总理转而又风趣地说："我们中国有个寓言，一个人怕鬼时，越想越可怕；等他心里不怕鬼了，到处上门找鬼，鬼也就不见了……西方的13就像中国的'鬼'。"说得众人哈哈大笑。于是13的忌讳问题得到了圆满解决。

**【思考与启示】**罗杰斯为什么生气？周总理是如何解决问题的？周总理通过解释外国人的文化习俗，风趣地缓解了紧张的气氛。由此可见，触犯对方的习俗就会受到对方的抵触。在谈判过程中如果己方谈判代表犯了这样的错误却毫不知道，那就不可能去有意识地加以弥补，反而可能会"变本加厉"，结果就可能造成谈判局势越变越僵。

# 第一节　国际商务谈判的含义、特征和要求

中国已经加入世贸组织多年，与外方的接触日益频繁，对外经济贸易往来更加多元化，不论是进行国际间的货物买卖、技术引进、劳务合作，还是合资建厂，都不可避免地需要经过一个中外双方进行业务磋商的过程，以求达成协议，因此，我们比以往任何时候都需要了解国际商务谈判。

## 一、国际商务谈判的含义

国际商务谈判是指在国际商务活动中，处于不同国家或不同地区的商务活动当事人为了达成某笔交易，彼此通过信息交流，就交易的各项要件进行协商的行为过程。国际商务谈判是国际商务活动的重要组成部分，是国际商务理论的主要内容，更是国内商务谈判的延伸和发展。

可以这样说，国际商务谈判是一种在对外经贸活动中普遍存在的、解决不同国家的商业机构之间不可避免的利害冲突，实现共同利益的一种必不可少的手段。

由于谈判双方的立场不同，所追求的具体目标也各异，因此，谈判过程充满了复杂的利害冲突和矛盾。正是这种冲突，才使谈判成为必要。而如何解决这些冲突和矛盾，正是谈判人员所承担的任务。一项谈判能否取得成功，在于参加谈判的双方能否通过各种不同的讨价还价的方式或手段反复折中，最后取得妥协，得出一个双方都能接受的公平合理的结果。这就要求参加谈判的人员要具备高度的原则性和灵活性，具备广博的知识和丰富的想象力，既有远见卓识，又能适时而动，这样才能立于不败之地。所以，谈判本身是各种知识的综合运用，而运用本身则是一种艺术。

## 二、国际商务谈判的特征

国际商务谈判既具有一般贸易谈判的共性，又具有国际商务谈判的特殊性。

### 1. 较强的政策性

谈判双方之间的商务关系是一国同别国或地区之间的经济关系的一部分，并且常常涉及一国同该国或地区之间的政治关系和外交关系。国际商务谈判必须贯彻执行国家有关的方针政策和外交政策，还应注意国别政策，执行对外经济贸易的一系列法律和规章制度。例如，我国政府的对外开放政策极大地推进了涉外商务谈判及其带来的商务交易活动；美国国会一年一度的关于是否保留中国最惠国待遇的辩论和投票以及西方国家实施或取消对中国的经济制裁等，都对中美之间和中西方国家之间的商务谈判产生着积极或消极的影响。因此，各类国际商务谈判的参与者，都通过各种渠道积极寻求我国政府以及有关的外国政府或地区当局的支持或认可。

### 2. 国际性

国际性是国际商务谈判的最大特点，又称为跨国性。国际商务谈判商讨的是两国或两个地区的企业之间的商务关系，因此在适用的法律方面就不能完全以任何一方所在国家或地区的经济法为依据，而必须以国际经济法为准则，按国际惯例行事。当需要仲裁时，仲裁地点与仲裁所适用的规则直接相关。一般来说，规定在哪一国仲裁，往往就要适用该国的有关仲裁规则和程序。

### 3. 风险性

由于国际商务谈判的影响和制约因素比一般商务谈判要多很多，所以国际商务谈判结果的不确定性和协议执行过程中的风险也更大。这就要求谈判人员事先进行充分的调查和准备，以防范可能出现的不测。

### 4. 影响谈判的因素复杂多样

由于谈判者来自不同的国家和地区，有着不同的社会文化背景和政治经济体制，人们的价值观念、思维方式、行为方式、语言及风俗习惯各不相同，从而使影响谈判的因素大大增加，导致谈判更为复杂，难度更大，稍有不慎，就会面临挫折和失败。

### 5. 谈判的内容广泛复杂

由于受供求关系的影响，加之国际市场价格变化多端，竞争十分激烈，必须特别重视调查研究工作。通过调查研究，了解国外的经济情况和市场情况。出口业务要了解市场的需求，进口业务要了解国外的供应。对不同国家和地区，还应根据国别政策，区别对待。

由于谈判结果导致有形或无形资产的跨国转移，因而要涉及国际贸易、国际金融、会计、保险、运输等一系列复杂的问题。这就对从事国际商务谈判的人员在专业知识方面提出了更高的要求。

## 三、国际商务谈判的基本要求

国际商务谈判是国内商务谈判的延伸和发展，二者之间没有本质上的区别。但是，如果谈判人员以对待国内商务谈判的逻辑和思维去对待国际商务谈判中遇到的问题，则很难取得好的效果。因此，为了做好国际商务谈判工作，除了要掌握好商务谈判的基本原理和方法外，还必须注意以下几个基本要求。

### 1. 树立正确的国际商务谈判意识

谈判人员谈判意识的正确与否，将直接影响到谈判方针的确定、谈判策略的选择，影响到谈判中的行为准则。正确的国际商务谈判意识主要包括：谈判是协商，应争取双赢；谈判中既存在利益关系，又存在人际关系，要注意平衡二者之间的关系；国际商务谈判既要着眼于当前的谈判，又要着眼于双方长久的合作关系。

### 2. 做好国际商务谈判的准备工作

由于国际商务谈判的复杂性和风险性，要求谈判者在开始谈判之前必须做好相关的调查和准备工作。要充分分析和了解对手，要对谈判的环境进行详尽的调查，并在此基础上合理制订谈判计划，选择合适的谈判策略，拟订各种风险防范措施，准备多种谈判方案。

### 3. 正确认识和对待文化差异

国际商务谈判的跨文化性要求谈判人员必须了解谈判对手的商业文化，正确认识和对待文化差异。不同的文化之间没有高低贵贱之分，尊重对方的文化是对国际商务谈判人员最起码的要求。作为国际商务谈判人员还应该从对方的角度去看待问题，善于理解对方看问题的思维方式和逻辑判断方式。

### 4. 熟悉国家政策、国际公约和国际惯例

国际商务谈判的政策性要求谈判人员必须熟悉双方国家的有关政策，尤其是外交政策和对外经济贸易政策；同时还应该了解有关国际公约和国际惯例，如《联合国国际货物买卖合同公约》《2000年国际贸易术语解释通则》《跟单信用证统一惯例》等。

### 5. 具备良好的外语技能

语言是沟通、交流必不可少的工具。良好的外语技能有利于双方良好地沟通，而且语言本身是文化的重要组成部分，学好有关外语也能更好地了解对方的文化。

## 四、文化差异对国际商务谈判的影响

案例 9-1

> 几个商人在一条船上开国际贸易洽谈会，突然船开始下沉。
>
> "快去叫那些人穿上救生衣，跳下船去"。船长命令大副。
>
> 几分中后，大副回来了。"那些家伙不肯跳。"他报告说。
>
> 于是，船长亲自出马。不一会儿，他回来告诉大副："他们都跳下去了。"
>
> "您用了什么方法？"大副忍不住问道。
>
> "我告诉英国人跳水是有益于健康的运动，他就跳了；我告诉法国人那样做很时髦；告诉德国人那是命令；告诉意大利人那样做是被禁止的；告诉苏联人这是革命的……"
>
> "你是怎么说服那帮美国人的呢？"
>
> "这也很容易。"船长说，"我就说已经帮他们上了保险。"

【案例思考】这个笑话说明了不同文化背景下的人的行为动机的不同，这告诉人们，在谈判中应重视不同文化对谈判方式的影响。

谈判中，特别是涉外谈判中最容易犯的一个错误便是忽视文化间的差异。普拉胡·古普塔拉（Prabhu Guptala）曾说，不同的社会群体对什么是正当的外交礼仪和程序有不同的理解。谈判人员要时刻记得具有不同文化背景的人，有他们自己独特的谈判方式。由于不同文化强调的前提不同，谈判的规则和理念也相去甚远。因此，在跨文化谈判中，谈判双方应该互相尊重彼此的文化习惯；否则，在一种文化中的一个优秀谈判者的谈判风格在另一种文化中可能会到处碰壁。应了解不同的文化、文化差异的界定。

荷兰籍研究专家吉尔特·霍夫斯泰德（Geert Hofstede）于 1967 至 1973 年进行了一项关于多国文化差异的研究。他调查分析了 IBM 公司分布在 50 多个国家的 1 万～1.6 万名雇员，结果发现：不同国家的人对什么是公正、什么是合理、什么是正当行为的看法大不相同，可以说存在着很大的差异。经过综合分析和比较，霍夫斯泰德发现这些差异在很大程度上可以用下列 4 个重要因素来解释。

第一，权力距离（power distance）。霍夫斯泰德用权力距离作为文化尺度来衡量社会承认机构和组织内权力分配的不平等程度。一个权力距离大的社会承认组织内权利分配的巨大差别，雇员对权威显示出极大的尊敬。具体表现为老板比下属拥有大得多的权力，掌权者拥有特权，下属将上级看作另一类人，属于这种文化的国家有菲律宾、印度、委内瑞拉、葡萄牙、希腊、法国和比利时。

权力距离小的社会尽可能减少这种不平等。虽然上级仍然拥有权威，但是雇员并不恐惧或敬畏老板，雇员们感到老板很容易接近，他们可以经常走到老板身边，请老板对自己的工作提出意见。属于这种文化的国家有丹麦、爱尔兰、奥地利、挪威和英国。

第二，生活的数量与质量（quantity and quality of life）。强调生活的数量的文化特征是过分自信和物质主义，强调生活的质量的文化强调人与人之间的关系以及对他人幸福的敏感和关心。

霍夫斯泰德发现，日本和奥地利的文化更倾向于生活的数量维度，相反，挪威、瑞典、丹麦和芬兰的文化则更倾向于生活的质量维度。

第三，个人主义与集体主义（individualism & collectivism）。个人主义是指一种松散结合的社会结构，在这一结构中，人们只关心自己和直系亲属的利益。集体主义以一种紧密结合的社会结构为特征，在这一结构中，人们希望群体中的其他人在他们有困难的时候帮助并保护他们。集体主义换来的是成员对团体的绝对忠诚。

第四，不确定性规避（uncertainty avoidance）。霍夫斯泰德用这一文化因素来衡量人们受不确定性影响的程度，以及避免无组织状态的程度。避免不确定性的途径包括，为社会成员提供更稳定的职业，有更为正式的身份，排斥越轨思想和行为，接受真实信息，获取专门知识。不确定性规避程度高，表明人们希望能够控制未来。不确定性规避与社会的教义、权威、传统和迷信都有关系。

在跨文化研究的基础上，罗依（Ronen）又于1986年根据霍夫斯泰德的著述，对几个特定国家的文化特点进行了简要的描述。

比利时：强调责任，风险忍耐程度低；注重灵活性；不善于宽容和思考；不确定性规避程度高；权力距离相对较大。

德国：风险忍耐程度低；强调自我才能的发挥、领导能力和独立性，并将这些作为生活目标；竞争意识很强，耐心程度和可信程度不高；权力距离较小。

丹麦：风险忍耐程度高；欣赏成熟和稳重，强调宽容和和气；不确定性规避程度低；权力距离较小。

英国：具有很强的社会等级传统；安全性是一个重要目标，但认为快乐是一个终生目标；认为机智性、逻辑性和适应性非常重要；竞争意识很强；权力距离较小；不确定性规避程度低；个人主义严重。

荷兰：荷兰人注重专业知识，强调责任，不太关心自我才能的发挥；风险忍耐程度高，满足于退步而不愿进取，强调灵活性。

法国：法国人非常讲究逻辑和理性，看重个人选择，认为个人风格和能力对组织的成功非常关键；认为灵敏、成熟、稳重和可靠非常重要；单向沟通相对容易接受；不确定性规避程度高；权力距离较大。

意大利：风险忍耐程度低，不确定性规避程度高；竞争意识很强，但偏向集体决策，权力距离一般。迈克尔·邦德最近的一项研究证明，在对待时间问题上，各国文化也存在明显的差异。他特意设计了一份东方式的问卷，对23个国家学生的时间价值观进行调查。通过对问卷数据的分析，他发现除了霍夫斯泰德提出的四个因素之外，又找到了与霍夫斯泰德的研究成果毫不相关的第五个因素，于是把这个因素称为"儒家精神"（confucian dynamism），用来指社会中长期和短期取向的关系，以及一个人对将来还是对过去的迷恋程度。邦德之所以选用"儒家"这个称谓，是因为东方国家所有的价值观似乎都直接来源于孔老夫子的教诲。他的研究表明：

（1）具有短期取向的人强调坚定性，处理人际关系时看重地位和富裕程度。

（2）具有长期取向的人强调个人的稳定性，注意维护你的"面子"，尊重传统，热情友好，讲究礼尚往来。

用"儒家思想"来衡量所调查的23个国家，邦德发现：

（1）西欧和北美人具有短期取向，迷恋过去。

（2）大多数东亚人抱有长期取向，更加关心未来。

（3）一些欧美国家，如巴西和荷兰，也具有很明显的儒家特征。

（4）英国、加拿大、尼日利亚和巴基斯坦是最具有短期取向的国家。

### 1. 文化差异对谈判的影响

谈判中没有意识到自己内心深处早已形成的文化对行为的影响。尽管绝大多数人一般都意识到了文化差异的存在，但其中多数人并没有认识到我们的行为方式是如何受文化习俗和先见影响的。由于我们的文化行为是自幼形成的，因此我们常常会不自觉地受到它的影响。

谈判中把别人的文化标准认为是同自己的文化标准一样的。文化在很大程度上已成为我们自身的一部分，以至于我们很难发现它的存在。由于我们看不到自己的文化标准，便假定其他人也与我们相同。当来自其他文化背景的人在行为上表现出与我们有差异时，我们会感到非常震惊。这种"文化近视症"，既看不到自己的文化构造，常常导致管理中的潜在种族优越感，也总认为自己的行为方式是最好的，把其他文化都看成异类，期望别人也如此表现。

要想使国际谈判有效进行，面对来自不同文化背景的人，你必须认识你自己和对方的文化特点，并将它们记在心上，至少要考虑到这些特点。虽然认识到文化差异并不一定意味着就一定能很容易地克服它们的影响，但知道这种差异至少会给你提供一个机会，以避免由于在这方面的无知所带来的问题。

### 2. 针对特定文化采用特定谈判战略

相同的谈判战略和策略在不同的国家会产生不同的效果。有鉴于此，有必要简单看一下在不同的文化下最有效的谈判战略和策略。

在成就取向型（achievement oriented）文化中：

（1）确保你或你的谈判小组里的其他人有足够的技术、知识和经验，以使对方相信你的建议是可行的。

（2）注意对方需要显示他们的强大、有能力和有经验，挑战对方的专家气派可能会招来不满和报复。

（3）合理利用专家头衔和专业资格来表明你的能力和个人成就。

在地位取向型（status-oriented）文化中：

（1）确保你的谈判小组里有足够的年长或老资格的成员，因为这些人在社会中有正式的地位。派一个年轻（尽管才华横溢）的代表去一个东方国家，例如印度或中国，很可能被印度或中国的谈判者看成是对他们的羞辱。

（2）尊重对方谈判小组的排位。不要损害资格最老的人的威信，哪怕你对他的权威性表示怀疑。

（3）注意利用头衔或象征物表明你在社会中的地位。

（4）穿戴要保守一些。称呼对方要用姓，不要用名，不要开玩笑和闲谈。不要通过电话或邮件谈判。面对面做生意更有礼貌，效果更好。

在未来取向型（future-oriented）文化中：

（1）避免表现出不耐心。当谈判没有进展时，准备接受延长的决定。美国人属短期取向型，使他们在面对未来取向型文化（如巴西、新加坡和我国台湾地区）的谈判对手时，常常处于不利地位。

（2）在谈判进行过程中，多花点时间用于人际关系。来自未来取向型社会的人在谈判中常常依靠个人威望和友谊，而不是依靠法律来达成协议。他们更看重关系，而不是很看重书面协议。因此，需要仔细考虑你的要求和建议对双方保持长期关系的影响。

（3）在未来取向型的文化中，礼尚往来和个人恩惠是一种非常重要的社会习俗。

在不确定性规避文化中：

（1）在不确定性规避文化特征明显的国家中（如德国、比利时和法国），人们在遇到模棱两可或不清楚的情况时，会感到受到了威胁。因此，当与来自这种文化的人谈判时，聪明的办法是进行充分的准备，因为他们要求所有的细枝末节都必须能够随时提供。

（2）在一个不确定性规避特征强烈的文化中，对规章制度的需要十分迫切，守时非常重要。

（3）不确定性规避倾向强的社会非常讲究形式，称呼正式头衔，从不在公开场合对时局和人物进行评论。

（4）来自不确定性规避倾向强的文化的人，在谈判中立场强硬。他们习惯于一开始就提出极端化的要求，不肯作进一步的让步。讨价还价是在这种人的谈判中经常出现的现象。

各国商人由于来自不同的国家，具有不同的民族文化、风俗习惯和价值观念，因而具有不同的谈判风格。涉外谈判人员必须熟知各国商人的谈判风格并烂熟于心，才有可能取得谈判的成功。

# 第二节　世界各地商人的谈判风格

国际贸易的特点之一是多国性、多民族性、谈判对象多层次性。不同国家、不同民族、不同地域的人，其价值观、消费习俗、生活方式、文化背景等差异极大，因而形成了各具特点的谈判风格。这些都是我们进行国际贸易谈判时应当了解和掌握的，因势利导，才能取得谈判的成功。

## 一、美洲商人的谈判风格

### （一）美国商人谈判的特点和与其谈判的要诀

在国际贸易中，美国占有举足轻重的地位。相应地，美国人的谈判风格在世界上也具有相当大的影响力。我国商务人员与美国商人谈判的机会较多，因此，掌握美国人的谈判方式对我国商务人员具有十分重要的意义。

从总体上讲，美国人的性格是外向、随意的。有些研究美国问题的专家，将美国人的性格特点归纳为：外露、坦率、诚挚、豪爽、热情、自信、说话滔滔不绝、不拘礼节、幽默诙谐、追求物质上的实际利益等，他们随时能与别人进行滔滔不绝的洽谈，即使是与陌生人初相识，也会表现出老友久别重逢般的亲热之情。在国际商务谈判的过程中，美国人把他们的这些性格特点带到了谈判桌上。

#### 1. 美国人的谈判风格

（1）美国人办事干脆利落，不兜圈子。在谈判桌上，他们精力充沛，头脑灵活，会在不知不觉中将一般性交谈迅速引向实质性谈判，并且一个事实接一个事实地讨论，直爽利落，不讲客套，并总是兴致勃勃，乐于以积极的态度来谋求自己的利益。为追求物质上的实际利益，他们善于使用策略，采用各种手法。正因为他们自己精于此道，所以他们十分欣赏那些说话直言快语、干净利落，又精于讨价还价，为取得经济利益而施展策略的人。也正因为美国人具有这种干脆的态度，与美国人谈判，表达意见要直接，"是"与"否"必须清楚。如果美国谈判人员提出的条款、意见是无法接受的，就必须明确告诉他们不能接受，不得含糊其辞，使他们存有希望。有人认为，为了不失去继续洽谈的机会，应该装出有意接受的样子而含糊作答，或者迟迟不答，这种做法实际上适得其反，不仅会给对方造成不良印象，还容易导致纠纷的产生。

（2）谈判方式灵活多样。为了取得谈判的成功，有着根深蒂固的商人秉性的美国人总是采取不同的策略和手段。在谈判开始前，他们会兴致勃勃地步入谈判会场，表现出他们对谈判成功的信心和把握，从而达到一种先声夺人、从气势上压倒对方的效果。谈判中，他们语气明确、肯定，是非清楚，不断地发表见解和提出各种权益要求，以积极的态度和诚意来谋求己方的经济利益。他们精力充沛、头脑灵活，能在不知不觉中将一般性交谈迅速引向实质的商洽。在谈判桌上，美国人利用策略的目的，是让他们的谈判对手也同他们一样注重长远和整体利益，希望他们在某些方面也适当做出合理让步，从而使谈判成功。

（3）珍惜时间，重视最后期限。美国谈判人员重视效率，喜欢速战速决。因为美国经济发达，生活、工作节奏极快，造就了美国人信守时间，尊重进度和期限的习惯。美国有句谚语："不可盗窃时间。"在美国人看来，时间就是金钱。如果不恰当地占用了他们的时间，就等于偷了他们的美元。他们常精确到以"分"来计算时间。比如，年薪10万美元，每分钟就值8美元，美国谈判者舍不得花1分钟去做无聊的会客和毫无意义的谈话。假使别人占用了他10分钟时间，在他的观念里就认为是偷了他多少美元。因此在国际商务谈判过程中，许多美国谈判者约好时间，走到办公室，坐下来就谈正事。他们认为直截了当就是效率，是尊重对方的表现，这表明自己知道对方很忙，不愿意浪费对方的宝贵时间。在谈判中，最成功的谈判人员就是能熟练地掌握把一切事物用最迅速、简洁、令人信服的语言表达出来的艺术的人。谈判中，他们十分重视办事效率，尽量缩短谈判时间，力争每一场谈判都能速战速决。如果谈判突破其最后期限，谈判很可能破裂。除非特殊需要，同美国人谈判时间不宜过长。因为大多美国公司每月或每季度都必须向董事会报告经营利润情况，如果谈判时间过长，就会对美国人失去吸引力。所以只要报价基本合适，就可以考虑抓住时机拍板成交。

（4）重视利润，积极务实。在许多美国谈判者看来，谈判做生意的唯一目的就是获取利润，因为一家公司要想长期存在，必须有可观的收入。美国人积极务实，利他主义不是他们做生意的主要动机，而是意外的副产品，只有利润才是至关重要的。对他们而言，关系最大的是谈判，而不是参加谈判的人员，在多数情况下，双方素昧平生，并不需要互相认识。若能建立起良好的个人关系当然最好，但那往往要花费宝贵的时间，只要对象合适、条件合适、时间合适，就可以进行洽谈。如果采取某种做法有利于合理而有效的目标，他们就那样做。如果出现另一种能使生意做得更好的办法，他们立即改变自己的方法。他们把高效率和取得进步看得比为保持旧习惯而保持旧习惯更重要，特别是如果那些旧习惯减慢了他们获取利益的速度时更是这样。在美国，只要一个人在经济中取得成功就会受到人们的敬重。因此，能否取得巨额利润始终为他们所关注。

（5）重合同，法律观念强。美国是一个高度法制的国家，他们的法律观念在商业交易中也表现得十分明显。美国人认为，交易最重要的是经济利益。为了保证自己的利益，最公正、最妥善的解决办法就是依靠法律，依靠合同，其他的方法都是靠不住的。因此，他们特别看重合同，十分认真地讨论合同条款，而且特别重视合同违约的赔偿条款。一旦双方在执行合同条款中出现意外情况，就按双方事先同意的责任条款处理。因此，美国人在商务谈判中对于合同问题的讨论特别详细、具体，也关心合同适用的法律，以便在合同执行过程中能顺利地解决各种问题。律师在谈判中扮演着重要角色。美国谈判人员在同外国一些不遵守有关的承诺的人进行谈判后，吃过很大的苦头，从而导致了许多纠纷的出现。于是凡有商务谈判，特别是到国外谈判，美国人一定要带上自己的律师，一旦谈判协议达成，必须请律师到场。如果律师没有从一开始就参加谈判，还得帮他熟悉了解有关情况，并在协议中加以说明。

（6）美国人在谈判方案上喜欢搞全盘平衡的"一揽子交易"。所谓一揽子交易，主要是指美国商人在谈判某项目时，不是孤立地谈其生产或销售，而是将该项目从设计、开发、生产、工程、销售到价格等一起商谈，最终达成全盘方案。美国文化培养的谈判人员较注重大局，善于通盘筹划，他们虽讲实利，但在权衡利弊时，更倾向于从全局入手。所以，美国谈判人员喜欢先总后分，先定下总交易条件，再谈具体各条件。他们这种一揽子交易手法，对于拓宽谈判思路、打破僵局有一定积极意义，然而却显得居高临下、咄咄逼人。我们相应的策略是：从分析入手，不争高位。首先，谈判的项目不同，决定权不同。有的可由地方决定，有的需由中央批准，只有协调后才可进行一揽子交易。因此可以以协调各部门为借口，推掉一些不合适的交易谈判方法。其次，一揽子交易中若许多关键细节不明确，双方实际利益不平衡，那么谈判会像漏桶打水，所得不多。这些细节条件可作为敲定全盘的前提。最后，一揽子交易是由大及小的策略，可用逆向思维去应付，即由小及大的方法，用局部思维将其由大化小，以看透其中计谋，上司要参与一揽子谈判，应在谈判人员进行了局部谈判之后，坚持由下向上、由分到总的原则。

美国商人既重视商品质量，又重视商品包装。商品的外观设计和包装，可体现一国的消费文化状况，也是刺激消费者购买欲望、提高销售量的重要因素。美国人不仅对自己生产的商品不遗余力地追求内在品质和包装水平，而且对于购买的外国商品也有很高的要求。

（7）民族优越感强，谈判不轻易让步。美国人有着一种几乎是与生俱来的优越感，这种优越感在谈判者身上的集中体现，便是对自己的谈判方式坚信不移，认为这是最顺应自然、合乎逻辑的，所有的人都该采纳，全世界都应赞同。谈判时，他们不喜欢听到外国人否定的回答，特别是当他们认为自己的道理十分正确时；他们不仅希望对方同意，而且希望对方当场同意。有时在进行第一次谈判时，他们就带着空白合同，随时准备签约；如果他们看出外国人对他们的谈判感兴趣，但尚未下定决心，他们可能给其尝点甜头，如主动介绍情况、打消对方的疑虑、提供种种便利条件等，以便把犹豫不决的外国人拉到谈判桌上来。但他们在正式的洽谈中，却很少做出诸如减价等让步，在他们的心目中，一味地在谈判中让步，不是因为缺乏信心，害怕自己竞争不过别人，就是根本不懂怎样运用谈判策略。当然他们也并非一味地坐等别人屈从于他们的条件，而是积极通过开展公关、广告宣传等方式，笼络对方的感情，树立自己的形象，使自己的种种优势昭然于大庭广众，从而使谈判对手心甘情愿地接受他们提出的各种条件，取得谈判的最后成功。

（8）不同地区间谈判风格迥异。

① 由于美国移民种族混杂，各地商人的习惯和谈判作风有较大的差异。美国的东部，特别是以纽约等大城市为中心的东北部，是美国现代文明的发祥地，200 多年来，一直处于美国政治、经济、金融、贸易活动的中心地位。这里犹太人的势力很强，人们深受现代文明的熏陶，随时掌握全球经济动态，在谈判中严格按照国际惯例办事，雷厉风行，寸利必争，他们做生意头脑灵活，具有商人意识，精于讨价还价，精通国际贸易业务知识，因此在与其进行的商务交往中要特别慎重。因此，同他们谈判签约时，必须绝对注意合同措辞的严谨，不

能让他们有隙可乘。否则，精明而苛刻的东部人会在市场行情发生变化时，千方百计在合同中寻找理由毁约。

② 作为美国目前工业中心的中西部，商人以北欧血统的人居多，他们不但和蔼可亲，喜欢交际，平易近人，而且非常守信用，一旦取得他们的信任，可望将生意长期做下去，然而一旦背信弃义也是很难恢复信用的。美国中西部地区以汽车、电机、钢铁工业及制造业为主，是美国工业的心脏。该地区的人比较保守，同时又比较和蔼和朴素，易于交往。如果在准备与他们做生意之前就常以朋友的身份款待他们，如邀请他们去高尔夫球场等娱乐场所，日后与他们进行商业谈判时，会收到很好的效果。这就是先交朋友，后做生意的原则。中西部地区有个商业习惯，每年 9 月至 11 月是他们的黄金采购时间，他们往往把一年所需的货物集中在这个时候一次采购，因此，同他们做生意要注意，错过这段时间会为谈判增加许多困难。美国西部是以加利福尼亚州为中心的太平洋沿岸地区，这里的商人性格直爽，但生意经验略微生疏，故很注重文字契约的作用，且契约的内容详细、明确，否则日后难免发生纠纷。

③ 与东部相比，南部商人待人诚恳、心地善良，但性急，往往喜怒哀乐形之于色，有时会大发脾气。他们很注重文字契约和商业信用，合同中应尽量详细表述各项条款。美国南方人性格较为保守，决定了他们的谈判节奏相对较慢，需要较长时间才能同他们建立良好的商业关系。

虽然美国谈判人员普遍具有上面所说的共同特点，但是由于美国地域宽广、种族众多，不同地域的美国人的处事方式和商业习惯或多或少有些差异，因此有必要分别研究，才能在谈判中得心应手。

**2. 同美国人谈判的要诀**

（1）同美国人谈判，"是"与"非"必须保持清楚，这是一条基本的原则。当无法接受对方的条款时，要明白地告知对方，而不应含糊其辞或迟迟不作答复，否则会导致日后纠纷的产生。

（2）如果在同美国人的生意往来中出现了纠纷，在商谈解决办法时应格外注意谈判的态度，必须诚恳、认真，绝对不要笑，因为在美国人看来，当因出现了纠纷而争论时，双方的心情都不好，此时的笑容必定是装出来的，这会使他们更加生气，甚至认为你已经自认理亏了。

（3）同美国人谈判，绝对不要指名批评某人。指责客户公司中某人的缺点，或把以前与某些人有过摩擦的事旧话重提，或把作为己方竞争对手的公司的缺点抖搂出来进行贬低等，都是绝对不可以的。美国的谈判者在触及这类话题时，会讲得很婉转，尽量避免损伤别人的人格。对于这一点，请务必牢记于心，否则是会被对方蔑视的。

（4）美国的谈判者，不少都会讲一口流利的汉语，因此在谈判时，不要以为他们听不懂中文而大意地用中文讨论对策，此时他们很可能会装出听不懂的样子而专注聆听，这就会在无意中让他们摸清我方的底牌从而掌握谈判的主动权。

（5）除非特殊需要，同美国人谈判时间不宜过长，因为美国公司每月、每季都必须向董事会报告经营利润情况，如果谈判时间太长，就会对美国人失去吸引力。因此，只要报价基本合适，谈判进行了两三个回合，就应抓住时机拍板成交。

**（二）加拿大商人的谈判风格**

加拿大经济比较发达，外贸总额约占国民生产总值的 1/3，但其对外贸易额的 2/3 左右是同美国进行的。加拿大的出口商品主要是汽车、原油、小麦、木材、纸浆、矿产品、面粉等；进口商品主要是机器、石油产品、电器设备和纺织品等。加拿大的绝大部分工业集中在安大略和魁北克两省，尤以蒙特利尔和多伦多两城市的工商业最为发达。此外，温哥华的运输和贸易也很发达，该城市是加拿大距离亚洲最近的港口，是加拿大每年定期举行国际贸易博览会的地点。

加拿大居民大多数是英国和法国移民的后裔，在加拿大从事对外贸易的商人也主要是英国后裔和法国后裔。英国裔商人大多集中在多伦多和加拿大的西部地区；法国裔商人主要集中在魁北克。温哥华是华侨的主要聚居地，温哥华商人中，华侨有一定势力，他们对我国与加拿大的商务合作起到了桥梁的作用。

### （三）拉丁美洲商人的谈判风格

拉丁美洲是指美国以南的地区，包括墨西哥、中美洲和南美洲，一共有 24 个国家。它东临大西洋，西濒太平洋，由于曾受属于拉丁语系的西班牙和葡萄牙的殖民统治，所以称为拉丁美洲。由于历史上受宗主国的长期剥削，加上政治混乱，政变频繁，目前，拉美许多国家的经济仍很落后，经济单一化严重，贫富分化明显。但是拉美人并不是带着纯粹的羞辱感来看待自己的历史的，他们有着强烈的民族自尊心，以自己悠久的传统和独特的文化而自豪。他们坚决反对并且非常痛恨那些发达国家商人的趾高气扬、自以为是的态度，他们不愿接受北美或欧洲人的教训式的谈话方式。拉美商人总希望双方能在平等互利的基础上进行商贸合作。所以，和拉美商人打交道时，要尊重他们的人格和历史。

（1）拉丁美洲人最突出的性格特点是固执、个人人格至上和富于男子气概；同时，他们也比较开朗和直爽，与处事精明敏捷的北美商人有所不同。固执不妥协的特点体现于拉美人的商贸谈判中，就是对自己意见的正确性坚信不移，往往要求对方全盘接受，很少主动作出让步；如果他们对别人的某种请求感到不能接受，一般也很难让他们转变。个人人格至上的特点使得拉美人特别注意的是谈判对手本人而不是对手所属的公司或者团体。

他们判定谈判对手的工作能力以及在公司、团体中所处的地位往往是根据对手讲话的语气和神情来判断。一旦他们认定对方是有较强工作能力和丰富工作经验并且是公司或团体中的重要人物，便会对之肃然起敬，以后的谈判就会比较顺利。拉美人对男子气概的崇尚使他们瞧不起妇女，这在日常生活小事上就可以看出来，正因为如此，他们不喜欢同女性进行谈判。当然也有例外，那就是女性谈判者如果能用带有权威的、不容置疑的语调和大量事实向他们表明，自己同他们一样有经验、懂技术、能胜任业务，甚至做得比他们更好，并且令人信服地向他们展示自己的能力，这就能让他们感到敬佩，从而暂时消退他们所谓的男子气概，因为拉美人是崇尚个人奋斗、敬仰成功者的。

（2）拉美人的生活比较悠闲和恬淡，他们不很注重物质利益，而比较注重感情，这与崇尚实际利益的美国人大为不同。因此，想与拉美人做生意，最好先与他们交朋友，一旦你成为他们的知己后，他们会优先考虑你为做生意的对象。同样，在与拉美人进行的商务谈判中，感情因素也很重要，以公事公办、冷酷无情的态度对待他们是绝对行不通的。相反，若彼此关系熟悉，私交不浅的话，你有事拜托他们，他们会毫不犹豫地为你优先办理，并充分考虑你的利益和要求，这样，双方的洽谈会自然而然地顺利进行下去。

拉美人是享乐至上主义者，即便是谈判做生意，他们也不愿意使一些娱乐活动受到妨碍。许多拉美国家假期很多，如秘鲁的劳动法规定，工作一年，就可以有一个月的带薪假期。因此在商务谈判过程中，常常会碰到这样的情况：一笔生意正在洽谈中，拉美谈判人员突然休假，使得谈判活动戛然而止。即使你心急如焚，也得耐着性子等到谈判对方休假归来，才能继续谈判下去。在谈判中，他们也常常会慢半拍。当你觉得谈判已经到了实质阶段，他们却认为这仅仅是准备阶段。在洽谈中，常会听到他们说："明天再谈吧"，或是"明天就办"，到了明天，却仍然是同样的话。拉美人这种处理事务节奏较慢、时间利用率低的情况往往会让性急的外国人无可奈何。但是，如果想用速战速决的办法和拉美人谈判，则只会令他们非常恼火，甚至会使他们更加停滞不前。因此，最好的办法还是放慢谈判节奏，始终保持理解和宽容的心境，并注意避免工作与娱乐发生冲突。

（3）拉美商人责任感不强，信誉较差。跟拉美人打交道的谈判者十有八九都会提到拉美人不讲信用，仅就货款收回这一点就令人深有感触。他们接到货物后，不一定会按付款日期把钱汇来。有位银行家曾说过，他们是会付钱的，只是生性懒散，不把当初约好的付款日期当回事而已。所以，对这类问题，要多花时间耐心催促，不必太担心他们赖账。另外，迟付货款会影响到你的资金周转，因此，要开拓拉美市场，必须有充足的资金。

（4）拉美国家的教育水平较低，能够管理业务的经理人才不多，而且有许多商人掌握的国际贸易知识不多，有的商人对信用证付款的观念极为淡薄，甚至还有商人希望同国内交易一样使用支票付款。因此，交易时应注意寻找靠得住的对象，必须与负责管理的人谈生意，确保谈判成果，降低风险。

（5）在拉美做生意，至关重要的一点是寻找代理商、建立代理商网络。大多数拉美国家，普遍存在代理制度。如果在当地没有代理商，做生意时会困难重重。尽管你可以向这些国家派驻代表，但他们同样必须与当地的代理商打交道。外国人在拉美的首次谈判很可能发生在与期望成为其代理商的拉美人之间。在选择代理商时必须非常慎重，要仔细审查，看其是否符合你开展业务的需要。如果不慎选中了一个不合格的代理商，日后想摆脱其就会遇到很大的麻烦。因为大多数拉美国家的法律保护当地的代理商，禁止随便解雇他们，即使可以解雇，雇主也必须赔偿由于其"任意"解雇而给代理商造成的损失。可见，要解雇一名无能的代理商不是件容易的事。选定代理商后，必须与其签订代理合同，在合同中明确规定双方的权利和义务，更为重要的是应该详细清楚地规定代理权限，以免日后发生纠纷。

（6）拉美国家政局不稳定，人们对此习以为常，发生政变时街上仍是一派平静的气氛，对商业交易几乎没有影响。不过，凡是涉及与拉美国家政府的交易，则不可轻视。拉美人工作时间普遍较短而且松懈，一方面是因为工业水平较低，企业家的竞争意识不强；而另一方面是由于气候的原因，早上起床晚，午饭后必须午睡，午休时间一般是从中午 12 点到下午 3 点。另外，拉美国家金融界不稳定，罢工时常发生，造成金融活动停顿，这点应当引起注意。

拉美国家经济发展相对落后，产品在国际上缺乏竞争力，造成进口大于出口，既导致外汇紧张，又影响民族工业的发展。因此，大多数拉美国家都采取了奖出限入的贸易保护措施，法律、法规也以此为根本出发点，进出口手续也比较复杂，一些国家还实行进口许可证制度。所以，在进行贸易谈判前，必须深入了解这些保护政策和具体执行情况，以免陷入泥潭。例如，在未取得拉美国家的进口许可证之前，千万不能擅自发运货物，否则可能无法收回货物，即便能收回，也枉付了高昂的运费。拉美一些商人，常会利用外商履约后收不到货款而惊慌失措的心理，威逼利诱外商重新谈判价格，趁机压价。鉴于这种情况，在与拉美商人谈判时，可适当在交易价格上掺些水分，以免被迫降价造成的损失。近年来，拉美国家逐步认识到保护主义给本国经济带来的不利影响，逐渐放开了一些进口限制。在这方面，巴西走在了前面。

即使如此，外商也不应放松警惕。

拉美各国的商人，有相同点，也有不同点。巴西人酷爱娱乐，他们不会让生意妨碍其享受闲暇的乐趣。当举世闻名的巴西狂欢节来临之时，千万别同拉美人去谈生意，否则会被视为不受欢迎的人。巴西人重视与个人的良好关系，他们愿意和自己喜欢的人做生意。

阿根廷人比较正统，非常欧洲化。他们在同你一见面时就会不停握手。阿根廷商人会在商谈中不厌其烦地与对方反复握手。

哥伦比亚、智利、巴拉圭人非常保守。他们穿着讲究，谈判时服饰正规，也特别欣赏彬彬有礼的客人。

厄瓜多尔人和秘鲁人的时间观念不强，他们大多不遵守约会时间。但作为谈判另一方，在这点上千万不能"入乡随俗"，而应遵守时间，准时出席。

总的说来，由于拉丁美洲与中国相距甚远，商业交往开始也较晚，交易额相对较小，因此，要增进两地商贸关系就必须注意他们的谈判风格。

## 二、欧洲商人的谈判风格

### （一）英国商人谈判的特点及同英国人谈判的要诀

英国的全称是大不列颠及北爱尔兰联合王国，是世界上资本主义发展最早的国家。它率先进入工业化，并成为世界头号经济大国，被称为世界工厂、日不落帝国、海上霸王、世界贸易垄断者。它是世界金融中心，其经济、政治、军事实力曾经显赫一时。自19世纪以来，美国、德国的经济水平相继赶超英国；第一次世界大战以后，英国殖民体系逐步动摇和瓦解，经济实力进一步削弱。近年来，英国的经济增长率不高，经济实力增长不快，在资本主义世界中徘徊于第5至第7位之间。而他们又依然保留着岛国民族的特性，比较保守和怕羞，对新事物裹足不前，并且显得高傲、矜持，给人难以接近的印象。

1. 英国人的谈判风格

（1）英国人性格傲慢、保守。在开始与人交往时，总是保持一段距离，然后才一步一步接近，交往中比较讲究礼仪和绅士风度。因此，在与英国商人的谈判中要主动介绍商品情况、提供报价等，同时在谈判中必须注意修养和风度。

（2）英国人时间观念很强。他们严格遵守约定的时间，拜会英国人或与他们洽谈生意一定要预约，并最好提早到达，以取得他们的信任和尊重。

（3）英国商人恪守诺言。一旦签约，很少改变。

（4）在和英国人交谈时，话题尽量不要涉及爱尔兰的前途、共和制和君主制的优劣以及大英帝国的崩溃原因等政治色彩较浓的问题。比较安全的话题是天气、旅游和英国的继承制度等。英国是由英格兰、威尔士、苏格兰、北爱尔兰四部分组成，虽然都是君主制国家，但四个民族在事务上有许多微妙之处。我们提到"英格兰"时，一般是指整个联合王国，但在正式场合使用就显得不妥，因为这样会不自觉地漠视了其他三个民族。所以在正式场合不宜把英国人叫做英格兰人，涉及女王时要说"女王"，或正规地说"大不列颠及北爱尔兰联合王国女王"，而不应说"英格兰女王"。

（5）英国人一般比较冷静和持重。英国商人在谈判初期，尤其在初次接触时，通常与谈判对手保持一定距离，绝不轻易表露感情。随着时间的推移，他们才与对手慢慢接近，熟悉起来，并且你会逐渐发现，他们精明灵活，善于应变，长于交际，待人和善，容易相处。他们常常在开场陈述时十分坦率，愿意让对方了解他们的有关立场和观点，同时也常常考虑对方的立场和行动，他们对于建设性意见反应积极。英国商界赞同一句话："不要说'这种商品我们公司没有'，应该说'只要您需要，我们尽量替您想办法'。"这一点，不仅反映了英国商人的灵活态度，也表现了他们十足的自信心。他们的自信心强，还特别表现在讨价还价阶段，如果出现分歧，他们往往固执己见，不肯轻易让步，以显示其大国风范，让人觉得他们持有一种非此即彼、不允许讨价还价的谈判态度。

英国人生活比较优裕舒适，每年夏冬两季有三周至四周的假期，他们会利用这段时间出国旅游。因此，他们较少在夏季和圣诞节至元旦期间做生意。英格兰从 1 月 2 日开始恢复商业活动，在苏格兰则要等到 4 月以后。在这些节假日应尽量避免与英国人洽谈生意。

（6）英国商人十分注意礼仪，崇尚绅士风度。他们谈吐不俗、举止高雅、遵守社会公德，很有礼让精神。无论在谈判场内外，英国谈判人员都很注重个人修养，尊重谈判业务，不会没有分寸地追逼对方。同时，他们也很关注对方的修养和风度，如果你能在谈判中显示出良好的教养和风度，就会很快赢得他们的尊重，为谈判成功打下良好的基础。由于古老的等级传统使英国人的等级观念变得非常严格而深厚，他们颇为看重与自己身份对等的人谈问题。英国商人的绅士风度还表现在他们谈判时不易动怒，也不易放下架子，喜欢有很强的程序性的谈判，一招一式恪守规定。谈判条件既定后不愿改动，注意钻研理论并注重逻辑性，喜欢用逻辑推理表明自己的想法。他们听取意见时随和，采纳意见时却不痛快，处理复杂问题比较冷静。这种外交色彩浓厚的谈判风格常使谈判节奏受到一定制约。但是，采用简单、直截了当又不失礼貌的谈判手法会使他们为证明自己并不拖拉而配合你，从而加快节奏。绅士风度常使英国谈判人员受到一种形象的约束，甚至成为他们的心理压力，对此应充分利用。在谈判中以确凿的论据、有理有力的论证施加压力，英国谈判人员就不会因坚持其不合理的立场而丢面子，从而取得良好的谈判效果。

### 2. 同英国人谈判的要诀

（1）礼尚往来，平等交往。英国商人行动按部就班。在商务活动中，招待客人时间往往较长。当受到英国商人款待后，一定要写信表示感谢，否则会被视为不懂礼貌。与英国人约会时，若是过去不曾谋面的，一定要先写信告之面谈目的，然后再去约时间，一旦确定约会，就必须排除万难，按时赴约。因为英国人做生意颇讲信用，凡事要规规矩矩，不懂礼貌或不重诺守约，以后办事就难以顺利进行。

在对话人的等级上，诸如官衔、年龄、文化教育、社会地位上应尽可能对等，这对推进谈判、加强讨价还价的力量会有好处。

（2）与他们做生意要尽可能地讲英语。英国商人在商务活动中一般不善于从事日常的业务访问。并且英国商人都以使用英语为自豪，即使他们会讲第二外语，也不愿在谈判中使用。英国商人在商务活动中也有些明显的缺点。例如，他们经常不遵守交货时间，造成迟延，引起直接的经济损失。这使他们在谈判中比较被动，外国谈判者会利用这点迫使他们接受一些苛刻的交易条件，如索赔条款等。

（3）英国裔商人谨慎、保守、重信誉。他们在进行商务谈判时相当严谨，一般要对所谈事物的每个细节都要充分了解后，才可能答应要求。并且，英国裔商人在谈判过程中喜欢设置关卡，一般不会爽快地答应对方提出的条件和要求，所以从开始到价格确定这段时间的商谈是颇费脑筋的，所谓"好事多磨"，对此，要有耐心，急于求成往往不能把事情办好。不过，一旦最后拍板，签订契约，英国裔商人日后执行时很少出现违约的事情。

### （二）德国商人谈判的特点和与其谈判的要诀

#### 1. 德国人的谈判风格

（1）德国人具有自信、谨慎、保守、刻板、严谨的特点。他们办事富有计划性，注重工作效率，追求完美，做事雷厉风行，有军人作风。德国谈判人员身上所具有的这种日耳曼民族的性格特征会在谈判桌上得到充分的展现。德国商人严谨保守。他们在谈判前就准备得十分充分周到，他们会想方设法掌握翔实的第一手资料，他们不仅要调查研究对方要购买或销售的产品，还要仔细研究对方的公司，以确定对方能否成为可靠的商业伙伴。只有在对谈判的议题、日程、标的物的品质和价格，以及对方公司的经营、资信情况和谈判中可能出现的问题及对应策略作了详尽研究、周密安排之后，他们才会坐到谈判桌前。这样，他们立足于坚实的基础之上，就处于十分有利的境地。德国人对谈判对方的资信非常重视，因为他们保守，不愿冒风险。

德国商人自信而固执。他们对本国产品极有信心，在谈判中常会以本国的产品为衡量标准。德国企业的技术标准相当严格，对于出售或购买的产品他们都要求很高的质量，因此要让德国商人相信你公司的产品能够满足交易规定的高标准，他们才会与你做生意。德国商人的自信与固执还表现在他们不太热衷于在谈判中采取让步的方式。他们考虑问题周到系统，缺乏灵活性和妥协性。他们总是强调自己方案的可行性，千方百计迫使对方让步，常常在签订合同之前的最后时刻还在争取使对方让步。

（2）德国商人非常讲究效率，并且他们的思维富于系统性和逻辑性。德国人认为那些"研究研究""考虑考虑""过段时间再说"等拖拖拉拉的行为，对一个商人来说简直是耻辱。他们的座右铭是"马上解决"。他们觉得判断一个谈判人员是否有能力，只需看其办公桌上的文件是否快速有效地处理了。如果文件堆积如山，多是"待讨论""待研究"的一拖再拖的事情，那就可以断定该工作人员是不称职的。因此，德国商人在谈判桌上会表现出果断、不拖泥带水的特征。他们喜欢直接表明所希望达成的交易，准确确定交易方式，详细列出谈判议题，提出内容详细的报价表，清楚、坚决地陈述问题。他们善于明确表达思想，准备的方案清晰易懂。如果双方讨论列出问题清单，德国商人一定会要求在问题的排序上应体现各问题的内在逻辑关系，否则就认为逻辑不清，不便讨论。并且他们认为每场讨论应明确议题，如果讨论了一上午却不涉及主要议题，他们会抱怨组织无效率。

（3）崇尚契约，严守信用，权利与义务的意识很强。德国人素有"契约之民"的雅称，在商务谈判中，他们坚持己见，权利与义务划分得清清楚楚，涉及合同任何条款，他们都非常细心，对所有细节认真推敲，要求合同中每个字、每句话都准确无误，然后才同意签约。德国商人对交货期限要求严格，一般会坚持严厉的违约惩罚性条款，外国客商要保证成功地同德国人打交道，就得严格遵守交货日期，而且可能还要同意严格的索赔条款。德国人受宗教、法律等因素影响，比较注意严格遵守各种社会规范和纪律。

在商务往来中，他们尊重合同，一旦签约，就会努力按合同条款一丝不苟地去执行，不论发生什么问题都不会轻易毁约；而且签约后，他们对于交货期、付款期等条款的更改要求一般都不予理会。他们注重发展长久的贸易伙伴关系，求稳心理强。

#### 2. 同德国商人谈判的要诀

（1）做好充分准备。如果与德国人做生意，一定要在谈判前做好充分准备，以便回答关于你的公司和你的建议的详细问题。用满意的回答表明自己的实力。如果事先准备不足，谈判中思维混乱，往往会引起德国人的反感和不满。另外，德国谈判者经常在签订合同之前的最后时刻试图让对方降低价格，因此，更要有所提防，要么拒绝，要么做出最后的让步。在与德国商人谈判时，进行严密的组织、充分的准备、清晰的论述，并明确鲜明的主题，可以促进谈判效率，在时间的利用以及双方误解的减少等方面都可看到谈判效率的改善。

（2）鉴于日耳曼民族这种倔强的个性特点，应尽量避免采取针锋相对的讨论方法，而要"以柔克刚""以理服人"。常言道："有理不在声高"，要以灵活的态度选择攻击点，体现分歧，表明立场，同时始终保持友好和礼貌的态度以扭转其僵硬的态度，不要激起对方的"犟脾气"。大多数德国人虽然固执，但还是很重理性的。只要把握住这点，本着合理、公正的精神，就能最终软化其僵硬立场。

（3）务必守时。德国人非常守时，不论工作还是干其他事情，都是有板有眼，一本正经。因此与他们打交道，不仅谈判时不应迟到，一般的社交活动也不应随便迟到。对于迟到的谈判人员，德国商人对之不信任的反感心理会无情地流露出来，这样会破坏谈判气氛，令对方处于尴尬的境地。

（4）谈判时间不宜定在晚上，除非特别重要。虽然德国人工作起来废寝忘食，但他们都认为晚上是家人团聚、共享天伦之乐的时间，而且他们会认为你也有相同的想法。所以，冒昧地请德国人在晚上谈论商务或是在晚上对他们进行礼节性拜访会让他们觉得你不知趣。

（5）正确看待谈判对手。德国经济高度发达，其在国际贸易中所占份额也比较高。因此，人们容易产生一种错觉，认为德国谈判者都具备国际经济技术合作和贸易方面的专业知识和丰富经验。其实不然，对他们不能盲目崇拜，甚至不能估计过高，在洽谈时，千万不能想当然地以为"这种事情凡是谈判人都应该会了解的"而不对细节加以规定，以免为日后纠纷的产生留下隐患。

### （三）法国商人谈判的特点和与其谈判的要诀

#### 1. 法国商人的谈判风格

（1）对于签约比较马虎。与法国裔商人刚刚开始接触时，你会觉得他们都非常和蔼可亲，平易近人，客气大方。但是只要坐下来谈判，涉及实质问题时，他们就判若两人，讲话慢吞吞，难以捉摸。因此，若希望谈判成功，就要有耐性。法国裔商人常常在主要条款谈妥之后就急于要求签约。他们认为次要的条款可以等签约后再谈，然而往往是那些未引起重视的次要条款成为日后履约纠纷的导火线。法国商人不如德国商人那么严谨，但法国商人却喜欢追求谈判结果，不论什么会谈、谈判，在不同阶段，他们都希望有文字记录，而且名目繁多，诸如"纪要""备忘录""协议书""议定书"等，用以记载已谈的内容，对以后的谈判起到实质性作用。对于频繁产生的文件应予以警惕，慎重行事，对己有利的内容，可同意建立文件；对己不利却难以推却的，可仅建立初级的纯记录性质的文件。注意各种不同类型文件的法律效力，严格区别"达成的协议点""分歧点""专论点""论及点"等具体问题，否则产生的文件会变得含糊不清，成为日后产生纠纷的隐患。

（2）对本民族的灿烂文化和悠久历史感到无比骄傲。在近代世界史上，法兰西民族在社会科学、文学、科学技术方面有着卓越成就。法国商人具有浓厚的国家意识和强烈的民族、文化自豪感。他们性格开朗、眼界豁达，对事物比较敏感，为人友善，处事时而固执、时而随和。他们时常把祖国的光荣历史挂在嘴边，诸如，他们拥有巴黎公社、波拿巴王朝、法兰西共和国的历史等。重视历史的习惯使法国谈判人员也很注意商业与外交的历史关系和交易的历史状况，即过去的交易谈判情况。传统友好国家的谈判者会为双方外交关系的历史所鼓舞或制约，因此利用历史的观念可以排除一定的现实干扰，比如现实中可能出现的第三者的干扰。讲究历史就为谈判双方树起一道历史的墙，使双方在历史交易的基础上只能前进，不能后退。

（3）为自己的语言而自豪。他们认为法语是世界上最高贵、最优美的语言，因此在进行商务谈判时，他们往往习惯于要求对方同意以法语为谈判语言，即使他们的英语讲得很好也是如此，除非他们是在国外或在生意上对对方有所求。所以，要与法国人长期做生意，最好学些法语，或在谈判时选择一名好的法语翻译。

（4）非常珍惜人际关系。法国商人很重视交易过程中的人际关系。一般来说，在尚未结为朋友之前，他们是不会轻易与人做大宗生意的，而一旦建立起友好关系，他们又会乐于遵循互惠互利、平等共事的原则。与法国人洽谈生意时，不应只顾谈生意上的细节，这样做很容易被法国对手视为"此人太枯燥无味，没情趣"。要注意，法国商人大多性格开朗、十分健谈，他们喜欢在谈判过程中谈些新闻趣事，以创造一种宽松的气氛。据说，在法国就连杂货店的女老板都能轻松自如、滔滔不绝地谈论政治、文化和艺术。所以，在谈判中除非到了最后决定拍板阶段可以一本正经地只谈生意之外，其他时间可谈一些关于社会新闻和文化艺术等方面的话题来活跃谈判气氛。另外，要引起注意的是，法国人在谈判中讲究幽默与和谐，但他们不愿过多提及个人和家庭问题，与他们谈话时应尽量避免此类话题。

（5）思路灵活，手法多样。法国人常会借助行政、外交的手段或让名人、有关的第三者介入谈判。这种承认并欢迎外力的心理和做法可以为我所用。例如，有些交易中常会遇到进出口许可证问题，往往需要政府出面才能解决问题。而当交易项目涉及政府的某些外交政策时，其政治色彩就很浓厚，为达成交易，政府可以从税收、信贷等方面予以支持，从而改善交易条件，提高谈判的成功率。

（6）要求包装精美。法国商人对商品的质量要求十分严格，条件比较苛刻，同时他们也十分重视商品的美感。法国人一直认为法国是精品商品的世界潮流领导者，巴黎的时装和香水就是典型代表，因此他们在穿戴上都极为讲究。在他们看来，衣着可以代表一个人的修养与身份。所以在谈判时，稳重考究的着装会带来好的效果。

（7）法国人的时间观念不强，他们在商业往来或社会交际中经常迟到或单方面改变时间，而且总会找一大堆冠冕堂皇的理由。在法国还有一种非正式的习俗，即在正式场合，主客身份越高，来得越迟。

2. 同法国商人的谈判要诀

（1）谈判时应力求慎重，一定要在所有合同条款都定得详细、明了、准确之后，才可签约，以避免不必要的麻烦和纠纷。签约时要小心从事，用书面文字加以确认。法国商人习惯于集中精力磋商主要条款，对细节问题不很重视，并且在主要条款谈成之后，便急于求成，要求签订合同，而后又常常会在细节问题上改变主意，要求修改合同，这一点往往令人十分为难。为了保证最终的文件具有法律约束力，以防止他们不严格遵守，在市场行情不看好的时候撕毁协议，签约时要小心从事，用书面文字加以确认。

（2）善于和他们建立起友好关系，这不是件容易事，需要做出长时间的努力。在社会交往中，家庭宴会常被视为最隆重的款待。但无论是家庭宴会还是午餐招待，法国人都将之看作人际交往和发展友谊的时刻，而不认为是交易的延伸。因此，如果法国商人发现对方的设宴招待是为了利用交际来促使商业交易更为顺利，他们会很不高兴，甚至断然拒绝参加。所以，要与他们做生意，就需学会忍耐。但法国人对于别人的迟到往往不予原谅，对于迟到者，他们会很冷淡地接待。因此，如果你有求于他们时，千万别迟到。

（3）法国全国在 8 月份都会放假，很多法国人都度假去了，任何劝诱都难以让他们放弃或推迟假期去做生意，甚至在 7 月底和 9 月初，他们的心思都还放在度假和休息上。所以应尽量避免在这段时期与法国人谈生意。

### （四）意大利商人的谈判风格

（1）国家意识比较淡薄，法国人常为祖国感到自豪，意大利人却不习惯提国名，而更愿意提故乡的名字。虽然如此，意大利商人与法国商人有许多共同之处。在商务活动中，两国人都非常重视商人个人的作用。意大利的商业交往大部分都是公司之间的交往，在商务谈判时，往往是出面谈判的人决定一切，意大利商人个人在交往活动中比其他任何国家的商人都更有自主权，所以，与谈判对手关系的好坏是能否达成协议的决定因素之一。

（2）不遵守约会时间。有时候他们甚至不打招呼就不去赴约，或单方面推迟会期。他们工作时有点松松垮垮，不讲效率。但是，他们在做生意时是绝对不会马虎的。

（3）善于社交，但情绪多变，做手势时情绪激动，表情富于变化。他们生气时，简直近于疯狂。意大利人喜好争论，他们常常会为了很小的事情而大声争吵，互不相让，如果允许的话，他们会整天争论不休。在进行合同的谈判和做出决策时，他们一般不愿仓促表态。如果对方给他们一个做出决策的最后期限，他们会迅速拍板决定。这说明他们办事多是胸有成竹而且有较强的处理紧急情况的能力。

（4）看重商品的价格，谈判时表现得寸步不让。意大利人对于合同条款的注重明显不同于德国人，而接近于法国人，在商品的质量、性能、交货日期等方面则比较灵活。他们力争节约，不愿多花钱追求高品质。

意大利的商业贸易比较发达，意大利商人与外商交易的热情不高，他们更愿意与国内企业打交道。由于历史和传统的原因，意大利人不太注意外部世界，不主动向外国观念和国际惯例看齐，他们信赖国内企业，认为国内企业的技术生产的产品一般质量较高，而且国内企业与他们存在共同性。所以，与意大利人做生意要有耐性，要让他们相信你的产品比他们国内生产的更为物美价廉。还有一点应注意的是，在意大利从事商务活动，要充分考虑其政治因素，了解对方的政治背景，以防政局变动而蒙受经济损失。

### （五）西班牙商人的谈判风格

西班牙人生性开朗，略显傲慢，其商人在谈判时常常怀有一种居高临下的优越感，仿佛自己是世界的主人。西班牙人考虑问题很注重现实，他们对工作、生活中的各种关系和事务的安排，都是十分严肃认真的。

西班牙人一般不肯承认自己的错误，其商人也是如此，他们即使按照合同遭受了一点损失也不愿公开承认他们在签订合同时犯了错误，更不会主动要求对合同进行修改。这时，如果对方考虑到他们在合同中无意遭受到的损失而帮助他们下台阶的话，就会赢得他们的信任和友谊，为今后更好地与他们进行商务合作奠定坚实的基础。

不能使用诱导式问句。鉴于社交礼仪和传统习惯，西班牙人认为直截了当地拒绝别人是非常失礼的，因此绝不说"不"字。西班牙商人口头上一般也不会说"不"字，所以在与他们洽谈时，不能让他们回答"是"或"否"，否则，即使你得到了肯定的答复，也可能久久得不到回音，实际上他们拒绝了你。遇到这种情况，千万不要性急，只有仔细揣摩他们的真实意图，设法与他们达成相互谅解与信任，才能与他们继续商谈和合作。

西班牙商人强调个人信誉，签订合同后一般都会很认真地履行。但这也不排除其中存在一些投机性的掮客，且不乏资金雄厚者，这些掮客的主要目的是赚钱，一旦出现波折，如市场情况不利时，他们可能会一走了之。所以，与他们做生意要小心谨慎。

西班牙商人与外商洽谈时态度极认真，谈判人员一般也具备决定权。因此，与他们谈判必须选派身份、地位相当的人员前往，否则他们会不予理睬。日期等方面则比较灵活。他们力争节约，不愿多花钱追求高品质；德国人却宁可多付款来换取高质量的产品和准确的交货日期。

另外，穿戴讲究的西班牙商人也希望谈判对方衣饰讲究，他们绝不愿意看到穿戴不整或过于随便的人坐到谈判桌前。西班牙商人通常在晚餐上谈生意或庆祝生意成功，他们的晚餐大多从晚上 9 点以后开始，一直进行到午夜才结束。

### （六）葡萄牙商人的谈判风格

葡萄牙人善于社交，而且很随和，在初次认识时，就会表现出亲密感来。但是，当你想进一步接近他们时，他们却又退缩回去，因此，难以和他们开诚布公地交谈。

葡萄牙人处理问题常以自我为中心，协调性较差，无法使优秀的个人能力结合起来，发挥团体的效用。

葡萄牙人讲究打扮，即使在很热的天气也穿着西装革履，在工作和社交等场合一般都打领带。葡萄牙商人在工作之余，也与客户进行交际，但共进晚餐的机会不多。

葡萄牙商人做生意没有很强的时间观念，他们在决策时有拖延的习惯。他们喜欢用汇票作为交易的支付方式，但常常不能爽快履约。比如约定货款在某日期汇付，而到了约定日期，他们往往不会如数汇付，而是毫无愧意地提出只付其中一部分，剩下部分要延后到某日再汇付。这种要求延迟支付的现象常有发生，因此与他们进行交易时应在合同中严格确定付款日期，并尽可能加入相应的迟付解决条款。

### （七）希腊商人的谈判风格

希腊人敬重有钱的人或是有羊群、土地、橄榄园和房子的人，他们很清楚什么有利可图，怎样才能赚钱。因为古希腊很早就进入商品买卖阶段，商人很多，商业的观念在希腊人头脑中根深蒂固，至今希腊商人做生意的方法还是很传统的，讨价还价随处可见，甚至餐馆的菜价也可以讨价还价。

希腊人在做生意时比较诚实，但是履行义务的效率并不高。他们一点也不珍惜时间，更少遵守时间，在谈判时很少严谨地安排时间，有时提前结束，有时拖延好几天。希腊商人喜欢带客人到熟悉的餐馆，不论午餐安排在什么时候，都会耗掉整个下午，这对于许多视时间如生命的外商简直是不能忍受的，但如果想达成交易的话就必须忍耐。

与希腊商人谈话时，尽量别提及土耳其，因为大多数希腊人对于来自土耳其的军事威胁这一问题非常敏感。

希腊商人不十分讲究穿戴，因此外国商人一定不要"以貌取人"，不要通过谈判人员的穿戴来判断他们的财富和成就。

还应注意的是：每年的 6 月至 8 月，希腊的商务活动很少；每个星期三下午，很难联系到任何人。

### （八）荷兰、比利时和卢森堡商人的谈判风格

荷兰、比利时、卢森堡是三个政治、经济关系密切的国家。

这三个国家的人有一些共同特点。例如，他们都办事比较稳重，一般在面谈之后会及时写信给对方提起面谈时的有关内容，目的是为了确认谈判的内容。他们都喜欢花些时间对商业协定或会谈做出计划，然后才行事；他们不喜欢对方没有事先约定就去拜访他们。

荷兰人曾是欧洲最正统的民族。荷兰人比较朴素，性格坦率、开诚布公。荷兰人没有比利时人的贵族气息。他们讲究秩序，事先安排计划是他们的习惯。因为荷兰是靠对外贸易起家的商业国，荷兰国民对贸易的认识非常深刻。荷兰商人擅长赚钱和理财，善于进行贸易谈判和建立国际商务关系，也很会利用自己的经济实力签订对自己有利的合同来获得额外的利益，他们在国际商贸领域非常有竞争性。

荷兰商人多数会讲多国语言，一般都会英语和德语。但在内部协商时一般都用荷兰语。他们在商务谈判中喜欢时时插入闲谈，还会端出咖啡，边喝边谈。要记住，与荷兰商人面谈后要及时写信给他们以确认谈话内容。

比利时是一个发达的工业国家，与荷兰和法国接壤，兼有这两国的一些特征。首都布鲁塞尔是欧盟总部所在地，首都以北居住着佛拉芝人，他们是几个世纪以前来此定居的荷兰人的后裔；首都以南居住着说法语的比利时人。日耳曼血统的荷兰裔人与法国裔人的民族感情相当独立，而且多年来他们之间积怨很深，隔阂很大。因此，在比利时进行商务活动时，要考虑到这点，尽量避免卷入他们的争执中。例如，在寄送产品目录时，使用英文目录较为保险，不要认为比利时是法国裔而寄送法语目录，从而引起荷兰裔人的不满。同样，在洽谈业务时也不要用法语同荷兰裔的比利时商人交谈，否则可能会受到严厉的指责。

比利时人的贵族气息比较浓厚，他们注重地位、外表和礼节。谈判时，他们总希望对方的地位与自己相当。因此，与他们做交易，己方谈判人员的身份必须与之相当或略高。另外，想达成交易，应直接找高级负责人洽谈，首先要写信给他，写明要点并请他指定会面的日期，这被视为应有的礼节。在商谈中，若他们偶然提及对方下榻的旅馆并得知该旅馆仅属于一般旅馆时，他们尽管表面上不一定有蔑视的表示，但心中可能已经看轻对方了，这可能会对交易产生不利的影响。比利时人注重礼节已到了极端的地步，无论什么时间、什么地点，只要相遇都要握手，只要道别，都要握手并说"再见"，即使在离开办公室时，对同事也是如此。可以说，在比利时，握手多多益善。

比利时人喜欢社交，常把做生意和交际娱乐结合在一起，他们喜欢招待客人。比利时人的工作态度很现实、很稳健。公司的上层雇员工作很努力，愿意加班。工作需要时，周末也可以洽谈；若有急事，即使在乡下度假，也会马上赶回来。

### （九）奥地利商人的谈判风格

奥地利人和蔼可亲，善于交际，容易接近，除非在交易中发生很大纠纷，否则，他们深藏不露的排他性格不易被发现，他们讨厌不检点的行为。

奥地利人喜欢招待客人，一般愿意在自己家中进行。当然，上餐馆用餐的机会也不少，

而且菜肴丰富。若商务繁忙需要在奥地利逗留较长时间，不应总让对方破费请客，最好在对方招待一两次之后回请对方一次。适于招待的时间是周末下午。

奥地利国有企业工作人员的素质比较高，但人浮于事明显，洽谈中往往难以判断谁是主要负责人。他们重视地位、头衔，所以在写信或平时称呼时应加倍小心，别把头衔弄错了。奥地利人比较保守，一般在建立商业关系之前，他们不愿意公开有关公司业务情况的数据。

### （十）北欧商人的谈判风格

北欧在一般意义上是指位于日德兰半岛、斯堪的纳维亚半岛上的芬兰、挪威、瑞典、丹麦、冰岛五国。它们有着相似的历史背景和文化传统，它们都信奉基督教，历史上为防御别国的侵扰而互相结盟或是宣布中立以求和平。现代的北欧，国家政局稳定，人民生活水平较高。由于其宗教信仰、民族地位及历史文化，使北欧人形成了心地善良、为人朴素、谦恭稳重、和蔼可亲的性格特点。

北欧人是务实型的，工作计划性很强，没有丝毫浮躁的样子，凡事按部就班，规规矩矩。与其他国家商人相比，北欧人在谈判中显得沉着冷静。他们喜欢谈判有条不紊地按议程顺序逐一进行，谈判节奏较为舒缓，但这种平稳从容的态度与他们的机敏反应并不矛盾，他们善于发现和把握达成交易的最佳时机并及时做出成交的决定。

北欧人看问题比较固执，这种固执与他们那种具有建设性的积极意愿相呼应。然而，伴随着积极的行动之后，一般是消极的固守。此时，外国商人不能太着急，为了不让北欧商人使性子，应充分注意论述的理由。最后，利用北欧商人愿意追求和谐稳定的心理和善于提建设性方案的长处，可以为牟取较大的利益而有意制造僵局、激化矛盾，让他们提出方案，从中得利。但这样做必须注意火候，一般应在对方刻意追求解决的问题上，或与之关系重大的条件上制造危机。

北欧商人不喜欢无休止地讨价还价，他们希望对方的公司在市场上是优秀的，希望对方提出的建议是他们所能得到的最好的建议。如果他们看到对方的提议中有明显的漏洞，他们就会重新评估对方的职业作风和业务能力，甚至会改变对对方企业实力的看法，进而转向别处去做生意，而不愿与对方争论那些他们认为对方一开始就应该解决的琐碎问题。

北欧商人性格较为保守，他们更倾向于尽力保护他们现在拥有的东西。因此，在谈判中他们更多地把注意力集中在怎样作出让步才能保住合同，而不是着手准备其他方案以防做出最大让步也保不住合同的情况。

北欧人为保证其竞争力，总是大规模地投资于现代技术，他们的出口商品往往是高质量、高附加值的产品，而他们进口的商品也多半是自己需要而在国内难以买到的高品质产品。北欧人有着强大的市场购买力，在谈判中，对于高档次、高质量、款式新奇的消费品，他们会表现出很大的兴趣，千方百计想达成交易；而对一般性商品则不屑一顾，常以种种苛刻条件让对方知难而退。

在北欧，代理商的地位很高。尤其在瑞典和挪威，没有代理商的介入，许多谈判活动就难以顺利进行。因此，与北欧人做生意，必须时刻牢记这些代理商和中间商。

北欧人较为朴实，工作之余的交际较少。晚间的招待一定在家里进行，不到外面餐馆去用餐。如果白天有聚餐，一般是在大饭店里预订好座位吃饭，这种宴会也不铺张浪费；如果是私下聚会，则往往只有咖啡和三明治。北欧人力戒铺张，他们把简朴的招待视为对朋友的友好表示，即使对待老主顾也是如此。

北欧人将蒸汽浴视为日常生活中必不可少的一部分。大多数北欧国家的宾馆里都设有蒸汽浴室。在北欧，谈判之后去洗蒸汽浴几乎成了不成文的规定。如果北欧谈判者邀请对方去洗蒸汽浴，不要以为这很荒唐，这充分说明对方是很受欢迎的，因为洗蒸汽浴是受到良好招待的明显标志。到北欧洽谈生意的外国客商也应不失时机地发出邀请或接受邀请，以增加双方接触的机会，增进友谊。

### （十一）东欧商人的谈判风格

东欧诸国一般是指捷克共和国和斯洛伐克共和国、波兰共和国、匈牙利共和国、罗马尼亚共和国、保加利亚共和国、前南斯拉夫等。它们与我国的交往比较密切。这些国家的政治体制改革和经济体制改革对社会文化的影响很大，国家制度的变化给这些国家人民的思想带来很大冲击。他们的谈判人员在此背景下显得作风散漫，待人谦恭，缺乏自信。在谈判中，他们显得急于求成，注重实利，虽然顾及历史关系，但对现实利益紧抓不放。

在目前东欧政治、经济不稳定的历史条件下，更加剧了东欧商人的不稳定情绪。他们言行随便，谈判准备工作懈怠，信誉较差。对此，应在谈判之前就约法三章，在谈判时循章行事，对于无诚意的对方应尽早结束谈判，不要再耗费时间和精力。

现在的东欧商人特别看重别人的尊重。所以与他们谈判时，应以尊重为前提，以敬换情，通过一系列尊敬对方的措施感动对方，换取信任，来促进思想的沟通和信息的交流，以使谈判顺利进行。

现在的东欧商人更为注重现实利益。因此，谈判时，不要过分怀念传统，而应在珍惜传统的同时追求开阔的眼界和更高的利益。对于各种交易条件，都要权衡利弊，以利换利。对已获得口头承诺的利益，应立即用严格的书面形式明确，确保自己的利益。

东欧商人有以上共同特征，也有各自的差异。例如，匈牙利人具有东方人的气质，重视信誉，容易交往；罗马尼亚人精明、开朗，善于察言观色和讨价还价；捷克和斯洛伐克的商人进取心强，反应敏捷等。

### （十二）俄罗斯商人谈判的特点及同俄罗斯人谈判的要诀

#### 1. 俄罗斯商人的谈判风格

由于从统一的中央集权的制度中分解出来，俄罗斯的社会生活发生了极大变化，人们的社会地位、自我价值观念也发生了显著的变化，思维方式自然也随之改变。另一方面，原有计划体制对人们思维模式的影响依然存在。

（1）固守传统，缺乏灵活性。在涉外谈判中，一些俄罗斯人仍然带有明显的计划体制的痕迹。在进行正式谈判时，他们喜欢按计划办事，如果对方的让步与他们原定的具体目标相吻合，容易达成协议；如果有差距，使他们让步则特别困难，甚至他们明知自己的要求不符合客观标准，也不妥协让步。曾有一个俄罗斯代表团到中国洽商一个合资项目，上一条方便面生产线，由中方提供设备和人员培训，共计 120 万元人民币，俄方以厂房、土地作价投资，共计 40 万元人民币。按国际惯例，双方合资项目，利润分成可按投资比例确定，但俄方坚持他们得 80%利润，中方得 20%利润，这种明显不合理的要求自然导致谈判破裂。之所以会这样，就是他们先定的目标是获利 80%，尽管他认为你的建议也有道理，但要他们改变原来的打算是困难的。这是诸多谈判者与俄罗斯人打交道的一致结论。

一些俄罗斯人缺乏灵活性，还因为他们的计划制订与审批要经过许多部门、许多环节，这必然要延长决策与反馈的时间，这种传统体制也僵化了人们的头脑。尽管现在体制有了较大的变革，但还没有形成正常的经营秩序和健全的管理体制。

（2）注重技术细节。俄罗斯人特别重视谈判项目中的技术内容，这是因为引进技术要具有先进性、实用性，由于技术引进项目通常都比较复杂，对方在报价中又可能会有较大的水分，为了尽可能以较低的价格购买昂贵有用的技术，他们特别重视技术的具体细节，索要的东西也是包罗万象，如详细的车间设计图纸、零件清单、设备装配图纸、原材料证明书、化学药品和各种试剂、各种产品的技术说明、维修指南等。

（3）善于讨价还价。俄罗斯人十分善于与外国人做生意，如果他们想引进某个项目，首先要对外招标，引来数家竞争者，随后不慌不忙地进行选择，并采取各种手段，让争取合同的对手之间竞相压价，相互残杀，最后坐收渔翁之利。有这样一个事例：

1980年在莫斯科举办奥运会，谁都知道出售奥运会电视转播权是一笔好买卖。美国哥伦比亚广播公司、美国广播公司、全国广播公司三家大型电视台都准备出大价钱购买独家电视转播权。于是俄罗斯人把美国三家电视网的上层人物都请到他们的豪华客轮阿列克赛·普希金号上，他们提出要2.1亿美元现金，这个开价比1976年的2 200万美元几乎高出9倍。为了达到他们的目的，俄国人分别与美国的这三家电视台的决策人物接触，让他们相互之间你争我夺，用美国人自己的话说："我们像装在瓶里的三只蝎子那样互相乱咬，咬完之后，两只死了，获胜的一只也被咬得爬不起来了。"最后，几经反复，美国国家广播公司以8 700万美元购得奥运会转播权。后来才知道，俄国人预期的售价在6千万~7千万美元。俄罗斯人在讨价还价上堪称行家里手，不论你的报价是多么公平合理，怎样计算精确，他们也不会相信，而是千方百计地要挤出其中的水分，达到他们认为理想的结果。

俄罗斯商人对于研究过俄罗斯文化艺术的外商特别尊重，这会给商务谈判带来友善的气氛。传统上俄罗斯人有四大爱好：喝酒、吸烟、跳舞和运动。不论男女，俄罗斯人几乎没有不喝酒的，而且大多爱喝烈性酒，如伏特加之类。俄罗斯人吸烟也很普遍，而且爱抽烈性烟。跳舞是俄罗斯人的传统，一般每周末都有舞会。过去人们主要跳民族舞蹈，但现在的年轻人更愿意跳交谊舞，他们常在花园中的空地上或马路边的小广场上，在手风琴或吉他的伴奏下翩翩起舞。俄罗斯人重视体育运动，许多人都有一两项专长。

**2．同俄罗斯人谈判的要诀**

（1）配备技术专家。在与俄罗斯人谈判时，可能要就产品的技术问题进行反复大量的磋商，为了能及时准确地对技术问题进行阐述，要有充分的准备，在谈判中要配备技术方面的专家。

（2）谨慎订立索赔条款。同俄罗斯人谈判，要十分注意合同用语的使用，语言要精确，不能随便承诺某些不能做到的条件。对合同中的索赔条款也要十分慎重。例如，在出口一方国家的气候条件下，产品可能不轻易出问题。但不能轻易拍胸脯保证机器在任何温度下工作都没问题，更不能做出产品出现问题后愿意赔偿一切损失的承诺。在这种情况下，出口方可能会十分被动，其产品有可能被送到西伯利亚的雅库茨克的工厂去，如果其产品在零下30℃的气温中冻住了，生产线停产并使工厂没有达到生产额度，那么毫无疑问，这个赔偿金是出定了。

（3）讲究实效。不论合同金额大小，均立足实效进行谈判。例如，有的交易虽小，但先交钱后取货，实效不错。有的交易虽大，如某交易涉及1.5亿美元，但交易条件却十分苛刻，参与者要出钱出人，还要协助货物与美元的串换，而他自己拿人家的原料生产，产品由人家包销，销价还要追求高利。这种合同尽管数额巨大，却毫无意义，因为不见实效。

（4）选择适当的报价策略。对俄罗斯人的报价策略有两种形式：第一种是报出你的标准价格，然后力争作最小的让步。你可以事先印好一份标准价格表，表上所有价格都包含适当的溢价，给以后的谈判留下余地。第二种策略是公开在你的标准价格上加上一定的溢价（如15%），并说明这样做的理由是司其做生意承担的额外费用和风险，因为在政治体制不稳的环境中做生意的风险与费用是难以估量的。一般来讲，第二种策略要好些，因为如果在报价之初就定死一个价格，几个星期甚至数月后，情况可能会发生很大变化，俄罗斯的通货膨胀率已远远超过欧美。所以，如果俄罗斯人不用硬通货支付交易额，那么，你与他们做买卖就很有可能吃亏，因此对俄罗斯人要尽量缩短报价期限，并充分考虑报价在合同期内所受的通货膨胀的影响。

## 三、亚洲商人的谈判风格

### （一）日本商人谈判的特点及与其谈判的要诀

日本的传统文化和经济发展的现实，使日本企业形成了鲜明的谈判特性。总体上看，日本人进取性强，工作态度认真，等级观念强，不轻信人，注意做人的工作，考虑交易的长远影响，善于开拓新领域。他们慎重、规矩、礼貌、耐心，在国际商务谈判中，日本人被称为"最难对付的谈判对手"。日本人的谈判方式具有以下特点。

#### 1. 日本商人的谈判风格

（1）团队精神或集团意识。单个日本人与其他民族的人相比，在思维、能力、创新精神或心理素质方面往往都不见得出类拔萃。但是，日本人一旦结为一个团体，这个团体的力量就会十分强大。在日本企业中，决策往往不是由最高领导层武断地做出的，而是要在公司内部反复磋商，凡有关人员都有发言权。企业高层领导通常派某人专门整理所需决策的情况，集中各方面意见，然后再做出决策。谈判团内角色分工明确，但每个人都有一定的发言决策权，实行谈判共同负责制。在谈判过程中常常会遇到这样的情形：碰到日方谈判团事先没有准备过或内部没有协商过的问题，他们很少当场明确表态，拍板定论，而是要等到与同事们都协商过之后才表态。集体观念使得日本人不太欣赏个人主义和自我中心主义的人，他们往往率团前去谈判，同时也希望对方能率团参加，并且双方人数大致相等。

（2）彬彬有礼地讨价还价。日本人在与外国人面对面谈判时，对年长者、某个地方强于自己的人彬彬有礼，殷勤谦恭，充满崇敬之情。在国外，他们尊重所在国家或地区的礼节和习惯。在谈判过程中，日本人的报价往往水分很高，然后再经过漫长的讨价还价过程以达成交易，所以对日商的报价要特别留心，要认真做好比价工作，做到心中有数。相反，日本人在还价时往往杀价较狠，但只要你拿出有说服力的资料或证据，他们还是愿意接受的。因此，不要因日本人杀价过狠而动摇谈判的信心。

（3）固执、坚毅、不轻易妥协。在国际商务谈判中，日本人几乎毫不退让地坚持原有条件。一次又一次地商谈，他们始终重复原有的主张，提出同一个目标，日本人那谦恭的外表下隐藏着誓不屈服妥协的决心。不到最后时刻，只要能找到一点办法，他们就认为有可能突破敌阵。日本人的这种耐心和固执己见，不仅是终身雇佣制的结果，而且是由于他们相信坚持不懈就能克服多重障碍，他们认为自己的不屈不挠会使谈判对手厌倦并最终妥协。

（4）保持沉默，静观事态发展。在许多场合，日本谈判者不愿率先采取行动并表明自己的意图，因此会长时间保持沉默，采取静观事态发展的战术。在遇到出乎意料的问题时，日本人对任何要求都不作答复。日本人认为"沉默是金""祸从口出"，只要沉默就可避免麻烦，只要不将自己的意见告诉别人就是一种贤明。当谈判者对一些不愿回答的问题必须回答时，他们多半回答："这是一个很好的问题，反过来我想问一下你是怎样认为的？"有时他们也会摇摇头，微微一笑说："对这个问题我一点也不明白""实际上我也搞不清楚"或者"此事还是问一下别人为好。"日本人在故作镇静、掩盖事实和感情方面是很高明的，他们把能否将心事不表露在脸上而隐藏在内心作为衡量谈判者是否成熟的标志。

（5）注重最后期限，有耐心。日本谈判者特别有耐心，他们认为，不耐烦是一个人的严重缺点，只要耐心等待肯定会有效果，许多合同、协议都是在最后期限签订的。因此日本谈判者大多会通过各种渠道千方百计地打探谈判对手的最后期限。在谈判过程中，日本谈判者为使对方放弃自己的条件，经常使用的办法就是把对方逼到墙角，使对方没有时间再拖下去。因此，同日本人谈判，要保持冷静，表明自己有充裕的时间。

（6）重视贸易的长远效应。在国际商务活动中，日本人重视销售额远胜于利润，很注意规模效益，喜欢薄利多销，把扩大市场占有率放在首位。在国际贸易中他们善于运用"吃小亏占大便宜"和"卡关键、放长线、钓大鱼"等经营策略。为此，在交往中一定要保持清醒的头脑，冷静分析，不要为小利而冲动，要全面长远地进行权衡。特别是大型商务谈判，必须对他们埋下的伏笔十分敏锐，万分小心，尽可能周密。如条件问题、维修问题、综合配备因素以及结算货币等多方面都要想到。

（7）重视相互信任和相互尊重。日本人倾向于信任与尊重的道德观，往往把合同视为一份婚约而非商业协议。他们非常重视相互的信任与尊重，如果在商务谈判中你把律师带去参加，日本人会认为这是不信任的表现，反而会增加谈判阻力，唯一的途径是消除怀疑，创造出一种相互信任的气氛。当合同双方发生争执时，日本人通常不选择诉诸法律这一途径，因为日本在很长的历史中，不是靠法律而是求助权贵的仲裁来解决争端的。与日本人进行交易，不能一接触就谈生意，往往要花费大量的时间用于开场白，来强调合作诚意和对方的好处，这些诚意要反复强调，并贯穿于整个洽谈过程中。这种通过相互赞扬以示尊重对方的做法，逐渐成为一种客套和礼仪。

（8）等级观念根深蒂固，重视尊卑秩序。日本企业都有尊老的倾向，一般能担任公司代表的人都是有15～20年工作经验的人。他们讲究资历，不愿与年轻的对手商谈，因为他们不相信对方年轻的代表会有真正的决策权。日本商人走出国门进行商务谈判时，总希望对方迎候人的地位能与自己的地位相当。在日本谈判团内等级意识也很严重，一般都是谈判组成员奋力争取、讨价还价，最后由"头面人物"出面稍作让步，达到谈判目的。还应注意的一点是，日本妇女在社会中的地位较低，一般都不允许参与大公司的经营管理活动，在一些重要场合日本人是不带女伴的。所以遇到正式谈判，一般不宜让妇女参加，否则他们可能会表示怀疑，甚至流露出不满。依据日本人这种尊老敬长的心理，与日方谈判时，派出人员的官阶、地位最好都比对方高一级，这样从对话、谈判条件、人际相处等方面均会有利于谈判的进行。

（9）重视人际关系。日本商人善于把生意关系人性化，他们通晓如何利用不同层次的人与谈判对方不同层次的人交际，从而探明情况、研究对策、施加影响、争取支持；并且日本谈判人员总是善于创造机会，与谈判对手的关键领导拉关系，以奠定发言的基础。在谈判中，日本人尽力避免直接争论，因为在激动时会说出不得体的言辞，而导致个人冲突，这对双方都不利。通常日本人不会直截了当地拒绝谈判对手的建议，使对方难堪，他们总是老练地运用彬彬有礼和模棱两可的态度来消除意见的分歧。日本商人在同外商进行初次商务交往时，喜欢先进行个人的直接面谈，而不喜欢通过书信交往。对于找上门来的客商，他们则更倾向于选择那些经熟人介绍来的，因此在初访日商时，最好事先托朋友、本国使馆人员或其他熟悉的人介绍。

（10）只要有可能，日本谈判团里就不会包括律师。日本人觉得每走一步都要同律师商量的人是不值得信赖的，甚至认为带律师参加谈判，就是蓄意制造日后的法律纠纷，是不友好的行为。当合同双方发生争执时，日本人通常不选择诉诸法律这一途径。他们善于捕捉时机签订含糊其辞的合同，以便将来形势变化时可以做出有利于他们的解释。

2. 同日本人谈判的要诀

（1）保全面子。与日本人谈判要注意的首要问题是保全面子，要做到这一点，以下四个方面需要注意：第一，千万不要直接指责日本人，否则肯定会有损于相互之间的合作关系，较好的方法是把自己的建议间接地表示出来，或采取某种方法让日本人自己谈起棘手的话题，或通过中间人去交涉令人不快的问题。第二，避免直截了当地拒绝日本人。如果不得不否定某个建议，要尽量婉转地表达，或做出某种暗示，也可以陈述你不能接受的客观原因，绝对避免使用羞辱、威胁性的语言。第三，不要当众提出令日本人难堪或他们不愿回答的问题。有的谈判者喜欢运用令对方难堪的战术来打击对方，但这种策略对日本人最好不用。如果让其感到在集体中丢了面子，那么完满的合作是不存在的。第四，要十分注意送礼方面的问题。赠送各种礼品是日本社会最常见的现象。日本的税法又鼓励人们在这方面的开支，因为送礼的习惯在日本已是根深蒂固的事情。

案例 9-2

美国总统福特访问日本之前，美国电视网CBS公司派了一位年轻的代表去日本，与日本的NHK商谈福特总统访问日本的电视转播问题。这位年轻的代表没有与日本人谈判的经验，他以美国人的谈判风格，直截了当地向NHK的主管提出电视转播要求，他要求日本方面到时提供超出实际需要近两倍的人员和通信设备。他的态度令日本人很不满。日本NHK主管是一位老成持重、有资历的人物，他立刻有礼貌地回绝了那位年轻代表的要求。随着总统访日日期的临近，谈判毫无进展，CBS公司非常焦急，只好撤换代表，改派公司高层领导到东京重新与NHK谈判。美方首先向日方道歉，请求NHK在这次福特总统访日期间帮助CBS进行电视转播。日方见美方态度转善，言辞恳切，也就同意通融，经过商榷满足了美方的要求。

后来，那位年轻的美国代表终于觉悟到美国式的谈判风格对日本人来说是不能接受的。

【案例思考】由于第一位年轻的美国人的谈判风格太直接，不懂得日本人的习惯，日本谈判人员感觉到没有被尊重，造成了僵局，使得谈判难以顺利地进行。后来高层领导出面才改变了局面。

（2）千万不要选派年龄在 35 岁以下的人同日本人谈判。美国一位高级技术公司的经理这样告诫人们："派一位乳臭未干的年轻人去同日本的高级经理人员谈判，人家都已经是 65 岁的老头了，这不是存心戏弄人家吗？"以下这个例子很能说明这个问题。

同时还要注意，不要把日本人礼节性的表示误认为是同意的表示。在谈判中，日方代表可能会不断地点头，并且嘴里说着"嗨（是）"，但是日本人这样说往往是提醒对方他在注意听，而不表示同意。

（3）谈判前获得日方的信任。在同从未打过交道的日本企业谈判时，必须在谈判前就获得日方的信任。公认的最好办法是取得日方认为可靠的、另一个信誉很好的企业的支持，即找一个信誉较好的中间人。在谈判的初始阶段，就是在面对面地讨论细则之前，对谈判内容的确定往往都由中间人出面，中间人告诉你是否有可能将谈判推向下一步。总之，中间人在沟通双方信息、加强联系、建立信任与友谊方面都有着不可估量的作用。所以，在与日方谈判时，要千方百计地寻找中间人牵线搭桥。中间人既可以是企业、社团组织、皇族成员、知名人士，也可以是银行、为企业提供服务的咨询组织等。

（4）耐心是谈判成功的保证。日本人在谈判中的耐心是举世闻名的。日本人的耐心不仅仅是缓慢，而且是准备充分，考虑周全，谈判有条不紊，决策谨慎小心。当日方谈判代表仔细推敲某一个问题时，总是一下子变得沉默不语。一些外国人对这一点常常不能理解，很容易掉进圈套，等他们醒悟过来时已是后悔莫及。其实，只要他们再耐心地等待几分钟，一切就会圆满解决。为了一笔理想交易，他们可以毫无怨言地等上两三个月。耐心使日本人在谈判中具有充分的准备，耐心使他们多次成功地击败那些急于求成的欧美人，耐心使他们成功地运用最后期限策略，耐心使他们赢得了每一次的主动。所以，与日本人谈判，缺乏耐心或急于求成，恐怕会输得一败涂地。

### （二）韩国商人的谈判风格

韩国商人非常重视商务谈判的准备工作。在谈判前，他们会千方百计对对方的情况进行咨询了解。一般是通过海内外的有关咨询机构了解对方情况，如经营项目、生产规模、企业资金、经营作风以及有关商品的市场行情等。了解掌握有关信息是他们坐到谈判桌前的前提条件。一旦韩国商人愿意坐下来谈判，就可以肯定他们早已对这项谈判进行了周密准备，胸有成竹了。

韩国商人很注重谈判礼仪。他们十分在意谈判地点的选择，一般喜欢在有名气的酒店、饭店会晤洽谈。如果由韩国商人选择了会谈地点，他们定会准时到达，以尽地主之谊；如果由对方选择地点，他们则会推迟一点到达。在进入谈判会场时，一般走在最前面的是主谈人或地位最高的人，多半也是谈判的拍板者。

韩国商人重视在会谈初始阶段就创造友好的谈判气氛。他们一见面总是热情地打招呼，向对方介绍自己的姓名、职务等。就坐后，若请他们选择饮料，他们一般选择对方喜欢的，以示对对方的尊重和了解，然后再寒暄几句与谈判无关的话题如天气、旅游等，以此创造一个和谐融洽的气氛，之后才正式开始谈判。

韩国商人逻辑性强，做事条理清楚，注重技巧。谈判时，他们往往先将主要议题提出讨论。按谈判阶段的不同，主要议题一般分为五个方面：阐明各自意图、报价、讨价还价、协商、签订合同。对于大型谈判，他们更乐于开门见山、直奔主题。在谈判时韩国商人远比日本商人爽快，在不利的形势下，他们往往以退为进，稍作让步以战胜对手。在签约时，韩国商人喜欢用三种具有同等法律效力的文字作为合同的使用文字，即对方国家的语言、朝鲜语和英语。

### （三）南亚和东南亚商人的谈判风格

南亚和东南亚包括许多国家，主要有印度尼西亚、新加坡、泰国、菲律宾、印度、马来西亚、巴基斯坦、孟加拉国等。这些国家与我国贸易往来频繁、互补性强，是我国发展对外经济贸易的重点地区之一。东南亚人因国别不同而体现出不同的性格特点，从事商务谈判的方式也有所不同。

印度尼西亚除了雅加达等大城市使用英语外，一般都使用马来语。印尼的宗教信仰十分坚定，所以与之进行贸易往来必须特别注意他们的宗教信仰。印尼人非常有礼貌，与人交往也十分小心谨慎，绝对不讲别人的坏话。在商务洽谈时，如果双方交往不深，虽然他们表面上十分友好亲密、谈得投机，但心里想的可能完全是另一套。只有建立了较深的交情，才可能听到他们的真心话，这时他们也可以成为十分可靠的合作伙伴。因此，与印尼人打交道，不能性急，要花时间努力与其建立友谊。

新加坡华裔有着浓重的乡土观念，同甘共苦的合作精神非常强烈。他们的勤劳能干举世公认。他们注重信义、友谊，讲面子。在商业交往中，十分看重对方的身份、地位及彼此的关系。对老一辈华侨来说，"面子"在商业洽谈中具有决定性意义，交易要尽可能以体面的方式进行。交易中，遇到重要决定，新加坡华侨往往不喜欢签订书面字据，但是一旦签约，他们绝不违约，并对对方的背信行为十分痛恨。

泰国商人崇尚艰苦奋斗和勤奋节俭，不愿过分依附别人，他们的生意也大都由家族控制，不信赖外人。同业之间会互相帮助，但却不会形成一个稳定的组织来共担风险。与泰国商人进行商务谈判时，要尽可能多地向他们介绍个人及公司的创业历程和业务开展情况，以获得他们的好感。与他们结成推心置腹的朋友，要费相当的时间和努力，一旦建立友情，他们就会信任你，遇到困难，也会给你以帮助。他们喜欢的是诚实、善良和富有人情味的人，而不仅仅是精明强干的形象。

菲律宾人天性和蔼可亲，善于交际，作风落落大方。他们的应酬颇多，常常举行聚会。聚会大多在家中举行，稍微正式一点的聚会，请帖上会注明"必须穿着无尾礼服等正式服装"，若没有无尾礼服，可以穿当地的正装，即香蕉纤维织成的开襟衬衫式衣服。同菲律宾人做生意，最容易取得沟通的途径是入乡随俗，在社交场合尽可能做到应酬得体、举止有度，言行中表现出良好的修养和十足的信心。

印度是个古老的国家，印度商人观念传统、思想保守。印度的企业家，包括技术人员在内，一般不愿把自己掌握的技术和知识教给别人。在商务谈判中印度商人往往不愿作出有责任性的决定，遇到问题时也常常喜欢找借口逃避责任。在工作中出现失误受到指责时，他们会不厌其烦地重复解释，狡辩到底。所以，与他们做交易，要能够拉下面子，先小人后君子。合同条款规定务必严密细致，力求消除日后纠纷的隐患。印度商人疑心很重，要在商务往来中建立相互信任需要很长时间，而且无论如何不会亲密到推心置腹的地步。在没有利害关系时，他们还是较好相处的；一旦发生利害冲突，他们就会判若两人、层层设防、处处猜疑。印度社会层次分明、等级森严，这与他们古老的宗教教义有关，因此与他们打交道时要注意这点。

印度税收很高，逃税情况相当严重而且普遍，因此对印度公司进行资信调查很困难，调查报告所列数据的真实性也不易分辨。所以，同印度人进行商务往来之前，最好先委托我国驻外机构帮助调查，或亲自进行调查，以免受骗上当。另外，由于印度法制不健全，社会监督不严，使得整个社会各个领域普遍存在行贿受贿现象。

巴基斯坦和孟加拉国的国民绝大部分是回教徒，在从事商务交往时应首先了解这两个国家的社会生活和风俗习惯，否则难免会因为小事而伤了对方的自尊心，妨碍商业活动。

孟巴两国商业活动的对象是处于管理职位上的人，这些人出生于上流社会且以留学欧美者居多。他们不喜欢与对方用电话商谈，而希望对方亲自登门造访，双方促膝而谈，这样才能达成交易。与孟巴两国商人做交易，会讲一口流利的英语是至关重要的，否则会被认为没有受过良好教育而遭到蔑视，从而影响商业活动。谈判中还应注意的一点是，任何约定都必须采用书面形式，以防日后产生纠纷。

### （四）阿拉伯商人的谈判风格和与其谈判的要诀

由于受地理、宗教、民族等问题的影响，阿拉伯人以宗教划派，以部族为群。他们家庭观念较强，性情固执而保守，脾气也很倔强，重朋友义气，热情好客，却不轻易相信别人。他们喜欢做手势，以形体语言表达思想。尽管不同的阿拉伯国家在观念、习惯和经济力量方面存在较大差异，但作为整个阿拉伯民族来讲却有较强的凝聚力。

在阿拉拍国家，伊斯兰教一向被奉为国教，是除阿拉伯语以外阿拉伯民族的又一重要凝聚力量。阿拉伯人非常反感别人用贬损或开玩笑的口气来谈论他们的信仰和习惯，嘲弄或漠视他们的风俗。

#### 1. 阿拉伯商人的谈判特点

（1）信誉非常重要。谈生意的人必须首先赢得他们的好感和信任。与他们建立亲近关系的方法有：由回族人或信仰伊斯兰教或讲阿拉伯语的同宗、同族的人引见；以重礼相待，例如破格接待；在礼仪和实际待遇上均予以照顾，使其既有面子又得实惠。阿拉伯人好客知礼的传统使他们对亲友邻居敞开的大门对外国客商同样是敞开的。对远道而来并亲自登门拜访的外国客人，他们十分尊重。如果他们问及拜访的原因，最好是说，来拜访他是想得到他的帮助。因为阿拉伯人不一定想变得更加富有，但却不会拒绝"帮助"某个已逐渐被他尊重的人。当合同开始生效时，拜访次数可以减少，但定期重温、巩固和加深已有的良好关系仍非常重要，给他们留下一个重信义、讲交情的印象，会让客商在以后的谈判中获得意外回报。另外，崇尚兄弟情义的阿拉伯人不会因为商务缠身而冷落了自己的阿拉伯兄弟。常与他们打交道的外商经常会遇到这样的情况：谈判正在紧张进行，阿拉伯一方的亲友突然到访，他们会被请进屋内边喝茶边聊天，外商则被冷落一旁，直到亲友离去谈判才会继续。在阿拉伯人看来，这不是失礼行为，对此，你只能表示理解和宽容。

（2）阿拉伯人的谈判节奏较缓慢。他们不喜欢通过电话来谈生意。从某种意义上说，与阿拉伯人的一次谈判只是同他们进行磋商的一部分，因为他们往往要很长时间才能做出谈判的最终决策。如果外商为寻找合作伙伴前往拜访阿拉伯人，第一次很可能不但得不到自己期望出现的结果，还会被他们的健谈所迷惑，有时甚至第二次乃至第三次都接触不到实质性话题。遇到这种情况，要显得耐心而镇静。一般来说，阿拉伯人看了某项建议后，会去证实是否可行，如果可行，他们会在适当的时候安排由专家主持的会谈。如果这时你显得很急躁，不断催促，往往欲速则不达。因为闲散的阿拉伯人一旦感到你把他挤进了繁忙的日程中，他很可能会把你挤出他的日程。

（3）中下级谈判人员在谈判中起着重要作用。阿拉伯人等级观念强烈，其工商企业的总经理和政府部长们往往自视为战略家和总监，不愿处理日常的文书工作及其他琐事。许多富有的阿拉伯人是靠金钱和家庭关系获得决策者的地位的，而不是依靠自己的能力，因此他们的实际业务经验少得可怜，有的甚至对公司有关方面的运转情况一无所知，不得不依靠自己的助手和下级工作人员。所以，在谈判中外商往往要同时与两种人打交道：首先是决策者，他们只对宏观问题感兴趣；其次是专家以及技术员，他们希望对方尽可能提供一些结构严谨、内容翔实的资料以便仔细加以论证，与阿拉伯人做生意时千万别忽视了后者的作用。

（4）代理商非常重要。几乎所有阿拉伯国家的政府都坚持，无论外商的生意伙伴是个人还是政府部门，其商业活动都必须通过阿拉伯代理商来开展。此举为阿拉伯国民开辟了生财之道，提供了一个理想职业。如果没有合适的代理商，很难想象外商能在生意中进展顺利。一个好的代理商，会为外商提供便利，对业务的开展大有裨益。例如，他可以帮助雇主同政府有关部门尽早取得联系，促使其尽快做出决定；快速完成日常的文书工作，加速通过繁冗的文件壁垒；帮助安排货款回收、劳务使用、货物运输、仓储乃至膳食等事宜。

（5）阿拉伯人极爱讨价还价。无论商店大小均可讨价还价。标价只是卖主的"报价"。更有甚者，不还价即买走东西的人，还不如讨价还价后什么也不买的人更受卖主的尊重。阿拉伯人的逻辑是，前者小看他，后者尊重他。市场上常出现的情景是，摆摊卖货的商人会认真看待与他讨价还价的人，价格与说明会像连珠炮似地甩出，即使生意不成也仅是肩一耸、手一摊表示无能为力。因此，为适应阿拉伯人讨价还价的习惯，外商应建立起见价即讨的意识，凡有交易条件，必须准备讨与还的方案；凡想成交的谈判，必定把讨价还价做得轰轰烈烈。高明的讨价还价要有智慧，即找准理由，令人信服，做到形式上相随、形式下求实利。

（6）阿拉伯人注重小团体和个人利益，所以他们谈判的目标层次极为鲜明，谈判手法也不相同。在整体谈判方案中，应预先分析他们利益层次的所在范围，了解利益层次要讲究多种形式以及高雅、自然、信任的表达方式。在处理层次范围时，要注意交易的主体利益与小团体和个人利益是成反比的，应以某种小的牺牲换取更大的利益。只有先解决好利益层次的问题，在谈判时才会有合理的利益分配，从而为最终的成功打下基础。

**2．同阿拉伯人谈判的要诀**

（1）尊重阿拉伯人的宗教习惯。在阿拉伯国家，宗教影响着国家的政治、经济和人们的日常生活，因此，想要与阿拉伯人打交道，就必须对宗教有所了解。

（2）放慢谈判节奏。在谈判中，阿拉伯人看了某项建议后，会将它交给手下的技术专家证实是否有利可图并且切实可行，如果感兴趣，他们会在自认为适当的时候安排由专家主持的下一次会谈，以慢条斯理的节奏推动谈判的进展。在此请千万记住，同阿拉伯人打交道，往往是欲速则不达，因为他们喜欢用悄无声息的、合乎情理的方式来开展自己的业务，而不喜欢那种咄咄逼人的强行推销方式。因此，不管实际情况如何，都要显得耐心、镇静，倘若原定计划不能实现，也应在表面上显得从容不迫。

（3）在谈判中采取数字、图形文字相结合的方式，并留心图片的使用是否正确。许多阿拉伯人不习惯花钱买原始知识和统计数据，他们不欣赏不能实际摸到的产品。因此，在与阿拉伯人谈判时应采取多种形式，将抽象服务项目变成看得见、摸得着的有形事物，并采取数字、图形、文字相结合的方式加以说明，增强说服力，这样会收到较好的效果。另外，如果附属材料中有图片，那么应当注意一下图片的内容是否适用，顺序是否正确。

（4）按阿拉伯国家的文化要求，做好翻译工作。阿拉伯人不欣赏抽象的介绍说明，不愿花钱买原始材料和统计数据。因此在谈判中可以采用多种形式，采取数字、图形、文字和实际产品相结合的方式，形象地向他们说明有关情况。要注意的是，对于确实需要提供的材料，必须请一流的翻译并按照阿拉伯人的习惯进行精细的译解，千万别为了节省成本而随便找人翻译，否则，翻译的失误可能造成灾难性的后果。另外，材料中所附图片也应以从右向左的顺序排列，并且图片内容不得冒犯阿拉伯人的风俗习惯。

（5）由于阿拉伯社会宗教意识的影响，妇女地位较低，一般是不能在公开场合抛头露面的。因此，应该尽量避免派女性去阿拉伯国家谈生意，如果谈判小组中有妇女，也应将其安排在从属地位，以示尊重他们的风俗。在谈话中尽量不涉及妇女问题。

## 四、大洋洲和非洲商人的谈判风格

### （一）大洋洲商人的谈判风格

大洋洲包括澳大利亚、新西兰、斐济、巴布亚新几内亚等 20 多个国家和地区。其中澳大利亚和新西兰是两个较发达也较为重要的国家。居民有 70% 以上是欧洲各国移民，其中以英国和法国的移民后裔居多，多数国家通用英语。经济上以农业、矿业为主，盛产小麦、椰子、甘蔗、菠萝、羊毛以及铅、锌、锰等多种矿物。主要贸易对象是美日和欧洲一些国家。出口以农、畜、矿产品为主，进口商品主要是机械、汽车、纺织品和化工品等。

澳大利亚商人在商务谈判中很重视办事效率。他们派出的谈判人员一般都具有决定权，同时也希望对方的谈判代表也具有决定权，以免在决策中浪费时间。他们极不愿意把时间花在不能作决定的空谈中，也不愿采用开始报价高，然后慢慢讨价还价的做法。他们采购货物时大多采用招标的方式，以最低报价成交，根本不给对方讨价还价的机会。

澳大利亚员工一般都很遵守工作时间，不迟到早退，但也不愿多加班，下班时间一到就会立即离开办公室。经理阶层的责任感很强，对工作很热心。

澳大利亚商人待人随和，不拘束，乐于接受款待。但他们认为招待与生意无关，是两项活动，公私分明。所以与他们交往，不要以为在一起喝过酒生意就好做了；恰恰相反，澳大利亚商人在签约时非常谨慎，不太容易签约，一旦签约，也较少发生毁约现象。他们重视信誉，而且成见较重，加上全国行业范围狭小，信息传递快，如果谈判中有不妥的言行会产生广泛的不良反应。所以谈判人员必须给他们留下好的第一印象，才能使谈判顺利进行。

澳大利亚人不大注意商品的完美性，加上他们以进口关税来控制外来商品的竞争，所以他们的商品质量提高得很慢，而国内市场上进口商品的销售也处于不利地位。

新西兰是一个农业国，工业产品大部分需要进口。国民福利待遇相当高，大部分人都过着富裕的生活。其商人在商务活动中重视信誉，责任心很强，加上经常进口货物，多与外商打交道，他们都精于谈判，很难应付。

### （二）非洲商人的谈判风格

非洲是面积仅次于亚洲的世界第二大洲，东临印度洋，西濒大西洋，北隔地中海与欧洲相望，东北角的苏伊士海峡与亚洲相连，地理位置十分重要。非洲大陆有 50 多个国家，近 6 亿人口，绝大多数国家属于发展中国家，人民健康水平低，卫生状况差，教育和福利水平落后，经济贸易不发达，加上各国内部的暴力冲突和外部战乱连年不断，天灾人祸，使他们在经济上严重依赖大国。

按地理习惯，非洲可分为北非、东非、西非、中非和南非五个部分。不同地区、不同国家的人民在种族、历史、文化等方面的差异极大，因而他们的生活、风俗、思想等方面也各具特色。

非洲各国内部存在许多部族。各部族之间的对立意识很强，其族员的思想大都倾向于为自己的部族效力，对于国家的感情则显得淡漠。非洲人有许多禁忌。比如，他们崇尚丰盈，鄙视柳腰，因此在非洲妇女面前，不能提"针"这个字。又如，非洲人认为左手是不洁的，因此尽管非洲商人也习惯见面握手，但千万注意别伸出左手来握，即使对方人很多也一样，否则会被视为对对方的大不敬。

非洲各部族内部的生活，具有浓厚的大家庭色彩。他们认为，有钱人帮没钱人是天经地义的。只要其中有人有职业、有收入，他们的亲戚就会来要钱。这种风俗使得很少有人愿去积极谋职，努力赚钱，大多数人都将希望寄托在已有职业或家境富裕的族人身上。由此带来的后果就是，非洲人工作效率低下，办事能拖就拖，时间观念极差。谈判时，他们很少准时到会，即使到了也很少马上开始谈论正事，往往要海阔天空地谈论一通。对此，其他国家的谈判人员只能忍耐。

非洲人的权力意识很强，每个拥有权力的人，哪怕是极小的权力，都会利用它索取财物。在非洲，利用采购权吃回扣的事也屡见不鲜。因此，去非洲做生意，应当注意用"吃小亏占大便宜"的方法，以小恩小惠来取得各环节有关人士的信任和友谊，才可能使交易进展顺利。

由于历史的原因，整个非洲的文化素质较低，有些从事商务谈判的人员对业务并不熟悉，因此与其洽谈时，应把所有问题乃至各个问题的所有细节都以书面确认，以免日后产生误解或发生纠纷。另外，在非洲还要避免与那些"皮包商"做生意。他们往往只为骗取必要的许可证再转卖出去，或为了拿到你提供的样品，积极找你谈生意并一口答应你的条件和建议，得手后便逃之夭夭。非洲国家的法制不健全，很难依靠法律追究他们的责任。

在非洲诸国中，南非的经济实力最强，黄金和钻石的生产流通是其经济的最大支柱。南非商人的商业意识较强，他们讲究信誉，付款守时。他们一般派出有决定权的人负责谈判，一般不会拖延谈判时间。尼日利亚的经济实力也较强，虽以农业为主，但石油储量丰富，工业发展很快。当权人物都受过高等教育，能巧妙运用关税政策，低价进口物美价廉的外国产品。扎伊尔以农业为主，是重要的矿产国。其国民缺乏商业知识和技巧。坦桑尼亚、肯尼亚和乌干达三国位于非洲东部，形成共同市场，期望经济合作。现在，这三个国家的地方资本已有所发展，但商人缺乏经验，推销也不可靠，因此与这三国的商人洽谈时，不能草率行事。

## 本章小结

国际商务谈判是指在国际商务活动中，处于不同国家或不同地区的商务活动当事人为了达成某笔交易，彼此通过信息交流，就交易的各项要件进行协商的行为过程。国际商务谈判既具有一般贸易谈判的共性，又具有国际商务谈判的特殊性：较强的政策性、国际性、风险性、影响谈判的因素复杂多样、谈判的内容广泛复杂。

做好国际商务谈判工作必须注意的基本要求：树立正确的国际商务谈判意识，做好国际商务谈判的准备工作，正确认识和对待文化差异，熟悉国家政策、国际公约和国际惯例，具备良好的外语技能。

在跨文化谈判中，谈判双方应该互相尊重彼此的文化习惯。否则，在一种文化中的一个优秀谈判者的谈判风格在另一种文化中可能会到处碰壁。文化差异在很大程度上可以用权力距离、生活的数量与质量、个人主义与集体主义和不确定性规避4个重要因素来解释。

美国人的性格特点可归纳为：外露、坦率、诚挚、豪爽、热情、自信、说话滔滔不绝、不拘礼节、幽默诙谐、追求物质上的实际利益等，随时能与别人进行滔滔不绝的洽谈。

拉丁美洲人性格固执、个人人格至上和富于男子气概；比较开朗和直爽，生活比较悠闲和恬淡，他们不很注重物质利益，而比较注重感情。拉美商人责任感不强，信誉较差。

英国人性格傲慢、保守，时间观念很强。英国商人恪守诺言，一旦签约，很少改变。

德国人具有自信、谨慎、保守、刻板、严谨的特点。他们办事富有计划性，注重工作效率，追求完美，做事雷厉风行，有军人作风。非常讲究效率，并且他们的思维富于系统性和逻辑性。崇尚契约，严守信用，权利与义务的意识很强。

法国人对本民族的灿烂文化和悠久历史感到无比骄傲，为自己的语言而自豪；非常珍惜人际关系；思路灵活，手法多样；要求包装精美；穿戴上都极为讲究。法国人的时间观念不强。

意大利商人国家意识比较淡薄，不习惯提国名，而更愿意提故乡的名字；不遵守约会时间；善于社交，但情绪多变，做手势时情绪激动，表情富于变化；看重商品的价格，谈判时表现得寸步不让。

西班牙人生性开朗，略显傲慢，考虑问题很注重现实，他们对工作、生活中的各种关系和事务的安排十分严肃认真。一般不肯承认自己的错误，强调个人信誉，签订合同后一般都会很认真地履行。

北欧人心地善良、为人朴素、谦恭稳重、和蔼可亲；工作计划性很强，没有丝毫浮躁的样子，凡事按部就班，规规矩矩。谈判中显得沉着冷静；看问题比较固执，这种固执与他们那种具有建设性的积极意愿相呼应。北欧商人不喜欢无休止地讨价还价，性格较为保守；在北欧，代理商的地位很高。

东欧商人言行随便，谈判准备工作懈怠，信誉较差；特别看重别人的尊重；更为注重现实利益；作风散漫，待人谦恭，缺乏自信。

俄罗斯人固守传统，缺乏灵活性，注重技术细节，善于讨价还价。

日本人团队精神或集团意识强，会彬彬有礼地讨价还价，固执、坚毅、不轻易妥协，保持沉默，静观事态发展；注重最后期限，有耐心；重视贸易的长远效应；重视相互信任和相互尊重；等级观念根深蒂固，重视尊卑秩序；重视人际关系。

韩国商人很注重谈判礼仪；重视在会谈初始阶段就创造友好的谈判气氛；逻辑性强，做事条理清楚，注重技巧。

阿拉伯人以宗教划派，以部族为群。他们家庭观念较强，性情固执而保守，脾气也很倔强，重朋友义气，热情好客，却不轻易相信别人，爱讨价还价。

澳大利亚商人在商务谈判中很重视办事效率，待人随和，不拘束，乐于接受款待。但他们认为招待与生意无关，是两项活动，公私分明。

非洲人的权力意识很强，他们的文化素质较低；非洲各国内部存在许多部族，各部族之间的对立意识很强，其族员的思想大都倾向于为自己的部族效力，对于国家的感情则显得淡漠。非洲人有许多禁忌，需要注意。

在非洲诸国中，南非的经济实力最强，黄金和钻石的生产流通是其经济的最大支柱。南非商人的商业意识较强，他们讲究信誉，付款守时。

## 综合练习题

### 一、简答题

1. 文化差异对国际商务谈判有何影响？
2. 国际商务谈判与国内商务谈判有何不同？
3. 东西方文化差异主要表现在哪些方面？
4. 日本人的谈判风格是怎样的？

5. 美国人的谈判风格是怎样的？

6. 英国人的谈判风格是怎样的？

7. 法、德两国商人的谈判风格有何不同？

8. 与阿拉伯商人谈判应该注意什么？

## 二、案例分析题

3位日本商人代表日本航空公司来和美国一家公司谈判。会谈从早上8点开始，进行了两个半小时。美国代表以压倒性的准备资料淹没了日方代表，他们用图表解说、电脑计算、屏幕显示、各式的数据资料来回答日方提出的报价。而在整个过程中，日方代表只是静静地坐在一旁，一句话也没说。终于，美方的负责人关掉了机器，重新打开了灯光，充满信心地问日方代表："意下如何？"一位日方代表斯文有礼、面带微笑地说："我们看不懂。"

美方代表的脸色忽地变得惨白："你说看不懂是什么意思？什么地方不懂？"

另一位日方代表也斯文有礼、面带微笑地说："都不懂。"第三位日方代表也以同样的方式慢慢答道。将会议室的灯关了之后，美方代表松开了领带，斜倚在墙边，喘着气问："你们希望怎么做？"日方代表同声回答："请你再重复一遍。"美方代表彻底丧失了信心。谁有可能将秩序混乱而又长达两个半小时的介绍再重述一遍？美国公司终于不惜代价，只求达成协议。

### 思考题：

1. 日本商人是如何赢得胜利的？

2. 美、日商人的谈判风格有何不同？

## 三、模拟商务谈判实践

接前一章模拟商务谈判实践，互为对手的小组合作，完成以下实训任务。

（1）通过互联网或其他渠道共同查询美国人的商务谈判风格。

（2）分析联想扮演方与资料中谷歌谈判对手的差距。

（3）共同讨论如何尊重对方的文化差异和应对策略。

---

📖 **阅读资料**

美国一家大百货公司 ALAR 公司，为了节省开支，考虑将原来设在市中心的公司本部迁出市区。经过寻找，他们看中了位于市郊结合部的一栋楼宇。经过调查，他们得知楼宇的主人是从遗产继承中得到这栋楼宇的，现在急于出售，开价 1 550 万美元。ALAR 公司计划以 1 000 万美元的价格买下这栋楼宇。

苦于没有买主的楼主听到 ALAR 想买他的楼宇，非常高兴。他热情地接待了 ALAR 公司的代表，然后不厌其烦地说明 1 550 万美元的价格是合理的。ALAR 公司报价 800 万美元，同时，搬出许多资料来证明这个价格是恰当的。可是楼主听了这个几乎对他的报价"拦腰斩"的价格很不乐意，一场欢喜顷刻间化作泡影，谈判也就中止了。

过了几天，又有另一家公司找上门来，楼主在前次与 ALAR 公司谈僵之后，对于新的买主寄予很大的期望。那家公司对楼宇很感兴趣，楼上楼下仔仔细细地看了一遍，又详细地询问了许多情况，查阅了楼主提供的所有资料，看来这家公司是诚心诚意要买这栋楼的，他们提出的最高报价是 500 万美元。楼主一听傻了眼，搞了半天，只有 500 万，"不成，不成！"楼主一口回绝了这家公司。

又过了两天，来了一位新买主，这位买主不但认真查看了楼宇，询问了有关情况，而且事先做了精心准备，研究了许多有关的资料，他们依据精确的计算，逐项逐项地算给楼主听，最后得出总价为457 万美元。这一次楼主真的被震动了，他对自己价格的信心开始动摇。

以后又来了几位买主，价格大同小异，都在 500 万美元左右，无奈之下楼主给 ALAR 公司打了一个电话，要求继续谈判。楼主的想法是：还是 ALAR 公司的报价高，要是 ALAR 公司能再提高一点报价就好了。

实际上，前面这几家所谓"买主"都是 ALAR 公司事先串通好了的，都是 ALAR 公司策划的。接到楼主的电话以后，他们意识到时机已到，应该速战速决，以免夜长梦多。因为万一消息传开，也许有人会出 1 200 万美元或 1 300 万美元，那就前功尽弃了。于是，第二天他们立刻派出代表与楼主谈判，经过讨价还价，终以 937 万美元成交。

**推荐阅读：**

哈佛经典谈判术，作者：（美）迪帕克·马哈拉（Deepak Malhotra），北京：中国人民大学出版社，译者：吴奕俊，2009，ISBN：9787300109671。

不同价值观念对中西商务谈判的影响，汪华林，《商业研究》，2006.23.

商务谈判中的跨文化沟通，姚玉玲，《商业时代》，2011.22

中美商务谈判风格差异的文化解析，彭治民，《商场现代化》，2007.25

| 国际商务谈判的六大技巧 | 外贸业务谈判超详细的细节大总结 |
|---|---|
| http://www.ebrun.com/online_trading/11138.html | http://www.cifnews.com/article/9111 |

# 第十章　商务谈判的风险与规避

通过本章的学习，使学生明确商务谈判中风险是难以避免的，通过分析商务谈判中风险的类型，结合有关典型案例进行商务谈判风险的预见和控制，提出有效规避商务谈判风险的手段和方法。

**引导案例**

## 货物买卖谈判的成功案例

辽宁省盘锦市A公司从事某添加剂业务，在2008年金融海啸导致很多产业原材料价格暴跌时，决定以低价从国外大量购进该产品。A公司做了大量的市场调研工作，首先通过互联网搜寻该添加剂主要出产国的信息，又通过对各国产品的性价比对确定英国B公司为谈判对象。我方A公司还通过电子邮件等方式与B公司进行沟通，把我方的基本情况和所需产品信息传递给对方，也进一步获取了对方的信息。在谈判过程中，双方首先起的争执是谈判地点的确定。B公司要求我派人员赴英国谈判，而我方要求对方来华谈判，双方都清晰在本国谈判的上风——有助于控制谈判。在金融危机使全球经济不景气的大环境下，我方利用买方市场上风，使B公司主动找上门来谈判。双方初次面谈富有成效，确定了要入口产品的品种、数目、入口时间等，同时在其他方面也基本达成了共鸣。但在接下来的价格谈判上进入了僵局，挑战来自多方面。首先，双方初次合作缺乏信任，交易金额大，交货分批进行，合同履行时间长达两年。其次，合同的定价涉及未来两年该产品世界市场价格的波动与走势，汇率波动的影响等题目。双方都想采用对己有利的价格条款以规避风险。经多次反复面谈，最终以一个折中但对我方更优惠的价格达成协议。

【思考与启示】由于世界市场的价格和汇率的变化，在商务谈判中，买卖双方都会存在一定的风险。因此，在谈判中要确定如何规避风险，以达到双方最终利益的双赢。

# 第一节　商务谈判中的风险

在商务活动交往中，风险是难以避免的，对于谈判双方来讲，都是同样存在的，只是有些风险是需要双方共同对付的，有些则可能是双方之间相互转换的，而有些仅是一方所独有的。因此，必须搞清楚在商务谈判中所有可能造成直接和间接经济损失的原因与程度，以及在谈判中采取怎样的对策来规避风险，以避免和减少这种损失。

在商务谈判中，风险分为人员风险和非人员风险两类。人员风险主要有人员素质风险、技术性风险、谈判对手风险；非人员风险主要有自然性风险、政治性风险、市场风险。

各种商务活动中，我们既要承认双方的共同利益，也要正确认识双方利益存在的利害冲突，这是必须面对的客观事实。事实上，商务活动中的风险对于谈判双方讲都是同样存在的，只是有些风险是需要双方共同承担的，有些则可能是在双方之间相互转换的，而还有一些则仅是一方所独有的。商务活动以及商务谈判中，都实实在在地存在着商务风险，对此我们必须弄清楚在商务谈判中去做与不去做某些事情会造成哪些直接和间接的经济损失，分析其原因与程度进而界定如何在谈判中采取相应的对策来避免和减少这种风险所带来的损失。

## 一、商务谈判中的人员风险

在交易市场中，影响交易活动的因素有很多，有时一个细微的变化就可能造成资金的大进大出。因此，在经济贸易合作中，首先要明确：风险在经济贸易中是不可避免的。风险的出现并不意味着坏事，风险大，往往意味着如果能够成功避开风险，报酬就会较大；同时我们也要量力而行，不冒不必要的风险。对某些项目来说，我们应寻求增加有相对稳定收益的机会，减少未来各种损失的可能。

在商务谈判中，风险分为人员风险和非人员风险两类。人员风险主要有人员素质风险和技术性风险；非人员风险主要有自然性风险、政治性风险及市场风险。

### （一）人员素质风险

在商务活动中谈判人员的素质对谈判的成败往往起着重要的作用。谈判者素质不高、能力不足，则很有可能在谈判过程中被对方抢占先机，导致利益受损。

**案例 10-1**

作为华为系的创业派，黄云鹏和赵冬栋都曾在华为海外事业部工作了十多年，赵冬栋是华为最年轻的五级谈判专家——公司超过10亿美元以上的项目由他来出马。前年底他俩选择放弃高薪，出来创办了海豚村，跳入了跨境进口电商的大红海。不过作为以海外商务谈判见长的"华为系"，团队在打法上也有些特别。

区别于多数竞争对手靠直采自销，赚取差价获利（B2C自营平台）的方式，海豚村挣的是B端的生意（B=海外电商+品牌），具体分为两种合作模式：第一种为"入驻"型，也就是以跨境电商平台的形式邀请海外原生电商和品牌直接入驻，消费者统一通过海豚村入口购买商品；第二种为"代运营"型，这个比较容易理解，就是帮助海外原生电商和品牌集成中国官网，提供本地化代运营服务。

由于是从海外电商和品牌商那儿直接发货，所有商品走的都是海外直邮，包裹从海外运到消费者手中，平台并不经手。海豚村担任的角色是在这个过程中负责IT、库存和物流对接，以便追踪和标识每一件包裹的状态，实现全程物流跟踪。

"很多老外的企业对进中国这事是持保守态度的，因为看到太多水土不服、失败的案例了。如果有一家中国的公司能帮助它们在中国经营业务，而前期又不用投入太多的成本，这个事情它们是愿意去做的。"

在黄云鹏眼里，无论是入驻还是代运营业务天然就有着很高的海外招商门槛，而海外资源拓展恰巧是团队独有的优势："我们在外面工作了十多年，积累了一定的人脉，知道怎么和老外谈判。"据黄云鹏介绍，海豚村目前共获得了二十多家海外电商的授权以及在14个海外品牌的授权，包括英国TLC药店连锁、德国UKA优卡有机生活馆、韩国L&P Cosmetic品牌等，主要涵盖母婴、保健品及化妆品三大品类。

这些合作使得海豚村数据库里拥有120万的SKU，而且仍在不断扩大。但可供选择的商品多了，往往并不是一件好事：引导用户如何在茫茫的商品库中发现自己喜爱的东西，对于现阶段的海豚村而言是个急需解决的难题。

黄云鹏坦言，这就是海豚村下一步的重点，团队希望通过内容引导来帮助用户发现喜爱的商品。不过拥有商务谈判基因的海豚村是否能将商品发现这块做好，目前还得打个问号，毕竟谈合作与做内容是两件截然不同的事。

海豚村网站2013年年底正式上线，2014年8月获得联想控股旗下君联资本的A轮融资。

【案例思考】此案例说明人员配置的不足或失误都极可能使谈判陷入僵局乃至失败。

事实上，在商务合作中当谈判主题已明确，谈判人员已确定，风险就已经形成。从根本上来讲，各种状况的技术风险是因为人员素质欠佳造成的，这些现象反映了发展中国家的国际商务活动参与者经验不足，管理水平、谈判水平有待提高的现实问题。因此，无论是谈判人员作风方面的还是知识经验方面的不足或失误都极可能造成谈判陷入僵局乃至失败的局面，也会构成商务合作潜在的利益威胁。主要表现为以下几个方面：

（1）有些谈判人员在谈判中表现出急躁情绪。比如急于求成，好表现自己，或者拖泥带水、迟缓犹豫、怕承担责任等。因此不能真正地把握时机，争取到最佳的利益。事实上造成这种风险固然有谈判人员先天的性格因素，但更多的往往是谈判作风方面的问题。

（2）有些谈判人员不敢担负责任，遇到来自对方的压力或上司的压力，就感到难以适从，不能自主。具体表现为：有时在未与对方进行充分交涉商洽的情况下做出承诺，使经过努力争取可能获取更大利益的局面丧失殆尽；有时则久拖不决，不从工作出发，而是沉湎于谈判结果对于个人进退得失影响的考虑之中，不能争取更有吸引力的合作前景。

（3）有些谈判人员刚愎自用，自我表现欲望过强，在谈判中坚持一切都要以他的建议为合作条件，寸步不让，从而使有些合作伙伴不得不知难而退。

（4）有些谈判人员既缺乏必需的知识，又没有充分地调查与研究，也没有虚心地向专家请教，因此也会带来风险。

### （二）技术性风险

在涉及引进技术、引进设备及管理经验的谈判中，常常涉及各类技术问题。由于国家技术环境与谈判的工程技术人员之间的不一致性，往往会产生技术风险。技术风险主要包括技术超标风险、技术落后风险及技术强迫风险。

#### 1. 技术超标风险

在涉及引进技术、引进设备的谈判时对使用情况不了解，不适当地提出过高的技术指标的情况就是技术超标风险，这种风险造成成本过高。这种情况对于发展中国家来讲比较普遍，特别是那些参与谈判的工程技术人员总是希望对方提供的技术更先进、更完善、功能更全面。这样做实际上也大幅地提高了项目成本。

**案例 10-2**

在一项远距离控制系统设备的引进及项目管理中，中方技术人员向外方提出了过多的要求，这给中方商务人员在进行价格谈判时带来了很大困难。而且在项目管理中中方要求外放承担部分责任，而这部分责任涉及中方负责的项目，外方感到做这些事情的风险很大，依据"较大的风险，较多的收益"的准则，他们提出的报价就会较高。他们企图在较大的风险条件下依旧能获得稳定的收益，也就会通过抬高合同的价格的途径把风险重新转移给中方。由此可见，过高的奢求也会带来风险。所以，工程技术人员、谈判人员在提出有关要求时，不仅要在技术上可行，在经济上也可以达到合理的目标，并且有助于商务谈判的顺利进行。

【案例思考】这个案例表明商务谈判中提出的要求既要符合己方的需要，又要符合对方的技术规范。

## 2. 技术落后风险

### 案例 10-3

### 沃尔玛背后强大的技术支持

沃尔玛配送中心的基本流程是：从工厂采购的货物运到配送中心后，货箱送到收货处的传送带上。在传送过程中经过一系列的激光扫描，读取货箱上的条形码信息，经过核对采购计划、进行商品检验等程序，分别送到货架的不同位置存放。商店提出要货计划后，电脑系统将所需商品的存放位置查出，并打印有商店代号的标签。整包装的商品直接由货架上送往传送带上，经传感器对标签进行识别后自动分送到不同商店的汽车装卸口。一般情况下，商店当天要货，配送中心当天就可以将货物送出。

沃尔玛被称为零售配送革命的领袖，其补充存货的方法被称为"交叉装卸法"。这套"不停留送货"的供货系统共包括三个部分：①高效的配送中心：沃尔玛的供应商根据各分店的订单将货品送至沃尔玛的配送中心，配送中心则负责完成对商品的筛选、包装和分检工作。沃尔玛的配送中心具有高度现代化的机械设施，送至此处的商品85%都采用机械处理，这就大大减少了人工处理商品的费用。同时，由于购进商品数量庞大，使自动化机械设备得以充分利用，规模优势充分显示。②迅捷的运输系统：沃尔玛拥有全美最大的私人卫星通信系统和最大的私人运输车队，是其供货系统的另一个无可比拟的优势。其结果是沃尔玛的销售成本低于同行业平均销售成本2%～3%，成为其全年低价策略的坚实基石。③先进的卫星通信网络：沃尔玛用巨资建立的卫星通信网络系统使其供货系统更趋完美。这套系统的应用，使配送中心、供应商及每一分店的每一销售点都能形成连线作业，在短短数小时内便可完成"填妥订单—各分店订单汇总—送出订单"的整个流程，大大提高了营业的高效性和准确性。

20世纪90年代初，沃尔玛就在公司总部建立了庞大的数据中心，全集团的所有店铺、配送中心也与供应商建立了联系，从而实现了快速反应的供应链管理。厂商通过这套系统可以进入沃尔玛的电脑配销系统和数据中心，直接从POS得到其供应的商品流通动态状况。现代通信技术的应用，使沃尔玛极大地提高了企业的运行效率。

沃尔玛正是通过信息流对物流、资金流的整合、优化和及时处理，实现了有效的物流成本控制。从采购原材料开始到制成最终产品，最后由销售网络把产品送到消费者手中的过程都变得高效有序，实现了商业活动的标准化、专业化、统一化、单纯化，从而达到实现规模效益的目的。

为适应如此巨大的零售商业的需求，沃尔玛拥有一个规模空前的计算机网络系统。依靠先进的信息化管理，任何一件商品的销售都会被计算机系统进行分析，当库存减少到一定量的时候，电脑会发出信号，提醒商店及时向总部要求进货，总部安排货源后送往离商店最近的一个发货中心，再由发货中心的电脑安排发送时间和路线，在商店发出订单后36小时内所需货品就会出现在货架上。沃尔玛就这样和众多消费者保持着密切的联系，也成为许多消费品制造商联系市场的重要渠道，这个巨大的销售网络，决定着许多商品的生产消费过程。

【案例思考】高效的电脑控制系统使整个配送中心用人极少；数据的收集、存储和处理系统成为沃尔玛控制商品及其物流的强大武器；知识与信息流动，数据挖掘的强大技术为沃尔玛的成功规避了技术落后的风险。这也是我国企业应该学习的地方。只有加大科技的投入，建立自己强大的科学技术平台，才不会受制于人，从而形成较大的经济利益。

由于引进的技术或设备落后于引进方的需要或国际先进水平，不能达到对技术及设备的改造要求，从而遭受损失的风险，称为技术落后风险。造成技术落后风险的原因有：一是由于合作伙伴选择不当引起的风险，主要是来自技术或设备输出商将落后的技术输出，并且对其先进性进行隐瞒，从而造成引进方的损失；二是来自国家技术环境的变化，由于国际技术更新换代的速度加快，造成引进前后技术水平在短期内落后。发展中国家在开展国际经济合作中，常常以引进资金、技术、设备及管理为主要内容。但是能否如愿以偿地从发达国家的合作伙伴中得到这些内容，却往往是不确定的。不能仅仅认为对方是发达国家的企业，拥有先进的技术，就一定能保证合作顺利进行。

**案例 10-4**

在我国A市的某个大型项目引进的过程中，谈判人员选择了美国的一家中型企业B公司作为技术设备的供应商。但是事实证明，这个选择是不慎重的。虽然B公司技术比较先进，但是它的资金实力、商务协调能力比较差，对中国的情况不了解，缺乏在中国开展活动的经验，特别是它在美国收购了C公司，而C公司曾向银行借过一笔贷款，到期后无力偿还，这笔债务就转而由B公司承担。然而B公司此时并没有足够的资金还贷，于是银行冻结了它的资金，它的各项业务被迫全部停止，并累及与A市的合同的履行。鉴于这个项目的重要性，本已紧张的工期不能再拖延，最后A市只得采取非常措施帮助B公司继续履行合同，使其摆脱困境，才使该工程得以完成。

【案例思考】此案例说明合作伙伴的选择有时隐藏着相当大的风险，需要谨慎对待。

所以，在商务合作项目中，除了要考虑合作伙伴的技术情况之外，还需要考察合作伙伴的管理经验等方面。我们只有选择了合适的伙伴，才有可能保证合作项目达到预定的目的。对于那些重要的、敏感的工程，更加需要寻找信誉良好、有实力的合作伙伴，即使要为此承担稍高的合同价格也是完全值得的。

所以，在国际商务活动中合作伙伴的选择隐藏着相当大的风险，要密切关注国际上同行业内技术及设备的最新发展水平以及发展趋势和动态，从而避免产生不必要的风险。

3. 技术强迫风险

在商务活动中，发达国家利用自己的优势技术强迫发展中国家无条件接受自己提出的要求造成损失的风险就是技术强迫风险。于是，发展中国家的企业要么接受公平的条件，承受利益分配上的不公平；要么拒绝无理要求，承受机会成本损失。对于发展中国家来讲，既要维系与发达国家企业的合作，又要维护自己的合理利益，这确实是有相当难度的。

反过来，发展中国家的企业在开展对外商务合作时，经常把自己放在一个很高的位置，对国外企业和商家挑剔，理所当然迫使对方做一些能力范围之外的事，以此来维护自身的利益。即使外商妥协让步，暂时接受了这种条件，他们也会在以后的合作中寻找机会，弥补自己的损失，并且这种明亏暗补的做法会对企业的长远利益造成危害。最后这种做法只会得不偿失。曾有一个重大工程项目由中方某公司与外方某公司联合承包，由于中方公司提供部分技术和设备，在合同谈判中，中方公司为降低自己的风险，坚持要求对方公司负责整个项目的管理工作。外方公司认为整个项目主要是由中方公司承担的，不愿意因此承担连带责任。由于外方公司曾在十多年前因连带责任陷入危机，险些破产，因此谈判陷入僵局。后来，中方有关部门作了适当让步，矛盾才得以解决。

事实上，发展中国家在国际商务谈判中采取"强迫"的做法与"奢求"的思想是一脉相承的。当奢求的愿望变得更加强烈，并且位于有利地位逐步在态度上变得更加强硬起来时，"强迫"就会发生，同时风险也随之而来。

因此，在国际商务合作中，我们既要反对国外合作伙伴的傲慢态度，也要警惕我们自身某种强人所难的态度和做法，以及由此可能给合作带来的危害。

### （三）谈判对手风险

来自谈判对手的风险主要有：以监视、窃取、暴力、贿赂、商务欺诈等非法手段来设置谈判陷阱。

#### 1. 监视

监视手段常常被谈判中的主方使用，主方为了可以在谈判中取得优势，利用自己安排谈判时间、地点及住宿、行程等优势，暗中对谈判客方进行监视，以便获得对方的内部消息，使对手丧失主动权。作为谈判的客方，为了保证自身的利益，要学会委婉地拒绝主方的全部安排，恰当地提出自己的意见和建议；在到达谈判地点时，应仔细检查布局结构，排除被践踏的可能；分散活动并灵活安排场外活动，在场内进行讨论时也应该注意周围环境，防止被监视和窃听。当发现被窃听和监视时，要及时掌握证据，并以此敦促对方停止这种行动，否则将终止谈判甚至报警。

在采购业务洽谈过程中，沃尔玛总是采取规范化、标准化的谈判业务程序。第一，谈判地点统一化。与供应商的谈判地点一律选择沃尔玛公司洽谈室，一方面作为谈判主战场，对公司谈判有利；另一方面使谈判透明度高，规避商务谈判风险，防止业务员的投机行为。

#### 2. 窃取

窃取是指谈判双方为了获取对方更多的消息，使用偷窃的手段获取谈判对手的资料的行为。它是以盗窃、利诱、胁迫或者其他不正当手段获取权利人的商业秘密，或者非法披露、使用或者允许他人使用其所掌握的或获取的商业秘密，给商业秘密的权利人造成重大损失的行为。

#### 3. 暴力

暴力是指谈判中的一方为了达到其谈判目的，使用暴力手段威胁、恐吓或强迫谈判对手答应其谈判条件的行为。这是对谈判对手的身心健康和生命财产安全造成极大的损害，直接危及人的生命、健康与自由的一种行为。

#### 4. 贿赂

贿赂是指在谈判中一方为了达到其目的，利用向谈判对手个人行贿来使其答应己方的谈判条件的行为。

#### 5. 商务欺诈

商务欺诈是指在商务谈判中利用伪造、欺骗等手段给谈判对手以错误的信息，从而使己方获利的行为。商务欺诈行为主要有金融欺诈、合同欺诈、保险欺诈、广告欺诈和海运欺诈五类，而在商务谈判中出现的多是合同欺诈和金融欺诈。

以上几种行为均为非法行为，只是严重程度不同，谈判人员要及时掌握谈判进程中的各种迹象，若发现以上行为，受害方要及时报警，并暂时停止谈判。

## 二、商务谈判中的非人员风险

### （一）自然性风险

自然性风险是指由于谈判外部自然环境变化所带来的谈判风险，主要包括社会风险和环境风险两类。在商务谈判中自然条件的变化会对其产生一定的影响。例如，一些不可抗力因素，自然灾害的发生就可能造成谈判的时间、地点的变化，影响谈判的过程和结果。但是自然环境的变化是不可控制的，所以谈判人员应该多关注当地的社会风险。

### （二）政治性风险

经济和政治相互影响，经济作为社会生活和政治基础决定着政治格局，政治又反过来推动或抑制着经济的发展。17世纪下半叶发生的三次英荷战争的目的就是为了争夺殖民地市场和国际贸易中的优势。18世纪70年代，英国加强了对北美经济的掠夺，最终导致了持续7年的美国独立战争。自20世纪以来，由于经济利益冲突带来的地区战争此起彼伏，海湾战争、科索沃战争、阿富汗战争以及最近的中东乱局等就是较近的例证。此外，出于政治上的原因而对友方的经济援助、对敌方的经济封锁终止贸易往来等做法更是屡见不鲜。比如50年代西方国家对新中国的经济封锁，第二次世界大战后美、英、法等国对战败国日、德的"输血"扶持，近年来欧盟的建立，北美自由贸易区的建立，西方国家对某些国家实行贸易禁运等。这些都是政治与经济相互联系的典型案例。

**案例 10-5**

自2016年以来，来台旅游的陆客团明显减少。据游览车全联会理事长鲁孝亚估计，全台跑陆客团的游览车估计只有500辆，少了约8成的生意，很多司机在放"无薪假"。中国社科院台湾研究所经济室主任朱磊博士认为，陆客人数减少，主要与当前岛内政治局势有关。何时复苏也要看岛内政局的发展变化。

自开放陆客到台湾旅游以来，人员额度不断地在增加，已说明市场潜力，此时出现的人员突然锐减有多方面原因。对此，中国社会科学院台湾研究所朱磊博士分析指出，当前岛内的选情白热化，大陆方面限制部分赴台游客数量，直接原因是大陆方面主动调控，以避免过多的陆客在岛内可能引发的不必要的纷争。而深层次原因则在于岛内的选举形势——大幅领先的民进党在政治上不承认"九二共识"，在经济上"逢中必反"，其言论和政策主张更是经常制造分裂，产生冲突，"哪个游客愿意到一个冲突剧烈的地方去呢？大家会望而却步。"朱磊认为，正是民进党的两岸政策以及目前的选举局势让陆客对于台湾产生了畏惧感。

陆客团突然减少，大叹倒霉的可不仅仅是游览车业者，有在台北101美食街做生意的店家就表示，最近半个多月来，陆客团变少，生意已受到严重影响。"大陆游客大多来消费，有什么不好，大家都有钱好赚啊！"

显而易见，陆客来台兴趣了了，受到影响的是整个台湾旅游业乃至台湾经济。自2014年，陆客的消费水平已经超过了日本，成为台湾境内消费最强的观光群体。而近期相关单位每日审批陆客人数的空额都达7 500人以上，这就意味着台湾每天要损失3亿元收入。"对于许多对宝岛有着情结的陆客而言，不能来宝岛是失落的，是损失；对于台湾的旅游餐饮业者来说，也是巨大的冲击。"朱磊指出，这种"双输"的局面若一直持续，恐怕一两年后，陆客来台旅游市场就会是另外一种光景，那将是大家都不愿意看到的情景。

政治因素影响着经济活动，甚至可以决定商业活动的成败。政治不稳定对经济产生的影响是难以弥补的，必须给予高度重视。

在商务活动中政治风险首先是指由于政治局势的变化或国际冲突给有关商务谈判活动的参与者带来的可能的危害和损失。例如："二战"后一些发展中国家先后实行国有化政策，一夜之间外来资本被剥夺。至今这一做法仍使不少发达国家在考虑向发展中国家进行投资时顾虑重重。再如，两伊战争使许多国家蒙受了巨大的损失。我国也由于在两伊的工程承包项目被迫停止，与两国的货物贸易合同得不到履行而损失巨大。其次，政治风险也包括由于商务合作上的不当或者误会给国家间的政治关系蒙上阴影。如前几年中国布鞋风靡一些西欧和中东国家，在法国几乎人均一双中国布鞋。然而突然在某一天在一些阿拉伯国家有人发现一批中国布鞋的鞋底波纹近似于阿拉伯文"真主"的字样，即刻引来了一片愤怒。我国驻外使馆也因此遭到骚扰。这批布鞋被封存，最后通过埃及一位颇有影响力的宗教领袖出面解释，风波才渐渐平息。因此，政治因素与商务谈判的关系是紧密相连的，为了避免造成不良后果，产生不必要的损失，在商务谈判前一定要分析该国的国家制度、政局稳定性以及国家宏观政策的延续性，提前制定商务谈判方案。

由此可见，政治因素确实与商务谈判活动有着千丝万缕的联系，而且这种联系决定了政治风险的客观存在，一旦造成不良后果，往往难以挽回消极影响，损失难以弥补。因此，提高预见和预防政治风险的能力是开展国际商务合作的重要前提。

### （三）市场风险

市场风险是指商务谈判的经济环境和市场环境的变化给谈判带来的变化的可能性。国际商务合作必须以国际市场而非某一国家的国内市场为背景，这样才能保证其公平性与合理性。然而，国际市场上的各种因素变化多端，这就不可避免地给市场参与者带来各种风险。其风险主要有汇率风险、利率风险和价格风险。

**案例 10-6**

中国国务院总理李克强12月21日上午在北京人民大会堂会见来华出席中国发展高层论坛2016年年会的国际货币基金组织总裁拉加德。

李克强祝贺拉加德连任国际货币基金组织总裁。他表示，当前世界经济不确定、不稳定因素增多，需要各主要经济体加强宏观政策协调，维护和促进全球经济金融体系稳定。中国政府重视做好同市场的沟通，重视国际货币基金组织等主要国际经济金融机构的作用和建议，愿进一步加强对话与合作，释放更多有助于提振市场信心、有利于稳定与增长的信号。

在谈及金融市场政策时，李克强指出，中国不赞成世界上发生"货币战"，这对世界经济的复苏有弊无利。我们也不会通过主动使人民币贬值来刺激出口，这样不利于中国经济转型升级。中国将继续推进金融市场化改革和法治化建设，坚持自主性、渐进性、可控性原则，稳步推进人民币汇率形成机制改革。根据中国经济基本面和金融稳定的需要，使人民币汇率在合理区间双向浮动，在合理均衡水平上保持基本稳定。

李克强强调，中国很多大型商业银行都是国有股份为主。我们政府的负债率，特别是中央财政负债率比较低，居民储蓄率比较高，中央财政可以通过市场化方式支持银行资本充足率保持在较高水平，央行也有很多工具防范金融风险。

拉加德祝贺中国两会成功举行，表示中方的"十三五"规划受到国际社会高度关注，将有助于中国经济继续为世界经济发展发挥引领作用。中方近期就人民币汇率等问题加强对外政策沟通卓有成效，有力增强了国际市场的信心。国际货币基金组织赞赏中方坚持深化改革，愿同中方加强沟通与配合，继续向市场发出积极信号。

【案例思考】在国际货币市场上各种货币之间汇率的涨落天天发生，不平稳的经济形势和宏观环境会产生一定的市场风险，中国有能力守住不发生区域性、系统性金融风险的底线，从而规避风险。

### 1. 汇率风险

汇率风险是指在较长的付款期中，由于汇率变动而造成结汇损失的风险。在国际货币市场上各种货币之间汇率的涨落天天发生。然而当这种涨落十分微小而货币交易量又不大时，对于交易双方来说其损益状况可能是微不足道的。

### 2. 利率风险

利率是金融市场的杠杆，利率的变动制约着资金的供给与需求的方向和数量。由于国际货币基金组织、世界银行以及各国政府提供的贷款一般具有还款期限长、固定利率低的特点，因此这种含有捐助性质的贷款一般不存在利率风险。利率风险主要是指国际金融市场上由于各种商业贷款利率的变动而可能给当事人带来损失的风险。

### 3. 价格风险

这里说的价格风险是狭义的价格风险，它撇开了作为外汇价格的汇率和作为资金价格的利率的风险问题。它主要是对于投资规模较大、延续时间较长的项目而言的。例如，大型工程所需要的某些设备往往要在项目建设后期提供。由此，在项目建设的初期，甚至在合同谈判阶段就把这些设备的价格确定下来并予以固定是有风险的。

## （四）合同风险

合同风险是指由于签订合同和实际履行合同规定内容往往间隔一段较长的时间，由此而存在的潜在的风险。因此，在签订合同时，要明确各项条款的实施范围和界限等。若是实物交易还面临合同签订后的交货风险。交货风险是指安全发货和收货所面临的风险，主要包括货物运输和保险两个方面。

沃尔玛始终贯彻"从供应商那里为顾客争取利益"的采购原则。首先是对供应商进行资质认证。从供应商的生产规模、资金实力、技术条件、产品质量、资信状况、付款要求、供货及时性等方面进行全面考察，初步确定目标供应商选择范围。

其次是采购业务洽谈。强调谈判内容标准化。按公司规定的"产品采购谈判格式"要求进行谈判。譬如，商品属性、产品质量、包装要求、采购数量、批次、交货时间和地点、价格折扣、付款要求、退货方式、退货数量、退货费用分摊、产品促销配合、促销费用分摊等相关内容。正是因为沃尔玛对谈判内容进行了标准化，合同覆盖了所有可能涉及的风险，因此沃尔玛公司始终能在谈判中处于不吃亏的状态。

# 第二节　商务谈判中风险的规避

## 一、风险规避的含义

在商务谈判中，风险是不可避免的，高风险意味着存在较高的潜在危机，同时也意味着一旦成功规避这些风险，将获得高的收益。对于谈判双方来讲，风险是同样存在的。要规避风险，避免和减少损失就要认清造成损失的具体原因。

当然，所谓风险规避并不意味着消灭风险，而是要通过事先的控制规避风险所带来的损失，把损失减到最小。

### （一）纯风险和投机风险共存

风险不仅有纯粹造成损失而没有收益机会的纯风险，如在货物运输途中，货主要面临船沉货毁的风险，而且也有既能带来收益机会又存在损失可能的投机风险，如出口某种产品开拓海外市场，既有成功的可能又有失败的可能。

通常情况下，纯风险和投机风险是共同存在的。纯风险是令人厌恶的，而投机风险却具有诱人的特性。例如房产所有者同时面临诸如火灾之类的纯风险和诸如经济形势变化所引起的房产价格升降的投机风险。

### （二）对风险的预测与控制

商务谈判活动中，善于区分纯风险和投机风险并采取不同的策略具有重要意义。对风险的评估主要包括两个方面：一是对损失的评估，另一个是对事件发生概率大小的评估。如果某一事件的发生概率很大，但是造成的损失却对整体微不足道，那么就没有必要投入过多的人力、物力去应对它。然而恰恰相反，若某一事件发生，就会造成十分严重的后果，那么即使这一事件发生概率较小，也要提前防范考虑对策，并不惜付出必要成本去对付它。所以，我们首先应先对风险做出比较可靠的预测。

一般来说，人员因素所引起的风险是比较容易预先估计到，例如有的技术人员追求完美，希望引进的设备是最先进的，功能最完备的，设计和材料也必须是最好的，而忽视了产品的成本问题，这就表现为一种奢求风险。事实上，在一定标准或均衡的性价比基础上，每提高1%的性能要求，价格上升就会超过 1%，并且呈几何级数增长。对于这种奢求风险，我们可做出较为具体和准确的估计，并对不同情况下的各个方案优劣做出评价，确定经济上较合理、技术上又先进的对策。

其他人员因素造成的风险如人员素质、现场管理等，只要谈判人员与其他参与人员提高规避风险的意识，那么就可以较容易地预见并控制风险。

但是预见和控制像自然灾害风险、政治风险等非人员风险的难度较大，这些风险往往都是不可预测的，它们的发生是无法阻止的。因此，对于非人员风险只能采取事后补救的办法，但实际损失的绝大部分仍然不可挽回。

### （三）规避商务谈判风险的措施

商务活动中通常可以采取以下措施规避可能出现的风险。

第一，风险损失控制，即通过降低损失发生的严重性、减少发生损失的机会来应对风险。

第二，完全回避风险，即通过放弃或拒绝合作、停止业务往来活动回避风险源。利用这种方法，虽然可以避免潜在的或不确定的风险，但是获得利益的机会也会因此丧失。

第三，转移风险，即将自身可能承受的潜在损失以一定的方式转移给第三者，包括保险和非保险两种方式。在商务活动中，大多采取保险方式的做法，这是让合作方的担保人承担有关责任风险的一种风险转移方式。

第四，自留风险。自留风险包括主动的、被动的，有意的、无意的。当风险没有被预见，因此没有做好处理风险的准备时，自留风险就是被动的或者无计划的。这是一种比较常见的自留风险的方式，而且在一定程度上是不可避免的。对于主动的或有计划的自留风险，通常是建立一笔专项基金，以此来弥补可能遭遇不测事件时所带来的损失。在某些情况下，唯一的对策可能就是自留风险，因为有时要完全回避风险是不可能的，这时采取有计划的自留风险是一种良好的避免风险的方式。

由此可见，在商务活动中，来自政治、自然灾害的风险损失常常是我们被动、无计划的自留风险的结果，这种风险是难以预测的，采取主动的、有计划的自留风险措施也往往只是杯水车薪。对于已经由事实判断出来的政治风险和自然灾害风险，采取完全回避风险的策略是较好的办法。

在国际保险业日益发达的今天，通过保险来转移风险造成的损失已经成为一种普遍的选择。同时，对政治风险的保险也已经成为一种现实，只是这种保险业务的内容还没有被严格限制在一定的范围之内。

对于非人员风险中的市场风险，包括汇率风险、价格风险、利率风险，可以通过控制风险的损失来减少或规避风险。例如，在寻找设备供应商时，选择单一伙伴往往会因面临设备价格或性能难以符合目标要求、资信状况不佳而有可能导致供货不及时等风险，因此在选择供应商时应详细考察供应商的各个条件，明确规定合同中的违约责任，还可以通过联系多家供应商，形成竞争局面，从中选择合适的合作伙伴，以此避免或减少损失发生的机会，这就是风险损失控制策略的体现。

总而言之，广义的风险规避并不是指消灭风险，而是要在寻求减少未来可能损失的同时，寻求未来收益增长的机会。

## 二、商务谈判风险规避的手段

### （一）提高谈判人员的素质

在商务谈判中，风险无处不在，随时可能出现，作为谈判主体，谈判人员的素质是决定谈判能否成功的关键因素，因此必须制订严格的标准，对谈判者进行培训和选拔。由于国际商务谈判的责任重大，对谈判人员，尤其是首席谈判代表应提出严格要求。最终被选定的谈判人员必须有较强的自我控制能力，以事业为重，敢于承担，不图虚荣。这样，就可以避免人员素质风险。在平时的工作中谈判人员应不断学习，拓宽知识面；虚心求教，掌握广泛的知识；工作认真、洞察力强、多方面掌握信息渠道、善于营造竞争局面多方择优，由此可以克服合作方选择方面的风险隐患。谈判人员要懂得一分价钱一分货，既能坚持合理要求，又不要提出过分的要求条件；谈判人员还应该对政治与经济辩证关系有深刻的认识，从事商务活动者应该不断努力提高对政治形势的分析预测能力，由此提高对政治风险的控制能力。国际商务谈判人员应通过不断提高自身的素质来有效地规避风险。例如，我国某公司曾在泰国承包了一个工程项目。由于不了解施工时期是泰国的雨季，运过去的轮胎式机械在泥泞的施工场地上根本无法施展身手，只得重新组织履带式机械。因为耽搁了采购、报关、运输的时间，以致延误了工期，造成对方提出索赔。如果当初我方谈判人员能够多懂一点世界地理知识，知道泰国的气候特点或主动向专家了解一下在泰国施工可能遇到的困难，那么后来蒙受的经济损失和信誉损失就会得以避免。

### （二）请教专家主动征询

一个人的力量是有限的，一个谈判者的能力再强，知识面再广，整个商务谈判班子知识结构再合理，总会出现缺漏，特别是在某些专业性的问题，都避免不了缺乏全面的把握与深刻的了解，所以必须不断学习，请教专家、聘请专家作为顾问是商务谈判取得胜利的关键因素。专家可以帮助谈判人员了解客观环境。在进行商务谈判时，应预先向专家求教当地的环境、气候条件等自然方面的情况，还有当地政治、经济、文化方面的特点，以避免损失。

纯风险是难以预测的，如自然灾害与政治风险，而且纯风险一旦造成危害，后果就会非常严重。对此，请教有关方面的专家可能会得到有价值的信息与启发。例如，到海外投资，一定要请教国际政治问题专家帮助考证当地政治环境是否稳定，与周边国家和地区的关系如何等；与国外大公司金融财团合作，一定要清楚他们与该国政府、议会之间的关系；为国外客商发射通信卫星，一定要请气象专家精准地推算计划发射时间内的气象变化趋势，请他们参与发射方案的制订。虽然专家不能保证消除风险，但他们总比行业之外的人了解所存在的风险的发生规律，而这正是商务谈判人员所需要的。

### （三）审时度势且当机立断

一个谈判人员能否审时度势，当机立断，在很大程度上要归因于其心理素质的优劣以及是否对谈判做了充分准备。实际情况复杂多变，虽然进行了反复比较，但要想做出最佳选择往往是非常困难的。由决策理论了可知，在现实生活中很少存在对某一事务进行处置的最佳方案，或者说，虽然人们花了大量时间、精力、财力，经过反复研究、演算、验证，得到了一个理想的方案，似乎据此可以做出最优的决策，但是事实上极有可能由于决策成本过高，或由于延误时机，而使这项决策丧失了其优化的特性，甚至变得一文不值。

在商务谈判中，既不可急于求成，也不可优柔寡断。一方面，如果急于求成就会使我们忽略一些细节，放弃一些利益，达成不利于我方的协议。在一些商务谈判中，有些外商利用国内企业有求于他们的心理，在谈判的过程中提出苛刻的条件，迫使我方接受。另一方面，如果在谈判过程中优柔寡断，想要把所有的细枝末节都考虑到后再做决定，很可能会失去最有利的时机甚至失去合作机会。

**案例 10-7**

> 沃尔玛的设店投资，不像其他商家那样一味追求廉价地租，而是采取购买土地使用权的方式。沃尔玛认为虽然一次性购买投资较大，看起来是增大了成本，实际上对于投资商更为有利：一次性投资完毕后，必然省去了今后每年的土地租金，对投资各方的实力是很好的检验，并且省去了今后的再投资。
>
> 此外，沃尔玛投资的重点基本为发展中国家的大中城市，选址的地段都是很有发展前途的。若是用租地方式，租金的多少几乎是每年谈判的惯例。这必然会耗费相当的人力、物力、财力，并且不稳定；而买地投资，谈判只需一次，省人省力不说，今后地价升值，就会增加固定资产，

降低经营成本。"即使沃尔玛将来不在此地开店，仅依靠土地出让的手段，也不会亏本。"一位了解沃尔玛经营方式的市场人员说。

【案例思考】沃尔玛设店投资的案例告诉我们谈判时有时不能过于计较细节，需要当机立断。

在商务谈判中，有些具体方面必须谨慎细致地反复权衡，但在总体上却不能过于计较细节。一旦条件基本成熟，谈判者就应当机立断，对于大项目谈判尤其如此。风险不会一成不变，在商务活动中，大量存在的是投机风险，即损失与收益的机会同时存在。因此，要想彻底消灭风险，那也就彻底消灭了收益的机会，而对于投机风险是不应简单地、消极地运用完全回避风险的策略的，而应以积极、主动的态度去对待它。

### （四）采取规避风险的技术手段

对于市场风险中所涉及的价格风险、汇率风险、利率风险，可以通过一定的财务手段加以调节和转换。作为商品交换的高级形式，期货和期权交易在这方面充当着重要角色。由于国际经济、政治等因素的影响，未来供求关系将不断变化，由此而引起的价格波动对买卖双方都会产生不利的影响。为了减少这种风险，交易者通过在期货、期权市场公开竞争，以合适的价格随时转售或补进商品，与现货交易发生冲突，可将价格波动的风险转移给第三者，达到保值的目的。与此同时，利用价格的时间差、地区差，从事买空卖空，牟取暴利的投机商也伴随着这样一个交易过程而产生了。因此，期货交易价格反映了市场参与者对三个月、六个月或一年以后乃至更长的时间里的供求关系、价格走势的综合判断。随着世界期货期权交易的蓬勃发展，交易商品也日趋多样化，目前已发展成为四大类：一是商品期货交易，如谷物、棉花、橡胶以及金属等；二是黄金期货交易；三是金融工具期货交易，如债券、股票指数、利率等；四是外汇期货交易。虽然诸如远期买卖、期货买卖、期权买卖这些调节和改变市场风险手段的运用本身就隐藏着风险，但是在专家的建议与指导下，这种操作会显出合乎理性的轨迹，况且汇率、利率、价格的波动总是相互关联的。其波动的频率范围多大，连锁波动的次序与时滞效应如何，今后变化趋势怎样，这些问题由金融、财务专家来回答是最为妥当的。

### （五）利用保险市场和信贷担保工具

随着商业的交易范围越来越宽，交易内容越来越多样化，保险业的发展也越来越迅速。现如今，在国际商务活动中，向保险商投保已经成为一种非常普遍的转移风险的方式。与价格浮动、汇率风险这种风险不同，保险一般仅适用于纯风险。在国际商务合作中，对于是否就项目中存在的纯风险投保，向哪家公司投保，承保事项如何确认、选择什么档次的保险费率、如何与合作方分担保险费等一系列问题，谈判人员应虚心听取专家意见。

国际商务活动中，信贷担保非常重要，它不仅是一种支付手段，而且在某种意义上也具有规避风险的作用。在大型的工程项目中，为了预防承包商出现差错，延误工程的进度，业主可以要求承包商或供应商在签订合同时承诺提供银行担保，以保护自己的利益。通常这些担保必须由银行做出，可分为以下三种。

#### 1. 投标保证书

为预防投标者在中标后不依照投标报价签订合同，可要求投标者在投标时提供银行的投标保证书。开标后如投标者未中标，或已签订正式合同后，解除银行的担保责任。

### 2．履约保证书

为了预防供应商或承包商不履行合同，业主可以要求供应商提供银行担保，一旦发生不履行的情况，业主就可以从银行处得到补偿。

### 3．预约付款担保

在业主向供应商按合同规定支付预付款的时候，可以要求供应商等提供银行担保，以保证自身的利益。

## （六）公平负担

在项目合作中，风险并不是简单由某一方承担，合作双方常常需要共同面对一些风险。所以，当风险出现时如何分担风险也成为了双方在进行商务谈判时需要磋商的重要内容。在这样的谈判过程中能够带来合理布局的唯一出路就是坚持公平负担原则。

分担国际风险是合作双方经常讨论的问题。如甲方要求乙方在结算的时候支付英镑，而乙方则只想支付德国马克，双方分歧焦点的背后隐藏着共同的认识：马克在未来的一段时间内会日益坚挺，而英镑会日趋疲软，双方谁都不愿意承担外汇风险。于是一个合理的解决方案是双方共同到外汇市场套期保值，或双方自行约定一个用于结算的英镑对马克的汇率，这样无论乙方最终以英镑还是马克支付，对双方都是公平的。

## 本章小结

风险是商务谈判活动中难以避免的，是需要谈判双方共同应对的。本章将商务谈判区分为人员风险和非人员风险两大类，重点介绍了人员风险中的素质风险、技术性风险和谈判对手风险；非人员风险中的自然性风险、政治性风险和市场风险。通过引入典型案例针对以上两大类风险设计了规避商务谈判中风险的相应举措和方式。

## 综合练习题

### 一、简答题

1．简述商务谈判中的人员风险。

2．简述商务谈判中的非人员风险。

3．简述商务谈判中的风险规避。

4．规避商务谈判风险的措施有哪些？

5．简述商务谈判风险规避的手段。

6．如何利用保险市场和信贷担保工具规避风险？

### 二、案例分析题

#### 奥康与GEOX公司的成功合作

浙江奥康集团是国内知名鞋业生产企业，GEOX 公司是世界鞋业巨头之一。2003 年 2 月 14 日，两家企业达成协议：奥康负责 GEOX 在中国的品牌推广、网络建设和产品销售，GEOX 借奥康之力布网中国，而奥康也借 GEOX 的全球网络走向世界。在中国入世之初，GEOX 把目光对准了中国，意图在中国建立一个亚洲最大的生产基地。2002 年年初，GEOX 总裁波莱加托先生开始到亚洲的市场中调研。

经过一段时间的实地考察，他将目标对准了中国奥康集团。但奥康能否接住 GEOX 抛过来的"红绣球"，实现企业发展的国际化战略，最终起决定作用的是商务谈判制胜原则的精彩运用。

1. 进行谈判前的准备

"凡事预则立，不预则废"，进行商务谈判，前期准备工作非常重要。只有事先做好充足准备，谈判者才会充满自信，从容应对谈判中出现的突发事件、矛盾冲突，才能取得事半功倍的谈判结果。更进一步说，即便只有 1%成功的希望，也要做好 100%的准备，不管自己在谈判中处于优势还是劣势。

GEOX 曾用两年时间对中国市场进行调研，先后考察了 8 家中国著名的鞋业公司，为最终坐到谈判桌前进行了周密的准备。谈判中，波莱加托能把几十页的谈判框架、协议条款熟练背出，令在场的人大吃一惊。波莱加托的中国之行排得满满的，去奥康考察只有 20%的可能，谈判成功预期很低，合作机会也很小，波莱加托竟做了如此周密的准备，是值得国内企业家们学习和借鉴的。

尽管奥康对与 GEOX 合作成功的心理预期也是极其低的，但他们的宗旨是：即便只有 0.1%的成功机会也绝不放过。奥康为迎接波莱加托一行进行了周密的准备和策划。首先，他们通过一份香港翻译资料全面了解对手公司的情况，包括对手的资信情况、经营状况、市场地位、此行目的以及谈判对手个人的一些情况。其次，为了使谈判对手有宾至如归的感觉，奥康公司专门成立了以总裁为首的接待班子，拟定了周密的接待方案。从礼仪小姐献给刚下飞机的谈判方波莱加托一行的鲜花，到谈判地点的选择、谈判时间的安排、客人入住的酒店预订，整个流程都是奥康公司精心策划、刻意安排的，结果使得谈判对手"一直很满意"，为谈判最终获得成功奠定了基础。

2. 谈判情感注入

王振滔（奥康集团总裁）努力寻找奥康与 GEOX 公司的共同点，并把此次谈判的成功归结为"除了缘分，更重要的是奥康与 GEOX 公司有太多相似的地方"。的确，GEOX 以营销起家，短短 10 多年时间，年产值就达 15 亿欧元，产品遍及全球 55 个国家和地区，增长速度超过 50%以上，由一家酿酒企业跨入世界一流制鞋企业行列。而奥康是从 3 万元起家，以营销制胜于中国市场，15 年的发展，产值超过 10 亿元。年轻、富有远见和同样的跳跃性增长轨迹，奥康与 GEOX 在很多方面是如此惊人的相似，难怪两位总裁惺惺相惜。

为了营造氛围消除利益对抗，奥康在上海黄浦江包下豪华邮轮宴请谈判对手，借游船赏月品茗的美好氛围消除利益冲突引发的对抗，平衡谈判双方实力，此举可以称为谈判领域的经典案例。

2003 年 2 月 14 日，也就是西方传统情人节，GEOX 与中国皮鞋业巨头奥康集团签订了合作协议。在中秋月圆之夜，王振滔与波莱加托举杯对饮，共谋发展大计。追求浪漫是现代人共同的价值取向，选择中西方传统节日中秋节、情人节为此次合作增添了浓郁的文化氛围和浪漫气息，是奥康营造和谐氛围，智取此次谈判，并为今后长远合作的劳心之作。结果正如王振滔所愿，波莱加托对王振滔亲自策划的这些活动非常满意，也对奥康集团的策划能力有了更深的认识。

谈判毕竟不是为交友而来，谈判者花在联络感情上的时间总是有限的，如果找一种方法，能够用较少的成本赢得对手的友谊和好感，那就非赠送礼物以表情达意莫属了。王振滔选择寓含奥康和 GEOX 完美无缺之意的"花好月圆"青田玉雕，送给波莱加托先生。礼物虽轻，但表达了赠送人的情真意切。谈判双方建立起真诚的友谊和好感，对日后的履约和合作具有重要的意义。

3. 以让步对障碍进行回避

GEOX 公司有备而来，拟订了长达几十页的协议文书，每一条都相当苛刻，为了达成合作，双方都做了让步。但在两件事上出现了重大分歧，一是对担保银行的确认上，奥康一方提出以中国银行为担保银行，对方不同意，经过权衡，双方本着利益均衡的原则，最后以香港某银行为担保银行达成妥协。另一件事是双方关于以哪国法律解决日后争端的问题产生了分歧，此问题使谈判一度走向破裂边缘。波莱加托提出必须以意大利法律为准绳，但王振滔对意大利法律一无所知，而予以坚决抵制。王振滔提议用中国法律，也因波莱加托对中国法律一窍不通而遭到了坚决反对。眼看所做的努力将前功尽弃，最后还是双方各让了一步，以第三国法律（英国）为解决争端法律依据而达成妥协。

奥康和 GEOX 的合作无疑是一项互利的合作。王振滔认为，GEOX 看中的不仅仅是奥康的"硬件"，更多的还是其"软件"，是一种积极向上、充满活力的企业精神，还有奥康人一直倡导的"诚信"。而奥康看中的则是 GEOX 这艘大船，它要借船出海，走一条国际化路线的捷径。从表面上看谈判双方既得利益并不是均衡的，奥康所得（借船）远远低于 GEOX 所得（奥康的硬件和软件），因此，引来诸多专业人士或担忧或谴责，王振滔平和的背后并不缺少商人的精明，"许多人预言说我们'引狼入室'，而我们是'与狼共舞''携狼共舞'。"

[案例分析]从奥康与 GEOX 成功合作的谈判中，可以看出很多障碍回避策略的成功运用并取得明显成效的例子，这些策略的运用突出表现在以下两点：

1. 冲突回避策略

本案例重点描述了情感注入在处理谈判障碍方面的重要作用。在谈判之前的情感注入或双方和谐氛围的营造对于谈判中障碍的回避是非常有效的，提前的情感注入对于障碍回避的效果要远远优于在谈判双方出现谈判障碍后再采用情感注入的方式，案例中提到为了营造氛围消除利益对抗，奥康在上海黄浦江包下豪华邮轮宴请谈判对手，借游船赏月品茗之美好氛围有效回避利益冲突引发的对抗，这的确可称为情感注入的经典。

2. 让步回避策略

在谈判中，GEOX 公司有备而来，拟订了长达几十页的协议文本，每一条都相当苛刻，为了避免由于条件的苛刻而导致激烈冲突甚至谈判僵局等谈判障碍的出现，双方都在不断地相互做出让步，通过让步来有效回避谈判障碍。特别是面对双方关于以哪国法律解决日后争端问题的冲突对立，双方更是以恰当让步来回避和处理了可能导致整个谈判破裂的障碍。

本案例的最突出特点就是感情注入策略的成功运用。人是有感情的，丰富的情感影响着每一个人的行为。谈判是否成功尽管在很大程度上取决于双方利益的互惠，但有时情感的一致和交融确是谈判的制胜法宝。在谈判中，认可和考虑人的情感是十分重要的。一个好的谈判者，应善于了解对手的需要、希望，努力寻找与之建立和维持长久友谊的契合点，为谈判障碍的回避并使整个谈判向成功方向发展奠定心理基础。奥康集团情感注入策略的成功运用很值得其他国内企业集团和销售人员借鉴。

[案例思考]

1. 在此案例中，奥康集团采取了哪些情感注入方式？你认为这些方式起到了哪些作用？

2. 在谈判中面对苛刻的交易条件，双方是怎样做出让步的？他们把握了让步的哪些方式或原则？这对于回避谈判障碍发挥了怎样的作用？

3. 本案例还提到双方为进行谈判所作的一些精心准备，你认为这些精心准备对于谈判障碍的回避是否能发挥一定作用？可能发挥哪些作用？

**三、模拟商务谈判实践**

接前一章模拟商务谈判实践

（1）总结首轮谈判经验教训，重点总结商务谈判过程中会出现的风险和问题。

（2）根据本章所学内容，制订模拟商务谈判中规避商务谈判中风险的相应举措和方式。

20 世纪 80 年代中期，中意两公司就合资兴建一个合资企业进行了十多轮的谈判。在谈判过程中，中方公司显示了极大的耐性，最后达成了协议。

其间，关于产品的销售问题，在可行性研究中有两项措施：一是意方负责包销出口 30%，其余 70% 在国内销售；二是合资公司出口渠道为合资公司和中国外贸公司。双方在这一表述的理解上产生了分歧，并且因为这一分歧使得谈判难以继续进行。意方对此两点表述的理解是：许可产品（用外方技术生产的产品）只能由意方独家出口 30%，一点也不能多，而其他两个渠道是为出口合资企业的其他产品保留的。中方的理解是：许可产品的 30% 由意方出口，其余 70% 产品用两个渠道出口。双方争执的焦点在于对许可产品中方与合资企业是否有出口权。意方担心扩大出口数量和多开出口渠道会打破自己的价格体系，挤占自己的国际市场，因此反对中方与合资企业出口，中方同样基于自己的利益不愿放弃出口权。双方互不相让，争执不下。在第三轮谈判的最后一天，意方宣布终止谈判，以示在此问题上决不让步，谈判随之破裂。

由于意方利用终止谈判的方式向中方施加压力，企图迫使中方全面让步，因而使中方谈判代表不禁忧心忡忡。

显然，中方对谈判破裂的实质认识不清。后来中方研究对策，经过认真分析，认识到以下几点。

一是此项目投资大，意方目光是长远的，这次来中国事先是进行过充分的可行性调查研究的；二是意方洽谈此项目意在投石问路，打开中国市场。另外，中方公司可以说是最佳的合作伙伴，无论技术还是产品都是一流的；再者，如果意方在此领域第一个洽谈的项目就宣告失败，那它想要在中国继续投资办厂将难上加难。因此，意方不会轻易放弃合作。最后，中方公司领导班子在做出了正确的分析之后，不再担心谈判破裂，决定耐心等待。

几天以后，意方终于撑不住而主动发来电传，再次陈述他们的理由，并作了许多解释，在许多项目上作了适当让步。中方公司经研究之后觉得可行，于是几经讨论，终于在谈判书上签了字。

### TPP来袭，中国应该如何应对

2015 年 10 月 5 日，美国、日本、加拿大、澳大利亚、墨西哥、马来西亚、新加坡、智利、秘鲁、新西兰、越南和文莱 12 国经贸部长联合发表声明，宣布《跨太平洋（601099，股吧）伙伴关系协定》（TPP，以下简称《协定》）谈判结束。2015 年 11 月 5 日，新西兰、美国先后公布了《协定》全文。根据已公开的情况看，这是一个贸易自由化水平较高、内容涵盖领域广泛、执行要求严格的自贸协定。

十八届三中、五中全会进一步要求以周边为基础加快实施自由贸易区战略，形成面向全球的高标准自由贸易区网络。目前，我国与《协定》12 个成员国中的 9 个国家已签署或正在开展自贸协定谈判，比如中澳自贸协定、中日韩自贸协定及区域全面经济伙伴关系协定（RCEP，涵盖东盟 10 国以及中国、日本、韩国、印度、澳大利亚和新西兰共 16 个国家）等。同时，中国与《协定》主导者美国也在积极推进双边投资协定谈判。如相关谈判顺利达成，将降低甚至消除《协定》对中国的影响。

《协定》构建了包含安全、金融审慎、货币信贷及外汇政策、资金转移限制等在内的金融服务例外规则体系，并通过承认审慎监管制度提供一定的灵活性，在促进开放市场的同时，维护成员经济体的金融监管权。我国为达到能够接受《协定》规则的高开放水平，则需要进一步推动完善银行业相关配套制度和机制，包括：加快事前管理向事中事后监管的转变；强化审慎监管和国际间监管承认等规则的运用；完善开放过程中的风险防范机制。

**启示与建议：**

加快实施自由贸易区战略是我国新一轮对外开放的重要内容，也是全面深化改革、构建开放型经济新体制的必然选择。为推进银行业对外开放并防范开放中的潜在风险，建议开展如下三个方面的工作。

一是深入开展国际金融服务规则体系研究，制定银行业开放政策建议，进一步完善银行业负面清单，增进国内金融业界对国际规则的理解，为提高中国银行业开放程度和竞争力打好规则基础。

二是金融管理部门应统筹建立对外开放协调机制，整合行政部门、行业组织、法律咨询机构资源，从监管实践、行业发展、法律规则等角度，为高层决策提供支持。

三是完善扩大银行业对外开放的配套制度建设，完善金融审慎监管和风险防范等机制，推动监管理念和管理手段转变，实现行业有序开放。同时，完善涉外重大事件应急机制，维护中国金融业发展的核心利益。

**参考阅读：**

奥康与 GEOX：十年牵手风雨路
http://wzed.66wz.com/html/2013-08/30/content_1506410.htm

TPP "真的"来了！12国正式签署TPP协议
http://money.163.com/16/0204/08/BEVGLJRU00252C1E.html

# 第十一章 商务谈判实训——案例分析

**实训目的**

1. 了解商务谈判的内涵以及基本理论；
2. 了解商务谈判的原则、策略以及技术方法的运用；
3. 能够在谈判中熟练商务谈判的相关技术打破僵局进而规避风险。

## 案例1 非洲某国的政府招标采购谈判

非洲某国2013年开始对其国家某政府部门大批成套设备进行选择性招标采购，金额达几千万美元，投标方涉及英国、德国、南非及中国的十几个大公司。而各大公司各有优势，其中的一些公司与该国还有一定渊源。如德国以技术过硬、态度严谨、产品质量高而著称；而该非洲国家以前曾是英国的殖民地，历史渊源更深；南非公司与当地印巴人关系较好，而印巴人在政府中有一定的势力。在这种情况下，中国A公司准备参与竞争并积极做准备。

在正式谈判前，A公司首先仔细分析了该国的历史背景和社会环境及谈判对手的特点。非洲国家历史上多为英属或法属殖民地，其法律程序较为完善，尤其是原英属殖民地国家，其法律属英美法系，条款细致而成熟，政府工作程序延续英国管理条例，部门分工很细，并相互牵制且配置一系列监察部门，监督各部门工作。

但非洲国家又有自己的一些特点，即当地有势力的部族与上层社会、政府部门有千丝万缕的关系，并熟悉当地法律、法规习惯做法与禁忌，影响着政府部门的各利益集团的决策。如果能有效利用当地有势力的部族为中方的工作服务，既可以四两拨千斤，是达到目的的有效途径。另外，该国存在不同的民族，信仰不同的宗教，在谈判前一定要搞清其宗教派系，避讳其禁忌的话题和其他禁忌。

在分析谈判对手方后，A公司决定一方面组织国内人员按正常程序准备投标文件、联系工厂并报价，一方面派出团组到当地进行商务谈判。

人员配置：公司总经理（副董事长）1人、主谈1人、翻译1人、当地公司负责联络此事的代表1人。

此次派出团组首先见项目决策者，其最主要的目的，一是建立正面的联系，二是探询对方意图并尽可能多地掌握各方面情况，以便为下一步工作指明方向。到达该国后，A公司通过正常渠道拜会了项目决策者。

A公司出席人员为公司领导、主谈判手及翻译，对方出席人员为决策者、副手及秘书。见面后，领导说了开场白，回顾了中国与该国的传统友谊，追忆中国政治上支持其独立及经济上对其长期援助的历史，表明中方的态度：我们是一家人，要互相扶持，共同向前迈进。力图创造良好气氛以便提出要求。

接着主谈开始跟项目决策者及其副手介绍A公司对于此项目的兴趣、A公司的实力、产品的质量及价格优势。对方是非洲上层社会的人，受过良好的教育，语速适中、声音平和，英文良好而且很注重礼仪，即便在40°C的高温下，他们会见客人都是西装革履。对方的态度很友好，但语气很含糊，只说会按程序办事，应允会把中国公司作为有资格中标的公司之一来考虑。

对领导的拜会，结果是积极的，首先接触的目的已基本达到，建立了正面的联系，了解到一些情况。但显然，光正面接触是不够的，需侧面再做一些工作。公司领导向国内做了汇报，公司决定拨出一定的资金，给予谈判手一定的时间及便利来促成这件事。领导安排好公关相关事宜后，留下其他人员继续工作，自己先行回国。

其他人员依计划工作期间，领导不再露面，但并不是不再关注此事，逢该国重大节日，以及对方人事的变动，领导都会发传真祝贺，通过贺电也向对方传递一些中国经济形式的信息，如国内人民币升值压力有可能导致价格的变动，从而造成我们价格优势减弱的可能性，以敦促对方尽快推进此事进程等。

而A公司当地的联系人及代理不断将对方以及竞争者的消息传递给A公司，以便A公司及时掌握对方的第一手资料。A公司留在该国继续工作的人员及当地联系人通过消息灵通人士了解到某部族首长在当地很有势力，与政府部门上下关系很密切，且长袖善舞，于是就花了一段不短的时间与之接触并建立了基于互相信任基础上的良好私人关系。A公司从开始和他做一些小生意，逐渐过渡到几百万美元的生意。由于给他的利润很丰厚，且A公司对他的承诺都能按时兑现，让他体会到A公司是可以信赖的朋友，然后再逐渐让他了解A公司的想法，即A公司希望得到这个项目，委托他作为这个项目的代理，利益共享，使其有主人的感觉，觉得是一起在完成一项有挑战性的工作。因为项目很大，设备使用部门、合同签订部门，以及资金划拨部门互相牵制，而政府部门也有自己的派别和利益分割，互相不会妥协，这时往往是那些没有政府身份而有相当影响力的人扮演了协调者的角色，由他们出面说服相关部门的官员接受条件，从而达成共识、形成合力，促使合同签订部门推进合同进程。

A公司给其代理报价，由他确定最终报价及佣金分配，从而给了他很大的活动空间。而所有游说活动A公司并不出面，以免授人以柄，但代理人创造条件，以非正式会面的形式，使A公司的主谈判手与相关部门的工作人员接触，并就产品的性能、特点等技术问题交换了意见。

通过一次次与相关部门的接触和侧面的工作，A公司逐渐浮出水面。这期间有的竞争者采取低报价，并从预计差价中划出一部分利润以现金或贵重礼物的形式以拉拢某些人为其暗中做工作，这些活动虽给A公司的工作进程造成了一定的影响，甚至阶段性阻滞，但另一方面的问题很快就出现了：不同的利益集团与派别，相互之间斗争在所难免，收受贿赂的官员在另一势力的揭发下有的被当地监察部门调查，调离了工作岗位，使上述公司所托非人；有的官员因为分赃不均，不停地索要礼物，使行贿公司不堪重负。这对A公司很有利。

A公司眼看时机成熟了，就通过代理穿针引线，顺利地获得选择招标的订单并获得对方政府的正式邀请与其公开正式就合作细节问题展开谈判。此时，公司领导再次出访与对方直接面谈，最终获得了此项目。

**【案例1分析】**

本案系投标过程中的谈判，除了投标标书的制作技巧外，贯穿其中的公关与谈判也十分重要。本案借鉴参考之处有以下几点。

**（一）知己知彼，不打无准备之战**

首先要研究谈判对手的文化背景、办事程序、决策者以及其与关键各部门之间的联系、社会关系以及利益取向。就本案而言，该国历史上为英属殖民地，英国成熟的法律制度及行政管理程序早已渗入其政府管理的方方面面，所以谈判一定要按程序来，如考虑不成熟打乱规矩做事，很可能招致监察部门的调查。

但非洲人毕竟有着自己根深蒂固的东西，有自己民族的烙印。非洲贫富分化很严重，有些有钱的部族首领，在社会上很有势力，也有能力游说政府的重量级人物。政府部门虽各有各的利益，但对于某个事情的利益分配有时需要他们来协调。此次投标，我方跟当地有优势的部族首领交朋友，委托其作为公司代理，为我方游说上层官员，A公司不直接接触政府官员，不给对方留下丝毫把柄。我方只给代理报价，加价由代理掌握，使其有足够的回旋余地，从而调动其积极性，为拿下项目奠定了基础。

而其他竞争对手由于没有充分考虑到非洲国家政府做事的程序，以及政府部门及各重要人物之间微妙的利益关系，贸然使用金钱和礼物，一方面造成一些相关人员被反对派抓住把柄，最后被调离关键部门；另一方面由于礼物和金钱的分配问题造成受贿的人互相攀比、贪得无厌，使自己陷入泥潭。

**（二）谈判组的各成员充分扮演好自己的角色**

领导不用多说话，开场活跃气氛，引出下文就好。关键的作用是当主谈判手发现问题时，领导要积极想办法，拿大主意，或为此事与更高层领导及时沟通，为谈判手疏通渠道，提供解决问题的必要手段。另外，领导不必频繁出场，以免被对方看轻。

主谈判手要反应敏锐，抓住本质，发现问题的根本，并积极与领导沟通，从而使对策顺利实施。

公司当地联络人要积极提供情报，发掘重要关系及线索并提供给主谈判手与领导，以便仔细分析并充分利用。

翻译除了要尽职准确翻译外，有时还能起到润滑剂的作用，对谈判对手国家的历史、地理、文化及相关背景要提前了解，以便在谈判出现空当或暂时气氛紧张时想办法说一些轻松的话题，调节大家的情绪，使谈判顺利进行。

**（三）注意保密**

一方面要通过各种渠道了解谈判对手及竞争者的动向，另一方面要严格做好保密工作以免节外生枝，陷入被动。

**（四）善于利用并控制代理人**

本案中，谈判对象为政府项目主管人和A公司代理人。虽然A公司领导与项目主管人会晤，但只谈是谁该该项目，能否让谁做。又要与代理人谈好，由代理人协调有决定权者。因此在选谁中标的谈判过程中一方要选对人，晓之以理，动之以利；另一方面要在前期支出上严格控制，对将来的预期利益，要以合理合法的方式令他及他的合作者坚信A公司的承诺在目标实现后一定会兑现。

**（五）重视当地习俗**

非洲人上层社会的人很注意礼节，在很热的天气会客都是西装革履，作为其谈判对手也不应因为天气炎热而穿短袖上衣，那样比较失礼。

非洲政府官员上下级等级划分比较明确，称呼上不要图省事和随便，要将其头衔讲出来，非洲国家大多有多个不同的民族，信仰不同的宗教，事先要搞清其宗教派系，避讳其禁忌事宜。

非洲人的时间观念很强，但只限于要求别人。如果自己不守时，他们会有很多理由，但对方不守时时，他们会比较生气。

非洲人比较讲究派系和内部关系，政府部门人员有着各自的派系和消息灵通人士以及商业团体的支持者。

**【案例1思考】**

政府采购中招标工作程序较严，在评标之中，之前的公关与谈判尤其重要。该案发生在海外客座谈判中，其值得探索的问题：

1. 如何组织谈判和选择谈判对象？是预先设定，还是现场考察后再定呢？

2. 成败能否仅押在某个代理商身上？如何保证代理商的工作效果？

# 案例2　谈判引导策略案例三则

案例2-1

## 霍华·休斯买飞机谈判中的先苦后甜

美国大富豪霍华·休斯是一位成功的企业家，但他也是个脾气暴躁、性格执拗的人。一次他要购买一批飞机，由于数额巨大，对飞机制造商来说是一笔好买卖。但霍华·休斯提出要在协议上写明他的具体要求，内容多达三十四项。而其中十一项要求必须得到满足。由于他的态度飞扬跋扈，立场强硬，方式简单，拒不考虑对方的面子，也激起了飞机制造的愤怒，对方也拒不相让，谈判始终冲突激烈。最后，飞机制造商宣布不与他进行谈判。霍华·休斯不得不派他的私人代表出面洽商，条件是只要能满足他们要求的十一项基本条件，就可以达成他认为十分满意的协议。该代表与飞机制造商洽谈后，竟然取得了霍华·休斯希望载入协议三十四项要求中的三十项，当然那十一项目标也全部达到了。当霍华·休斯问他的私人代表如何取得这样辉煌的战果时，他的代表说："很简单，在每次谈不拢时，我就问对方，你到底是希望与我一起解决这个问题，还是留待与霍华·休斯来解决。"结果对方自然愿意与他协商，条款就这样逐项地谈妥了。

## 案例 2-2

### 日本人最后期限策略的使用

德国某大公司应日方邀请去日本进行为期四天的访问，以草签协议的形式洽谈一笔生意，双方都很重视。德方派出了由公司总裁带队，由财务、律师等部门负责人及其夫人组成的庞大代表团，代表团抵达日本时受到了热烈的欢迎。在前往宾馆的途中，日方社长夫人询问德方公司总裁夫人："这次是你们第一次光临日本吧？一定要好好旅游一番。"总裁夫人讲："我们对日本文化仰慕已久，真希望有机会领略一下东方悠久的文化和风土人情。但是，实在遗憾，我们已经订了星期五回国的返程机票。"结果，日方把星期二和星期三全部时间都用来安排德方的旅游观光，星期四开始谈判洽商时，日方又搬出了堆积如山的资料，"诚心诚意"地向德方提供一切信息，尽管德方每个人都竭尽全力寻找不利于己方的条款，但尚有6%的合同条款无法仔细推敲，就已经到了签约时间。德方进退维谷，不签约的话，高规格、大规模的代表团兴师动众来到日本，却空手而归，显然会名誉扫地；签约的话，有许多条款尚未仔细推敲。万般无奈之下，德方代表团选择了后者，匆忙签订了协议。

## 案例 2-3

### 朱总理入世谈判的出其不意

出其不意的招数使用非常奏效的是中国与美国的入世谈判，朱镕基总理亲自出马参与谈判，使几近破裂的谈判最终达成协议。龙永图副部长对此有生动的回忆。他回忆说："1999年11月15日，当中美入世谈判几乎再次面临破裂之时，朱总理亲自出面，把最棘手的7个问题找了出来要亲自与美方进行谈判。当时，石部长担心总理出面谈，一旦谈不好就没有回旋余地，不赞成总理出面。总理最终说服了我们。最后，我方决定，由朱总理、钱其琛副总理、吴仪国务委员、石广生部长和龙永图共五位代表，与美方三位代表谈判。"

"谈判刚开始，朱总理就对七个问题的第一个问题作了让步。当时，我有些担心，悄悄地给总理写条子。朱总理没有看条子，把第二个问题拿出来，又作了让步。我又担心了，又给朱总理写了条子。朱总理回过头来对我说：'不要再写条子了！'然后总理对美方谈判代表说：'涉及的7个问题，我已经对两个问题作了让步，这是我们最大的让步。'美国代表对总理亲自出面参与感到愕然，他们经过商量，终于同意与中方达成入世谈判协议。"

1999年11月15日，中美双方在就中国加入世界贸易组织的谈判达成了一致，中国谈判代表与美国贸易谈判首席代表巴尔舍夫斯基签署协议并交换文本。中国与美国谈判成功，为中国入世扫除了重大壁垒。2001年11月10日，世界贸易组织第四届部长级会议在卡塔尔首都多哈以全体协商一致的方式，审议并通过了中国加入世界贸易组织的决定。

【案例 2 分析】：我们提到的谈判引导策略的很多技能点可以单独使用，也可以将其中的几个组合在一起使用。技能点的选取关键还是要根据销售谈判的实际情况，根据具体情况的变化，销售谈判人员可以灵活运用。本主体的三则案例体现的一些谈判引导策略有以下几个。

### 1. 先苦后甜

在【案例 2-1】中，由于霍华·休斯的脾气暴躁、性格执拗给飞机制造商留下了糟糕的谈判印象，但他们只是拒绝与其本人谈判，最主要的原因就在于霍华·休斯购买的飞机数量巨大，能给飞机制造商带来丰厚的利益。霍华·休斯的私人代表出马后很容易地争取了几乎所有的具体要求。纵观整个谈判过程，实际上是一种不经意的"先苦后甜"谈判引导策略的使用，霍华·休斯与其私人代表白脸与红脸的扮演利用了飞机制造商既想合作但又不愿与有恶感的对方打交道的心理，诱导其做出了妥协。

### 2. 最后期限

在【案例 2-2】中，日本人将最后期限引导策略的使用发挥得淋漓尽致。通过不经意的交谈，日本人了解了德国代表团回国的日期，从而以安排旅游 观光来挤压谈判的时间，最后在谈判桌上搬出大堆资料的"诚心诚意"仍是为了对谈判时间进行压榨，德国代表团要应对繁琐的谈判，但是已经没有时间了，只好匆忙签署协议，损失了可能争取到的谈判利益。

### 3. 出其不意

在案例 2-3 中，美方谈判代表意想不到朱总理等中方高层领导会突然出现在谈判桌前，再者还想不到朱总理会果断地连续做出两次让步，这些都造成了出其不意的效果。同时，中方高层领导的出现给美方形成中方在做背水一战的印象，这些都有利于挽救几近破裂的谈判

在先苦后甜的案例中，给对方的谈判代表形成的是一种心理感受上的对照反差。而在谈判中某方提出最后期限，开始或许并不能够引起对方的关注，但是随着这个期限的逐渐迫近，提出期限一方不断地暗示，表明立场，对方内心的焦虑就会不断增加。尤其是当其负有签约的使命时，他会更加焦虑不安。而到了截止日期的时刻，不安和焦虑就会达到顶峰。因此，在谈判过程中，对于某些双方一时难以达成协议的棘手问题，不要操之过急地强求解决，要上与运用最后期限的力量，规定谈判的截止日期，向对方开展心理攻势。出其不意策略的使用也是一种给对方的心理造成冲击的战术。由此可见，谈判引导策略运用的关键就是引导对方的心理感受，从而达到争取己方谈判利益的目的。

【案例 2 思考】

1. 在【案例 2-1】中飞机制造商受到了对方先苦后甜策略的考验，假如你是飞机制造商的销售谈判代表，你应该如何应对才能最大化地维护己方的商业利益？

2. 在【案例 2-2】中日本人成功地运用了最后期限策略，你认为应如何避免或化解对方最后期限策略的使用？

# 案例 3　史蒂夫的销售报价策略

史蒂夫是爱姆垂旅店董事会成员，但是旅店的地理位置实在不理想，董事会曾委派一个小组委员会，调查了将爱姆垂旅店从萨默维尔迁到一个安静的、半居住性的社区的可能性。但从财务上看，搬迁是不可行的，因而搬迁的想法就被打消了。几个月以后，一位名叫威尔逊的先生先找到爱姆垂旅店的经理——彼得斯夫人，威尔逊表示他的公司愿意买下爱姆垂旅店。

董事会委派史蒂夫去办理这项有希望的交易。史蒂夫根据对威尔逊的商业往来所做的一些调查，认为他是一位有信誉的合法商人。史蒂夫意识到，威尔逊想买爱姆垂旅店，可能是想在这里建造公寓。

威尔逊希望马上讨论价格问题，而蒂夫则需要两个星期来做这些谈判准备工作。

**1. 史蒂夫初步确定旅馆的开盘价格**

在接下来的12天里，史蒂夫做了几件事：首先，他想要确定爱姆垂旅店的保留价格或能够轻易成交的价格。史蒂夫得知，位于梅德福和位于奥尔斯顿的两个地点是可以用一个合适的价格买到的。他得知：梅德福德那块房地产可以175 000美元的价格买下来，奥尔斯顿的那块可以235 000美元的价格买下来。

史蒂夫断定，爱姆垂旅店搬迁到梅德福至少需要220 000美元，而搬迁到奥尔斯顿则至少需要275 000美元。奥尔斯顿的那个地点（需275 000美元）比梅德福的那个地点（220 000美元）好得多，而后者又比现在爱姆垂的这个好。所以史蒂夫决定，他的保留价格是220 000美元。史蒂夫下一步又调查得知，如果在市场上公开销售，爱姆垂旅店可能大约仅值125 000美元。

史蒂夫和他的朋友了解到售价的高低很大程度上要取决于这些开发商的意图。史蒂夫断定，威尔逊的保留价格是275 000~475 000美元。

**2. 史蒂夫对报价策略的选择**

史蒂夫应采取什么样的开局策略？谁应当首先报价呢？如果威尔逊坚持让史蒂夫首先报价，史蒂夫应该怎么办？如果威尔逊开价X千美元，史蒂夫应该怎样还价？有没有任何明显的圈套应该避免？

史蒂夫决定试着让威尔逊首先报价，如果不成功，或一开始就被迫首先报价，他就使用大概的价格750 000美元。史蒂夫曾想过一开始就报出400 000美元的价格，并在一段时间里坚持不变。但是经商量后他们认为只有40%的成功概率，这个价格会低于威尔逊的保留价。如果威尔逊首先报价，史蒂夫将不让他有时间仔细考虑他的报价，而将迅速作出反应，立即给出一个还价，比如说750 000美元，让对方在心理上觉得他的报价太低了。

史蒂夫的朋友告诉他，一旦两个报价都拿到了桌面上，那么自然可以预料到，最终的合同价格就在这两个报价之间。假如威尔逊的报价是200 000美元，史蒂夫的还价是400 000美元，则最终价格一般为300 000美元。作为先开价者，史蒂夫认为最后能买到350 000美元就很不错了，而且他当然记得自己的保留价格只有220 000美元。

**3. 第一轮的较量**

当第一轮谈判结束后，史蒂夫认为他简直经历了一场灾难，而且接下来，他甚至不敢断定会有第二轮谈判。谈判一开始，双方说了几句幽默的笑话和几句客套话。接着威尔逊就说："请告诉我，你们能够接受的最低条件是什么。好让我看看是否能再做点什么。"史蒂夫已料到了这样的开场白，没有直接回答，他问道："为什么不告诉我们，你愿意出的最高价格，好让我来看看是否能再削减点价格。"威尔逊被逗笑了，并报出了他的开盘价格125 000美元，而且首先讲了在萨默维尔那个地区许多房地产买卖的实例，作为支撑他的证据。史蒂夫立即回答说，爱姆垂旅店完全可以卖得比这个价格高，再说他们一点儿也不想搬迁。只有当他们能够搬到更安静的地方去时，他们才能考虑搬迁。但是在环境安静的地方，房地产价格是很高的。史蒂夫最后提出，只有售价600 000美元，才可能抵消这次麻烦的搬迁。史蒂夫之所以选择这个价格，是因为他心里盘算着150 000和600 000美元的中间值，高于所期盼的350 000美元。威尔逊反驳道，这个价格根本不可能被接受。双方让了一点儿步，最后决定休会。

**4. 相互让步直到协议的达成**

在以后的两天中，双方各作了一些让步。威尔逊逐渐地将报价提高到了290 000美元，最后停在确定的报价300 000美元。史蒂夫则从475 000美元降到425 000美元，又降到400 000美元。然后当威尔逊强硬地停在300 000美元时，他又"费力地"降到了350 000美元。史蒂夫最后停止了谈判，并告诉威尔逊，他将必须与董事会的主要成员取得联系，看看是否可以突破350 000美元的界限。

第二天，史蒂夫给威尔逊打了一个电话，向他解释说，旅店对是否接受300 000美元的报价有不同意见。"您的公司能不能再多出一点儿？如果咱们的买卖做成了，您的公司能否免费为爱姆垂旅店新买的房子做30 000美元或40 000美元的维修工作？要是这样的话，我可以接受300 000美元的报价。"威尔逊回答说，他非常高兴董事会能明智地接受他300 000美元的慷慨报价，但是不会提供装修工作。

"那么好吧，"史蒂夫回答道，"如果您的公司能为爱姆垂旅店提供一笔免税的赞助，比如说40 000

美元的援款，专供帮助急需的旅店之用，这也确实是一种帮助。"

"噢，这倒是个主意！40个格兰德是太多了（grand，美俚语，一千美元），但我可以问问我们的律师，是否捐赠20个格兰德。"

"25个怎样？"

"好吧，就25个。"

结果，根据法律，威尔逊的公司要直接付给爱姆垂旅店325 000美元。这样威尔逊既保全了面子又巧妙地突破了他自己的最终报价。而爱姆垂旅店则通过曲折的道路充分满足了自己的需要。

【案例3分析】：在此案例中，史蒂夫成功地运用了销售报价策略的技能点，不仅成功地实现了旅店的搬迁，而且还获得了更多额外的收益。销售谈判人员从该案例中可以学到以下基本技能点的运用方法。

**1. 确定报价依据和定价策略**

史蒂夫首先通过对搬迁地的调查确定报价的大致范围和保留价格，他惯于报价依据的选择是非常恰当的。作为卖方，史蒂夫采取了根据商品交易条件的上下限确定报价内容的幅度定价法。接着他通过调查分析威尔逊的公司购买旅店的意图来估算对方保留价格的合理范围，做到了知己知彼。

**2. 确立报价策略**

在确定报价方式上，案例中谈判双方采取的是口头报价方式。但在谁先报价上，即在具体的报价策略的选择上史蒂夫可谓是费尽心机，并作了种种有关谁先报价的猜测和应对之策。在第一回合的谈判中，首先报价的开局被史蒂夫猜到了，并立即做出有利于己方的应对从而迫使对方报价。由此可见史蒂夫成功地运用了迫使对方报价的被动报价策略。但是首次回合的谈判并没有在他心中留下乐观的印象。

在随后的谈判中，史蒂夫谈判利益的获取很大程度上是建立在销售报价策略成功应用的基础之上的。

从本案例中可以明显看出报价准备工作的重要性。在实际谈判中，当买方准备以某种比较高的价格买进对方的某种商品时，如果卖方报价比较低，那么买方就会欣然接受，或乘机迅速以卖方所报的价格为起点，争取进一步压价，使卖方处于被动地位。比如，如果买方先报了价，并以某种比较高的价格准备买进对方的某种商品时，卖方听到的报价比自己预设的卖价偏高，则会欣然接受，或乘机以买方所报价格为起点，争取进一步抬价或提出其他附带要求，其结果会使买方陷于不利境地。报价的提出及实现不是孤立的和一厢情愿的问题，是综合了多方面因素和双方条件的结果，因此所有的谈判者在报价问题上必须采取认真、审慎的态度，做好各项准备工作。这些准备工作概括起来就是全面、准确地掌握报价的依据

【案例3思考】

1. 请问在此案例中，史蒂夫是怎样确定旅店的报价依据的？他的报价依据是什么？你认为他所选择的报价依据合理吗？

2. 史蒂夫的朋友有关最终确立的价格是在两个报价中间的说法你认为合理吗？为什么？

3. 在最终协议价格的确定中，史蒂夫是怎样做到既保全了威尔逊的面子，同时又最大化地争取自己谈判利益的？你认为在销售报价谈判中维护对方的面子问题对于争取己方的谈判利益有什么作用？

# 案例4　讨价还价策略案例两则

### 案例4-1

## 中韩丁苯橡胶出口讨价还价策略

中韩的一笔交易，能很好地说明上面提到的一些讨价还价的技能点。中方某公司向韩国某公

司出口丁苯橡胶已有一年的时间，第二年，中方公司根据国际市场行情将价格从前一年的成交价每吨下调了120美元（前一年为1 200美元/吨）。韩方感到可以接受，建议中方到韩国签约。

中方人员二人到了首尔该公司总部，双方谈了不到20分钟，韩方说："贵方价格仍然太高，请贵方看看韩国市场的价格，两天以后再谈。"

中方人员回到饭店后有一种被戏弄的感觉，很生气。但人已来到首尔，谈判必须进行，中方人员通过有关协会收集到韩国海关丁苯橡胶的进口统计，发现从哥伦比亚、比利时、南非等国进口量较大，从中国的进口量也不小，中方公司是占份额较大的一家。从价格方面来看南非最低，但高于中国产品价格。哥伦比亚、比利时的价格均高出南非。在韩国市场的调查中，批发和零售价均高出中方公司现报价的30%～40%。市场价虽呈下降趋势，但中方公司的给价是目前世界市场最低的。

为什么韩国人员还这么说？中方人员分析，对手以为中方人员既然来了首尔，就肯定急于拿合同回国。可以借此机会再压中方一手。那么韩方会不会为了不急于订货而找理由呢？

中方人员分析，韩方若不急于订货，为什么邀请中方人员来首尔？再说韩方人员过去与中方人员打过交道，有过合同，且执行顺利，对中方工作很满意，这些人会突然变得不信任中方人员吗？从态度上来看不像，他们来机场迎接中方人员且晚上一起用餐，保持了良好的气氛。

从上述分析中，中方人员一致认为：韩方意在利用中方人员出国后的心理，再压价。根据这个分析，中方人员决定在价格条件上做文章。总之，态度应强硬（因为在来之前对方已表示同意中方报价），不怕空手而归。其次，价格条件还要涨回市场水平（即1 200美元/吨左右）。再者，不必用几天给韩方通知，仅一天半就将新的价格条件通知韩方。

在一天半以后的中午之前，中方人员打电话告诉韩方人员："调查已结束，得到的结论是：我方来首尔前的报价低了，应涨回去年成交的价格，但为了老朋友的交情可以下调20美元，而不再是120美元。请贵方研究，有结果请通知我们，若我们不在饭店，则请留言。"

韩方人员接到电话一个小时后，回电话约中方人员到其公司会谈。韩方认为，中方不应把过去的价格再往上调。中方认为，这是韩方给的权力。我们按韩方要求进行了市场调查，结果应该涨价。韩方希望中方多少降些价，中方认为原报价已降到最低。经过几回合的讨论，双方同意按中方来首尔前的报价成交。这样，中方成功地使韩方放弃了压价的要求，按计划拿回了合同。

## 案例 4-2

### 中日汽车索赔讨价还价谈判

中日关于进口三菱汽车索赔案的谈判，就是递减价格让步策略的典型表现。1985年9月，中国就日方提供的5 800辆三菱载重汽车存在严重质量问题，向日方三菱汽车公司提出索赔。日方在无可辩驳的事实面前，同意赔偿，提出赔偿金额为30亿日元。中方在指出日方报价失实后，提出中方要求赔偿的金额为70亿日元，此言一出，惊得日方谈判代表目瞪口呆。两方要求差额巨大，在中方晓以利害关系的前提下，日方不愿失去中国广阔的市场，同意将赔偿金额提高到40亿日元。中方又提出最低赔偿额为60亿日元，谈判又出现了新的转机。经过双方多次的抬价压价，最终以日方赔偿中方50亿日元，并承担另外几项责任而了结了此案。

【案例4分析】：两则案例突出地表现了讨价还价和价格让步策略的成功运用。

1. 有诚意的报价和抬价压价战术

在【案例4-1】中，中方出口丁苯橡胶公司首先根据国际市场行情的变化提出降低出口产品的价格，这充分表明了中方的合作诚意。然而当中方的谈判人员到达首尔后却面对韩方进一步降价的要求。韩方之所以敢提如此要求主要是认为中方的谈判人员已身在韩国，可能对韩国的市场行情并不了解。同时告诉中方可以调查韩国的市场，这实际上是将问题的解决抛给了中方。这里面暗含了给中方的谈判代表施加压力的成分，因为谈判人员只有两个，又身在异国他乡，在给定的两天中进行市场调研谈何容易？中方谈判人员面对压力表现出充足的耐心，沉着应战，在调研韩国市场的基础上分析韩方提出继续降价的真正原因。在此基础上中方采取反抬价的策略提前进行回击，打了韩方一个措手不及。最终，双方相互让步，按照最初中方提出的降价方案达成了协议。

**2. 递减价格让步策略**

在【案例 4-2】中，中方对日方三菱汽车的索赔采取的是典型的递减价格让步策略。中方首先提出索赔的金额为 70 亿日元并观察日方的反映，同时据理力争，在谈判未果的情况下降价 10 亿日元，再次晓以利害关系，又无果的情况下再次降价并严守阵地，终于达成了协议。

在讨价还价中，双方都不能确定对方能走多远，能够承受的底线是什么，以及己方最终能得到什么。因此，时间越久，局势就会越有利于有信心、有耐心的一方。同时在可能持久的讨价还价中，灵活地运用本主题中提到的技能点，并察言观色，沉着应战对于最大化地争取己方的利益至关重要。

**【案例 4 思考】**

1. 在【案例 4-1】中，中方谈判人员恰当地运用了抬价压价战术，你认为在此战术的运用中，中方谈判人员表现了哪些谈判人员应该具备的心理素质？

2. 在【案例 4-2】中，中方成功地运用了递减价格让步策略。在实际的讨价还价中，递减的数额如何确定？最后的底线如何确定？

# 案例 5　谈判障碍分析案例四则

案例 5-1

## 美越战争结束谈判

持续数十年的美越之战，使越南人耗尽了一切，资源设备均遭受严重破坏，民不聊生，越南人想尽快结束战争。但在怎样结束的问题上，他们却使实力雄厚的美国人着实吃了一惊。越南政府放出消息："我们要把这场战争打 627 年，如果我们再打 128 年的话，那有什么要紧的呢？打 32 年战争对我们来说只是一场快速战。"

越南人之所以这样做，就是利用美国国内大选，竞选人急于想结束旷日持久的战争，以换取美国民众拥护的心理。越南人这种无所谓，不在意的态度，越发使美国人着急，本来主动权在美国，但此时却变得十分被动，费了九牛二虎之力才使越南人坐到谈判桌上来。

在巴黎和谈时，以黎德寿为首的越南代表团，没有住旅馆，而是租用了一栋别墅，租期是两年半。而以哈里曼为首的美国代表团则是按天交付旅馆的房费。结果怎样呢？越南在最不利的条件下，取得了最理想的谈判结果，这就是耐心的力量。

在实际谈判中，无数事例证明，如果你感到你的优势不明显，或局势对你不利的话，千万别忘记了运用耐心。

案例 5-2

## 林肯的冷静、清醒和幽默

保持冷静、清醒的头脑，以谨慎平和的态度回答对方的反对意见，是十分必要的。如果你带着愤怒的口吻回答对方的问题，对方会认为你对他有看法。这样，要想说服他也就更困难了，甚至还会造成对方更强烈的反对。所以，态度平和、友好，措辞得当是十分必要的。有时，运用幽默再加上冷静清醒的头脑会有更好的效果。美国前总统林肯在1843年与卡特莱特共同竞选伊利诺州议员。两个人因此成了冤家。一次，他们碰巧一同到当地教堂做礼拜，卡特莱特是一名牧师，他一上台，就利用布道的机会转弯抹角地攻击林肯，最后他说："女士们，先生们，凡愿意去天堂的人，请你们站起来。"全场都站了起来，只有林肯仍显坐着。牧师一位奚落林肯的机会来了，他大声问："林肯先生，那么你打算去哪呢？"林肯不慌不忙地说："卡特莱特先生，我打算去国会。"全场的人都笑了，牧师反被窘住了。

## 案例 5-3

### 周总理创造和谐一致的谈判开局

1972年2月，美国总统尼克松访华，中美双方将要展开一场具有重大历史意义的国际谈判。为了创造一种融洽和谐的谈判环境和气氛，中国方面在周恩来总理的亲自领导下，对谈判过程中的各种环境都做了精心而又周密的准备和安排，甚至对宴会上要演奏的中美两国民间乐曲都进行了精心的挑选。在欢迎尼克松一行的国宴上，当军乐队熟练地演奏起由周总理亲自选定的《美丽的亚美利加》时，尼克松总统简直听呆了，他绝没有想到能在中国的北京听到他如此熟悉的乐曲，因为，这是他平生最喜爱的并且指定在他的就职典礼上演奏的家乡乐曲。敬酒时，他特地到乐队前表示感谢，此时，国宴达到了高潮，而一种融洽而热烈的气氛也同时感染了美国客人。一个小小的精心安排，赢得了和谐融洽的谈判气氛，这不能不说是一种高超的谈判艺术。美国总统杰弗逊曾经针对谈判环境说过这样一句意味深长的话："在不舒适的环境下，人们可能会违背本意，言不由衷。"英国政界领袖欧内斯特贝文则说，根据他平生参加的各种会谈的经验，他发现，在舒适明朗、色彩悦目的房间内举行的会谈，大多比较成功。

日本首相田中角荣上个世纪70年代为恢复中日邦交正常化到达北京，他怀着等待中日间最高首脑会谈的紧张心情，在迎宾馆休息。迎宾馆内气温舒适，田中角荣的心情也十分舒畅，与随从的陪同人员谈笑风生。他的秘书早饭茂三仔细看了一下房间的温度计，是"17.8度"。这一田中角荣习惯的"17.8度"使得他心情舒畅，也为谈判的顺利进行创造了条件。

"美丽的亚美利加"乐曲、"17.8度"的房间温度，都是人们针对特定的谈判对手，为了更好地实现谈判的目标而进行的一致式谈判策略的运用。

## 案例 5-4

### 幽默对紧张谈判气氛的缓和

美国前总统里根到加拿大访问时，双方的会谈现场受到屋外反美抗议示威的干扰。加拿大总理特鲁多感到十分尴尬和不安。此时，里根却幽默地说："这种情况在美国时有发生，我想这些人一定是特意从美国来到贵国的，他们想使我有一种宾至如归的感觉。"几句话使得在场的人都轻松下来。幽默对缓和谈判双方的僵局是十分有效的。在卡普尔任美国电话电报公司负责人的初期，在一次董事会议上，众人对他的领导方式提出许多批评和责问，会议充满了紧张的气氛，人们似乎都无法控制自己的激动情绪。这位女董事质问："在过去的一年中，公司用于福利方面的钱有多少？"他认为应该多花些。当她听说只有几百万美元时，说："我真要晕倒了。"卡普尔诙谐地回答到："我看那样倒好。"会场上爆发出一阵难得的笑声，气氛也随之缓和了下来。

**【案例 5 分析】**：只有对谈判中的障碍进行预见性的分析，做到有备而来，才能灵活驾驭谈判中的障碍。上述四则案例体现的是一些值得销售人员学习的对谈判障碍的分析和应对的策略。

**1. 逆转谈判劣势**

在【案例 5-1】的美越战争谈判中，从战争上来说美国完全占据着绝对的优势，但是越南人并不甘于在战争的谈判桌上也处于劣势。越南人通过分析美国人想急于结束战争，参选的美国竞选人想借助谈判来尽快结束战争的心理抓住了对方的弱点并保持足够的耐心来最大化地争取己方的谈判利益。越南人首先宣扬不害怕持久的战争，且在巴黎和谈时做好了准备持续谈判的各项准备，结果想急于结束谈判的美国人没有将军事上的优势转化成谈判桌前的优势，自身的急躁面对对方的耐心就难免失掉更多的谈判利益了。由此可见保持耐心，扬长避短是一种行之有效的逆转谈判劣势的做法。

**2. 恰当处理交往中的反对意见**

在【案例 5-2】中，林肯保持冷静清醒的头脑和使用幽默是一种应对处理反对意见的有效方法。林肯面对对方拐弯抹角式的攻击首先保持头脑的冷静和清醒，如果此时针锋相对反而会适得其反。当面对对方直接的诘问时，利用诙谐幽默的语言可直指对方的要害，有效地逆转自身的不利形势。

**3. 塑造融洽的开局气氛**

第一印象在人们的相互交往中十分重要，如果对方在与你初次交往中，对你的言行举止、风度、气质反应良好，就会对你产生好感、信任，并愿意继续保持交往；反之，就会疏远你，而且这种印象一旦形成，就很难改变。因此，要创造相互信任的谈判气氛就要争取给对方留下良好的第一印象。

在【案例 5-3】中，一致式开局策略的目的在于创造取得谈判成功的条件。

运用一致式开局策略的方式还有很多，比如，在谈判开始时，以一种协商的口吻来征求谈判对手的意见，然后对其意见表示赞同和认可，并按照其意见开展工作。运用这种方式应该注意的是，拿来征求对手意见的问题应该是无关紧要的问题，对手对该问题的意见不会影响我方的利益。另外在赞成对方意见时，态度不要过于献媚，要让对方感觉到自己是出于尊重，而不是奉承。

一致式开局策略还有一种重要途径，就是在谈判开始时以问询方式或者补充方式诱使对手走入你的既定安排，从而使双方达成一种一致和共识。所谓问询式，是指将答案设计成问题来询问对方，例如，"你看我们把价格和付款方式问题放到后面讨论怎么样？"所谓补充方式，是指借以对对方意见的补充，使自己的意见变成对方的意见。

**4. 缓解谈判中的紧张氛围**

【案例 5-4】中的故事凸现了幽默在紧张交往、谈判氛围中缓和气氛的重要作用，因此在实际的销售谈判中销售人员应培养善于运用幽默的话语来缓解紧张谈判氛围的技巧。

对于谈判障碍分析的根本目的就在于有效地应对和处理谈判中的障碍。要想加强自身对于谈判障碍处理的能力，能够正确地分析谈判中的障碍是首要的前提条件。明确谈判中一般会出现哪些障碍，明确障碍出现的原因和条件，再通过自身对案例的分析和理解来积累经验，才能在实际的谈判中面对障碍时有心理准备，做到不慌不乱、灵活应对，最大化地维护己方的利益。

**【案例 5 思考】**

1. 越南人抓住了美国人的哪些谈判劣势？同时又是如何将对方的劣势转化为己方的优势的？

2. 保持冷静和清醒是面对反对意见时的首要心理素质，你认为自身有这方面的心理素质吗？该如何在日常的工作、生活和学习中培养这种素质呢？

# 案例6 联合与分裂——增加胜算的砝码

无论在中国古代外交史和军事史还是近现代外交谈判中，关于合纵抗强的谈判技巧和谋略的范例屡见不鲜。当年周恩来总理为了亚洲各发展中国家和人民的利益，把亚洲和非洲各国联合起来与强大的美国对抗，在联合国中获得了席位。这也是周恩来运用合纵抗强的谈判技巧和谋略的胜利。

战国时期，由于苏秦采用了合纵抗强的谈判谋略屡屡取得成功，使燕、赵、齐、楚、韩、魏六个弱小的国家合为一个具有强大军事实力的联合体，共同抵抗强大的秦国达15年之久。后来，秦国的张仪就采用了针锋相对的破纵连横的谈判策略，对合为一体的六国实施各个击破的战术，终于使秦国统一了这六国。合纵抗强。战国后期，经过商鞅变法后的秦国逐渐强大起来，成为七雄中实力最强的国家，齐、楚、燕、赵、魏、韩这六国均无能力单独抵抗秦国的攻击。为了与秦国对抗，保护弱小的国家不被吞并，六国联合势在必行。洛阳人苏秦极力推行谋士孙衍的合纵抗强策略，终于使得六国得以联合抗秦，令秦国不敢轻易向六国中的任何一国下手。

公元前314年，苏秦先到燕国，劝说燕文公与近在百里的赵国联合，以防千里之外的强秦。在苏秦的劝导下，双方达成共识，燕文公接受了苏秦的建议，于是封他为武安君，授以相印，送兵车百乘，让苏秦到各国去实施合纵抗秦的策略，抑制秦国的侵略。

苏秦来到赵国，同赵肃侯进行谈判。向他提出，秦国不敢进攻赵国，是因为害怕韩魏两国袭击其后方。如果秦国先打败韩魏再举兵攻赵，那么赵国就难以抵抗了。苏秦接着又向赵肃侯指出，六国之地五倍于秦国，六国之兵十倍于秦国，如果能够联合起来，同心协力，必定能够打败秦国。因此他希望赵王邀请韩、魏、齐、燕、楚等六国国君进行谈判，共商六国联合抗秦大业，这样秦国就不敢对六国中的任何一国进攻了。听了苏秦的话，赵王大喜，对他大力嘉奖。然后，苏秦又奉赵王之命，前往其他各国进行谈判。

针对国家实力中等的各国，苏秦在谈判中指出：齐国与秦国不可能共同存在，就像两虎相争不能并存一样的道理。齐国强则秦国弱，秦国强则齐国弱，秦齐两国注定要交锋。既然如此，齐国应该召集其他小国，结成联盟。共同抵抗强大的秦国。这样一来，无论秦国多么强大也远远抵不过六国联合的力量。如果齐国与秦国交好，就要向秦国奉送土地和财富，如果同五国联合，反而会得到五国的赞赏并且可以从中受益。权衡利弊之后，齐国当然应该同五国联盟，共同抵抗秦国。

针对各个小国，苏秦在谈判中向他们指出，在强大的秦国面前，各小国好比是风中残烛，很容易就会被秦国灭掉。只有大家联合起来，把秦国当成共同的敌人，才能够强大起来，保护自己不被秦国吞并。

在苏秦的游说和努力之下，合纵抗秦的策略终于有了最终结果，各国都纷纷答应联合起来，共同抗秦，并且派出使节在洹水举行合纵谈判，最后达成协议，六国结成联盟合纵抗秦，由苏秦担任总联络使。至此，苏秦的合纵抗秦策略取得了成功，使强大的秦国不敢出函谷关一步进攻六国。

苏秦的合纵策略之所以能够成功，一方面是成功地运用了合纵抗强的方法，另一方面就是他准确地把握了六国的共同利益和处境。只有这些共同的目标和利益才能把这些弱小的力量联合起来，共同抵抗秦国的兵力，使秦国不敢轻举妄动，各国才能够保住自己的一片疆土。

对付合纵抗强谈判策略的最有效的方法是连横击弱。连横击弱指的是在谈判过程中，针对谈判对手的合纵抗强而采取的有效措施，其目的是要通过分化合纵联盟。拉拢合纵成员以销弱合纵联盟的抵抗力量，各个击破，最后达到把全部弱小力量打破，从而实现其全部谈判目标的目的。

为了迫使六国屈服于秦国，挫败苏秦的合纵之策，张仪极力倡导并成功地运用了连横击弱的策略，最终使秦国独霸天下。

公元前328年，作为秦国相国的张仪首先游说并贿赂齐、楚两国的相国，晓以利害，使齐楚两国脱离合纵联盟，投奔秦国，孤立韩魏。在同齐国的谈判中，张仪向齐国指出，齐国如不尽早和秦国联盟，与秦国和好，秦国一旦和邻国的韩、魏率先联合，就可以以三个方向对齐国发动进攻，加上韩魏两国早就想得到齐国的土地，随时都在窥视着齐国，伺机动手。而只要齐国先和秦国联盟，他们就不敢对齐国下手了。与此同时，张仪还进一步指出，弱小的齐国和强大的秦国作战，不会存在任何取胜的可能性，即使侥幸得胜，也将付出惨重的代价，那时，如果韩魏两国一起进攻，齐国就只有灭亡了。

在同楚国的谈判中，张仪向楚王指出，楚王曾经同秦国多次交战。但每次都被秦国打的大败，损失惨重。但是，如果楚国能够从合纵同盟中退出，与秦国合好，秦国出兵攻占卫和阳晋两个地方，封锁要害，楚国再全力攻打宋国，进而再向东挺进，那么泗水之上的十二诸侯，就全部归属楚王所有了。

说服齐楚两国之后，张仪又赶到魏国，劝说魏国也屈服于秦国，好让其他国家一起效仿。但是秦魏两国的谈判由于魏王采取了强硬的态度，拒绝秦国的要求而破裂。张仪于是密令秦国向魏发起进攻。直到公元前318年，魏、韩、赵、燕四国联合齐楚一并向秦国发起进攻。但是由于齐国和楚国被秦国拉拢，导致出师不利。四国军队在函谷关遭到秦军的反击，损失惨重。秦军又乘胜出兵伐韩，大败韩军，斩首八万，威震各国。

在这种情况下，张仪又乘机找到魏王进行谈判，劝魏王向秦国妥协。张仪向魏王威胁说，六国合纵联盟根本不能成功，亲兄弟同父母尚且因争夺财产而相互残杀，六国怎么可能靠苏秦的几句话就能长久地联合起来呢。如果魏国不向秦国屈服，一旦秦军出兵，魏国就危在旦夕。由于魏王年幼无知，面对联军的惨败和韩军的覆灭之势，经不住张仪的威吓，便背弃了合纵联盟。此后，张仪继续游说六国推行连横击弱的策略，离间六国合纵之约，威逼六国争相割地贿赂秦国。由于各国纷纷向秦国示好请和，苏秦苦心经营起来的合纵抗强策略被完全瓦解，六国中无论是实力最强大的齐国，还是相对弱小的韩、魏等国，都没有足够的实力与秦国抗衡。而秦国对六国的要求也越来越苛刻，不时索要金银珠宝或土地牛羊等，使得六国的实力一天天衰弱下去，最后没有一个国家能够抵挡得住秦国大军的进攻，终于被秦国逐个吞并。张仪的连横击弱帮助秦国最终统一了全国。

为了对合纵抗强联盟分化瓦解，张仪所代表的秦国不惜采用欺骗、拉拢、贿赂、威吓甚至边打边谈的手段，迫使六个实力弱小的国家合纵联盟逐渐解体，投靠了秦国。因此，分化瓦解，各个击破是连横击弱的核心战术，如果不能够成功瓦解合纵联盟，任凭秦国有再强大的力量，也无法击破六国联合起来的力量，战国七雄局面就会继续，维持下去，也就没有后来的秦国统一天下了。

【案例 6 分析】：在此案例中，以史为鉴，合纵需要团结，连横需要发展。即：合纵的各方，必须要懂得放弃，运用"舍得"这种精神，大舍才有大得，不舍永远不得。而连横的一方，必须要知道在与别人合作的同时，不断深度发掘自身的潜能，强大自我。秦国，就是在与六国连横的过程中，一方面击破了合纵，另一方面不断深挖本国的潜能，使国家不断的富强，最终取得了统一霸业的伟大胜利。

【案例 6 思考】

随着市场竞争的日趋激烈，大品牌、大商家、大企业形成了行业垄断的态势，给大量的小微企业、个体户带来巨大的冲击。为了对抗强大品牌的冲击，"合纵连横"的商业策略如何发挥作用？

# 案例 7  中日农机设备谈判的成交信号

正确地把握自己，全面认识对方，再加上谈判策略和技巧的巧妙运用，谈判才会抵达成功的彼岸。

日本在战后短短几十年中，经济取得了飞速发展，跻身于世界经济强国之列。由于日本人独有的民族特性和长期在经济发展过程中的实践，使日本成长为精于谈判的少数国家之一。特别是日本商人，勇于实践、富有经验、深谙谈判之真谛。他们手法高超，谋略多变，善于运用谈判的各种战术为自己赢得利益，因而日本人素有"圆桌武士"之称。中国某公司正是面对这样一些"圆桌武士"，在上海著名的国际大厦，围绕进口农业机械加工设备，进行了一场别开生面的竞争与合作。中方在这一谈判中也谋略不凡，身手高超，使这场谈判成为一个成功的典范。

在谈判的准备阶段，双方都组织了精干的谈判小组。特别是作为买方的中方，在谈判之前，已做好了充分的国际市场行情预测，摸清了这种农业机械加工设备的国际行情的变化情况及趋势，同时制定了己方的谈判方案，从而为赢得谈判的成功奠定了基础。

**1. 首回合的相互试探**

第一轮谈判，从日方的角度看，不过是放了一个"试探气球"。因此，凭此取胜是侥幸的，而"告吹"则是必然的。因为对交易谈判来说，很少有在开局的第一次报价中就获得成功的。日方在这轮谈判中试探了中方的虚实，摸清了中方的态度，同时也了解了中方主谈人的谈判能力和风格。从中方角度来说，在谈判的开局就成功地捣出了对方的"筑高台"手段，使对方的高目标要求受挫。同时也向对方展示了己方的实力，掌握了谈判中的主动权。双方在这轮谈判中，互通了信息，加深了了解，增加了谈判成功的信心。从这一意义上看，首轮谈判对双方来说，都是成功的。

**2. 第二回合的拉锯战**

第二轮谈判开始后，双方首先漫谈了一阵，调节了情绪，融洽了感情，创造了有利于谈判的良好气氛，之后，日方再次报价："我们请示了总经理，又核实了一下成本，同意削价100万日元"。

同时，他们夸张地表示，这个削价的幅度是不小的，要中方"还盘"。中方认为日方削价的幅度虽不小，但离中方的要价仍有较大的距离，马上"还盘"还有困难。因为"还盘"就是向对方表明己方可以接受的价格。

在弄不清对方的报价离实际卖价的"水分"究竟相差多大时就轻易"还盘"，容易造成被动，高了己方吃亏，低了只能刺激对方。究竟"还盘"多少才是适当的，中方一时还不能确定。为了慎重起见，中方一再电话联系，再次核实该产品国际市场的最新价格，一面对日方的两次报价进行分析。根据分析，这个价格日方虽表明是总经理批准的，但根据情况看，此次降价是谈判者自行决定的。

**3. 最后成交阶段中方成交信号分析策略的成功运用**

日方报价中所含水分仍然不少，弹性很大。基于此点，中方确定"还盘"价格为750万日元。日方立即回绝，认为这个价格不能成交，中方坚持认为讨价还价的高潮已经过去，因此，中方认为最后成交的时机已经到了，该是展示自己实力，运用谈判技巧的时候了。

于是，中方主谈人使出具有决定意义的一招，郑重向对方指出："这次引进，我们从几家公司中选中了贵公司，这说明我们成交的诚意，该报价虽比贵公司销往C国的价格低一点，但由于运往上海口岸的运费比运往C国的运费低，所以利润并没有减少。加上一点，诸位也知道我国有关部门的外汇政策规定，这笔生意允许我们使用的外汇只有这些。要增加，需再审批。如果这样，那只好等下去改日再谈。"这是一种欲擒故纵的谈判方法，旨在向对方表示己方对该谈判已失去兴趣，以迫使其作出让步。

但中方仍觉得这一招的分量还不够，又使用了类似"竞卖会"的高招，把对方推向一个与"第三者"竞争的境地。中方主谈人接着明确地说："A国、C国还等着我们的邀请。"说到这里，中方主谈人把一只捏在手里的王牌摊了出来，恰到好处地向对方泄露情报，把中国外汇使用批文和A国、C国的电传递给日方主谈人。日方见后大为惊讶，他们坚持继续讨价还价的决心被摧毁了，陷入必须"竞卖"的困境：要么压价握手成交，要么谈判就此告吹，日方一再举棋不定，握手成交，利润不大，有失所望；告吹回国，跋山涉水，兴师动众，自身花费了不少的人力、物力和财力，最后空手而归，不好向公司交待。另一方面，中方主谈人运用心理学知识，根据"自我防卫机制"的文饰心理，称赞日方此次谈判的确精明强干，已付出了很大的努力，但限于中方的政策，不能再有伸缩的余地。如日方放弃这个机会，中方只能选择A国、C国的产品了。

日方再三考虑，还是认为成交可以获利，"告吹"只能赔本。这正如本杰明·福兰克林的观点所表明的那样，"最好的结局，是尽自己的交易地位所能做成最好的交易。最坏的结局，则是由于过于贪婪而未能成交，结果本来对双方都有利的交易却没能成交。"

【**案例7分析**】：从中日农机设备谈判，特别是在第二轮的成交谈判中可以明显看出双方对谈判中成交信号分析的一些技能点的运用，从而促成双方最后协议的达成。这些技能点集中体现在以下方面。

**1. 暗示提示成交意图表达**

在第二轮谈判中，中方谈判人员欲擒故纵以及类似"竞卖会"策略的使用实际上是对成交意图表达策略中间接表达策略的使用，通过提示某些事实，暗示己方的成交意图和提醒双方如果现在不签约将错失良机从而造成损失。

**2. 传递成交信号**

可以想象，中方谈判人员在运用意图表达策略时立场坚定、话语简洁、不卑不亢、沉着冷静，中方的这些态度和表情实际上是在给对方传递成交信号，日方谈判代表的惊讶体现出接收成交信号但是己方获利很少的焦虑以及无可奈何的心理。

**3. 机会成交法促成交易**

在中方成交信号发出和对方成交信号接收并处于两难境地时，中方谈判人员首先称赞对方的精明强干，然后阐明给出的报价是限于政策限制，这实际上是在给日方寻找妥协的台阶。可以说中方成功地把握住了成交促成的恰当时机，并采用成交促成中的利益促成策略从而迫使对方有些无可奈何地达成交易，结果是中方公司为己方争取到了更多的利益。

在销售谈判中通常会有这样的情况，一场谈判旷日持久，但却进展甚微，然而由于某种特殊原因，很多原本很艰难的问题却一下子得到迅速解决。这主要得益于谈判者发出谈判结束的信号，发出该信号的一方主要是试图表明己方对谈判进度的态度，推动对方不要在少数问题上拘泥短见，纠缠不休，并设法使对方行动起来，达成妥协。因此，谈判收尾在很大程度上是一种掌握火候的艺术，是需要销售谈判人员熟练掌握的一门艺术。

**【案例7思考】**

1. 在本案例中，中方主谈人说 A 国和 C 国还等着我们邀请，这给对方传递了什么信息？对方的反应如何？

2. 中方主谈人运用了什么心理学知识？抓住了对方哪些心理上的弱点？成效如何？

3. 你如何看待本杰明·福兰克林的观点？

# 案例8　科恩在墨西哥

科恩是美国一位著名的谈判大师，他的谈判生涯富有传奇色彩，为世人提供了无数成功与失败的经验教训。

有一次，他同妻子去墨西哥市，一天，他们正在马路上观光，妻子突然碰了一下科恩的胳膊说："科恩，你看到那边有什么东西在闪光吗？"科恩说："唉，不，我们不去那儿。那是一个坑骗旅游者的商业区，我们来游玩并不是要到它那儿去，我们来这里是为了领略一种不同的文化风俗，参观一些未见过的东西，接触一些尚未被污染的人性，亲身体会一下真实，遛遛人如潮涌的街道。如果你想去那个商业区的话，你去吧，我在旅馆里等你。"

科恩的妻子一贯是不听劝说、独立自主的人，于是挥手再见，一人去了。科恩穿过人潮起伏的马路，在相距很远的地方看见一个真正的当地土著人。当科恩走近以后，看到他在大热的天气里仍披着一件披肩毛毯，实际上他披了好几件，并呼叫道："1200比索。""他在向谁讲话呢？"科恩问自己，"绝对不是向我讲，首先，他怎能知道我是个旅游者呢？其次，他不会知道我在暗中注意他，甚至在潜意识里想要一件披肩毛毯。"科恩加快脚步，尽量装出没有看见他的样子，甚至用他的语言说："朋友，我确实敬佩你的主动、勤奋和坚持不懈的精神。但是我不想买披肩毛毯，请你到别处卖吧，你能听懂我的话吗？""是的。"他答道。这说明他完全听懂了。科恩继续往前走，只听科恩背后有他的脚步声。他一直跟着科恩，好像他们系在一条链子上了。他一次又一次说道："800比索！"科恩有点生气地开始小跑。但他紧跟着一步不落，这时他已降到600比索了。到了十字路口，因车辆太多隔断了马路，科恩不得不停住脚步，他仍唱他的独角戏。"600比索……500比索……好吧，400比索，怎么样？"当车辆开走之后，科恩迅速穿过马路，希望把他甩在路那边。但是科恩还没来得及转过身，就听到他笨重的脚步声和说话声了，"先生 400比索！"这时候，科恩又热又累，身上一直冒汗，他紧跟着科恩使科恩很生气。科恩气呼呼地冲着他从牙缝里挤出一句话："妈的，我告诉你我不买，别跟着我了!"

他从科恩的态度和声调上懂了科恩的话。"好吧，你胜利了。"他答道："只对你，200比索。""你说什么?"科恩叫道。科恩对他自己的话吃了一惊。"200，比索。"他重复道。"给我一件，让我看看。"

科恩为什么要看披肩毛毯呢?科恩需要吗? 科恩想要吗? 或科恩喜欢吗? 不，科恩认为都不是。但是，也许是科恩改变了主意。别忘记，这个卖披肩毯的土著人最初可是要1200比索，而现在他只要200比索。当科恩开始举行正式谈判时，科恩从这位小贩处得知，在墨西哥市的历史上以最低价格买到一件披肩毛毯的人是一个来自加拿大温尼培格的人，他花了175比索，而科恩买的这件花了170比索，使科恩在墨西哥历史上创造了以最低价格买披肩毛毯的新纪录。

那天天气很热，科恩一直在冒汗。尽管如此，科恩还是把披肩毛毯披到了身上，感到很洋气。把它摆弄得当后，就突出了科恩的身体轮廓，甚为优雅。在溜达着回旅馆的路上，科恩一直欣赏着从商店橱窗里照出来的身影。当科恩回到旅馆房间，妻子正躺在床上读杂志，科恩抱歉地说道："嗨!看我弄到什么了。""你弄到什么了? 一件漂亮的披肩毛毯? 你花了多少钱?"妻子顺口问。"是这么回事，"科恩充满信心地说："一个土著谈判家要1200比索，而一个国际谈判家，170比索就买到了。"妻子讪笑道："太有趣了。我买了同样和一件，花了150比索，在壁橱里。"科恩沉下脸来，细细查看了壁橱，然后脱下了披肩，坐下来细想着刚才发生的事。

**【案例8分析】**：科恩在谈判中输给了墨西哥的小贩，说明谈判既是一门科学也是一门艺术，谈判大师未必就会在生活中场场赢得谈判。成功的谈判结果是靠前期的调研、谈判中的策略以及谈判中的心理等诸多因素共同作用的。

**【案例8思考】**

1. 土著人为什么能认定科恩为自己的买主?

2. 为什么科恩被勾起了购买欲望?什么手段使科恩没有与土著人之间断了联系?或者说究竟有哪些明着和暗着的理由，使科恩买下了披肩毯?

3. 请对土著人、科恩及其妻子的谈判技术进行比较分析。

# 案例9　美国客户在中山欧曼科技照明

2011年，两个美国客户来中山欧曼科技照明有限公司参观工厂和展厅，因为这两个美国客户是大客户，所以副总经理和外贸部经理、主管还有一个业务员，一共四个人，都亲自出来迎接他们。那两个美国客户刚来到公司的时候是午餐时间，所以中方的副总经理就有礼貌地问了句："是中午饭时间了，请问你们想进午餐吗?"事先，双方都了解了各国文化，中方知道美方一般会比较直接，所以就直接问了要不要先吃午饭。而美方的回答却说："不是很饿，随便。"其实美方客户已经很饿了，就是知道中国人有间接表达的习惯，所以就委婉地说"随便"。最后，美国客户饿着肚子跟着充满热情的中方人员参观了工厂。由于之前的回答令美方感到疑惑，最后还没吃成饭，也不好意思再说一次，所以他们心里觉得还是直接说比较好。在参观工厂的时候，其中一个美国客户看到了一张贴错英文字母的海报，当场就指着那张海报说："喂，你看，那个海报的英文写错了。"当时陪同副总经理在内的还有几个车间工人，那时候总经理觉得很不满意，觉得美方客户不给他面子，不给他台阶下。那时候，有个业务员就说："本来想换掉的，时间比较匆忙，于是先过来接待你们了。"参观完展厅后，到了价格谈判的阶段。美国客户直接就问如果他们下一定的订单，中方能够给多少折扣。中方抓住美方直接表达和没有耐心的性格，外贸部经理就故意间接地说出一堆影响价格的因素，没有直接给出最终价格，谈判持续了大概半个小时，最后一个美国客户急了，就说："如果贵方不给出最低价，我们就去找其他厂家。"中方经过协商之后，最终决定先和美方客户去饭店吃饭，在吃饭的时候又敬了那两个美国客户很多杯酒，虽然吃饭时美国客户也问到了最低产品报价，但是中方没有回答，只是一直和美方敬酒、吃饭，一直到双方都醉了才回去。第二天早上，美国客户醒来后就收到了中方副总经理助理发来的邮件，中方最终答应给美方最低的出厂价。美方虽然摸不着头脑，但是还是很高兴地回国了。

【案例分析9】从以上中美商务谈判碰撞案例中我们可以很清晰地看到，由于中、美两国人们思维方式的不同，所以在谈判的过程中有很多问题发生。在刚刚来到的欧曼科技照明有限公司公司的时候，由于双方都事先了解到了各自的一些文化特点，所以美方客户想借用中方间接表达的方式回答了吃午饭问题，本来还以为中方会邀请他们进行午餐，后来中方却以为美方的直接表达已表明他们的意思，就没有再请他们吃午饭。看到了英文单词有错的海报，美国客户直接就指出了其中的错误，没有顾及到副总经理的面子问题，从而出现了较会尴尬的场面。到了谈判阶段，中方谈判人员抓住美国客户直接表达和没有耐心的性格特点，知道美国客户不会不和他们合作，又为了不失自己的面子，所以最后邀请美方客户进行晚餐，通过传统饭局上的谈判方式完成最后的谈判。从这个例子可以看出，在商务谈判中，直接表达的有利方面是语言表达直接，是非分明，能让人直接明白，让人觉得充满信心，一是可以节省时间，二是可以提高办事效率，但是也有它的弊端：直接表达会表现出很强的攻击性和好辩性，会伤害他人的自尊心，因为会觉得对方不给自己面子，这样往往会使谈判陷入困境，有时候还会导致谈判破产。中国人的间接表达的好处是：委婉、间接的表达方式会让人觉得对方为自己着想，不容易伤到对方的自尊心，对于敏感的话题又会留有余地，有时候即使是在谈判遇到困境也会让双方都有台阶下。但是，间接表达也有它的弊端：它容易让外国人不适应，因为外国人很多时候无法真实地领会中国人的态度。有时候就是因为太委婉了，别人不知道说话人的真实想法和要表达的意思图，这样对于商务谈判是不利的，很多时候就使谈判过程变得很艰难，甚至导致谈判陷入僵局。

【案例思考9】

1. 从跨文化交际的角度分析跨国商务谈判的注意事项有哪些？
2. 美国客户在中山欧曼科技照明的谈判经历给我们哪些启示？

# 案例 10　监狱的犯人

在西方某国监狱的单间牢房里，犯人通过门上那个了望小孔，看到走廊上警卫正在那儿吞云吐雾。凭着他那敏锐的嗅觉，人立即断定那是他最爱抽的万宝路牌香烟。他想吸烟想疯了，于是用右手指轻轻地敲了一下门。警卫慢悠悠地踱过来，鄙夷地粗声哼道："干嘛？"犯人答道："请给我抽一支烟吧……就是你抽的那种，万宝路牌的。"警卫没有理会犯人的请求，转身要走。犯人又用手指关节敲门，这一次他是命令式的。"你想干什么？"警卫从嘴里喷出一口浓烟，没好气地转过头来喊。犯人答道："劳驾你给我一支香烟，我只等30秒钟，如果得不到，我就在水泥墙上撞脑袋，直到流血昏倒为止。当监狱的官员把我拉起来苏醒后，我就发誓说是你干的。""当然，他们绝不会相信我。但请你想一想吧，你得出席听证会，在听证会前，你得填写一式三份的报告，你要卷入一大堆审讯事务。你想一想吧，所有这一切就是为了不给我一支微不足道的万宝路香烟，只要一支，保证以后再不打搅你了。"结果不言而喻，警卫自然从了望小孔里塞给了他一支香烟。

【案例分析10】

只要讲究策略方法，即使在谈判中处于不利的地位，也能化险为夷，取得谈判的成功。

【案例思考10】当处于谈判不利地位时，你能够想出哪些方法扭转不利？

# 案例 11　先报价还是后报价

多年前，北京服装检测中心的同志曾经公开说过，北京市场上的服装，往往高出进价的三倍到十倍。如果一套衣服进价100元，标价900元。请问，购买者还价会还到多少呢？一般会还到800元、700

元就不得了了；还到600元的，算是很有勇气了；买主很少敢还到500元或400元，他们怕被卖主骂，怕被人瞧不起，所以，宁可不还价而转身一走了事，免得招惹是非。而卖主往往在500元、400元的价位上就愿意成交了；何况买主愿意出600元、700元，甚至800元呢？所以说，卖主只要一天中有一个人愿意在900元的价格上与他讨价还价，他就大大地成功了。

**【案例分析11】**：上述案例说明了先报价的好处，即对谈判影响较大，而且为谈判划定了一个框框，即使是报出来的价很高或很低，只要对方能坐下来谈判，结果往往对先报价者有利。

**【案例思考11】**：请分析先后报价的利弊。

# 案例12  奥格威的故事

有一次，奥格威去拜访一位年事较高的美籍俄国人亚历山大·柯诺夫，他生产拉链赚了大钱。在领着奥格威参观了他在奈瓦克的工厂之后，柯诺夫让奥格威搭乘他的轿车回纽约。奥格威注意到，柯诺夫手里拿着一本《新共和》，这种杂志在当时只有很少的订户，于是他问道："您是民主党还是共和党？"，奥格威说："我是社会主义者。我曾积极参加过俄国革命。"

听得出来，柯诺夫对自己过去的经历颇为自豪。

"那您认不认识克伦斯基？"奥格威又问。

"不是那次革命，"柯诺夫轻蔑地说："是1904年的革命。在我还是孩子的时候，我要赤着脚在雪地里走5英里去一家卷烟厂干活。我的真名是卡冈诺维奇，联邦调查局以为我是政治局里的那个卡冈诺维奇的兄弟。他们搞错了。"他大笑起来，过了一会儿，又接着说："我刚来美国的时候，在匹兹堡当机械工，每小时挣50美分。我的妻子是绣花工人，她每周能绣出14美元的活，可是从来没有得到过工钱。"

这位颇为自豪的百万富翁接下去又告诉奥格威，在列宁和托洛夫斯基被流放期间，他和他们过往甚密。奥格威只是静静地听着，结果他得到了这个客户。

**【案例分析12】**：倾听是谈判者所能做出的最省钱的让步方式。如果你认真地倾听对方说话，对方会认为你很有礼貌，觉得你对他很尊重，因而，谈及交易条件的时候，也就会顺利得多。美国广告商大卫·奥格威在创业之初曾遇到这件事，就使他深深体会到了倾听的益处。

倾听不仅是一种获取信息、了解对方需要的手段，也是向对方做出的一种丝毫无损的让步。在谈判中，你必须时而注意说话者的眼睛，保持警觉，坐得挺直，靠近对方，仔细去听对方讲话，给对方以备受尊重的心理满足感。试问谁愿意对牛弹琴、对着一群毫无反应的人大谈特谈呢？

**【案例思考12】**

哪些因素会影响倾听效果？

# 案例13  广东与美国关于玻璃生产线事宜

广东玻璃厂厂长率团与美国欧文斯公司就引进先进的玻璃生产线一事进行谈判。从我方来说，美方就是顾客。双方在部分引进还是全部引进的问题上陷入了僵局，我方的部分引进方案美方无法接受，我方遭到拒绝。

这时，我方首席代表虽然心急如焚，但还是冷静分析了当下的形势，如果我们一个劲儿说下去，就可能会越说越僵。于是他聪明地改变了说话的战术，由直接讨论变成迂回说服。"全世界都知道，欧文斯公司的技术是一流的，设备是一流的，产品是一流的。"我方代表转换了话题，从微笑中开始谈天说地，先来一个第一流的诚恳而又切实的赞叹，使欧文斯公司由于谈判陷入僵局而产生的抵触情绪得以很大程度的消除。"如果欧文斯公司能够帮助我们广东玻璃厂跃居成为全中国一流的企业，那么全中国人民很感谢你们。"这里刚离开的话题，很快又转了回来，但由于前面说的那些话，消除了对方心理上的对抗，所以，对方听了这话，似乎也顺耳多了。

"美国方面当然知道，现在，意大利、荷兰等几个国家的代表团，正在我国北方省份的玻璃厂谈判引进生产线事宜。如果我们这次的谈判因为一点点的小事而失败，那么不但是我们广东玻璃厂，而且更重要的是欧文斯公司方面也将蒙受重大的损失。"这损失当然不小，而表述时只使用"一点点小事"来轻描淡写，目的是为了引起对方对分歧的关注。同时，指出谈判万一破裂将给美国方面带来巨大的损失，完全为对方着想，这一点使得对方不容拒绝。

"目前，我们的确有资金方面的困难，不能全部引进，这点务必请美国同事们理解和原谅，而且希望在我们困难的时候，你们能伸出友谊之手，为我们将来的合作奠定一个良好的基础。"这段话说到对方心里去了，既通情又达理，仿佛不是在做生意，而是朋友间的互相帮助，因此迅速就签订了协议，打破了僵局，问题迎刃而解，为国家节约了大量外汇。

**【案例分析 13】**

在这里，广东玻璃厂的首席谈判代表在面对美国方面的拒绝时，没有直接地对抗拒绝，而是采用了迂回绕道的技巧，从而化解了谈判中产生的矛盾，取得了谈判的成功。

拒绝还可以通过赞赏的方式来提出。赞赏式拒绝法的实质就是从对手的意见中找出双方均不反对的某些非实质性内容，然后加以赞赏，突出双方的共同点，摆出理解对手的姿态，最后对不同的观点加以坦率的拒绝。这是因为一个人在提出自己的意见后，一旦受到某种程度的肯定和重视，人的心理会形成一种兴奋优势，这种兴奋优势给人带来情感上的亲善体验和理智上的满足体验，这两种体验一旦产生，就会促进谈判的顺利进行。

一般来说，拒绝不能使用带教训、嘲弄或挖苦的语气，尽量不用带批判性的词汇，更不要勃然大怒。另外，拒绝在有的时候需要果断，这样更能显示出自己的坚定，但是在运用的时候要把握好时机和尺度。

# 主要参考文献

1. 李品媛. 现代商务谈判[M]. 大连：东北财经大学出版社，2007.
2. 周延波. 商务谈判[M]. 北京：科学出版社，2006.
3. 陈福明，王红蕾. 商务谈判[M]. 北京：北京大学出版社，2006.
4. 周海涛. 商务谈判成功技巧[M]. 北京：中国纺织出版社，2006.
5. 李伟. 商务谈判[M]. 北京：科学出版社，2006.
6. 蔡玉秋. 商务谈判[M]. 北京：中国电力出版社，2012.
7. 刘志超. 现代推销学[M]. 广州：广东高等教育出版社，2004.
8. 易开刚. 现代推销学[M]. 上海：上海财经大学出版社，2008.
9. 吴健安. 现代推销理论与技巧[M]. 北京：高等教育出版社，2008.
10. 菲律普·科特勒. 营销管理[M]. 上海：上海人民出版社，2003.
11. 鲁小慧. 商务谈判理论与实务操作技巧[M]. 南京：南京大学出版社，2006.
12. 孙健敏. 谈判技能[M]. 北京：企业管理出版社，2004.
13. 王海云. 商务谈判[M]. 北京：北京航空航天大学出版社，2003.
14. 潘马林. 商务谈判实务[M]. 郑州：河南人民出版社，2000.
15. 刘园. 国际商务谈判——理论、实务、案例. 2版. 北京：中国商务出版社，2005.
16. 方琪. 商务谈判——理论、技巧、案例[M]. 北京：中国人民大学出版社，2004.
17. 张煜. 商务谈判[M]. 成都：四川大学出版社，2005.
18. 冯德连，管州. 谈判就这几招[M]. 郑州：河南人民出版社，2000.
19. 张百章，何伟祥. 商务谈判[M]. 杭州：浙江大学出版社，2004.
20. 周忠兴. 商务谈判原理与技巧[M]. 南京：东南大学出版社，2003.
21. 刘文广，张晓明. 商务谈判[M]. 北京：高等教育出版社，2004.
22. 杨群祥. 商务谈判[M]. 大连：东北财经大学出版社，2001.
23. 刘园. 国际商务谈判[M]. 北京：首都经济贸易大学出版社，2004.
24. 袁革. 商贸谈判[M]. 北京：中国商业出版社，1995.
25. 郭笑一. 国际商务谈判教程[M]. 上海：立信会计出版社，1997.
26. 李先国，杨晶. 商务谈判理论与实务[M]. 北京：中国建材工业出版社，1996.
27. 崔晓峰. 现代商务谈判[M]. 广州：暨南大学出版社，1995.
28. 王德新. 商务谈判[M]. 北京：中国商业出版社，2000.
29. [美]P.D.V.马什. 贸易谈判技巧[M]. 上海：上海翻译出版公司，1988.
30. 孙玉太，郭秀闵. 商务谈判概论[M]. 大连：东北财经大学出版社，2000.
31. 贾越. 底牌——谈判的艺术[M]. 北京：京华出版社，2006.
32. 姚立. 商务谈判——理论、实务、风格[M]. 北京：中国城市出版社，2003.
33. 万成林，舒平. 营销商务谈判[M]. 天津：天津大学出版社，2004.
34. 杨书纲. 商务谈判理论与实务[M]. 北京：北京师范大学出版社，2007.
35. 杨晶. 商务谈判[M]. 北京：清华大学出版社，2005.

36. 易开刚. 现代商务谈判[M]. 上海：上海财经大学出版社，2006.

37. 石永恒. 商务谈判精华[M]. 北京：团结出版社，2003.

38. 樊建廷. 商务谈判[M]. 大连：东北财经大学出版社，2001.

39. 李言. 跟我学：谈判口才[M]. 北京：中国经济出版社，2006.

40. 孙庆和. 实用商务谈判大全[M]. 北京：企业管理出版社，2005.

41. 侯清恒. 疯狂谈判[M]. 北京：中华工商联合出版社，2006.

42. 马克态. 商务谈判——理论与实务[M]. 北京：中国国际广播出版社，2004.

43. [加]英格丽·张. 你的形象价值百万[M]. 北京：中国青年出版社，2005.

44. 孙少臣. 谈判训练[M]. 武汉：武汉大学出版社，2003.

45. 潘马林，程得民. 商务谈判实务[M]. 郑州：河南人民出版社，2001.

46. 刘园. 涉外商务谈判[M]. 北京：中国对外经济贸易出版社，1999.

47. [美]罗伯特·怀特沙特. 脸部语言[M]. 天津：百花文艺出版社，2001.

48. 李振忠，沈根荣，张建军. 对外谈判技巧[M]. 北京：对外贸易教育出版社，1998.

49. 白远. 国际商务谈判——理论案例分析与实践[M]. 北京：中国人民大学出版社，2003.

50. [美]珍妮·布雷特. 全球谈判[M]. 北京：中国人民大学出版社，2008.

51. [美]戴维·拉克斯. 谈判[M]. 北京：机械工业出版社，2008.

52. [美]艾米尼亚. 谈判[M]. 北京：中国人民大学出版社，2008.

53. [英]彼得·泰勒. 21世纪的谈判[M]. 北京：北京大学出版社，2009.

54. 张吉国. 国际商务谈判[M]. 济南：山东人民出版社，2010.

55. 赵欣然，陈桂英，季艋. 营销谈判[M]. 哈尔滨：哈尔滨地图出版社，2008.

56. 马克态. 商务谈判：理论与实务[M]. 北京：中国国际广播出版社，2004.

57. 刘文广，张晓明. 商务谈判[M]. 北京：高等教育出版社，2001.

58. 吴亚平. 现代商务谈判[M]. 武汉：华中师范大学出版社，2007.

59. 毛国涛，等. 商务谈判[M]. 北京：北京理工大学出版社，2006.

60. 黄卫平，等. 国际商务谈判[M]. 北京：中国人民大学出版社，2011.

61. 贾蔚，等. 现代商务谈判理论与实务[M]. 北京：中国经济出版社，2006.

62. 樊建廷. 商务谈判[M]. 大连：东北财经大学出版社，2007.

63. 郝雨. 大客户销售管理[M]. 中国经济出版社，2005.

# 配套资料索取示意图

说明：学生和普通读者注册后可下载**学习资源**；**教学用资源**仅供教师下载，**教师身份**、**用书教师身份**需网站后台审批，审批后可下载相应资源；教师加"关注"后新增资源有邮件提醒。

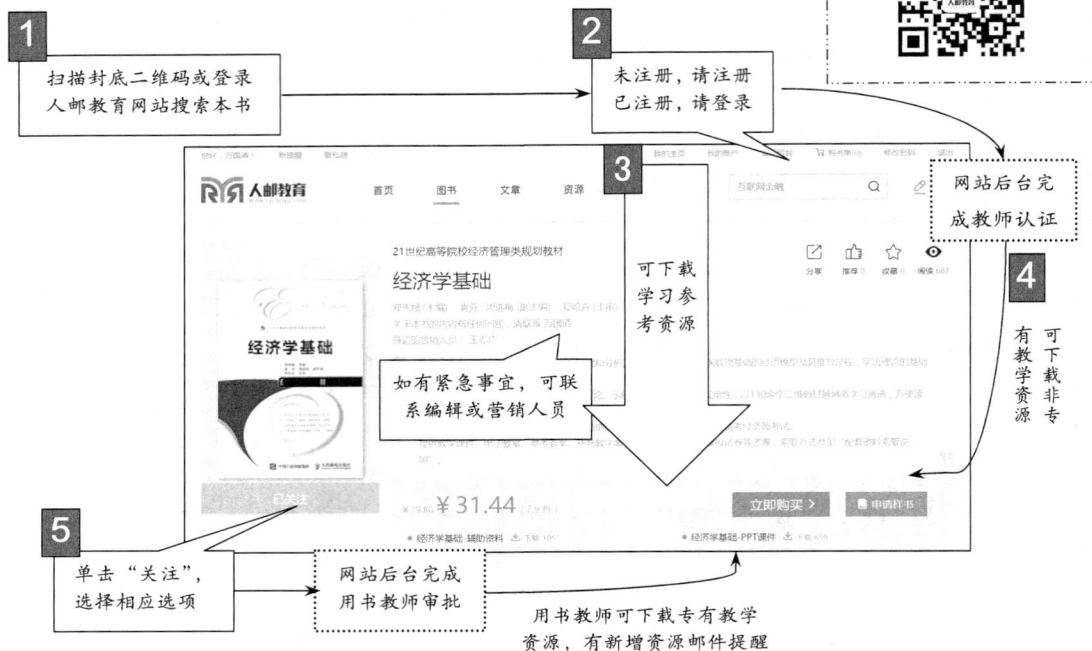

扫一扫，登录人邮教育网站
www.ryjiaoyu.com

1 扫描封底二维码或登录人邮教育网站搜索本书

2 未注册，请注册
已注册，请登录

3 可下载学习参考资源

如有紧急事宜，可联系编辑或营销人员

网站后台完成教师认证

4 可下载非专有教学资源

RYR 人邮教育　首页　图书　文章　资源

21世纪高等院校经济管理类规划教材
## 经济学基础

经济学基础

¥31.44

立即购买　申请样书

5 单击"关注"，选择相应选项

网站后台完成用书教师审批

用书教师可下载专有教学资源，有新增资源邮件提醒

# 部分 21 世纪高等院校经济管理类规划教材推荐

| 书名 | 主编 | 书号 | 编辑推荐 |
|---|---|---|---|
| 管理学——原理与实务（第2版） | 李海峰 | 978-7-115-35395-5 | 2013年陕西普通高校优秀教材二等奖；提供课件、教案、实训说明、教学体会、文字与视频案例、习题集及参考答案等 |
| 企业战略管理（第2版） | 舒　辉 | 978-7-115-43139-4 | 二维码打造立体化阅读环境；案例、习题等营造多方位学习环境；提供课件、补充案例、模拟试卷等素材 |
| 客户关系管理理论与应用 | 栾　港 | 978-7-115-39343-2 | 60组案例助力理论联系实际，33个二维码打通网络学习通道，在线Xtools软件方便实践训练；提供课件、教案、教学日历、免费教学账号、习题库、试卷等 |
| 社会心理学 | 陈志霞 | 978-7-115-40977-5 | 40余二维码拓展读者视野；兼顾基础与应用社会心理学；数百实例助力理论与实践相结合；提供课件、案例、答案、试卷等 |
| 经济学基础 | 邓先娥 | 978-7-115-39039-4 | 近300个实例连接理论与生活，130余个二维码打通网络学习通道，70余项扩展阅读指南指引学习方向；提供课件、教案、答案、文字和视频案例、试卷等 |
| 微观经济学（第2版） | 胡金荣 | 978-7-115-39400-2 | 简明易懂，关注热点；二维码扩展网络视野；提供课件、答案、案例、试卷 |
| 政治经济学（第2版） | 张　莹李海峰 | 978-7-115-42571-3 | 着重于分析社会经济问题；利用二维码拓展读者阅读空间；提供课件、大纲、视频案例、习题集、试卷等 |
| 财务管理 | 王积田 | 978-7-115-28482-2 | 吸收相关学科的最新成果，与企业财务管理实践接轨；提供课件、习题答案、试卷等 |

| 书名 | 主编 | 书号 | 编辑推荐 |
|---|---|---|---|
| 中级财务会计（第3版） | 吴学斌 | 978-7-115-43464-7 | 四川省"十二五"本科规划教材；二维码链接网络学习资源；章后习题+电子版习题集；提供课件、教案、案例库、试卷等 |
| 财务会计实训教程（上、下册）（第2版） | 裴永浩 | 978-7-115-40690-3 | 原始凭证和记账凭证单独成册；按营改增调整相关业务；利用二维码提供相关网络资源；融基本功训练、岗位技能训练和综合技能训练为一体；提供答案、课件、习题集、阅读资料等 |
| 网络营销——基础、策划与工具 | 何晓兵 | 978-7-115-43745-7 | 二维码链接网络资源；提供案例、课件、习题助力学习 |
| 中国税制 | 孙世强 | 978-7-115-42708-3 | 提供课件、答案、试卷等；二维码方便查询税法最新变化；例题、习题、即问即答助力教学互动 |
| 应用统计学（第2版） | 潘 鸿 | 978-7-115-38994-7 | 以 Excel 为实验软件，适应职场需求；提供全套实验资料，提升读者应用能力；提供课件、教案、上机操作数据、函数实现常用统计表等 |
| 国际市场营销 | 李 爽 | 978-7-115-39077-6 | 80 余个实例追求学以致用，80 余个二维码拓展读者学习空间；提供课件、教案、文字与视频案例、实训资料、答案、试卷等 |
| 国际贸易理论与政策 | 毛在丽 | 978-7-115-37138-6 | 包括新新贸易理论等新内容，将非关税措施分为技术性和非技术性两类，提供课件、教案、答案、试卷和视频案例等 |
| 国际贸易实务 | 吕 杜 | 978-7-115-37235-2 | 提供课件、答案、单证样本、习题集、试卷、模拟操作训练材料和常用规则文本等 |
| 报关实务（第2版） | 朱占峰 | 978-7-115-42629-1 | 五十余个二维码链接网络学习资源；理论与实务并重，操作与案例同行；提供课件、视频案例、答案、试卷等 |
| 电子商务概论（第3版） | 白东蕊 | 978-7-115-42630-7 | 新增跨境电商、互联网+等新内容；百余二维码拓展读者学习空间；提供课件、教案、大纲、答案、实验指导、文字与视频案例等 |
| 电子商务概论 | 仝新顺 | 978-7-115-38748-6 | 七十余个二维码拓展学习空间，近百组案例、实训促进学练结合；提供大纲、课件、视频案例、自测试题、模拟试卷等 |
| 金融法 | 李良雄 王琳雯 | 978-7-115-30980-8 | 吸收截至 2012 年 12 月的最新法律法规，高度融合职业资格考试要求，提供课件、教案、视频案例、习题答案、补充练习题 |
| 保险学（第2版） | 刘永刚 | 978-7-115-43687-0 | 以大量案例解读相关内容；保险理论与保险业务并重；二维码链接网络学习资源；提供课件、答案、案例、试卷等 |
| 证券投资学（第2版） | 杨兆廷 刘 颖 | 978-7-115-34302-4 | 省级精品课程配套教材；根据 2013 年证券业变化调整相应内容，集合证券业从业资格考试重点，提供课件、教案、视频案例、答案等 |
| 证券投资学 | 陈文汉 | 978-7-115-28271-2 | 针对非金融类读者，内容紧跟时代；提供课件、教案、视频案例、答案、试卷等 |
| 外汇交易原理与实务（第2版） | 刘金波 | 978-7-115-38372-3 | 着重突出外汇实际业务，二维码打造立体化阅读环境，有外汇交易模拟操作指导手册；提供课件、教案、答案、试卷、习题册、实训指导 |
| 期货交易实务 | 曾啸波 | 978-7-115-39021-9 | 80 余二维码拓展网络学习空间，百张图表、40 个案例/讨论突出实务操作；提供课件、教案、视频案例、答案、习题库、试卷等 |
| 国际金融理论与实务（第2版） | 孟 昊 | 978-7-115-34697-1 | 新增国际资本流动管理等内容；提供课件、大纲、教案、习题库、试卷库、视频案例库等 |
| 商法学 | 王子正 | 978-7-115-43248-3 | 通过二维码营造网络阅读环境；提供课件、习题和习题答案 |
| 财政学 | 唐祥来 | 978-7-115-31521-2 | 以丰富的案例提升学习兴趣；提供课件、教案、答案、文字与视频案例、试卷等 |
| 财政与金融 | 袁晓梅 陈 宁 | 978-7-115-40465-7 | 集中阐述基础知识、理论和实务；数百案例理论联系实际；百余二维码链接网络资源；提供课件、教案、视频和文字案例、答案、试卷等 |
| 物流工程导论 | 朱占峰 | 978-7-115-42535-5 | 课件嵌入大量教学视频案例；物流新闻拉近理论与现实距离；提供课件、答案、视频案例、试卷等 |
| 商务礼仪 | 王玉苓 | 978-7-115-36091-5 | 图文并茂，追求学以致用；提供教案、课件、答案、文字与视频案例、课外阅读资料等 |
| 现代社交礼仪（第2版） | 闫秀荣 | 798-7-115-25681-2 | 图文并茂，二维码链接网络资源；提供课件、教案、文字与视频案例、实训手册、练习题及参考答案等 |
| 商务谈判理论与实务 | 林晓华 | 978-7-115-41308-6 | 以即学即练、模拟商务谈判实践、模拟商务谈判大赛等形式增强互动；二维码链接网络学习资源；提供课件、答案、视频案例、试卷等资料 |
| 商务沟通与谈判（第2版） | 张守刚 | 978-7-115-43065-6 | 二维码打造立体化阅读环境；强调实践教学，提供模拟商务谈判素材；提供教案、课件、案例、视频库等资料 |